Industriedesign als Innovationsfaktor für Investitionsgüter:
Ein Beitrag zum designorientierten Innovationsmanagement

Dissertation zur Erlangung des akademischen Grades
des doctor rerum politicarum
Verfasserin: Ina Steinmeier

betreut durch:
Prof. Dr. Helmut Sabisch
Fakultät Wirtschaftswissenschaften
Professur für Betriebswirtschaftslehre, insb. Innovationsmanagement
und Technologiebewertung
an der Technischen Universität Dresden
– vorgelegt 1997

D1628843

Meiner großartigen Mutter

Inhaltsverzeichnis

1.1 Bedeutung von Industriedesign im Innovationswettbewerb von Investitionsgütern

Der Investitionsgütersektor ist ein stark **technologieorientierter Wirtschaftszweig**, der sich durch **hohe Innovationsraten** bei technisch immer komplexer werdenden Produkten auszeichnet. Der Investitionsgüterhersteller steht allerdings vor dem Problem, daß sich aufgrund des Innovationsgrades und der erhöhten Komplexität der Technologie die **Entstehungszyklen von Investitionsgütern verlängern** (Entstehungszyklusexpansion), während die **Produkt- bzw. Marktlebenszyklen** sich immer mehr **verkürzen** (Marktzykluskontraktion) (vgl. Meffert 1989, S. 281, Hüsch 1993, S. 292 und Droege/Backhaus/Weiber 1993, S. 53 f.). Investitionsgüter-Design bietet die Möglichkeit, diesen Innovationsdruck zu entschärfen. Denn die design-unterstützte Innovationsentwicklung eröffnet die Chance, bei einem **geringen finanziellen Investitionsaufwand innerhalb kürzester Zeit neuartige Produkte** zu realisieren (vgl. Brune 1994, ohne Seitenangabe, Rother 1994, S. 84 u. 86 u. o. V. 1996, S. 43). Diese Untersuchung soll zeigen, daß Industriedesign im Investitionsgütersektor **erhebliche Innovationspotentiale** freisetzen kann.

Denn auch das Investitionsgüterangebot leidet wie der Konsumgütersektor unter der zunehmenden **Uniformität der Produktwelt**. „... different competitors' products have become increasingly similar to each other and interchangeable in the customer's view" (Homburg 1995, S. 313). Bei Commodities, d. h. bei Produkten, die sich bezüglich ihres technologischen Leistungsprofils nahezu völlig angenähert haben und somit aus der Sicht des Marktes absolut austauschbar sind, gewinnen Parameter, die außerhalb der Technik liegen, stark an Bedeutung (vgl. Backhaus 1992, S. 31; vgl. ähnlich Heyde/Laudel/Pleschak/Sabisch 1991, S. 39). Die Profilierung durch neuartiges Produktdesign stellt eine bedeutsame **Differenzierungsquelle** dar. Innovationsdesign kann hier zum entscheidenden **Wettbewerbsfaktor** avancieren. Denn der Erfolg eines Produktes hängt wesentlich von der Abhebung durch innovatives Produktdesign ab (vgl. auch Koppelmann 1989a, S. 129, Ziller 1989, S. 17). So konnte Moody in einer empirischen Untersuchung nachweisen, daß eine eindeutige Beziehung zwischen dem Produktdesign und dem Absatzerfolg bei Investitionsgütern besteht (vgl. Moody 1980, S. 329 ff.).

Emotionale und imagebildende Faktoren erhalten bei der Kaufentscheidung von Investitionsgütern immer stärkeres Gewicht (vgl. Krist 1993, S. 326). Daher kann „over-engineering" heute verkaufshemmend wirken. Die technikdominierte Vermarktung von Investitionsgütern sollte zugunsten einer gezielten Kommunikationsstrategie in den Hintergrund treten (vgl. Droege/Backhaus/Weiber 1993, S. 12). Investitionsgüter-Design bietet dazu neue Ansätze. Da die anforderungsgerechte Gestaltung der psychischen Wirkungsdimension der Produkt-Mensch-Beziehung Inhalt des Industriedesigns ist, garantiert die design-geleitete Innovationsentwicklung, daß tatsächlich die **Bedürfnisse der Verwender** in die Produktinnovation einfließen. Dabei berücksichtigt der

Designer nicht nur die technischen Anforderungen, sondern ebenso die ästhetischen und symbolischen Bedürfnisse der Zielgruppe. Die **ganzheitliche Sicht** des Produktes und die gestalterische **Kreativität** des Designers gewährleisten das Entstehen einer marktgerechten Designinnovation. Über die **imagebildende Funktion** des Industriedesign kann es gelingen, fortschrittliches Denken und Innovationskraft im Sinne der Unternehmensphilosophie **nach innen und außen** zu kommunizieren. „As a matter of fact, however, design has become an essential factor for innovative manufacturers of capital goods who want to sell products that do not only show certain technical features but in addition promote the company's image in competitive gobal markets." (Dow 1993, S. 411)

Darüber hinaus trägt Industriedesign dazu bei, den **Komplexitätsgrad der Technik** zu reduzieren. Die Tatsache, daß Investitionsgüter immer komplizierter werden (Büro der Zukunft, Fabrik der Zukunft, Informationsnetz der Zukunft) (vgl. Backhaus 1989, S. 700) führt dazu, daß der Kunde bzw. Verwender oftmals nicht mehr in der Lage ist, das innovative Produkt zu durchschauen (vgl. Baaken 1991, S. 203). Das Produktdesign hat die Aufgabe, die **Erklärungsbedürftigkeit zu verringern** und eine **entlastende Funktion bei der Wahrnehmung** auszuüben (vgl. VDI/VDE 1988, S. 20). Durch diese Übersetzungsleistung baut sich Berührungsangst beim Nachfrager ab. Industriedesign trägt damit zur **Adoption und Diffusion** des Investitionsgutes am Markt bei.

Das Produktdesign leistet gleichzeitig einen wichtigen Beitrag zur **Humanisierung der Arbeitswelt** (vgl. dazu Ulich 1991, S. 42 ff.), der im Wertesystem der Unternehmung immer größere Bedeutung zukommt. Ca. 80 000 Stunden verbringt der Mensch an seinem Arbeitsplatz (vgl. Reese 1993, S. 71), der sich aufgrund der zunehmenden Technisierung durch eine immer stärkere Belastung der Wahrnehmungssinne auszeichnet. Auf der Basis von arbeitswissenschaftlichen Erkenntnissen (vgl. Abschnitt 2.1.3.3) kann Investitionsgüter-Design auf diese veränderten Arbeitsplatzanforderungen reagieren und einen wichtigen Beitrag dazu leisten, den Arbeitsplatz menschengerecht zu gestalten. Damit übernimmt Investitionsgüter-Design eine verantwortungsvolle Aufgabe bei der **betrieblichen Anreizgestaltung** und kann entscheidend die **Motivation** und damit die Arbeitszufriedenheit und Leistung des Mitarbeiters beeinflussen (vgl. Zeller 1989, S. 17 f., Slany 1988, S. 15, Buck 1996, S. 24; zur Motivationstheorie vgl. Mayrhofer 1996, S. 225 ff. und von Rosenstiel 1996, S. 5. ff.).

Dennoch verschließt sich ein Großteil der Anbieter von Investitionsgütern davor, den Innovationsfaktor „Industriedesign" im Innovationswettbewerb einzuetzen. Die design-orientierte Innovationsentwicklung ist im Vergleich zur technologieorientierten (F. & E.) noch relativ **unterentwickelt** (vgl. Brune 1994, ohne Seitenangabe). Laut Untersuchungsergebnissen des Ifo-Institutes München kümmert sich **lediglich eine Minderheit** von weniger als zehn Prozent der Gebrauchs- bzw. Investitionsgüterhersteller tatsächlich um Design (vgl. Blank 1990, S. 38, Rother 1994, S. 85, Mayer 1996, S. 4). Speziell bei Investitionsgütern, also Leistungen, die Organisationen beschaffen, um damit andere Güter für die Fremdbedarfsdeckung zu erstellen (vgl. Engelhardt/Günter 1981, S. 24), erkennen die Produzenten die Chancen innovativen Produktdesigns nur zögerlich (vgl. Högel 1995, S. 2, o.V. 1996, S. 41/43). Der Grund hierfür ist oft mangelndes Wissen über die Einsatzmöglichkeiten von Investitionsgüter-Design und daraus erwachsende **Vorurteile** gegen diese „Spielerei". Zwar haben verschiedene Autoren immer wieder auf die wachsende Bedeutung des Industriedesigns für Investitionsgüter hingewiesen (vgl. z. B. Koppelmann 1988a, S. 301, Slany 1988, S. 15 ff., Felber 1984, S. 226 ff. sowie Moody 1980, S. 329 ff.), eine wissenschaftlich fundierte Erörterung dieser Problematik, die **pragmatische Ansätze** zur Nutzung des Innovationsfaktors „Design" für die Wirtschaftspraxis ableitet, steht noch aus. In diesem wenig design-orientierten Wirtschaftszweig ist es dabei die Aufgabe des **Innovationsmanagements**, den Innovationsbedarf rechtzeitig zu erkennen und zu nutzen (vgl. Herzhoff 1991, S. 66 ff).

1.2 Implementierung einer Designorientierung im Innovationsmanagement für Investitionsgüter

Der Investitionsgüterhersteller muß die Innovationsprozesse im Unternehmen steuern, koordinieren und durchsetzen, um im internationalen Innovationswettbewerb bestehen zu können. Diese **bereichsübergreifende, gesamtunternehmerische Aufgabe** übernimmt das **Innovationsmanagement**. Es umfaßt alle strategischen, taktischen und operativen Aufgaben zur Planung, Organisation und Kontrolle von Innovationsprozessen und zur Schaffung der erforderlichen Rahmenbedingungen (vgl. Pleschak/Sabisch 1996, S. 44, weitere Abhandlungen vgl. Trommsdorf 1990, Brockhoff 1995, Bierfelder 1989, Hauschildt 1993).

Auch die innovative Designtätigkeit muß in der Unternehmensstruktur verankert werden. Bei Unternehmen der Investitionsgüterindustrie, die sich bisher gar nicht oder nur am Rande mit Design beschäftigt haben, muß der **Weg für eine umfassende Implementierung der Designorientierung** geebnet werden. Die Anstöße zu diesem Implementierungsprozeß sollten zunächst vom Top Management ausgehen, das den Designgedanken grundsätzlich im Unternehmen einführen sollte (vgl. Mayer 1996, S. 202 f.). Ein design-orientiertes Innovationsmanagement sollte die Entwicklung von Designinnovationen im Investitionsgüterbereich unterstützen, mit den anderen Unternehmensbereichen koordinieren und eine entsprechende **Grundhaltung im Unternehmen** verbreiten. Es kann dabei Aufgaben des Designmanagements übernehmen oder sich für die Anstellung eines Designmanagers einsetzen. Das **Designmanagement** sollte in das Innovationsmanagement jedes Unternehmens **integriert** werden (vgl. Borja de Mozota 1990, S. 77). Unter Designmanagement versteht man die Planung, Realisation und Kontrolle von unternehmenszielorientierten, ganzheitlichen und langfristigen Designstrategien bzw. -maßnahmen sowie von projektbezogenen Designprozessen mit dem Ziel, Design als Erfolgs- und Wertschöpfungspotential zu nutzen (vgl. Spies 1993, S. 61 sowie Kapitel 6). Damit **über-**

schneiden sich die funktionalen Kernaufgaben des Design- und Innovationsmanagements. Im Blickfeld beider Managementbereiche sollte die **Generierung und Unterstützung von Produktinnovationen** durch den Kreativitätsfaktor **Design** stehen.

Aus der Sicht des Innovationsmanagements erhält das Produktdesign seine besondere Stellung durch seine **Wechselbeziehung und -wirkung mit den Bereichen Marketing und Technik** (vgl. Geyer 1987, S. 2f.). Indem das Produktdesign die Marktanforderungen und die technischen Determinanten im Produktentwicklungs- bzw. Designprozeß zu einem absatzfähigen Produkt vereinigt, übernimmt es eine **koordinierende und integrierende Funktion** beim Bemühen um eine **Ganzheitsbetrachtung** des Produktes (vgl. auch Schricker, 1980, S. 155). Innovations-Management ist daher „mit angewandter Kreativität zwischen Marketing, Design und Technik gleichzusetzen." (Geyer 1987, S. 24):

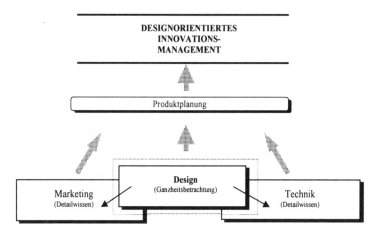

Abb. 1: Designorientiertes Innovationsmanagement
Quelle: angelehnt an Geyer 1987, S. 26

Zwei der **Kernaufgaben des Innovationsmanagements** sind dabei die Identifikation und Auswahl erfolgversprechender **Innovationsfelder** sowie die Entwicklung von **Innovationsstrategien** (vgl. Pleschak/Sabisch 1996, S. 44). Im Blickfeld des Innovationsmanagements stand bisher im Investitionsgütersektor die Technologieentwicklung als Antriebskraft für Innovationen (vgl. Rüdiger 1991, S. 37 ff.). Unter **Technologie** versteht man die praktische Anwendung von naturwissenschaftlich-technischem Wissen zur Realisierung der Leistungsmerkmale von Produkten (vgl. Servatius 1991, S. 56). Um eine Designorientierung bei dem bisher technologieorientierten Innovationsmanagement zu implementieren, muß verdeutlicht werden, daß **Industriedesign als Innovationsfeld und innovationsstrategischer Faktor** im Investitionsgütersektor dazu beiträgt, die Kernaufgaben des Innovationsmanagements zu lösen.

1.3 Zielsetzung der Untersuchung

Unternehmerisches Handelns ist darauf gerichtet, die Bedürfnisse der Nachfrager besser als die Konkurrenz zu befriedigen, um dadurch die eigene **Stellung im strategischen Dreieck dauerhaft zu stärken** (vgl. Backhaus 1992, S. 17 ff.). Industriedesign kann nur zum Innovationsfaktor für Investitionsgüter avancieren, wenn es in diesem Sinn einen **Beitrag zur Erlangung von Wettbewerbsvorteilen** leistet. **Zielsetzung der Arbeit** ist es daher aufzuzeigen, wie Investitionsgüter-Design zum Innovationsfaktor in diesem wenig design-orientierten Wirtschaftszweig werden kann und wie dadurch die Position des Investitionsgüterherstellers im Innovationswettbewerb gestärkt werden kann:

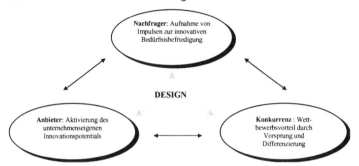

Abb. 2: Beitrag des Innovationsdesigns im strategischen Dreieck
Quelle: eigene Darstellung

Folgende Fragen liegen der Untersuchung deshalb als **Problemkatalog** zugrunde:

- Welchen Stellenwert kann Industriedesign im Innovationsprozeß von technikdominierten Investitionsgütern einnehmen?
- Welchen Einfluß übt Investitionsgüter-Design auf die Präferenzbildung bei der industriellen Kaufentscheidung aus? Welche Besonderheiten sind im Hinblick auf eine zielgruppenadäquate Marktbearbeitung zu beachten?
- Wie lassen sich im Vorfeld des Produktentwicklungs- und Designprozesses die Designinnovationspotentiale unterschiedlicher Investitionsgüter bewerten?
- Mit welchen Designstrategien kann der Investitionsgüterhersteller Wettbewerbsvorteile erwirken und mit welchen Designprinzipien lassen sich die strategischen Zielpositionen umsetzen ?
- Welche Suchfelder können als Quellen für Designinnovationen im Investitionsgüterbereich dienen?
- Wie wird der Designmanagementprozeß personell umgesetzt und effizient organisiert?

Die Beantwortung der forschungsleitenden Fragen wird von folgender **Zielsetzung** moderiert:

- Die Einbeziehung von Produktdesign in die Innovationsentwicklung von Investitionsgütern soll einen Meilenstein zu einer **design-orien-**

tierten **Sichtweise** des bisher stark technisch determinierten **Innovationsmanagements** dieser Güter setzen.

- **Theoretische Grundlagen** sollen erarbeitet werden, die Investitionsgüter-Design in den verdienten betriebswirtschaftlichen Zusammenhang stellen.
- **Pragmatisch-systematisierende Ansätze** sollen der Wirtschaftspraxis aufzeigen, wie Industriedesign zum Innovationsfaktor der technikdominierten Warengruppe der Investitionsgüter avancieren kann.
- Dazu sollen **Werkzeuge** zur Bewertung von Designinnovationspotentialen erarbeitet werden.
- **Strategieansätze** zum Einsatz von Industriedesign sollen für die spezifische Warengruppe der Investitionsgüter entwickelt werden.
- Designbedingte **Innovationspotentiale** sollen konkret aufgezeigt werden. Dazu sollen **Suchfelder generiert und analysiert** werden, die den Suchprozeß für den Investitionsgüterhersteller systematisieren und die Entwicklung von Designinnovationen erleichtern.
- Es sollen **Empfehlungen** zum personellen und organisatorischen Management des Designprozesses ausgesprochen werden, die auch dem design-unerfahrenen Entscheider im Investitionsgüterunternehmen die Initiierung des Designprozesses ermöglichen.
- **Schlußfolgerungen** für Theorie und Wirtschaftspraxis sollen abgeleitet werden.

Dazu wurde folgender Untersuchungsansatz gewählt:

1.4 Methodik und Gang der Untersuchung

Bei dem Thema „Industriedesign als Innovationsfaktor für Investitionsgüter" handelt es sich um einen wenig strukturierten, schwer quantifizierbaren Forschungsgegenstand. Die Lösung derartiger Untersuchungsstrukturen ist mit vielen Operationalisierungsschwierigkeiten und Problemen der isolierten Wirkungszuordnung behaftet, so daß ein **qualitativer Forschungsansatz** als sachadäquat anzusehen ist (vgl. Backhaus 1996 a, S. VII).

„Qualitative Daten sind ein ideales heuristisches Forschungsfeld" (Kleining 1994, S. 7). **Heuristik** (von heuriskein (gr.) = systematisch suchen; vgl. Umminger 1990, S. 17) wird als „Wissenschaft vom Entdecken und Erfinden" (Draeger 1991, S. 123) oder als „Theorie der Methode des Aufgabenlösens" (Braun/Radermacher 1978, S. 242) bezeichnet. Heuristische Modelle tragen dabei zur Lösung komplexer Probleme bei, indem durch Bildung von Erklärungsansätzen die Anschaulichkeit und Transparenz des Untersuchungsobjektes erhöht wird (vgl. Klein 1971, S. 47). Sie zeigen, wie man aus der Abfolge gedanklicher Schritte zu einem Ergebnis gelangt (vgl. Koppelmann 1993, S. 382). Durch die Entwicklung von Prinzipien wird dabei der Ablauf eines Entscheidungsproblems gesteuert (vgl. Dinkelbach 1983, Sp. 2052). Zu den heuristischen Prinzipien zählen beispielsweise die Variation der Problemstellung und die Zerlegung in Teilprobleme (vgl. Blasche et al. 1984, S. 100). Die Zerlegung des Gesamtproblems in Teilprobleme ist ein häufig angewandtes Verfahren, das auch hier die Zielsetzung verfolgt, über die schrittweise Lösung der Teilprobleme zu einer Lösung der Gesamtproblematik zu gelangen (vgl. Heinen 1991, S. 43). Das hier vorliegende, zu untersuchende Gesamtproblem besteht in der Entscheidungsfindung des Innovationsmanagers darüber, ob und wie Industriedesign bei Investitionsgütern als Innovationsfaktor marktorientiert eingesetzt werden kann.

Heuristische Prinzipien lassen sich mit der Methode der **Hermeneutik** entwickeln (vgl. Koppelmann 1993, S. 382, vgl. Kleining S. 181), die hier die forschungsleitende Strategie darstellt. Eine Methode umfaßt die gesamte Vorgehens- und Verfahrensweise von der Definition bis zur Lösung des Problems (vgl. Maser 1992, S. 155). Der Begriff Hermeneutik leitet sich vom griechischen Wort „hermeneuein" (= aussagen, auslegen, übersehen) ab (vgl. Lamnek 1988, S. 65) und bezeichnet ursprünglich die Lehre von der Auslegung von Texten (vgl. Braun/Rademacher 1978, S. 228). Die Hermeneutik wird auch als Methode bzw. Kunstlehre des Verstehens bezeichnet. „Hermeneutisches Verstehen bezieht sich auf das Erfassen menschlicher Verhaltensäußerungen und Produkte" (Lamnek 1988, S. 65). Die Methode des Verstehens beruht auf der Annahme, daß der Forschende aufgrund eines gewachsenen Vorverständnisses zu einem erhöhten Urteilslevel gelangt und sich dadurch zu verstehenden und interpretierenden Aussagen über das zu untersuchende Thema qualifiziert (vgl. Geldsetzer 1989, S. 127 ff.). Höheres Verstehen wird durch eine zirkel- oder spiralförmige Bewegung erreicht, bei der sich Teil und Ganzes, Vorverständnis und zu Verstehendes sowie Theorie und Praxis gegenseitig erhellen (vgl. Lamnek 1988, S. 82).

Forschungsbegleitend wurden zur Absicherung und Erweiterung des Forschungsansatzes leitfadengestützte **Expertenbefragungen** im Feld vorgenommen. Unter Experten versteht man Personen, die im Hinblick auf den interessierenden Sachverhalt als „Sachverständige" in besonderer Weise kompetent und darüber hinaus befähigt sind, mit diesem Fachwissen verständig und reflexiv umzugehen (vgl. Deeke 1995, S. 9). Eine Befragung bzw. ein Interview ist ein „planmäßiges Vorgehen mit wissenschaftlicher Zielsetzung, bei dem die Versuchsperson durch eine Reihe gezielter Fragen oder mitgeteilter Stimuli zu verbalen Reaktionen veranlaßt werden soll" (Scheuch 1967, S. 138 zitiert nach Friedrichs 1990). Der empirisch-analytische Zugang zum untersuchungsrelevanten Wissen kompetenter Personen erfordert einen relativ offenen kommunikativen Prozeß, in dem zusammen mit dem Befragten der interessierende Sachverhalt erkundet wird (vgl. Deeke 1995, S. 19). Entsprechend der vorgeschlagenen Vorgehensweise beim systematisierenden Experteninterview (vgl. Vogel 1995, S. 74) diente ein grobstrukturiertes Fragenschema als Leitfaden (vgl. auch Intensiv- bzw. Tiefeninterview bei Friedrichs 1990, S. 224). Dieser Interview-Leitfaden sollte garantieren, daß alle forschungsrelevanten Themen diskutiert werden und zumindest eine rudimentäre Vergleichbarkeit der Interviewergebnisse gewährleistet ist (vgl. den Leitfadenfragebogen am Ende der Arbeit). Der Vorteil des sogenannten Leitfadengesprächs besteht im Gegensatz zur standardisierten Befragung darin, daß die offene Gesprächsführung den Antwortspielraum erhöht und der Interviewer die Anordnung der Fragen an die Bedürfnisse des Befragten anpassen kann (vgl. Schnell/Hill/Esser 1989, S. 294 f. u. 352 f.). Bedingt durch das Fachwissen der Befragten wurden über den Fragenkatalog hinaus Themenkomplexe diskutiert, die der Experte im Untersuchungszusammenhang für relevant hielt (vgl. Schnell/Hill/Esser 1989, S. 295). Die Befragung erfolgte mündlich in persönlichen Einzelgesprächen und in einem Fall telefonisch.

Die **Auswahl der Experten** richtet sich nach dem Untersuchungsgegenstand und dem damit verbundenen theoretisch-analytischen Ansatz (vgl. Deeke 1995, S. 7/11). Industriedesigner können im Rahmen der hier angestrebten Untersuchung als feldpolitische Schlüsselpersonen angesehen werden. Ausgewählt wurden solche Fachleute, die bereits mit Gestaltungsarbeiten im Investitionsgüterbereich vertraut sind. Diese Berufsgruppe verfügt über einen großen Erfahrungsschatz mit unterschiedlichen Investitionsgütern und hat, bedingt durch die auftragsabhängige Verschiedenheit der Gestaltungstätigkeit, einen breiten Überblick über die Chancen und die Probleme innovativen Investitionsgüter-Designs. Industriedesignern kann daher in bezug auf den zu erforschenden Untersuchungsgegenstand besondere Kompetenz und damit der Expertenstatus zugesprochen werden. Darüber hinaus wurde versucht, aus der Perspektive des Konstrukteurs weiteres Expertenwissen in den Forschungsansatz einfließen zu lassen. Allerdings war die Gesprächsbereitschaft bei Investitionsgüterherstellern, die wenig Erfahrung mit Industriedesign haben, eher gering. Weiterhin konnte auf das Expertenwissen von Fachprofessoren zurückgegriffen werden (vgl. Expertenverzeichnis).

Das hermeneutische Vorgehen zur Ableitung von Heuristiken in Verbindung mit absichernden und weiterführenden Experteninterviews bilden den wissenschaftstheoretischen Rahmen und begleiten die Untersuchung als übergreifende Forschungsstrategie. Die einzelnen Kapitel weisen zur Lösung der darin diskutierten Teilprobleme weitere methodische Techniken auf, die im Rahmen der nachfolgend erläuterten Gliederungsschritte zusammenfassend und in den einzelnen Kapiteln vertiefend dargelegt werden. Die Abbildung 3 zeigt den **Gang der Untersuchung** im Überblick (siehe Abb. 3).

Nachdem in **Kapitel 1** das Thema und der konzeptionelle Ansatz erläutert wurden, widmet sich das **Kapitel 2** den theoretischen Grundlagen des Investitionsgüter-Designs. Eine design-theoretische Fundierung bildet den Ausgangspunkt für die Erörterung der Thematik. Die primär objektorientierte Designtheorie wird mit der entscheidungsorientierten Theorie des Investitionsgütermarketings verbunden, um so den Einfluß des Investitionsgüter-Designs auf die Kaufentscheidung zu verdeutlichen. Besonderheiten der industriellen Nachfrage als Bestimmungsfaktor des Investitionsgüter-Designs werden durchleuchtet. Abschließend wird Industriedesign im Innovationsprozeß von Investitionsgütern betrachtet.

Kapitel 3 beschäftigt sich mit der Bewertung des einzelproduktspezifischen Designinnovationspotentials von Investitionsgütern. Eine

Entscheidungsheuristik soll den Einsatz des Innovationsfaktors „Design" im bisher wenig design-orientierten Investitionsgütersektor erleichtern. Die Warenvielfalt auf Investitionsgütermärkten wird zunächst nach der typologischen Methode morphologisch differenziert und nach ihrer Designrelevanz geordnet. Auf dieser Grundlage wird ein Entscheidungsschema aufgestellt, das den Entscheidungsprozeß in grobe Schritte zerlegt und damit gedanklich transparent macht. Die einzelnen Entscheidungskriterien geben Aufschluß über die investitionsgüterspezifischen Designinnovationspotentiale. Sie werden in einem pragmatischen Differential so geordnet, daß die Pole „hohes bzw. niedriges Designinnovationspotential" entstehen. Die so operationalisierte Bewertung des Designinnovationspotentials soll den Ausgangspunkt für das weitere design-strategische Vorgehen bilden.

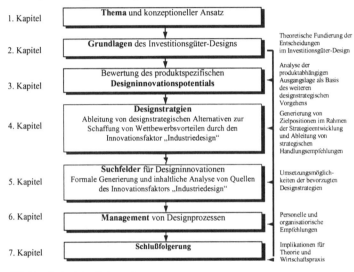

Abb. 3: Verlauf der Untersuchung
Quelle: eigene Darstellung

Das **Kapitel 4** widmet sich einer der Kernaufgaben des Innovationsmanagements: der Entwicklung von Designstrategien zur Schaffung von Wettbewerbsvorteilen. Damit bestimmt die konkurrenzorientierte Perspektive die Überlegungen dieses Kapitels. Einleitend wird ausgeführt, wie Designstrategien in den unternehmerischen Kontext integriert werden sollten und welchen Beitrag das Corporate-Identity-Konzept zur wettbewerbsorientierten Designstrategie leistet. Die strategischen Basisentscheidungen werden danach isoliert analysiert, um Implikationen für die Entwicklung von investitionsgüterspezifischen Designstrategien abzuleiten. Als Ergebnis können vier wettbewerbsorientierte Designstrategien mit unterschiedlichen design-strategischen Zielpositionen hergeleitet werden. Designprinzipien verweisen abschließend auf allgemeine Gestaltungsgrundsätze zur Erreichung der bevorzugten Zielpositionen.

In **Kapitel 5** wird der im Innovationsmanagement wichtige Themen-komplex der Innovationsfelder behandelt. Indem hier gezeigt wird, durch welche Quellen Industriedesign zum Innovationsfaktor avancie-ren kann, werden gleichzeitig Wege zur Etablierung der bevorzugten Designstrategien dargelegt. In diesem Kapitel werden Suchfelder für Designinnovationen im Investitionsgütersektor generiert und analysiert. Nach der Methode der Suchfeldanalyse werden dazu mögliche Impuls-bereiche für Designinnovationen gesammelt. Der Impulsbereich „Pro-dukt-Mensch-Interaktion" wird nach den Kriterien der Objekt-, Sub-jekt- und Interaktionsbezogenheit in abstrakte Suchfelder strukturiert, die der Investitionsgüterhersteller als formales Suchgerüst heranziehen kann. Sie werden inhaltlich in bezug auf das Innovationspotential im Investitionsgütersektor untersucht und mit Beispielen belegt. Mit der Einbeziehung konkreter Impulsbereiche wird die Suchperspektive erweitert und die formale Suchfeldsystematik wird über eine Kombinat-ions-Matrix zu einem Instrument der inhaltlichen Suchfeldanalyse weiterentwickelt. Auf dieser Grundlage werden die Impulsbereiche „Ar-chitektur" und „Konsumgüterdesign" analysiert, anmutungshafte Suchfelder für Designinnovationen abgeleitet und an Beispielen aus dem Investitionsgütersektor konkretisiert. Die Beispielmethode, die hier im wesentlichen auf der Verbindung von Bild und dieses Bild interpre-tierenden Text beruht, eröffnet zusammen mit der wirtschaftlichen Aus-legung „eine spezifische Einsicht in die Genese von Waren-Welten, als zumindest beschreibbares, schließlich aber auch theoretisierbares Ver-fahren, wie sich Produkte gestalten lassen" (Leitherer 1991, S. 5).

Das **Kapitel 6** beschäftigt sich mit dem Management des Design-prozesses im Investitionsgüterunternehmen. Möglichkeiten der orga-nisatorischen Einbindung von Design und Designmanagement und der personellen Umsetzung des Designprozesses werden diskutiert und Empfehlungen für den design-unerfahrenen Investitionsgüterhersteller ausgesprochen.

Im Mittelpunkt **des Kapitels 7** stehen die Schlußfolgerungen aus den Untersuchungsergebnissen für Theorie und Wirtschaftspraxis.

Im folgenden sollen zunächst die design-theoretischen Grundlagen vorgestellt werden, die die Basis für design-spezifische Entscheidungen im Investitionsgütersektor bilden (Abschnitt 2.1.). Anschließend werden die design-relevanten Besonderheiten der industriellen Nachfrage erläutert und diese auf ihre Bedeutung für das innovative Investitionsgüter-Design untersucht (Abschnitt 2.2). In Abschnitt 2.3 wird Industriedesign im Innovationsprozeß von Investitionsgütern betrachtet. Kapitel 2 soll den Einfluß des Industriedesigns auf das Entscheidungsverhalten beim Erwerb von innovativen Investitionsgütern verdeutlichen. Es zeigt damit die Notwendigkeit auf, eine Designorientierung im Innovationsmanagement von Investitionsgütern zu implementieren.

2.1 Design-theoretische Grundlagen für Entscheidungen im Investitionsgüter-Design

Das folgende Kapitel widmet sich der Begriffsbestimmung und Einordnung bzw. Abgrenzung von Industriedesign zu anderen Unternehmensbereichen sowie der Vorstellung verschiedener design-theoretischer Ansätze, die zu der hier vertretenen Designauffassung zusammengeführt werden.

2.1.1 Designtheorie als Bestandteil des Investitionsgüter-Marketing

Der Erkenntniskomplex des Industriedesigns ist bisher sowohl in der Theorie als auch in der betrieblichen Praxis hauptsächlich für den Konsumgütermarkt erörtert worden (vgl. auch Geipel 1990, S. 120). Somit handelt es sich bei der Anwendung des Industriedesigns auf das Gebiet der Investitionsgüter um einen relativ unerforschten Untersuchungssachverhalt. Es stellt sich daher die Frage, ob die anschließend dargestellten design-theoretischen Grundlagen sowie der darauf basierende Einsatz von Instrumentarien des Industriedesigns für die hier zu behandelnde Thematik Geltung besitzen.

Die Literatur zum **Investitionsgütermarketing** diskutiert diese Fragestellung indirekt, da hier die Übertragbarkeit von absatzpolitischen Maßnahmen des Konsumgütermarketing im allgemeinen behandelt wird. Das Industriedesign stellt als Teilbereich der Produktpolitik einen wichtigen Baustein des Marketing-Mixes dar (vgl. hierzu auch 2.1.3.1). Die vorherrschende Meinung in der Literatur unterstützt die Auffassung, daß ein Transfer der absatzpolitischen Einsatzmöglichkeiten für Konsumgüter auf Investitionsgüter möglich, sinnvoll und zulässig ist (vgl. Engelhardt/Witte 1990, S. 8, Leitherer 1989, S.34). „Das Instrumentarium des Investitionsgüter-Marketing unterscheidet sich nicht grundsätzlich von dem des Konsumgüter-Marketing." (Engelhardt/Günter 1981, S. 15). Der wesentliche Unterschied zum Konsumgütermarketing besteht darin, daß die Nachfrager von Investitionsgütern nicht Letztverbraucher, sondern Organisationen sind (vgl. Backhaus 1992, S. 7).

Damit ist auch eine Übertragung der design-theoretischen Erkenntnisse auf den Investitionsgütersektor gerechtfertigt. Die Zulässigkeit beruht insbesondere auf einer spezifischen Gemeinsamkeit zwischen dem

Investitions- und Konsumgütermarketing – eine Übereinstimmung, die gleichzeitig den wichtigsten Forschungsgegenstand des Industriedesigns ausmacht: die zentrale Stellung der **Bedürfnisse der Nachfrager bzw. Konsumenten.** Die Hersteller von Investitionsgütern stehen wie die Anbieter von Konsumgütern vor dem Problem, die Bedürfnisse ihrer Nachfrager zu erkennen und besser als die Konkurrenz zu befriedigen (vgl. Engelhardt/Witte 1990, S. 5).

Leitherer schlägt vor, den Terminus „Bedürfnis" im Fall der Investitionsgüternachfrage durch den Begriff „Zweck" zu ersetzen (vgl. Leitherer 1989, S. 34). Diese Differenzierung könnte jedoch irreführen, da mit dem Begriff „Zweck" bzw. mit der Erfüllung eines Zweckes durch ein Produkt (im Gegensatz zur Befriedigung eines Bedürfnisses durch ein Produkt) in erster Linie die rationale Komponente des Kaufes betont wird. Unumstritten ist aber, daß auch beim Kauf von Investitionsgütern emotionale Aspekte eine wesentliche Rolle spielen (vgl. Engelhardt/ Witte 1990, S. 6). Die Vorstellung vom sich rational verhaltenden Einkäufer, der mit knappen Mitteln bestimmte Ziele realisiert, scheint zu eingeschränkt. Obgleich bei der Kaufentscheidung für Investitionsgüter erwerbswirtschaftliche Gesichtspunkte überwiegen, wird das Kaufverhalten doch durch eine Reihe von Einflußfaktoren persönlicher, organisationaler u. ä. Art relativiert (vgl. Kuß 1990, S. 24 und Abschnitt 2.2.3.1). Hier wird insofern der konsumtive Bedürfnisbegriff im Sinne eines Mangelempfindens vorgezogen, als auch beim Investitionsgütererwerb neben zweckgebundenen ästhetische und soziale Bedürfnisse eine wesentliche Rolle spielen. Auch Backhaus spricht im Rahmen des Investitionsgütermarketing von den Bedürfnissen der Nachfrager, ergänzt den Terminus aber in Klammern um den Begriff „Probleme" (vgl. Backhaus 1992, S. 17). Die spezifische Problemstellung des organisationalen Kaufverhaltens darf allerdings nicht außer acht gelassen werden (vgl. insbesondere auch 2.2.3.2).

Die Theorien und Instrumentarien des Industriedesigns auf den Investitionsgütersektor zu übertragen und damit die Bedürfnisse der Zielgruppe zu berücksichtigen tragen entscheidend dazu bei, die Wettbewerbsfähigkeit des Investitionsgüterherstellers zu stärken.

2.1.2 Wesensbestimmung des Begriffs Industriedesign

Der Ursprung des Begriffes „Design" geht auf das lateinische Wort „designare" zurück, das sich aus der Präposition „de" und „signum" (Merkmal, Zeichen) zusammensetzt. Guidot übersetzt den Terminus „designare" außer mit „kennzeichnen", „skizzieren", „darstellen" u.ä. auch mit „etwas Ungewöhnliches schaffen", was eine Verbindung zwischen Design und dem Inhalt der Innovation impliziert (vgl. Guidot 1994, S. 11). Im Angelsächsischen existiert der Terminus sowohl als Substantiv (design), was übersetzt „Entwurf, Zeichnung, Muster, Konstruktion, Ausführung" heißt, als auch als Verb (to design), was „entwerfen, skizzieren, gestalten, strategisch verfahren" bedeutet (vgl. Flusser 1993, S. 13).

Der Ausdruck „Design" erschien in England im 16. Jahrhundert als Übersetzung des italienischen Begriffs „disegno", kennzeichnete aber erst im 19. Jahrhundert im Zuge des industriellen Fortschritts und mit Einführung der „School of Design" eine spezielle Tätigkeit im Prozeß der Produktentwicklung (vgl. Bomfim 1988, S. 10). Mit der industriellen Revolution und der damit verbundenen fortschreitenden Arbeitsteilung begann man mit der Trennung von Entwurf und Herstellung (vgl. Bürdek 1991, S. 19). Auf dieser Grundlage entwickelte sich eine Disziplin, die man später Industrial Design bzw. Industriedesign nannte (zur Geschichte des Designs vgl. z.B. Selle 1987, Walker 1992 oder Guidot 1994).

Auf eine detaillierte Abhandlung der Definitionsansätze zum Design-Begriff kann an dieser Stelle nur verwiesen werden (vgl. dazu Felber 1984, S. 5 ff., Escherle 1986, S. 31 ff., Kicherer 1987, S. 21 ff., Wieselhuber 1981, S. 6 ff., Löbach 1976, S. 15 ff., Müller-Krauspe 1966, S. 26 ff., Müller-Krauspe 1968, S. 30 ff.). In Abhängigkeit vom Standpunkt des Betrachters, der das Phänomen Design z. B. in kulturell-normativer, technisch-konstruktiver, künstlerischer, produktions- oder absatzwirtschaftlicher Weise interpretieren kann, gibt es eine Fülle von subjektiven Begriffsdefinitionen, wobei die umgangssprachliche Prägung des Begriffs „Design" die Begriffsunsicherheit noch erhöht (vgl. Wieselhuber 1981, S. 6 und Löbach 1976, S. 9 f.). Die Interdisziplinarität des Industriedesigns (vgl. Maier 1977, S. 146 und Kicherer 1987, S. 51 ff.) hat zur Folge, daß man verschiedene, teils auch widersprüchliche Sichtweisen wählen kann, die zu unterschiedlichen Definitionsversuchen führen. Auch das Studium der einschlägigen betriebswirtschaftlichen Designliteratur verschafft keine Klarheit im Sinne einer eindeutigen Definition des Begriffs (vgl. Otto 1993, S. 20 und Kicherer 1987, S. 24 ff.). Die folgende Abbildung gibt einen Überblick über die verschiedenen Sichtweisen von Design, die sich nach übergeordneten Unterscheidungskriterien klassifizieren lassen. Im Rahmen dieser Untersuchung wird die objekt- und produktorientierte Sichtweise im Vordergrund stehen, da Ausgangspunkt aller Überlegungen die Gestaltbarkeit der Produktkategorie „Investitionsgüter" ist.

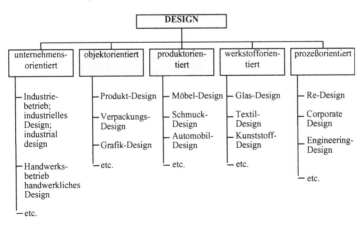

Abb. 4: Zuordnungskriterien, Sichtweisen und Auffassungen von Design
Quelle: Wieselhuber 1981, S. 8

Unter Industrie- oder Produktdesign versteht man im Hinblick auf die Art der Fertigung die **Gestaltung der wahrnehmbaren und erkennbaren Qualität industriell hergestellter Güter** (vgl. Leitherer 1982, S. 301). Allerdings kann die industrielle Herstellung von Investitionsgütern produktabhängig gewisse Charakteristiken des Handwerks aufweisen, da bei Auftragsfertigung die Merkmale der Konsumgüterproduktion (große Anzahl und Anonymität der Nachfrager sowie Verwirklichung des Massenprinzips) nicht gewährleistet sind. Die Anwendbarkeit des Begriffs Industriedesign setzt aber nicht die Produktion umfangreicher Serien voraus (vgl. Geipel 1990, S. 33 f. u. S. 93). Oftmals übt der Käufer des Investitionsgutes sogar Einfluß auf die Gestaltung des Produktes im Sinne einer „maßgeschneiderten Problemlösung" aus (vgl. Arbeitskreis-Marketing 1977, S. 40).

Unabhängig davon, ob es sich um Einzel- oder Massenproduktion handelt, ist das entscheidende Merkmal des Industriedesigns, daß es sich immer auf die **Beziehung Produkt-Mensch**, also auf die Subjekt-Objekt-Interaktion, richtet (vgl. Kicherer 1987, S. 24, Wieselhuber 1981, S. 7 bzw. 13 ff. sowie VDI/VDE 1986, S. 3 ff.).

Abb. 5:   Industriedesign zwischen Produkt und Mensch
          Quelle: eigene Darstellung

Diese „Subjekt-Objekt-Relation" ist von zwei Blickrichtungen zu betrachten. Auf der einen Seite geht es um die **Anpassung der gegenständlichen Umwelt an die Bedürfnisse des Menschen** (vgl. Löbach 1976, S. 12). Auf der anderen Seite interessiert die **Wirkung des Produktes** auf den Menschen, der es sinnlich wahrnimmt.

Produkte übernehmen in der Beziehung Produkt-Mensch die Aufgabe, die organischen Mängel des Menschen auszugleichen und in allen Lebensbereichen zur Lösung der dem „Mangelwesen" Mensch anhaftenden Probleme beizutragen. Kapp begreift Produkte auf der Grundlage einzelner anthropologischer Theorien als Organprojektion (vgl. Kapp 1877, S. 252 ff. u. S. 241 ff.). Die Hand ist dabei das Werkzeug par exellence und alle von ihr geführten Werkzeuge sind eine Weiterentwicklung der Hand als Greif-, Tast- und Drückorgan, die dem Überleben des Menschen in seiner feindlichen Umwelt dienen. Gehlen unterteilt die Funktion der Produkte dabei in Organersatz (z. B. Hammer), Organentlastung (z. B. Brille), Organüberbietung (z. B. Auto) (vgl. Gehlen 1961, S. 93 ff). Produkte haben absatzpolitisch gesehen die Bestimmung, optimale Problemlösungen für den Kunden zur Befriedigung seiner spezifischen Bedürfnisse zu gewährleisten (vgl. auch Sabisch 1991, S. 21). Der Betrachter muß diese Eignung des Produktes zur Bedürfnisbefriedigung sinnlich wahrnehmen und kognitiv erkennen. Daher stehen die sinnlichen Wahrnehmungen und Wirkungen des Produktdesigns auf den Betrachter im Blickfeld des absatzwirtschaftlichen Interesses.

Damit stellen **Wahrnehmung und Verwendung** von Produkten, also die Anpassung des Objektes an das Subjekt und die Wirkung des Objektes auf das Subjekt, den zentralen Aufgabenbereich des Designers dar. Mit diesen beiden Subjekt-Objekt-Beziehungen tritt der Kunde über seine Sinnesorgane mit dem Produkt in Kontakt (vgl. Wieselhuber 1981, S. 19). **Erkenntnisgegenstand des Industriedesigns sind also diejenigen Mensch-Produkt-Beziehungen, die über unsere Wahrnehmungskanäle, d.h. über unsere Sinne vermittelt werden** (vgl. Gros 1983, S. 62).

2.1.3 Abgrenzung und Einordnung des Tätigkeitsfeldes Industriedesign

2.1.3.1. Industriedesign als Bestandteil der Produktpolitik

Die Produktpolitik stellt einen der Aktionsbereiche des Marketing-Mixes dar. Unter Marketing-Mix versteht man die Anzahl und die Art der Marketing-Instrumente, die ein Unternehmen zu einem bestimmten Zeitpunkt zum Einsatz bringt. Die auf McCharty zurückgehende Klassifikation der Instrumente in die „four Ps" (product, place, promotion, price) ist weit verbreitet. (vgl. Kotler 1989, S. 225 u. S. 92 ff.). Das **Industriedesign als Teilbereich der Produktpolitik** bildet ein Marketinginstrument, das dem Unternehmen zur zielgruppenorientierten Marktbearbeitung und -beeinflussung dient. „Die Produktpolitik eines Unternehmens umfaßt alle Maßnahmen zur technischen und wirtschaftlichen Gestaltung von Produkten sowie zur Sicherung bzw. Erhöhung der Wettbewerbsfähigkeit der betrieblichen Produkte im Markt (Marktgestaltung für Produkte)" (Sabisch 1991, S. 53; Gesamtdarstellungen zur Produktpolitik bieten z. B. Sabel 1971, Koppelmann 1993, Brockhoff 1988, Hansen/Leitherer 1984, Hüttel 1988; zur innovativen Produktpolitik siehe auch Kramer 1987).

Die Zielsetzung der Produktpolitik richtet sich auf die Maximierung des Unternehmensgewinnes und die Stärkung der Wettbewerbsfähigkeit; deren Umsetzung kann durch produktpolitische Maßnahmen auf strategischer, taktischer und operationaler Ebene erfolgen. Die Operationalisierung der Ziele sollte sich dabei nicht nur auf eine passive Anpassung an die Bedürfnisse des Kunden, an die Wettbewerbsbedingungen und die technologische Entwicklung beschränken, sondern einen aktiven und zielgerichteten Beitrag zur Marktbearbeitung und -beeinflussung leisten (vgl. Sabisch 1991, S. 53 f.).

Stellt man die absatzwirtschaftliche Konzeption der Produktpolitik in den Vordergrund der Betrachtung, so lassen sich die Ziele der Produktpolitik unter die strategischen Absatzziele subsumieren, die sich zum einen auf die quantitative Seite von Bedarfen richten (Bedarfskreation, -partizipation und -expansion) und zum anderen den qualitativen Bestandteil der Bedarfsformung umfassen (vgl. dazu Leitherer 1989, S. 54 f.). Das Unternehmen sollte diese Ziele durch praktische Konkretisierung auf taktischer Ebene und mittels geeigneter produktpolitischer Instrumente auf operationaler Basis umsetzen. Die Produktpolitik erhält als wichtigster Bestandteil des Marketing-Mixes eine Schlüsselstellung in der Politik der Unternehmung (vgl. Sabisch 1991; S. 53; ähnlich Sabel 1971, S. 47 u. 49). Diese Sonderstellung gegenüber den anderen absatzpolitischen Instrumenten ist insbesondere damit zu begründen, daß auch die anderen Marketing-Instrumente sich auf das Produkt beziehen und durch dessen Gestalt beeinflußt werden (vgl. Mayer 1993, S. 11).

Die folgende Abbildung zeigt eine Übersicht über die produktpolitischen Handlungsalternativen der Unternehmung:

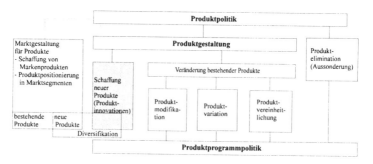

Abb. 6: Produktpolitische Alternativen
Quelle: Sabisch 1991, S. 55; die Schraffierung wurde von der Verfasserin
ergänzt

Ein wichtiger Teilbereich der Produktpolitik ist die Produktgestaltung. Die Abgrenzung der Begriffe Produktpolitik und Produktgestaltung wird in der Literatur sehr uneinheitlich behandelt, oftmals werden sie synonym verwendet (vgl. z.B. die Ausführungen von Schmitz-Maibauer 1976, S. 21). Folgt man dem Differenzierungsgedanken, so lassen sich folgende Unterschiede feststellen: Die Produktpolitik unterscheidet sich in zeitlicher Hinsicht von der Produktgestaltung, da sie langfristiger wirkt. Bezogen auf den Grad der Bestimmtheit ist die Produktpolitik von grundsätzlicherer und rahmengebender Natur (vgl. Kammerer 1988, S. 16). Aus der Perspektive der betrieblichen Praxis gesprochen, könnte eine Differenzierung insofern sinnvoll sein, als die produktpolitischen Grundsätze die Richtlinie für das gesamte Produktprogramm, das einer übergreifenden Planung bedarf, angeben. Bei der Produktgestaltung geht es eher um die einzelnen Produkte, die die verschiedenen Produktmanager betreuen und die sich in das gesamte produktpolitische Programm einfügen sollten.

Die **Produktgestaltung** beschäftigt sich insbesondere mit der Schaffung von Produktinnovationen und der Veränderung der Gestaltung bestehender Produkte (Produktmodifikation, Produktvariation und Produktvereinheitlichung) (vgl. Sabisch 1991, S. 54 ff.). Es geht hier also um produktgestalterische Maßnahmen zu verschiedenen Zeitpunkten des Lebenszyklus' eines Produktes. Das entscheidende Instrument der Produktpolitik bilden Produktinnovationen (vgl. Sabisch 1993, S. 21,

Sabisch 1996, S. 15). „Die Schaffung neuer Produkte durch Produktin-novationen ist die umfassendste Form der Produktgestaltung und be-inhaltet grundlegende Veränderungen der bisher angebotenen Pro-blemlösungen" (Sabisch 1996, Sp. 1443).

Das **Industriedesign** ist jener Teilbereich der Produktgestaltung, der sich mit der **konkret-physischen Gestaltung des einzelnen Produktes**, insbesondere dem Hinzufügen und Weglassen von Produkteigenschaf-ten, befaßt. Das Industriedesign hat die Aufgabe, mittels Einsatz geeig-neter Gestaltungsinstrumente (vgl. dazu auch 2.1.5) die Marktwirkung eines Produktes zu steigern, indem sein äußeres Erscheinungsbild die sinnliche Wahrnehmung des Betrachters positiv berührt und zum Kauf anregt (vgl. Sabisch 1991, S. 73). Versteht man den Bedarf als Summe von Bedürfnis und Kaufkraft, so handelt es sich beim Industriedesign um einen betrieblichen Aktionsbereich, mit dem die Unternehmung in erster Linie die Bedürfniskomponente des Bedarfs beeinflußt. Es ist dar-auf gerichtet, den Mangel, den der Kunde subjektiv empfindet, zu be-seitigen (vgl. Leitherer 1989, S. 17 u. 47).

2.1.3.2 Vernetztheit von Industriedesign und Konstruktion

Grundsätzlich basiert die Entwicklung eines Produktes auf den beiden Säulen der technisch-konstruktiven und der design-orientierten Gestal-tung (vgl. Geipel 1990, S. 31). „Entwerfen hat (neben vielen anderen) konstruktive und gestalterische Aspekte ... Meist sind die Produkte (je-doch) sowohl technisch, als auch gestalterisch geprägt (von der Kaffee-maschine bis zum Kraftfahrzeug), und es findet eine intensive Zusam-menarbeit mit anderen beteiligten Disziplinen statt (...)"(Jonas 1994, S. 12 u. 28).

Die technischen (d.h. die konstruktiven) Verfahren, die sich – vom Kunden oft nicht wahrnehmbar – im „Inneren" des Produktes befin-den, unterscheiden sich von der äußeren, sichtbar gestalteten, wahrzu-nehmenden Gebrauchstechnik (vgl. Abschnitt 2.1.4.2) des Produktes insofern, als sie das Rationale, Meßbare und Berechenbare bei der Ent-wicklung und Gestaltung von Objekten darstellen. Der Ingenieur oder Konstrukteur berücksichtigt die Anforderungen der Kunden bei der technischen Produktentwicklung nur bedingt (vgl. Wieselhuber 1981, S. 29). Die Hauptverantwortung des Konstrukteurs bezieht sich auf das **Finden einer technisch funktionstüchtigen Lösung** (vgl. Uhlmann 1995, S. 27). Diese ingenieurstechnische Ebene muß der Industriedesigner im Rahmen der Materialisierung des Produktes in eine **markante Formen-sprache** übersetzen und so gestalten, daß der Verwender ohne Anstren-gung fähig ist, das Produkt zu **bedienen**. Der Designer ist verantwort-lich für die letztendlich „psychische Wirkungsdimension von Technik" (Uhlmann 1994, ohne Seitenbezeichnung).

Die starke Vernetztheit von Industriedesign und Konstruktion im Produktentwicklungsprozeß erfordert eine **frühzeitige Koordination** der Disziplinen und **eine enge Kooperation** der am Innovationsprozeß Be-teiligten (vgl. Abschnitt 2.3.3). Konstruktion und Design verlaufen **in-teraktiv und zeitlich parallel innerhalb eines Gemeinschaftsprozesses** (vgl. Uhlmann 1995, S. 32). Wird der Designentwurf im Anschluß an die Konstruktionsaufgabe gestellt, reduziert sich die Designleistung auf reine „Produktkosmetik" oder „Hüllenmacherei". „Selbst das ist dann nur unbefriedigend möglich, weil die zu verkleidende Baustruktur des Gebildes gestalterisch ungenügend ist" (Uhlmann 1995, S. 26). Nur wenn eine frühzeitige und totale **Integration des Industriedesigns in den konstruktiven Entwicklungsprozeß** gewährleistet ist, wird es dem Designer von Investitionsgütern gelingen, die technischen Funktionen in wahrnehmbare Anzeichen zu übersetzen. Indem der Gestalter einen Mittelweg zwischen neuen Ausdrucksformen technischer Innovationen und der herkömmlichen, verfestigten Produkt- und Gebrauchsvorstellung des Verwenders sucht, trägt das Industriedesign entscheidend dazu bei, die **Angst** und den Widerstand des Kunden **gegenüber der technischen Neuerung abzubauen** (vgl. Kicherer 1987, S 57). Damit ist das Design für den schnellen Markterfolg des Produktes, d. h. für eine rasche Adoption und Diffusion desselben am Markt verantwortlich. „Das Design als Ergebnis ist sinnlich wahrnehmbar.

Im Gegensatz dazu betreffen die ingenieurtechnischen Aktivitäten in der Produktentwicklung die Subjekt-Objekt-Relation nur mittelbar. Sie sind darauf gerichtet, „unter Wahrnehmung aller Kriterien ein technisches System auf seine Anforderungen hin zu optimieren" (Tomforde 1986, S. 91 zitiert bei Kammerer 1988, S. 27 f.). Design ist also ein auf die **Wechselbeziehungen mit dem Menschen** gerichteter Aufgabenbereich, während die **Konstruktion auf technische Funktionen** und ökonomische Forderungen abzielt (vgl. VDI/VDE 1986, S. 7). Dennoch führt ausschließlich die vollständige Verknüpfung und Gleichzeitigkeit beider Aufgabenbereiche zu einem befriedigenden Ergebnis, ist doch „der Gegenstand dieser gemeinsamen Bemühung … das identische Produkt oder Produktsystem" (Uhlmann 1995, S. 71).

2.1.3.3 Vernetztheit von Industriedesign und Arbeitswissenschaft

Der Inhalt der Arbeitswissenschaft ist die **Analyse und Gestaltung von Arbeitsmitteln und -systemen**, also auch von Investitionsgütern, mit dem Ziel, die Ressource Arbeitskraft optimal zu nutzen (vgl. Weber/ Mayrhofer/Nienhüser 1993, S. 38). Dabei geht es um Maßnahmen, die das System Mensch und Arbeit **menschengerecht**, d.h. gemessen am Maßstab Mensch und seinen Eigengesetzen formen können. Die Arbeitswissenschaft beschäftigt sich jedoch nicht nur mit dem Investitionsgut bzw. Arbeitsmittel selbst, sondern darüber hinaus mit den Erscheinungsformen menschlicher Arbeit, den Voraussetzungen und Bedingungen, unter denen sich die Arbeit vollzieht, den Wirkungen und Folgen der Arbeit auf den Menschen und den Faktoren, durch die Erscheinungsformen, Bedingungen und Wirkungen menschengerecht beeinflußt werden (vgl. Hardenacke/Peetz/Wichardt 1985, S. 29).

Im Rahmen von arbeitswissenschaftlicher Forschung und Praxis ergeben sich zahlreiche Schnittstellen zu anderen Wissenschaftsgebieten wie Anatomie, Anthropometrie, Arbeitsphysiologie, Arbeits- und Betriebspsychologie, Arbeitssoziologie, Arbeitshygiene, Arbeitstoxikologie sowie alle mit der Entwicklung und Gestaltung von Arbeitssystemen befaßten Ingenieurwissenschaften (vgl. Müller 1992, S. 12). „Kern der Arbeitswissenschaft ist zweifellos die Ergonomie" (Hardenacke/Peetz/ Wichardt 1985, S. 38).

Ergonomie erforscht die für die Arbeit relevanten Eigenarten und Fähigkeiten des Menschen. Dabei geht es einerseits um eine Analyse der Maschinen und Arbeitsumwelt, um diese optimal an die menschliche Leistungsfähigkeit und Belastbarkeit anzupassen. Andererseits untersucht die Ergonomie auch die biologischen, psychischen und sozialen Voraussetzungen der menschlichen Arbeitskraft, um eine verbesserte Anpassung des Menschen an die Maschine zu gewährleisten (vgl. Weber/Mayrhofer/Nienhüser 1993, S. 98).

Ausgangspunkt dafür sind **Arbeitsplatzanalysen**, die Belastungsschwerpunkte am Arbeitsplatz offenlegen und technische und organisatorische Gestaltungsmaßnahmen entsprechend der Leistungsfähigkeit des Menschen vorschlagen (vgl. Hettinger 1995, S. 175 ff.).

Zielsetzung ist es, gesundheitlich und sozial schädliche Wirkungen der menschlichen Arbeit zu verhindern und die bestmögliche Entfaltung der menschlichen Leistung zu ermöglichen (vgl. Hardenacke/Peetz/ Wichardt 1985, S. 195). Allerdings stehen heute weniger Fragen zur klassischen Ergonomie oder körperlichen Beanspruchung im Mittelpunkt des Interesses, sondern zunehmend Themen aus den Bereichen der Software-Ergonomie oder der mentalen Belastung durch Bildschirmarbeit (vgl. Holling/Gediga 1995, S. 311). Mit der Technisierung und den daraus resultierenden Steuerungs-, Überwachungs- und Kontrolltätigkeiten verlagert sich der Belastungsschwerpunkt zunehmend von physischer zu **psychischer Beanspruchung** des Menschen. Investitionsgüter-Design beschäftigt sich aber mit der psychischen Wirkungsdimension von Arbeitsmitteln.

Die Arbeitswissenschaft bildet das **Fundament** von Investitionsgüter-Design, insbesondere der gebrauchstechnischen Qualität des Produktes (vgl. Abschnitt 2.1.4.2). Investitionsgüter-Design baut auf den Erkenntnissen der Arbeitswissenschaft auf, soll jedoch über die Vermeidung von Belastung und gesundheitlicher Beeinträchtigung hinaus, „Spaß am Nutzungsprozeß von technischen Produkten" (Uhlmann 1995, S. 9) vermitteln. Deshalb sind die technische Funktionstüchtigkeit, die Sicherheit für den Menschen und die Gebrauchstüchtigkeit aufgrund von Erschwernisfreiheit durch ergonomische Gestaltung Bedingungen für die schließlich psychische Wirkungsdimension des Designs (vgl. Abb. 7). Bezogen auf die Kriterien menschengerechter Arbeit setzt die Wirkungsdimension des Investitionsgüter-Designs voraus, daß „Ausführbarkeit", „Schädigungslosigkeit" und „Beeinträchtigungsfreiheit" der Arbeitstätigkeit erfüllt sind, um zur „Persönlichkeitsförderung" (nach Hacker 1978 bzw. Hacker/Richter 1980) und zur „Zufriedenheit" (nach Rohmert 1972) beizutragen (zu den Kriterien zur Bewertung von Arbeitstätigkeiten vgl. Ulich 1991, S. 113 ff.). Die folgende Abbildung soll diesen Zusammenhang verdeutlichen:

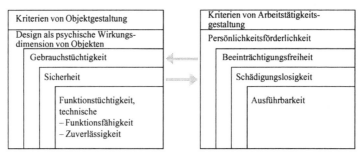

Kriterien von Objektgestaltung	Kriterien von Arbeitstätigkeits-gestaltung
Design als psychische Wirkungs-dimension von Objekten	Persönlichkeitsförderlichkeit
Gebrauchstüchtigkeit	Beeinträchtigungsfreiheit
Sicherheit	Schädigungslosigkeit
Funktionstüchtigkeit, technische – Funktionsfähigkeit – Zuverlässigkeit	Ausführbarkeit

Abb. 7: Investitionsgüter-Design als Einheit von Objektgestaltung nach dem FSGD-System und den Hacker'schen Systemebenen zur Bewertung von Arbeitstätigkeiten
Quelle: nach Uhlmann 1995, S. 16

Der Aufbau beider Systeme ist hierarchisch zu verstehen. Ein hierarchisches Gefüge impliziert, daß die nächsthöhere Ebene die darunterliegende als Mindestanforderung voraussetzt. Gleichzeitig bedeutet es aber auch, daß die übergeordneten Ebenen zur Verwirklichung der untergeordneten beitragen können. Nach dieser Auffassung baut Investitionsgüter-Design auf den arbeitswissenschaftlichen Erkenntnissen auf und kann darüber hinaus **an den ergonomischen Anfordernissen mitwirken**, sprich auch an der Erfüllung der Kriterien menschengerechter Arbeitstätigkeits- bzw. Arbeitsplatzgestaltung. Es wird deutlich, daß **Investitionsgüter-Design und Arbeitswissenschaft** interdependent miteinander **vernetzt** sind. Die Perspektive des Investitionsgüter-Designs, die den **Benutzer** des Arbeitsmittels nicht als Arbeitskraft, sondern in seiner Funktion als Mitglied des Buying Centers in erster Linie als **Kunden** begreift (vgl. Abschnitt 2.2.3.2), bewirkt aber, daß die designgeleitete Auseinandersetzung mit der Beziehung Produkt-Mensch auf eine **maximale Befriedigung der Kundenbedürfnisse** abzielt.

2.1.4 Design-theoretische Ansätze

2.1.4.1 Zur Designtheorie

Zielsetzung der wissenschaftlichen Auseinandersetzung mit Industriedesign ist es, die für eine Wissenschaft wichtigen Kategorien „Ziel, Erkenntnisgegenstand und Methode" zu erarbeiten (vgl. Maser 1972). Lange Zeit bestimmte allerdings die Frage, ob es sich bei Design überhaupt um eine Wissenschaft handelt, die Diskussion um die Designtheorie (vgl. Bürdek 1991, S. 171 ff.). Im Rahmen des frühen Funktionalismus war die „Form" der design-spezifische Erkenntnisgegenstand. Die Hypothese „form follows function" determinierte im Sinne einer Gesetzmäßigkeit die Entstehungsbedingungen der „guten Form". Die sogenannte Funktionalismuskritik stellte die Überbetonung der praktischen und die Nichtbeachtung der sinnlichen Funktionen in Frage, was zur Entwicklung des „Erweiterten Funktionalismus" führte. Dennoch wurde die Suche nach der „guten Form" weiterhin durch die Einbeziehung von Nachbardisziplinen geleitet, was der Existenz einer disziplinären Designtheorie widerspricht (vgl. Gros 1976, S. 7). Jochen Gros entwickelte 1975 die „Theorie der sinnlichen Funktionen", die er Anfang der achtziger Jahre unter dem Begriff der „Produktsprache" weiterführte. Gros forderte insbesondere, sich vom Zweckrationalismus des naturwissenschaftlichen Denkens zu befreien und stärker geisteswissenschaftliche Methoden, insbesondere der Wahrnehmung und Psychologie, zu berücksichtigen (vgl. Burckhardt 1985, S. 36).

Die starke Vernetztheit von Industriedesign mit anderen Disziplinen (vgl. Abschnitt 2.1.3.2 und 2.1.3.3) macht es notwendig, im Rahmen dieser Arbeit eine **disziplinäre Designtheorie** zu skizzieren. Ziel ist die Entwicklung einer Fachsprache, d. h. für diese Disziplin allgemeingültige Begriffe und Sätze zu formulieren. Die Erkenntnismethode ist im geisteswissenschaftlichen Bereich angesiedelt (vgl. auch Bürdek 1991, S. 179). Als Erkenntnisgegenstand – und damit als Grundlage für die Überlegungen zum Investitionsgüter-Design – sollen insbesondere drei Forschungsrichtungen einer Designtheorie dienen:

1. Die „Theorie des Qualitätsbündels" von Eugen Leitherer (Münchener Schule)
2. Die „Theorie der Anmutungs- und Sachleistungen" von Udo Koppelmann (Kölner Schule)
3. Die „Theorie der Produktsprache" von Jochen Gros (Offenbacher Schule)

2.1.4.2 Theorie des Qualitätsbündels

Bei der Theorie des Qualitätsbündels handelt es sich um eine betriebswirtschaftliche, insbesondere marketingorientierte Sichtweise des Produktdesigns (vgl. Leitherer 1982, S. 301 ff., Leitherer 1991, S. 186 ff.). Hiernach ist Design, ökonomisch gesehen, die **Gestaltung des Qualitätsbündels eines Produktes** (vgl. Leitherer 1982, S. 303). Nach der Auffassung der deutschen Gesellschaft für Qualität (DIN 55350) versteht man unter Qualität die Gesamtheit von Eigenschaften und Merkmalen eines Produktes oder einer Tätigkeit, die sich auf deren Eignung zur Erfüllung gegebener Erfordernisse beziehen (vgl. Oess 1989, S. 59). Wenngleich die Qualität eines Investitionsgutes weit über seine „Designqualität" hinausgeht, soll der Ausdruck „Qualitätsbündel" im Rahmen der Arbeit im nachfolgend erläuterten Sinne benutzt werden.

Das Qualitätsbündel setzt sich dabei aus verschiedenen Dimensionen (gebrauchstechnische, ästhetisch-kulturelle, soziale) zusammen, die so gestaltet sein sollten, daß die angebotenen Problemlösungen bei der Wahrnehmung und Verwendung des Produktes „**befriedigendes Erleben**" (Abbott 1958, S. 8) auslösen. Leitherer hebt hervor, daß der Begriff des „befriedigenden Erlebens", der sich auf Konsumgüter bezieht, ebenso bei dem Beschaffungsvorgang von Investitionsgütern verwendet werden kann, da es auch hier darum geht, durch Produkte konkrete Problemlösungen zu schaffen (vgl. Leitherer 1989, S. 265). Geipel schlägt vor, den Terminus des „befriedigenden Erlebens" in bezug auf Investitionsgüter durch den Begriff „Zweckerfüllung" zu ergänzen, aber nicht zu ersetzen (vgl. Geipel 1990, S. 38). Dies erscheint nicht unbedingt notwendig, da befriedigendes Erleben Zweckerfüllung durch das Produkt impliziert. Die Eignung eines Produktes, dieses befriedigende Produkterlebnis zu vermitteln, nennt sich Qualität (vgl. auch Sabisch 1991, S. 36 f. u. S. 72).

Zielsetzung des Industriedesigns ist es, das Anforderungsprofil des Kunden mit dem Eigenschaftsprofil des Produktes so in Einklang zu bringen, daß eine sinnlich wahrnehmbare Kongruenz zwischen beiden erreicht wird (vgl. Leitherer 1989, S. 93 und Wieselhuber, 1981, S. 17). Die Übereinstimmung von Marktanforderungen und Produkteigenschaften gewährleistet ein **positives Qualitätsurteil** durch den Kunden, das der absatzpolitischen Zielsetzung der Marktbildung und -beeinflussung dient. Der Eindruck bei der ersten Kontaktaufnahme mit dem Produkt muß sich in der Gebrauchsphase bestätigen, um eine kognitive Dissonanz nach dem Kauf zu vermeiden. Ziegler betont, daß die Theorie der kognitiven Dissonanz, die Festinger 1957 entwickelte und die heute oftmals einen Zustand der Disharmonie in der Nachentscheidungsphase des Kaufes beschreibt (vgl. v. Rosenstiel/Neumann 1982, S. 182 f.), auf Investitionsgüter übertragbar ist (vgl. Ziegler 1990, S. 84).

Das Qualitätsurteil setzt sich aus der subjektiven und von den spezifischen Wertvorstellungen des Käufers abhängigen Bewertung eines Bündels von Teilqualitäten zusammen, die der subjektiven Wahrnehmung und der subjektiven Einschätzung der Zweckeignung eines Produktes für die individuelle Zwecksetzung unterliegen (vgl. Brandlhuber 1992, S. 59 und Arnold/Sabisch 1992, S. 10). Die Werturteile, die auf subjektiver Wahrnehmung und Einschätzung vornehmlich qualitativer Art beruhen, werden von einer Vielzahl sozialer, kultureller, persönlicher u. anderer Faktoren beeinflußt (vgl. Sabisch 1991, S. 39 und Abschnitt 2.2.3.1). Auch auf Investitionsgütermärkten beurteilt der Kunde die Qualität nicht objektiv, d. h. wertfrei (vgl. Geipel 1990, S. 38). „Das erfolgreiche Problemlösungsangebot muß dabei nicht zwangsläufig zu voller Kundenzufriedenheit führen – es muß von den relevanten Kunden als das relativ beste wahrgenommen werden" (Droege/Backhaus/Weiber 1993, S. 20).

Das Qualitätsbündel läßt sich in verschiedene Dimensionen, Funktionsschwerpunkte bzw. Funktionen unterteilen, Begriffe, die je nach Autor variieren, inhaltlich aber annähernd bedeutungsgleich sind (vgl. Leitherer 1989, S. 94 ff., Leitherer 1991, S. 186 ff., Hansen/Leitherer 1984, S. 39 ff., Koppelmann 1988, S. 147 und Löbach 1976, S. 52 f.). Diese Dimensionen werden auch hier als wesentliche Komponenten des Investitionsgüter-Designs angesehen:
- die praktische oder gebrauchstechnische Qualitätsdimension,
- die ästhetische oder ästhetisch-kulturelle Qualitätsdimension,
- die symbolische oder soziale Qualitätsdimension.

Hansen/Leitherer unterteilen im Rahmen des teleologischen Qualitätsbegriffes die Eigenschaften der Produkte in reale Qualitätsdimensionen (insbes. Gebrauchstechnik), die sich auf stofflich-technische Anforderungsarten beziehen und in ideelle Qualitätsdimensionen (ästhetische u. soziale Qualität), die geistig-seelische Anforderungsarten erfüllen (vgl. Hansen/Leitherer 1984, S. 39 ff). Kammerer bezeichnet diese drei

Dimensionen als **elementare** Produktqualitäten (vgl. Kammerer 1988, S. 17), Leitherer ergänzt sie durch eine gebrauchsökonomische und ökologische Ebene (vgl. Leitherer 1991, S. 187).

Die **praktische oder gebrauchstechnische Qualität** eines Produktes spiegelt dessen Eignung für einen bestimmten Bedarfszweck wider. Sie mißt den Grad, in dem das Produkt die Anforderungen des Kunden an eine bestimmte Zweckerfüllung erfüllt (z.B. die Bedienbarkeit). „Produkte haben, ihrem Hauptzweck nach, zunächst einmal eine gebrauchstechnische Funktion und Qualität" (Leitherer 1991, S. 186). Diese Qualitätsdimension reflektiert in der Regel zunächst den Grundnutzen eines Produktes. Sabisch differenziert unter dem Stichwort Qualität zwischen dem Grundnutzen, der aus den meßbaren, technischen Eigenschaften des Produktkerns und dessen auf einen Verwendungszweck ausgerichteten Funktion besteht, und dem Zusatznutzen, der sich in der Befriedigung individueller und sozialer, aber auch gesamtgesellschaftlicher Erfordernisse ausdrückt (vgl. Sabisch 1991, S. 72). Die gebrauchstechnische Ebene ist besonders im Hinblick auf ergonomische und arbeitspsychologische Aspekte von Investitionsgütern von großer Bedeutung für diese Thematik (vgl. auch Geipel 1990, S. 39).

Hinter der gebrauchstechnischen oder praktischen Qualität steht gewissermaßen derivativ die **gebrauchsökonomische Dimension**, die sich in quantitativ-monetären Größen wie dem Anschaffungspreis oder der Lebensdauer eines Produktes ausdrückt. Diese bieten Ansatzpunkte für den Vergleich der Nutzenstiftung mit anderen Gütern gleichen oder ähnlichen Zweckes im Hinblick auf deren Eignung, ökonomische Ansprüche zu erfüllen (vgl. Leitherer 1982, S. 303).

Die **ästhetisch-kulturelle Qualitätsdimension** reflektiert, inwieweit das Produkt fähig ist, das ästhetische Empfinden, das stark in den kulturellen Kontext der Sozialisation eingebunden ist, unabhängig von einer inhaltlichen Bedeutung (vgl. Gros 1983, S. 63 f.) zu befriedigen. Die Ästhetik bezeichnet im allgemeinen die Lehre vom Schönen in allen seinen Erscheinungsformen (vgl. Brockhaus Enzyklopädie 1973, S. 810). Im Sinne einer dialektischen Synthese der objektiven (Schönheit als objektive Eigenschaft des Gegenstandes) und subjektiven Ästhetiktheorie (Schönheit als rein subjektive Empfindung) vermischen sich die ästhetischen Normen und der subjektive Geschmack, so daß das ästhetische Empfinden aus zwei sich gegenseitig beeinflussenden Komponenten besteht (vgl. auch Bomfim 1988, S. 40 f.; zur Bedeutung der Ästhetik für das Industriedesign vgl. Hegemann 1992, S. 3 ff.). Die Ästhetik eines Produktes sollte bei Investitionsgütern nicht länger im Hintergrund stehen, da sie eine entscheidende Differenzierungs- und Innovationsquelle sein kann. Slany weist darauf hin, daß bedingt durch den steigenden Bildungsstand und die zunehmenden Ansprüche an die private Umgebung auch die Anforderungen an die Arbeitswelt wachsen; insbesondere bei der Personengruppe, die in höheren Positionen in Wirtschaft und Industrie Investitionsentscheidungen treffen (vgl. Slany 1988, S. 15). Zusätzlich gewinnt die ästhetische Dimension unter dem Bestreben der Humanisierung der Arbeitswelt im Hinblick auf den Mitarbeiter, der eine Maschine bedient, immer mehr an Bedeutung (vgl. Leitherer 1989, S. 267). Kreikebaum verweist in diesem Zusammenhang auf den Begriff „Arbeitsästhetik" (vgl. Kreikebaum 1988, S. 116).

Unter **symbolischer oder sozialer Qualität** versteht man die Eignung eines Produktes, bestimmte Inhalte (z. B. Leistungsmerkmale, kulturelle oder soziale Bezüge) zu kommunizieren (vgl. Gros 1983, S. 65 ff.). Oftmals zielt die Gestaltung dieser Dimension auf die Vermittlung von Geltungsnutzen ab (vgl. Leitherer 1991, S. 187). Welche Anerkennung erlangt der Käufer durch Besitz oder Verwendung eines bestimmten Produktes innerhalb einer bestimmten Referenzgruppe? Welchen Status erreicht der Mitarbeiter? Slany betont, daß die negative sozial-technische Positionierung durch lieblos gestaltete Arbeitsplätze die Fluktuation in dem Unternehmen begünstigen (vgl. Slany 1988, S. 15). Der Prestigezuwachs, den ein Unternehmen durch spezifische Investitionsgüter erreicht, kann für die Organisation aus personalwirtschaftlicher und marktorientierter Sicht von großem Interesse sein (vgl. auch Kreikebaum, 1961, S. 31 ff.).

Die **ökologische Qualität** drückt aus, inwieweit das Produkt die Anforderungen an die Umweltverträglichkeit erfüllt (vgl. Leitherer 1991, S. 187 f.). Lenzen fragt sich, ob die Aktualität der Umweltproblematik die Schaffung einer neuen Dimension rechtfertigt, da die elementaren Qualitäten diesen Aspekt implizit enthalten (vgl. Lenzen 1993, S. 24). Kammerer gibt zu bedenken, daß die Beachtung der Umweltverträglichkeit im Designkontext, d. h. die Subjekt-Objekt-Relation betreffend, zwar nicht gesamtgesellschaftlich, aber verwenderbezogen erfolgen muß und solange in das Produktdesign einzubeziehen ist, als Ökologie zum Problem für den Kunden wird (vgl. Kammerer 1988, S. 20). Im Investitionsgüterbereich könnte die ökologische Qualität des Produktes unter dem Aspekt des Energieverbrauchs, der Langlebigkeit (Entsorgungsprobleme) und des Imagegewinns durch den Einsatz von ökologisch sinnvollen Investitionsgütern von Interesse sein.

Ergänzend zu den genannten Qualitätsdimensionen wäre eine weitere Ebene denkbar: die **Servicequalität**. (Zur Bedeutung der Servicequalität als Erfolgsfaktor vgl. Sabisch 1991, S. 74 ff.) Diese lehnt sich nicht streng an die konkret-physische Gestalt des Produktes an, sondern bezieht sich mehr auf die Produktbetreuung im Markt. Hansen/ Leitherer geben zu bedenken, daß gegen die Zuordnung der Serviceleistungen zur Produktpolitik spricht, daß das Unternehmen den Service nicht allein über die Produkte, sondern vor allem über die Absatzorgane, die die Serviceleistungen ausführen, erreicht. Dieser Auffassung nach ist Service somit zwischen Produktpolitik und Absatzorganisation einzuordnen. Die Autoren räumen allerdings ein, daß Serviceleistungen bei Gebrauchsgütern langfristig die Qualität des Produktes beeinflussen (Reparatur, Kontrolldienste, Bedienungsanweisung, Ersatzlieferungen) und damit als flankierender Bestandteil die gebrauchstechnische Qualität betreffen können (vgl. Hansen/Leitherer 1984, S. 8 ff.). Gut durchdachtes Design trägt gerade bei servicebedürftigen Investitionsgütern dazu bei, daß der Kunde bzw. der Kundendienst die Produkte leichter handhaben und die Module schneller austauschen kann, so daß die Designqualität großen Einfluß auf den Servicegrad eines Produktes nimmt (vgl. auch Little 1990, S. 26).

Es handelt sich bei der Unterteilung der Produktqualität in Dimensionen um ein theoretisches Konstrukt, da der Kunde das Produkt nur selten als Summe seiner Teilqualitäten wahrnimmt. Es wirkt im Sinne der Gestaltpsychologie als Ganzes auf den Betrachter. Das sogenannte Kriterium der Übersummativität besagt: „Das Erlebnis ist als Ganzes nicht gleich der Summe der Erlebnisse, die den Teilreizen, wenn sie getrennt für sich einwirken, zukommen" (Ehrenstein 1954, S. 21). In diesem Zusammenhang ist das Phänomen der Irradiation von Bedeutung. Dieses weist auf den Sachverhalt hin, daß Teilqualitäten auf andere Qualitäten oder auf die Qualität des gesamten Produktes ausstrahlen (vgl. Hansen/Leitherer 1984, S. 51 f.).

2.1.4.3 Theorie der Anmutungs- und Sachleistungen

Aus der Perspektive des Produktmarketings diskutiert auch Koppelmann unter dem Begriff der Anmutungs- und Sachleistungen das Produktdesign (vgl. Koppelmann 1993).

Unter **Anmutung** versteht man eine durch Wahrnehmung unbewußt ausgelöste Gefühlsregung (vgl. VDI/VDE 1986, S.11). Nieschlag/Dichtl/ Hörschgen sprechen im Rahmen von Anmutungsleistungen von dem positiven Aktivierungspotential eines Produktes, das durch Gefühlsregung in der frühen Wahrnehmungsphase gegenüber dem Wahrnehmungsgegenstand aufgebaut und dann im Laufe der Aktualgenese, also der bewußter werdenden Wahrnehmung, von der Ratio beeinflußt wird (vgl. Nieschlag/Dichtl/Hörschgen 1988, S. 115; 147).

Der Begriff der Anmutung geht aus der Lehre der Ganzheitspsychologie hervor. Diese geht davon aus, daß am Anfang des Wahrnehmungsprozesses durch das Wahrnehmungsobjekt ein spontanes Angemutetwerden als Erlebnis einer tieferen Schicht der Persönlichkeit – des endothymen Grundes – steht. Der Begriff des endothymen Grundes geht auf Lersch zurück und umfaßt die Gesamtheit der Stimmungen, Gefühle, Affekte, Gemütsbewegungen, Triebe und Strebungen (vgl. Friedrich-Liebenberg 1976, S. 67). Die ausgelöste Gefühlsregung wirkt im weiteren Prozeß der Wahrnehmung bestimmend (vgl. Frey 1993, S. 19 f.).

Dem schichtentheoretischen Konzept von Lersch folgend, beschreibt Medeyros Anmutung „als einen von angenehmen Gefühlen begleiteten Eindruck, der durch optische Wahrnehmung (Bemerken) eingeleitet und durch Aufforderungstendenzen abgeschlossen ist" (Medeyros 1982, S. 12).

Küthe/Thun verstehen unter Anmutung die Weise, wie Wahrnehmungen und Vorstellungen emotional beeindrucken und Gefühle auslösen (vgl. Küthe/Thun 1996, S. 147). Sie unterscheiden in Abhängigkeit von der Persönlichkeit des Käufers drei Facetten von Anmutungsweisen. Bei der **impulsiven** Anmutung handelt es sich um spontane Gefühlserlebnisse in Form von Empfindungen. Diese Primäranmutung beschreibt das Gefühl, das der Käufer beim „ersten Blick" auf das Produkt empfindet (z.B. Novität, Perfektion). Die **propulsive** Anmutung charakterisiert Empfindungen wie Neugier, Prestige, Besitzwunsch, Nützlichkeit etc., die den Käufer antreiben, sich weiter mit dem Produkt zu beschäftigen. Die **prospektive** Anmutung ist zwischen den beiden Kategorien angesiedelt und umschreibt Gefühlslagen, die aufgrund der sensorischen (nicht kognitiven) Untersuchung des Produktes zustande kommen. Denn Kunden betrachten Produkte auch untersuchend und reflektierend. Diese sogenannten Sentimente können positiv (angenehm, erhebend) oder negativ (unangenehm, unterwerfend) sein und den Käufer in frohe oder schlechte Stimmung versetzen. Die Ansprache ästhetischer Anmutungen rufen positive Sentimente hervor, während z. B. Serviceängste negative Gefühlslagen erzeugen. Abhängig von der Produktgattung kommt den visuellen, gustatorischen, haptischen, olfaktorischen etc. Anmutungen mehr oder weniger Bedeutung zu (vgl. Küthe/Thun 1996, S. 147 f.). Die folgende Abbildung zeigt die Facetten der Anmutungswirkungen für Investitionsgüter:

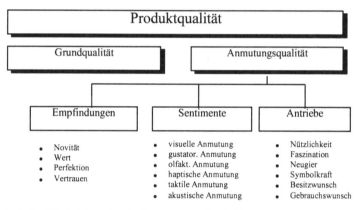

Abb. 8: Mögliche Facetten der Anmutungsqualität bei Investitionsgütern
Quelle: angelehnt an Küthe/Thun 1996, S. 148

Das Pendant zu den Anmutungsleistungen stellen die **Sachleistungen** eines Produktes dar, die sich auf Produktansprüche beziehen, die der Kunde bewußt äußert und die er durch Überlegungen filtert. Sachansprüche stehen somit stark unter dem Einfluß von kognitiven Faktoren (vgl. Koppelmann 1989, S. 116, Koppelmann 1993, S. 106 ff.). Anmutungsansprüchen hingegen fehlt die begründende Instanz. Im Investitionsgüterbereich sind gebrauchstechnische Qualitätsanforderungen eher den bewußt geäußerten Sachansprüchen zuzuordnen, während die soziale und ästhetisch-kulturelle Dimension mit den unbewußt empfundenen Anmutungsansprüchen korrespondieren (vgl. zur Zuordnung von Anspruchsarten Koppelmann 1997, S. 135 f.).

Anmutungs- und Sachleistungen sind wirkungsbezogene Leistungen, d. h. sie zielen auf die Beziehung Produkt-Mensch im Sinne des hier zugrundeliegenden Designverständnisses ab. Abhängig von der

Anspruchsstruktur des Konsumenten sollte der Designer entweder die emotional oder kognitiv gerichteten Produktleistungen stärker hervorheben. Denn die Produktattraktivität resultiert aus einem hohen Maß an Deckungsgleichheit von gestellten Ansprüchen und angebotenen (realisierten) Leistungen (vgl. Koppelmann 1988a, S. 302). Koppelmann schreibt dabei insbesondere zwei Gestaltungsaspekten Einfluß auf die Produktpräferenzschaffung zu: der **Gestaltungsprägnanz** und der **Gestaltungskontinuität**. Beide Prinzipien tragen zur Schaffung des USP (Unique Selling Proposition) bei (vgl. Koppelmann, 1987, S. 45). Unter „Unique Selling Proposition" ist die kommunikative Herausstellung von objektiv erkennbaren Eigenschaften des Produktes zu verstehen. Diese Profilierungsstrategie empfiehlt sich besonders dann, wenn das Produkt in diesem Aspekt gegenüber der Konkurrenz überlegen ist und dieser Zustand dauerhaft ist (vgl. Mayer/Mayer 1987, S. 19). Prägnanz entsteht, wenn ein Objekt nach dem Figur-Grund-Prinzip aus seinem diffusen Hintergrund hervortritt. Im Sinne des Prinzips des minimalen Aufwands zieht das Gehirn diejenigen Bilder vor, die leichter erkennbar, d. h. prägnant sind (vgl. VDI/VDE 1988, S. 20). Kontinuität gewährleistet das „wohlwollende Wiedererkennen" durch den Kunden, denn „der design-bezogene Prägnanzauftritt wird um so wirksamer, je mehr er als Ruhepol der Wahrnehmung wiedererkannt wird" (Koppelmann 1988a, S. 303).

Ein spontanes Angemutetwerden kann in der ersten Phase der Wahrnehmung die Wahrnehmungsselektion der Buying-Center-Mitglieder (insbesondere bei denjenigen, die keinen Verwendungskontakt zum Produkt haben) (vgl. dazu auch 2.2.3.2) positiv beeinflussen. Dieser positive Eindruck muß sich in der Verwendungsphase durch entsprechende Sachleistungen bestätigen.

2.1.4.4 Theorie der Produktsprache
Im Hinblick auf die Erarbeitung innovativer Produktkonzepte von Investitionsgütern erhält auch die Theorie der Produktsprache eine wichtige Stellung. Denn diese beleuchtet die Produkt-Mensch-Relationen, die über die Sinne vermittelt werden, aus kommunikationstheoretischer Sicht. Die Produktsprache kann beim Investitionsgüter-Design auch dazu dienen, **Innovationspotentiale zu kommunizieren** und Verständlichkeitsprobleme im Umgang mit dem Produkt zu überwinden (vgl. Reinmöller 1995, S. 4).

2.1.4.4.1 Semiotische Wurzeln der Produktsprache
Das Konzept der Produktsprache beruht auf einer semiotischen Betrachtung der Beziehung Produkt-Mensch (zu den folgenden Ausführungen vgl. auch Bürdek 1991, S. 131 ff.). Ein zentraler Erkenntnisgegenstand der Semiotik, also der „**Wissenschaft von den Zeichen**" (Nöth 1985, S. 1), ist der Prozeß der **Kommunikation**. Der Amerikaner Charles Sanders Pierce (vgl. Pierce 1986) gilt als eigentlicher Vater dieser Lehre. Er entwickelte den zentralen Begriff der Semiotik, die „triadische Relation" (1867), die sich in späteren Kommunikationsmodellen wiederfindet. Die

Bausteine Sender–Signal–Empfänger nach dem Kommunikationsmodell von Shannon/Weaver (vgl. Frech/Schmidt 1996, S. 268 f.) lassen sich auch auf die design-spezifische Beziehung Produkt-Mensch übertragen.

Abb. 9: Einfaches Kommunikationsmodell
         Quelle: angelehnt an Bürdek 1991, S. 135

Die Aufgabe des Designers besteht darin, die verschiedenen Funktionen eines Produktes so in Zeichen zu übersetzen, daß der potentielle Benutzer sie versteht (vgl. Bürdek 1991, S. 135). Insbesondere bei Investitionsgütern sollte der Gestalter dadurch eine leichte Bedienbarkeit gewährleisten.

Einen verhaltenswissenschaftlichen Ansatz der Semiotik lieferte Charles William Morris mit seiner Abhandlung „Foundations of the Theory of Signs (1938) (vgl. Morris 1972). Er differenziert in drei semiotische Dimensionen (vgl. Bürdek 1991, S. 139 f.):

- **Syntax** (formale Beziehung der Zeichen zueinander)
- **Semantik** (Bedeutungsinhalt der Zeichen)
- **Pragmatik** (Wirkung der Zeichen auf den Interpreten)

Der tschechische Linguist Jan Mukarovsky versucht einen semiotischen Ansatz im Rahmen seiner Analyse ästhetischer Funktionen von Kunstwerken und entwickelt eine **„Typologie der Funktionen"** (1942) (vgl. Mukarovsky 1970), die sowohl an die Dimensionen des Industriedesigns nach Leitherer (vgl. Abschnitt 2.1.4.2) als auch an die Ausführungen zur Produktsprache von Gros (vgl. Abschnitt 2.1.4.4.2) erinnert.

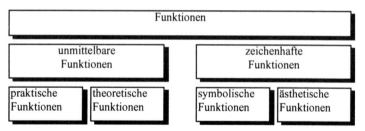

Abb. 10: Typologie der Funktionen nach Mukarovsky
         Quelle: Bürdek 1991, S. 141

Die im Design verwendeten zentralen Begriffe der Denotation und Konnotation gehen auf den Italiener Umberto Eco zurück. Bei seiner Untersuchung von Kommunikationsprozessen geht er davon aus, daß die Sendung einer Botschaft auf der Grundlage von Codes – die kulturspezifisch geprägt sind – funktioniert (vgl. auch Abb. 9). Codes sind Transformationsregeln, mit denen bestimmte Zeichen und deren Bedeutung entschlüsselt, d.h. decodiert werden können. Dabei unterscheidet Eco zwei Kategorien gegenständlich vermittelter Bedeutungen: Denotationen und Konnotationen (vgl. Eco 1972, S. 101 ff.). Unter **Denotation** versteht er die unmittelbare Wirkung, die ein Zeichen (Produkt/Produkteigenschaften) beim Empfänger (in einer bestimmten Kultur) auslöst. Ein Stuhl beispielsweise signalisiert das Vorhandensein einer Sitzgelegenheit. **Konnotationen** dagegen bezeichnen alles, was einem einzelnen (innerhalb einer bestimmten Kultur) zur Bedeutung des Zeichens einfällt, d.h. sie verkörpern die Summe der Assoziationen. Im Falle des Stuhls: der Stuhl als Thron, Richterstuhl, elektrischer Stuhl etc.

Im Konzept der Produktsprache nach Gros entsprechen die Denotationen den Anzeichen und die Konnotationen den Symbolen (vgl. Lenzen 1993, S. 46 und Abschnitt 2.1.4.4.2). Insbesondere die kulturspezifische Prägung der Codes zur Übersetzung von Zeichen sollte der Anbieter im Investitionsgüter-Design berücksichtigen, da er mit diesen Gütern oftmals internationale Märkte bearbeiten will, so daß kulturelle Unterschiede stark von Bedeutung werden können.

2.1.4.4.2 Produktsprachlicher Ansatz nach Gros

Die Theorie der Produktsprache geht auf Jochen Gros von der Hochschule für Gestaltung Offenbach zurück (vgl. Gros 1976, Gros 1976a, Gros 1983, Gros 1987). Sie wurde Mitte der siebziger Jahre in Deutschland entwickelt, erfährt aber erst als amerikanischer Reimport unter dem Begriff der „Product Semantics" allgemeine Verbreitung und Anerkennung. Wichtiger Vertreter der amerikanischen Spezialdisziplin ist Reinhart Butter, der 1984 in den Vereinigten Staaten ein Sonderheft der Zeitschrift „Innovation" zum Thema „The Semantics of Form" initiierte (vgl. Butter 1987). In diesem Zusammenhang sind weiterhin Arbeiten von Krippendorff und Lannoch zu nennen (vgl. Krippendorf 1984/85, Krippendorff/Butter 1984, Lannoch 1984 u. Lannoch/Lannoch 1986; vgl. auch Bürdek 1990, S. 56 und Bürdek 1991, 238).

Gros unterteilt grundsätzlich in praktische und produktsprachliche Produktfunktionen. In der Designpraxis kann die folgende, theoretische Untergliederung lediglich als Orientierungshilfe dienen, da die Vermittlung von Bedeutungsinhalten nur auf der Ebene der ganzheitlichen Wahrnehmungswirkungen im Sinne der Gestaltpsychologie geschehen kann (vgl. Größer 1991, S. 97). Im Gegensatz zu den **praktischen Funktionen**, die sich nicht über die Wahrnehmungskanäle, sondern über direkte physische Produktwirkungen übertragen, beinhaltet die Produktsprache diejenigen Mensch-Objekt-Relationen, die über die Wahrnehmungsebene, d. h. über die Sinne als psychische Produktwirkungen vermittelt werden. Die **produktsprachlichen Funktionen** lassen sich dabei in formalästhetische und zeichenhafte Funktionen (Anzeichen und Symbole) unterteilen (vgl. Gros 1983, S. 62 ff.) (siehe Abb. 11).

Die **formalästhetischen Funktionen** umfassen diejenigen Aspekte, die der Betrachter unabhängig von ihrer inhaltlichen Bedeutung (z. B. Symmetrie) wahrnimmt. Es geht also – in der Terminologie der Semiotik gesprochen – um die Differenzierung zwischen Syntax und Semantik (vgl. Bürdek 1991, S. 183).

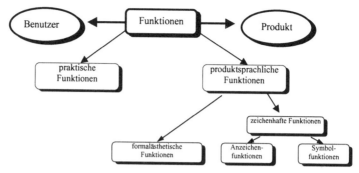

Abb. 11: Theorie der Produktsprache nach Gros
Quelle: Gros 1983, S. 70

Die **zeichenhaften Funktionen** hingegen wirken laut Gros als Bedeutungsträger auf den Rezipienten (vgl. Gros 1983, S. 64). Die Untergliederung der produktsprachlichen Funktionen in formalästhetische, d. h. von Bedeutungsinhalten losgelöste und zeichenhafte, also bedeutungshaltige Funktionen ist insofern kritisch, als auch rein formalästhetische Funktionen Zeichencharakter annehmen können, da die Syntax entsprechend der Lehre von den Zeichen der erste Schritt zur Zeichengebung ist. Darüber hinaus wird die ästhetische Wahrnehmung nicht ausschließlich von objektiven, ästhetischen Gegebenheiten, sondern ebenso von subjektiven, ästhetischen Assoziationen geprägt (zur dialektischen Synthese der objektiven und subjektiven Ästhetiktheorie vgl. z. B. Bomfim 1988, S. 41).

Anzeichen werden als zeichenhafte Funktionen definiert, die aufgrund der unmittelbaren Anwesenheit eines Gegenstandes den Betrachter zu angemessenem Verhalten auffordern. Sie nehmen Bezug auf die praktischen Funktionen oder geben über technische u. a. Produkteigenschaften Auskunft. Es geht also um die Frage, mit welchen gestalterischen Mitteln der Designer die praktischen Produktfunktionen visualisieren kann (vgl. Fischer/Mikosch 1984, S. 17; zur Anzeichenfunktion vgl. auch Bürdek 1980, S. 54 ff.). Geipel sieht die Anzeichenfunktionen im Investitionsgüterbereich als vorrangig an, da diese zum einen kaufentscheidende Leistungsmerkmale kommunizieren und zum anderen durch die Erklärung der praktischen Funktionen auf die Verwendungsqualität des Produktes Einfluß nehmen (vgl. Geipel 1990, S. 44).

Symbole wirken unabhängig von dem unmittelbaren Vorhandensein des Bezeichneten durch assoziative Vorstellungen. Sie verweisen über technische Merkmale und praktische Funktionen hinaus auf kulturelle, soziale u. a. Bezüge. Symbolische Produktfunktionen wirken als reine Hintergrundberichte (vgl. Gros 1987, S. 19 u. 23).

In diesem Sinne lassen sich zeichenhafte Funktionen in produktbezogene, d. h. solche, die auf das Produkt selbst, und kontextbezogene, d. h. solche, die über das Produkt hinaus auf z.B. Herkunft und Zielgruppe verweisen, unterscheiden (vgl. Hammer 1992, S. 49 f.). Ähnlich differenziert Oehlke in Produkterscheinung und Produktbild. Die Produkterscheinung bezieht sich auf die Gestalt des Produktes einschließlich aller wahrnehmbaren Merkmale und Elemente. Das Produktbild schließt neben den aufgenommenen Objektinformationen die Vorstellungen, Erfahrungen und Werte des wahrnehmenden Subjektes ein (vgl. Oehlke 1986, S. 61 ff.).

Gerade für erklärungsbedürftige Investitionsgüter liefert die Theorie der Produktsprache einen Ansatz, um die Wahrnehmbarmachung von Produktinformationen zu konzeptionieren.

2.1.5 Gestaltungsmittel des Industriedesigns

Zur Operationalisierung des Produktkonzeptes, das man auf der Grundlage design-theoretischer Überlegungen erarbeitet, stehen dem Industriedesigner verschiedene Gestaltungsmittel – gleichbedeutend werden in der Literatur die Begriffe „Designmittel" (Wieselhuber 1981, S. 18) bzw. „Aktionsmittel" (Escherle 1989, S. 37) verwendet – zur Verfügung. Mit diesen Werkzeugen des Designs übersetzt der Gestalter die Anforderungen der Kunden in konkrete Produkteigenschaften. Nachfolgende Abbildung zeigt eine Systematisierung der Gestaltungsmittel:

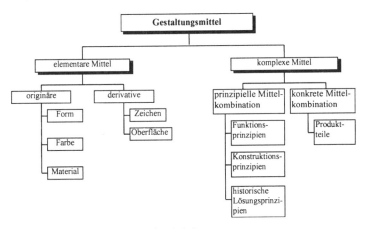

Abb. 12: Gestaltungsmittel des Industriedesigns
Quelle: Koppelmann 1989, S. 261

Nach dem Kriterium der Einfachheit unterscheidet Koppelmann zwischen **elementaren und komplexen** Gestaltungsmitteln. Er geht davon aus, daß eine weitere Aufschlüsselung, d. h. Elementarisierung der Gestaltungsmittel nicht zweckmäßig ist. Die komplexen Gestaltungsmittel sind eine spezifische Kombination der elementaren, verkörpern jedoch ein Mehr, als die elementaren zum Ausdruck bringen können (vgl. Koppelmann 1989, S. 261). Die **elementaren** Gestaltungsinstrumente des Industriedesigns unterteilt er in eine **originäre** und in eine **derivative** Kategorie. Form, Farbe und Material bilden die originären Gestaltungsmittel des Designs, Oberfläche und Zeichen die derivativen. Im Gegensatz zu den derivativen Gestaltungsmitteln lassen sich die originären nicht auf weitere, einfachere zurückführen. „Jedes Produkt hat eine stoffliche, eine formliche und eine farbliche Seite; jedes Produkt besteht aus einer spezifischen Kombination dieser drei Gestaltungsmittel" (Koppelmann 1989, S. 261). Die derivativ-elementaren Gestaltungsmittel bilden den Übergang zu den komplexen, da sie bereits gewisse Kombinationsaspekte aufweisen.

Hinter den **komplexen** Gestaltungsparametern stehen naturwissenschaftlich-technische Aspekte. Funktions-, Konstruktions- und historische Lösungsprinzipien stellen **prinzipielle Mittelkombinationen** dar, wohingegen Produktteile als **konkrete Mittelkombinationen** anzusehen sind. Die **Produktteile** bilden als fremdbezogene oder eigengefertigte Teilkomplexe des Produktes fixe Vorgaben innerhalb des Gestaltungsprozesses (vgl. Koppelmann 1989, S. 263 und Endler 1992, S 24 ff.).

Bei den prinzipiellen Mittelkombinationen stehen die fertigungstechnischen Einflußfaktoren des zugrundeliegenden Prinzips und des angewandten Verfahrens im Mittelpunkt. **Funktionsprinzipien** beruhen vorrangig auf physikalischen Effekten und sind verantwortlich für die Funktionsweise eines Produktes. Die **Konstruktionsprinzipien** bedingen die Zahl und die räumliche Anordnung der Elemente. Dabei beschreiben Funktionsprinzipien die dynamischen, Konstruktionsprinzipien hingegen die statischen Beziehungen zwischen den einzelnen Elementen des Produktes (vgl. Koppelmann 1989, S. 262; zu den Funktionsprinzipien auch Bergmann 1979, S. 19ff.). **Historische Lösungsprinzipien** bezeichnen bekannte, reale Lösungsvarianten, deren gestalterischer Aufbau (z.B. Funktionsweise, Konstruktion) weniger bedenkenswert erscheint als deren Leistungen (vgl. Koppelmann 1989, S. 262f.).

Die Aufgliederung der Gestaltungsinstrumente soll die gedankliche Durchdringung der Realisation eines Produktes ermöglichen, auch wenn die Wirkung des Produktes auf die menschliche Wahrnehmung ganzheitlich ist.

Wieselhuber faßt die Anforderungen an die Gestaltungsparameter folgendermaßen zusammen:

Designmittel sollten:

- unmittelbar, während der gesamten Produktlebensdauer am Produkt **sinnlich wahrnehmbar** sein;
- eine Eignung als **Zeichen** im informationstheoretischen Sinne besitzen;
- die Fähigkeit haben, unmittelbar **Verwendungsergebnisse** zu beeinflussen (vgl. Wieselhuber 1981, S. 19 f.).

2.1.6 Der Arbeit zugrundeliegende Designauffassung

Die Verknüpfung der design-theoretischen Ansätze soll eine zusammenfassende Übersicht über das Industriedesign als Wissenschaft geben und damit die Grundlage für die folgenden theoretischen und praxisbezogenen Überlegungen zum innovativen Investitionsgüter-Design bilden.

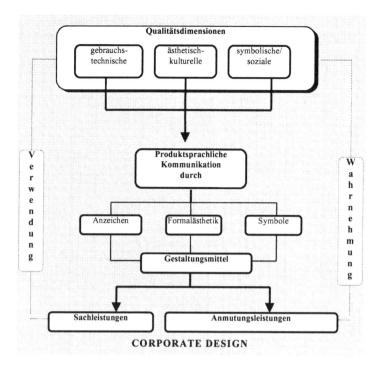

Qualitätsdimensionen

| gebrauchs-technische | ästhetisch-kulturelle | symbolische/soziale |

Produktsprachliche Kommunikation durch

Anzeichen — Formalästhetik — Symbole

Gestaltungsmittel

Sachleistungen — Anmutungsleistungen

V e r w e n d u n g

W a h r n e h m u n g

CORPORATE DESIGN

Abb. 13: Produktdesignleistungen innerhalb der Produkt-Mensch-Kontaktarten „Wahrnehmung" und „Verwendung"
Quelle: eigene Darstellung

Theoretischer Erkenntnisgegenstand des Industriedesigns und praktischer Aufgabenbereich des Industriedesigners ist die Gestaltung der Beziehung **Produkt–Mensch,** die durch die Kontaktarten „**Wahrnehmung und Verwendung**" auf den Kunden wirkt. Das **industriell hergestellte** Produkt sollte so auf die **Bedürfnisse des Menschen** abgestimmt sein, daß die Kongruenz von Anforderungen und Eigenschaften **befriedigendes Erleben** ausgelöst. Das Produkt läßt sich theoretisch in verschiedene **Qualitätsdimensionen** untergliedern, die der Produktverantwortliche auf ihre Bedeutung für das Werturteil des Betrachters hin analysieren sollte. Das Produkt ist **Kommunikationsträger** – also Medium selbst. Zur Kommunikation evidenter Produkteigenschaften, d. h. zur Hervorhebung der Produktinformationen, die einen Wettbewerbsvorteil versprechen (z.B. Innovationsgehalt), dient die **Produktsprache.** Mit Hilfe der Erkenntnisse der Produktsprache kann der Designer durch den Einsatz **geeigneter Gestaltungsmittel** des Industriedesigns erwünschte **Anmutungs- oder Sachleistungen** des Produktes wahrnehmbar machen. Das Industriedesign als Teil des Corporate Design dient dabei der Visualisierung des Corporate Identity-Konzeptes, das an der Unternehmensstrategie ausgerichtet ist (vgl. Abschnitt 4.3).

Zur Beeinflussung der **Investitionsgüterentscheidung** hat das Industriedesign damit insbesondere die Aufgaben,

- die Marktanforderungen und die technischen Determinanten im Innovationsprozeß zu einer befriedigenden Produkt-Mensch-Beziehung zu koordinieren (**Koordinationsfunktion**),
- bei der Verwendung befriedigende Arbeitserlebnisse zu vermitteln (**Humanisierungsfunktion**),
- Anstöße für Innovationen zu geben, d. h. Innovationspotentiale freizusetzen (**Innovationsfunktion**),
- den beabsichtigten Wettbewerbsvorteil, der auf der Neuartigkeit des Produktes basiert (z. B. neue Technologien), bewußt in wahrnehmbaren Produkteigenschaften zu demonstrieren (**Übersetzungs- und Vermittlungsfunktion**),
- sich dadurch von der Konkurrenz abzuheben (**Differenzierungsfunktion**),
- das wahrgenommene Risiko aufgrund mangelnder Produkterfahrungen (und die dadurch hervorgerufene Verunsicherung) bereits in der Wahrnehmungsphase des Kaufes durch sinnlich nachvollziehbare Produktmerkmale zu überwinden (**Entlastungsfunktion**),
- und durch diese Schlüsselinformationen Entscheidungshilfe bei der Wahl zwischen konkurrierenden Alternativen zu geben (**Unterstützungs- und Informationsfunktion**),
- das innovative Image des Unternehmens zu kommunizieren (**Imagefunktion**).

2.2 Industrielle Nachfragesituation als Determinante des Investitionsgüter-Designs

Aufbauend auf den Charakteristiken von Investitionsgütern, insbesondere in Abgrenzung zu Konsumgütern, die klassischerweise Gegenstand von Überlegungen zum Industriedesign sind, wird die industrielle Nachfragesituation, die durch multipersonelles Käuferverhalten gekennzeichnet ist, erörtert. Auf dieser Grundlage soll im Verlauf dieser Arbeit aufgezeigt werden, welche Besonderheiten sich aus dem Wesen der Investitionsgüter bzw. der Investitionsgüternachfrage für die innovative Gestaltung der Produkte ergeben und welchen Beitrag das Industriedesign zu der Schaffung von Produktinnovationen im Investitionsgüterbereich leisten kann.

2.2.1 Produktmerkmale von Investitionsgütern

Bei Investitionsgütern handelt es sich um „Leistungen, die von Organisationen (Nicht-Konsumenten) beschafft werden, um mit ihrem Einsatz (Ge- oder Verbrauch) andere Güter für die Fremdbedarfsdeckung zu erstellen oder um sie unverändert an andere Organisationen weiter zu veräußern, die diese Leistungserstellung vornehmen" (Engelhardt/Günter 1981, S. 24).

Diese Definition von Engelhardt/Günter zeigt die wesentlichen Marktbesonderheiten und Produktunterschiede zum Konsumgüterbereich. Für den Einsatz des Industriedesigns, das streng an den Anforderungen des Marktes orientiert sein sollte, ergeben sich Besonderheiten aus der Tatsache, daß die Nachfrage nach Investitionsgütern keine originäre ist, sondern sich aus der Nachfrage nach Gütern ableitet, die das Unternehmen mit Hilfe von Investitionsgütern produziert (vgl. dazu ausführlicher auch 2.2.4). Der Investitionsgütermarkt ist darüber hinaus oft durch eine geringere Anzahl der Nachfrager und Anbieter, die sich durch ein spezialisierteres Know-how auf beiden Seiten auszeichnen, und eine höhere Markttransparenz gekennzeichnet. Häufiger als bei Konsumgütern nimmt die Marktbearbeitung auch internationale Dimensionen an (vgl. Engelhardt/Witte 1990, S. 6).

Die Käufer von Investitionsgütern sind i. d. R. keine Einzelpersonen oder privaten Haushalte. Die Nachfrage personifiziert sich meist in professionellen Einkäufern von Organisationen oder einem Kaufgremium (Buying Center), so daß die Kaufentscheidung den Einflüssen einer Vielzahl von Kaufbeteiligten unterliegt. Damit erfordert der Kaufprozeß meist einen höheren Zeitbedarf als bei Konsumgütern (zu den Besonderheiten der Nachfrager von Investitionsgütern und ihres Kaufverhaltens vgl. Abschnitt 2.2.3).

Neben den Markt- und Käuferbesonderheiten sind die eigentlichen Produktspezifika von zentralem Interesse für die Überlegungen zum Produktdesign. Die Differenziertheit von Investitionsgütern erfordert die Darstellung verschiedener **Klassifikationsansätze**. Auf eine ausführliche Auswertung der Commodity-Ansätze (vgl. Marquard 1981) wird hier allerdings verzichtet, da die in Kapitel 3 vorgestellte Typologie geeigneter erscheint, um Aufschluß über design-geleitete Fragestellungen zu geben. Die folgende Auswahl an Klassifikationsansätzen soll einen groben Überblick über die charakteristischen Merkmale von Investitionsgütern im Produktionsprozeß vermitteln.

Aufgrund seiner Einfachheit und guten Verständlichkeit wird hier mit dem Copelandschen Ansatz – einem der ältesten Klassifikationsversuche – begonnen, der sich als Einteilungskriterium auf den Verwendungszweck von Investitionsgütern stützt. **Copeland** unterteilt Investitionsgüter in

- Installations (große Anlagegüter),
- Accessory equipment (kleinere Anlagegüter, Zubehör),
- Operating supplies (Betriebsstoffe),
- Fabricating materials and parts (Halbfabrikate und Teile),
- und Primary materials (Rohstoffe) (vgl. Copeland 1925, S. 130 ff).

Eine ähnliche Einteilung wählt Kotler, wobei seine Klassifikation gegenüber der Copelandschen um die Einbeziehung der Verarbeitungsstufen und der Dienstleistungen erweitert ist. **Kotler** klassifiziert die Produkte in

- Güter, die in das Produkt eingehen (Rohmaterialien, vorfabrizierte Materialien und Teile),
- Güter, die unmittelbar mit dem Produktionsprozeß in Zusammenhang stehen (Grundstücke, Groß- und Kleinanlagen) und
- Güter, die mittelbar mit dem Produktionsprozeß in Zusammenhang stehen (Betriebsstoffe und Dienstleistung) (vgl. Kotler 1989, S. 179).

Backhaus wählt eine geschäftstypspezifische Einteilung und betont die unterschiedlichen Anforderungen an das Marketing und damit implizit

auch an das Industriedesign, die aus den unterschiedlichen Wesensmerkmalen der Geschäftstypen im Investitionsgüterbereich resultieren.
Er differenziert in

- Produktgeschäfte (Einzelaggregate),
- Systemgeschäfte (horizontale Erweiterungssysteme und vertikale Ver-
  kettungssysteme),
- und Anlagengeschäfte (mit den Charakteristiken Auftragsfertigung,
  Langfristigkeit, kooperative Anbieterorganisation, zunehmende Dienst-
  leistungskomponente, Know-how-Gefälle, Variabilität des Lieferum-
  fanges und Auftragsinhaltes, Internationalität, Auftragsfinanzierung)
  (vgl. Backhaus 1992, S. 234 und Sabisch 1991, S. 44).

Es wird deutlich, daß die Angebotspalette bei Investitionsgütern von
hochkomplexen Anlagen und Systemen zu „low tech"-Produkten oder
Commodities reicht. Erstere befriedigen häufig einen speziellen Bedarf,
sind meist stark erklärungsbedürftig, erfordern eine Vielzahl an Serviceleistungen und haben einen wesentlich höheren Auftragswert als Konsumgüter, was ihnen manchmal eine existenzentscheidende Bedeutung
zuweist. Letztere unterliegen den Marktgegebenheiten der homogenen, austauschbaren Produkte mit geringem Einzelwert (vgl. Engelhardt/
Witte 1990, S. 7).

Für eine Einschätzung von Designinnovationspotentialen verschiedener Investitionsgüter ist eine weitere Auseinandersetzung mit den
Produktmerkmalen unumgänglich (vgl. Kapitel 3).

2.2.2 Charakterisierung der relevanten Kaufentscheidungsart

Im folgenden werden die Kaufentscheidungsarten, die man beim Erwerb von Investitionsgütern beobachten kann, vorgestellt. Anschließend
wird die Kaufentscheidungsart, die bei der hier behandelten Innova-
tionsproblematik interessiert, näher charakterisiert. Die erarbeiteten
Merkmale verdeutlichen nochmals, welchen Beitrag das Industriedesign
zur Generierung und Unterstützung von innovativen Investitionsgütern
leisten kann.

Analog zu der Einteilung im Konsumgütermarketing in habituali-
sierte, limitierte und extensive Kauftypen lassen sich die verschiedenen Kaufentscheidungsarten auch im Investitionsgüterbereich im Hinblick auf die **Neuigkeit und Komplexität des Kaufes** differenzieren (vgl.
Robinson/Farris/Wind 1967, S. 27ff., Webster/Wind 1972, S. 115; zu
den Ausführungen vgl. auch Kuß 1990, S. 25f., Kotler 1989, S. 188
sowie Backhaus 1992, S. 79 ff.):

- Identischer Wiederkauf
- Modifizierter Wiederkauf
- Neukauf

Beim **identischen Wiederkauf** handelt es sich um einen Routinevorgang,
bei dem der Einkäufer bereits bewährte Produkte nachbestellt. Die
Kaufentscheidung beruht auf schon gesammelten Erfahrungen mit dem
jeweiligen Produkt und erfordert somit im Vergleich zu den anderen
Kauftypen den geringsten Zeitaufwand, da das wahrgenommene Risiko beim Kauf gegen Null tendiert. Da sich aus der Perspektive des Mark-

tes die Begriffe Innovation und Wiederkauf definitionsgemäß ausschließen, ist auf diese Kaufentscheidungsart nicht näher einzugehen.

Beim **modifizierten Wiederkauf** kann die beschaffende Organisation zwar auf bestimmte Erfahrungswerte mit dem bereits verwendeten Produkt zurückgreifen, es entsteht aber ein gewisser Informationsbedarf, da sich bestimmte Konditionen der Kaufsituation verändert haben. Dabei kann es sich z. B. um den Preis, die Lieferantenauswahl oder modifizierte Produktmerkmale u. ä. handeln. In bezug auf design-bedingte Veränderungen der Produktmerkmale, die von einer einfachen Produktdifferenzierung oder -modifikation über eine Variation bis hin zu einer Produktneuheit im Sinne einer Verbesserungsinnovation reichen können (vgl. Abschnitt 2.3.1.2), ist diese Kaufart für die Ausführungen dieser Arbeit von eingeschränkter Bedeutung. Der Neuigkeitsgrad des Produktes und das damit verbundene Risiko beim Kauf entscheidet aus der subjektiven Perspektive der beschaffenden Organisation darüber, ob der Kaufakt als Wiederholung oder als völlig neu empfunden wird. Bei Rationalisierungsinvestitionen beispielsweise werden Produkte durch neue substituiert, die gleiche oder ähnliche wirtschaftliche Funktionen erfüllen, sei es aufgrund von design-bedingten oder technologischen Veränderungen. Die Grenzen zwischen modifiziertem Wiederkauf und Neukauf sind daher, abhängig von der jeweiligen Kaufsituation und der Veränderungen des Substitutionsgutes, fließend. Schon Gutenberg sieht die Einteilung der Kaufsituationen als problematisch an, da nahezu jede Ersatzanlage eine verbesserte Konstruktion und damit partiell einen innovativen Charakter mit sich bringt (vgl. Gutenberg 1959, S. 29 f.). Da die Verbesserungsinnovation sich definitionsgemäß durch einschneidende Veränderungen der Produktcharakteristiken auszeichnet, die dem Produkt eine neuartige Komponente verleihen (vgl. dazu auch 2.3.1.2), wird hier die Ansicht vertreten, daß der Kaufakt eines solchen innovativen Investitionsgutes als Neukauf einzustufen ist.

Damit ist der **Neukauf** die Kaufentscheidungsart, die die hier angestrebte Untersuchung in entscheidendstem Maße tangiert. Weil dabei das entsprechende Kaufproblem in der Unternehmung zum erstenmal auftritt, ist diese Kaufsituation u. a. gegeben, wenn das nachfragende Unternehmen eine am Markt angebotene oder beauftragte Innovation erwerben will. Aufgrund mangelnder Produkterfahrungen empfinden die Käufer das Risiko bei dieser Kaufart am relativ größten. Engelhardt/ Günter unterscheiden vier Risikoarten, die für den Nachfrager relevant sein können: das Risiko, das mit den Gütern selbst verbunden ist (z. B. Neuigkeitsgrad, Qualitätsunterschiede), das Risiko, das aus der Güterverwendung resultiert (z. B. Funktionsfähigkeit), das Risiko, das durch die Anbieter und deren Verhalten hervorgerufen wird und das Risiko des Kaufprozesses selbst (vgl. Engelhardt/Günter 1981, S. 52 f.). Abhängig von der Höhe der Kosten und dem wahrgenommenen Risiko sowie der Anzahl der am Kaufprozeß beteiligten Personen intensiviert die beschaffende Unternehmung die Informationssuche. Damit stellt diese Kaufsituation für den Anbieter von innovativen Investitionsgütern eine große Herausforderung dar. Er sollte bestrebt sein, die innovationsfördernden Schlüsselpersonen (vgl. dazu auch 2.3.2) zu identifizieren und das wahrgenommene Risiko aus der Sicht des Kunden zu minimieren, indem er Hilfestellung in jeder Phase des Problemlösungs- bzw. Kaufprozesses leistet.

Die nachfolgende Abbildung von Robinson/Faris/Wind faßt die wichtigsten Merkmale der verschiedenen Kaufklassen nochmals anschaulich zusammen:

Dimension / Kaufphase	Neuheit des Problems	Informationsbedarf	Betrachtung neuer Alternativen
Neukauf	Hoch	Maximal	Bedeutend
Modifizierter Wiederverkauf	Mittel	Eingeschränkt	Begrenzt
Identischer Wiederverkauf	Gering	Minimal	Keine

Abb. 14: Merkmale von Kaufentscheidungsarten bei Investitionsgütern
Quelle: Robinson/Faris/Wind 1967, S. 25; Schattierung wurde von der Verfasserin ergänzt

Die für diesen Untersuchungszusammenhang relevante Kaufsituation (Neukauf) zeichnet sich also durch einen **hohen Neuigkeitsgrad** des vorliegenden Problems – im Rahmen dieser Ausführungen also des Produktes –, durch einen **maximalen Informationsbedarf** und durch eine **Vielzahl neu in Betracht zu ziehender Alternativen** (z. B. konkurrierende Anbieter oder Problemlösungen) aus.

Hill/Hillier beurteilen die Abgrenzung der Kaufklassen nach Robinson/Faris/Wind als zu grob und kritisieren das Fehlen weiterer Einflußgrößen, die zur Charakterisierung der Kaufsituation bzw. des Kaufverhaltens dienen könnten. Aufbauend auf dieser Kritik versuchen die Autoren einen komplexeren Ansatz zur **Kennzeichnung der „Kaufanatomie"**, indem sie

1. den **Verwendungszweck** der zu beschaffenden Investitionsgüter in der Organisation,
2. die **Kaufmotive** und
3. die **Komplexität** der Beschaffung

einbeziehen (vgl. Hill/Hillier 1977, S. 20 ff.; zitiert nach Engelhardt/Günter 1981, S. 55 ff.).

Der Anbieter von Investitionsgütern sollte diese Hintergrunddeterminanten beim Industriedesign ebenso wie die den Neukauf kennzeichnenden Variablen berücksichtigen. Der gezielte Einsatz der zur Verfügung stehenden Gestaltungsinstrumente des Industriedesigns ermöglicht es, die Hemmnisse einer neuartigen, informationsdefizitären Kaufsituation zu überwinden. Gerade beim Neukauf von hochinnovativen, technisch komplexen Produkten dient die visuelle Botschaft, die das Produktdesign kommuniziert, als Schlüsselinformation, die gleichzeitig detaillierte, schwer zu beschaffende Einzelinformationen ersetzt (vgl. auch Baaken 1987, S. 4). Der Industriedesigner kann so das wahrgenommene Risiko beim komplexen Kauf eines innovativen Investitionsgutes aus der Perspektive des Kunden minimieren. Dem **Design** kommt damit eine **entlastende Informationsfunktion** zu. Es nimmt entscheidenden Einfluß auf die Kaufentscheidung.

2.2.3 Buying Center Konzept und Auswirkungen auf das Investitionsgüter-Design

Die **Vielzahl der Kaufbeteiligten,** die sich in dem gedanklichen Konstrukt des Buying Centers zusammenfassen lassen, bedingen die besondere Behandlung des Investitionsgüter-Designs. Dieses Einkaufsgremium, das nur in den wenigsten Fällen als formal institutionalisierte Gruppe in Erscheinung tritt (vgl. Engelhardt/Günter 1981, S. 40), entscheidet über den Kauf eines innovativen Investitionsgutes. Bei jedem Kaufakt prallen divergierende Bedürfnisse, die in einem Marktsegment vereinigt sind, aufeinander. Die Bedürfnisse und die Nutzenerwartungen des bzw. der Kunden sind aber die entscheidenden Determinanten für das Produktdesign. Denn das Werturteil des Kunden entscheidet letztendlich über die Absatzchancen einer Produktinnovation. Auch im Investitionsgüterbereich ist die Kundenorientierung der entscheidende Schlüsselfaktor zur erfolgreichen Vermarktung der Produkte (vgl. Backhaus 1992, S. 18 ff.). Gerade weil beim Kauf von Investitionsgütern mehrere Personen mit unterschiedlichen Zielsetzungen beteiligt sind, stellt die Designlösung vielfach die einigende Klammer dar (vgl. Koppelmann 1989a, S. 129).

Um die Einflußfaktoren, die der Designer beim Entwurf eines innovativen Investitionsgutes berücksichtigen sollte, herauszuarbeiten, wird im folgenden das Kaufverhalten der beschaffenden Organisation in feldtheoretischer Betrachtungsweise durchleuchtet. Anschließend werden die verschiedenen Rollen der am Buying Center Beteiligten behandelt, um aus den Besonderheiten des multipersonellen Kaufaktes Erkenntnisse für das Produktdesign von Investitionsgütern zu gewinnen.

2.2.3.1 Feldtheoretisch-orientierte Betrachtung der Einflußfaktoren des multipersonellen Kaufverhaltens

Das Industriedesign muß die mögliche Diskrepanz zwischen den Einflüssen verschiedener Personen beim kollektiven Kaufakt und den Bedürfnissen von Individuen überwinden. Denn letztendlich bewahren die Beteiligten innerhalb der Gruppe ihre Individualität (vgl. Engelhardt/Günter 1981, S. 44): „In the final analysis, all organizational buying behavior is individual behavior" (Webster/Wind 1972, S. 88). „Entscheider in einem Unternehmen bleiben Menschen, auch nachdem sie ihr Büro betreten haben" (Kotler 1989, S. 185). Diese Zitate verdeutlichen, daß das Kaufverhalten des wirtschaftenden Individuums nicht auf der Grundlage des Rationalprinzips zu beurteilen ist. Dies geht davon aus, daß das beschaffende Individuum in der Organisation im Sinne eines „**homo oecomomicus**" einer objektiven Entscheidungslogik folgt.

Der am Kaufentscheidungsprozeß beteiligte Mitarbeiter agiert jedoch nicht emotions- und motivationsneutral, sondern entscheidet als

"homo psychologicus" individuell, subjektiv, affektiv, interaktiv und mit begrenztem Informationsstand und wird durch Bedürfnisse, Ängste, Entfremdungen, Risikoempfindungen, Konflikte u. ä. beeinflußt (vgl. Ziegler 1990, S. 79 f.).

Die feldtheoretische Betrachtungsweise sieht das wirtschaftende Individuum dabei jedoch nicht isoliert, da sein Verhalten aus der Gesamtheit gleichzeitig existierender Faktoren resultiert. Entscheidungsprozesse sind als kognitive und motivational gesteuerte Interaktionen in einem ganzheitlichen Feld zu verstehen. Der am Buying Center beteiligte, subjektiv-situationsbezogene **"homo interactivus"** sieht sich in das sozio-ökonomische, das organisationale, das individuelle und in das Feld der Anbieter und Abnehmerorganisation eingebunden. Das **sozio-ökonomische Feld** ergibt sich aus der Interaktion beteiligter Organisationen (mindestens aus je einer Anbieter- und Abnehmerorganisation). Das **Feld der Anbieter- und Abnehmerorganisation** besteht aus interorganisationalen Potentialfeldern wie Leistung, Hierarchie, Kommunikation. Das **interne Feld der Organisation** setzt sich aus den interaktiv agierenden Individuen und den auf sie einwirkenden Organisations-, Struktur- und Kommunikationsbedingungen zusammen. Das **individuelle Feld** beschreibt den Lebensraum des einzelnen als Summe der individuellen Fähigkeiten, Erfahrungen, Persönlichkeitsmerkmale, Motive, Werthaltungen und kognitiven Strukturen (vgl. Ziegler 1990, S. 85 ff. und zur Feldtheorie Lewin 1963).

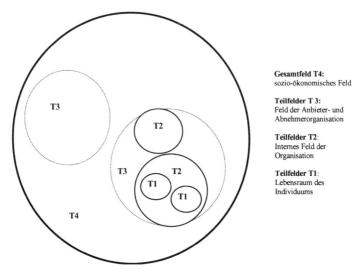

Abb. 15: Erweiterter feldtheoretisch-orientierter Interaktionsansatz
Quelle: Ziegler 1990, S. 89

Die vorstehende Abbildung verdeutlicht den **feldtheoretisch-orientierten Interaktionsansatz zur Erklärung des Entscheidungsverhaltens von Individuen bei kollektiven Entscheidungsprozessen** grafisch. Ziegler bezeichnet ihn als „erweiterten feldtheoretisch-orientierten" Ansatz, da er in der Verknüpfung des Interaktionsansatzes des Investitionsgütermarketings mit der Feldtheorie von Kurt Lewin unter Berücksichtigung von kognitiven Theorien der Sozialpsychologie und einem situationsorientierten, interaktivem Menschenbild eine Erweiterung sieht (vgl. Ziegler 1990, S. 79 ff.).

Ähnliche Einflußfaktoren auf das Kaufverhalten des Investitionsgüternachfragers sieht Kotler in Anlehnung an Webster/Wind (vgl. Kotler 1989, S. 186; zum Modell von Webster/Wind vgl. Webster/Wind 1972a, S. 15 oder die Ausführungen und Übersetzung bei Backhaus 1992, S. 96 f.). Kotler differenziert die Einflußgrößen in Umweltfaktoren (z. B. Primärnachfrage, technologischer Fortschritt), organisatorische (z. B. Unternehmenspolitik, Organisationsstruktur), interpersonale (z. B. Autorität, Einfühlungsvermögen) und individuelle Komponenten (z. B. Alter, Persönlichkeit, Risikofreudigkeit).

Die **Eingebundenheit des Individuums in das Feld** legt den Schluß nahe, daß die nicht ausschließlich rational agierenden Kaufinteressenten von innovativen Investitionsgütern unter dem Einfluß von bestimmten Hintergrunderscheinungen, sogenannten **substrativen Faktoren**, stehen. Der Designer sollte diese Grundströmungen, die technisch-naturwissenschaftlicher, ökonomischer, sozialer, kultureller u.a. Art sein können (vgl. Leitherer 1989, S. 139), folglich bei der Gestaltung des innovativen Produktdesigns einbeziehen. Es könnten sich hieraus auch Ansatzpunkte für die Analyse von Suchfeldern für Gestaltungsinnovationen ergeben. Geipel stellt im Zusammenhang mit dem Investitionsgüter-Design insbesondere drei Bereiche von substrativen Faktoren als bedeutend für die Bedarfsbildung heraus (vgl. Geipel 1990, S. 10 ff.):

- **Die Umweltdynamik und ihre Einflüsse auf das Entscheidungsverhalten**: Hier weist Geipel besonders auf den Wertewandel hin, der sich im sozio-kulturellen (z. B. gestiegener Bildungsstand, Streben nach Selbstverwirklichung, Einstellungswandel zur Arbeit), ökologischen (z. B. stärkeres Umweltbewußtsein aufgrund von Imagewirkung, Haftungsrisiken, Kostenreduzierung) und technologischen Umfeld (z.B. negative Werthaltungen bezüglich des technischen Fortschritts) vollzieht bzw. auf diese Bereiche Auswirkungen hat.
- **Veränderungen im Zielsystem der Unternehmung**: Hier hebt er Aspekte der Humanisierung der Arbeitswelt zur Erhöhung der Arbeitszufriedenheit hervor.
- **Streben der Unternehmung nach Kultur und Identität**: In diesem Zusammenhang steht u. a. das Bemühen um Corporate Identity (vgl. Abschnitt 4.3) im Blickpunkt.

Es ist ebenso offensichtlich, daß auch der Einfluß von Kollegen oder anderen nahestehenden Personen im Sinne des Konsummilieus (vgl. Leitherer 1989, S. 25 ff.) auf die Produktwahrnehmung und -beurteilung des Buying-Center-Mitgliedes wirkt. Der Begriff des Konsummilieus ist aus dem Konsumgütermarketing entlehnt, so daß wir im Rahmen der hier behandelten Problematik treffender den Ausdruck „Investitionsmilieu" verwenden sollten.

Zur Vertiefung dieser Thematik sollen im folgenden die verschiedenen Rollen der Buying-Center-Mitglieder näher betrachtet werden.

2.2.3.2 Bedeutung der Nachfragerrollen

Abhängig von der Komplexität des Investitionsgutes und des Kaufaktes sind unterschiedlich viele Personen an der Kaufentscheidung beteiligt, die sich durch **verschiedene Rollen und Verhaltensmuster** charakterisieren lassen. Um die Wirkung des innovativen Produktdesigns auf dieses Kaufgremium einschätzen zu können, ist es sinnvoll, sich über die möglichen Konstellationen des Buying-Centers Klarheit zu verschaffen. Dazu sollten folgende Fragestellungen beantwortet werden:
- Wer sind die Beteiligten an der Entscheidung?
- Wie groß ist Einfluß des einzelnen?
- Welche Bewertungskriterien verwendet jeder Beteiligte, und zu welchem Urteil kommt er oder sie über die verschiedenen Lieferanten bzw. Produkte (vgl. Kotler 1989, S. 181)?

Nach Webster/Wind lassen sich verschiedene Rollen der am Kaufprozeß beteiligten Personen unterscheiden (vgl. Webster/Wind 1972, S. 78 ff.), deren Bedürfnisstruktur bei dem Produktdesign von innovativen Investitionsgütern berücksichtigt werden muß. Backhaus betont, daß das Rollenträgermodell von Webster/Wind zwar in der Literatur wegen seiner Anschaulichkeit besonders beachtet wurde, daß eine empirische Absicherung des Erklärungswertes jedoch noch aussteht (Backhaus 1992, S. 63 ff.; vgl. zum folgenden Kotler 1989, S. 181 f., Engelhardt/Günter 1981, S. 40 f. und Kuß 1990, S. 27 f.).

- Die **User (Benutzer)** nehmen im Hinblick auf das Design der Produkte eine zentrale Stellung innerhalb des Kaufgremiums ein. Von den späteren Verwendern des Produktes (z. B. Arzt – medizinische Geräte) geht oftmals die Initiative zum Kauf aus, so daß sie Innovator-Funktion annehmen. Ihr spezifisches Wissen sowie der bei der Verwendung unmittelbare Kontakt zu dem Produkt führt dazu, daß die Benutzer die Qualität des erworbenen Investitionsgutes am besten einschätzen können. Sie können die erforderlichen Produkteigenschaften beurteilen und damit Anstöße zu Qualitätsverbesserungen und folglich zum Neuerwerb bzw. zur Substitution verwendeter Produkte geben. Insbesondere die praktische bzw. gebrauchstechnische Qualität (siehe auch 2.1.4.2) der Produkte ist auf die Bedürfnisse des späteren Verwenders abzustimmen.

- Als **Buyer (Einkäufer)** bezeichnet man die Mitglieder des Buying Centers, die die formale Autorität besitzen, Lieferanten auszuwählen, Konditionen auszuhandeln und Kaufabschlüsse zu tätigen. Sie sind oftmals Mitglieder der Einkaufsabteilung. Für den Einkäufer wird in erster Linie von Interesse sein, das ihm zur Verfügung gestellte Budget kostenmäßig nicht zu überschreiten und das Risiko einer Fehleinschätzung zu minimieren. Der Ruf des Investitionsgüterherstellers wird für den Einkäufer von zentraler Bedeutung sein. Der Hersteller sollte daher im Sinne eines Corporate Design (vgl. Abschnitt 4.3.2) durch den Einsatz von produktsprachlichen Mitteln die Qualität auch im Produkt wahrnehmbar kommunizieren. Damit könnte u. a. die symbolische bzw. soziale Dimension (vgl. Abschnitt 2.1.4.2) des Industriedesigns in den Vordergrund gerückt werden.

- Die **Decider (Entscheider)** zeichnen sich durch die formale oder informale Macht aus, die letztendliche Entscheidung über die Auswahl des Lieferanten und des Produktes zu treffen. Bei Routineeinkäufen standardisierter Produkte sind die Entscheider häufig auch Einkäufer, bei komplexen Einkäufen hat oftmals ein Spitzenmanager des Unternehmens diese Rolle inne. Je nach Bedürfnisstruktur des Entscheiders ist es vorstellbar, daß auch symbolische sowie ästhetisch-kulturelle Komponenten (vgl. Abschnitt 2.1.4.2) der Produktqualität Einfluß auf die Kaufentscheidung nehmen könnten, insbesondere da sich der Kontakt mit dem Produkt auf die Wahrnehmungsebene beschränkt und durch die fehlende Verwendungsebene relativ gering ist (vgl. Geipel 1990, S. 149). Es geht also um das rasche Vermitteln von positiven Wahrnehmungseindrücken (Stichwort: spontanes Angemutetwerden!).
- **Influencer (Beeinflusser)** sind Personen, die direkt oder indirekt auf den Kaufprozeß einwirken. Es kann sich dabei z. B. um technisches Personal, das Einfluß auf Produkteigenschaften und die Festlegung von Mindestanforderungen nimmt und damit die Alternativen im Vorfeld eingrenzt, oder z. B. um Vertreter einer Unternehmensberatung handeln.
- Die **Gatekeeper (Informationsselektierer)** sorgen für die Steuerung des Informationsflusses im Buying Center. Es kann sich dabei z. B. um den Assistenten eines Entscheidungsträgers handeln, der Angebote selektiert.

Denkbar ist eine Ergänzung der vorstehenden Typologie durch eine sechste Rolle: den **Initiator**, der den Kaufprozeß in Gang bringt (vgl. Backhaus 1992, S.64). Diese Rolle kann gerade für die Adoption und Diffusion eines innovativen Investitionsgutes von zentraler Bedeutung sein.

Es ist wichtig hervorzuheben, daß die Verteilung der Rollen nicht personengebunden ist. Mehrere Personen können die gleiche Rolle innehaben und eine Person kann in dem Kaufentscheidungsprozeß auch mehrere Rollen auf sich vereinigen (vgl. Kuß 1990, S. 28). Engelhardt/Witte weisen auch darauf hin, daß man die Zahl der durch Einzelpersonen getroffenen Kaufentscheidungen nicht unterschätzen solle (vgl. Engelhardt/Witte, 1990, S. 6).

Eine andere Untersuchung von Webster/Wind könnte Aufschluß über die Frage geben, welchen **Einfluß** die einzelnen Personen des Buying Centers **auf die Auswahl des innovativen Investitionsgutes** haben. In dieser versuchen die Autoren einzuschätzen, in welcher Phase des Entscheidungsprozesses der Einfluß der verschiedenen Rollenträger am ehesten zu erwarten ist (vgl. Webster/Wind 1972, S. 80) (siehe Abb. 16).

Die Untersuchung von Webster/Wind macht anschaulich deutlich, daß den Benutzern und Beeinflussern in jeder Phase der Kaufentscheidung erhebliche Wirkung zukommt. Insbesondere das Engagement in

Rolle im Buying-Center / Phase im Entscheidungsprozeß	Benutzer	Beeinflusser	Einkäufer	Entscheider	Informationsselektierer
Problemerkenntnis	x	x			
Festlegung der Produktanforderungen u. Planung des Einkaufs	x	x	x	x	
Identifizierung angebotener Alternativen	x	x	x		x
Beurteilung alternativer Entscheidungsmöglichkeiten	x	x	x		
Auswahl der Lieferanten	x	x	x	x	

Abb. 16: Beteiligung der Mitglieder des Buying Centers an verchiedenen Phasen des Kaufentscheidungsprozesses
Quelle: Webster/Wind 1972, S. 80

der Periode der Problemerkenntnis weist auf ihre Funktion als Initiator hin. Von nicht zu unterschätzender Bedeutung ist ebenso der Einfluß der Einkäufer, die nach Einschätzung der Autoren in jeder Phase, ausgenommen der Problemerkenntnis, aktiv sind. Die Willenslenkung der Entscheider konzentriert sich auf die Kernabschnitte der Kaufentscheidung: die Festlegung der Produktanforderungen und die Auswahl der Lieferanten. Den Informationsselektierern kommt eher Hilfsfunktion zu, wobei das Vorenthalten von Informationen entscheidende Wirkung auf den Verlauf des Kaufprozesses nehmen kann. Die Untersuchung von Webster/Wind kann allerdings nur grobe Anhaltspunkte darüber liefern, wie stark der Einfluß der einzelnen Rollenträger ausfällt.

Abschließend stellt sich noch die Frage, welche **Bewertungskriterien** die Buying-Center-Mitglieder zur Beurteilung des zu erwerbenden Produktes heranziehen. Lehman/O'Shaughnessy beispielsweise untersuchen für vier Produktkategorien 17 verschiedene Entscheidungskriterien (vgl. Lehman/O'Shaughnessy 1974, S. 39). Die Merkmale „allgemeiner Ruf des Anbieters", „Preis", „technische Eigenschaften" und „Zuverlässigkeit bei der Einhaltung des Liefertermins" sind für alle Produktkategorien von großer Wichtigkeit.

Auffällig ist, daß die Forscher kaum auf Kriterien zum Produktdesign eingehen. Lediglich der Punkt „Leichtigkeit der Bedienung und Benutzung" als Komponente der praktischen bzw. gebrauchstechnischen Qualität des Produktes schneidet diese Problematik an. Dieses Kriterium ist von größerer Bedeutung für die Entscheidung, wenn es sich nicht um einen Routinekauf handelt.

Huppertsberg/Kirsch sowie Fitzgerald untersuchen mit Hilfe einer fünfstufigen Ratingskala (1 = unwichtig; 5 = sehr wichtig), wie wichtig das Entscheidungskriterium „Design der Anlage" für die Käufer von Investitionsgütern ist (vgl. Fitzgerald 1989, S. 225 ff.). Ein Ergebnisvergleich der Wichtigkeit verschiedener Entscheidungskriterien zeigt, daß sich die gefundenen Mittelwerte für das Merkmal „Design der Anlage" in beiden Untersuchungen stark annähern (2.18 bei Huppertsberg/Kirsch; 2.52 bei Fitzgerald). Dem Design kommt in beiden Untersuchungen also immerhin mittlere Wichtigkeit zu. Die Befragten schätzen das „Design der Anlage" bedeutender ein als die Kriterien „Langfristigkeit der Finanzierung" und „Nationalität des Herstellers". Eine nähere Betrachtung der verwendeten Untersuchungskriterien legt den Schluß nahe, daß das Designverständnis von der hier vertretenen, umfassenden Designbetrachtung stark abweicht. Die dem Industriedesign zurechenbaren Entscheidungskriterien „Ausgereiftheit des Produktes" (Mittelwert 4.48 bzw. 4.41), Bedienungsfreundlichkeit der Anlage (Mittelwert 4.00 bei Fitzgerald) und Umweltfreundlichkeit der Anlage (Mittelwert 2.75 bzw. 3.93) werden in den Untersuchungen gesondert abgefragt. Die befragten Käufer schätzten die Wichtigkeit dieser Kriterien hoch ein, was darauf hinweist, daß bei einer umfangreicheren Untersuchung im Sinne eines umfassenden Designverständnisses den Designkriterien ein noch höherer als lediglich ein mittlerer Stellenwert an Wichtigkeit eingeräumt würde.

Sicher ist, daß die **Intensität von Wahrnehmung und Verwendung** ein entscheidendes Kriterium ist, das Einfluß auf die Bewertung des Produktdesigns nimmt (vgl. Geipel 1990, S. 147 ff.). Um die Wirkung des Produktdesigns auf die Kaufinteressenten zu beurteilen, ist daher die **Kontaktintensität** zwischen Objekt und Subjekt von Bedeutung. Diese läßt sich durch die **Kontaktdauer** und die **Art des Kontaktes** (mittelbare visuelle Wahrnehmung (Werbung); unmittelbare visuelle Wahrnehmung (Messe) und Handhabung im Rahmen der Verwendung) näher beschreiben (vgl. Geipel 1990, S. 147 ff., Löbach 1976, S. 39 ff. und Abschnitte 3.1.2 und 3.2.2.3).

Innerhalb des Buying Centers kristallisieren sich darauf aufbauend im wesentlichen **zwei Zielgruppen** für das innovative Produktdesign heraus (vgl. Geipel 1990, S. 151 f.):

- Die Personen, die bei der **Verwendung** den intensivsten und unmittelbarsten Kontakt zu dem Investitionsgut haben (**Verwender**; also insbesondere die User). Diese Zielgruppe wird stark durch die gebrauchstechnische Qualität des Produktes (z. B. Bedienungskomfort) beeinflußt. Aber auch ästhetische Belange (Wohlgefallen beim täglichen Anblick des Produktes) und soziale Bezüge (z. B. Geltungsnutzen innerhalb der Unternehmung durch die Beherrschung einer Technik und den Anteil am kollektiven Besitz des Investitionsgutes) können für den Verwender von Bedeutung sein.
- Die Personen, die zwar an dem Entscheidungsprozeß mitwirken, aber in keiner Verwendungssituation zu dem Investitionsgut stehen, und die ihre Beurteilung in erster Linie auf die **visuelle Wahrnehmung** des Produktes stützen müssen (**Käufer**, also insbesondere die Decider, Buyer, Influencer und Gatekeeper). Diese Zielgruppe kann die gebrauchstechnische Qualität nur vom „Hörensagen" beurteilen. Daher sollte die Gebrauchstechnik durch Anzeichen verdeutlicht werden. Die ästhetischen Aspekte begünstigen über das spontane Ange-

mutetwerden die positive Beurteilung des innovativen Investitionsgutes. Auf symbolischer Ebene sollte das Produkt das Innovative kommunizieren. Weiterhin zählt hier der Prestigegewinn, den die Käufer durch die Anschaffung des Investitionsgutes (nach innen: z. B. durch die Entscheidungskompetenz über ein bestimmtes Budget; nach außen: durch das Image beim Kunden) erreichen. „… im Produktionsbereich werden Investitionen getätigt, deren Symbolfunktionen zur Begründung und Aufrechterhaltung von Prestige und Status der Unternehmung dienen und bestimmten Rollenerwartungen entsprechen" (Kreikebaum 1961, S. 45).

Als Fazit dieses Kapitels soll folgendes festgehalten werden: Für die Wirkung der Gestaltungsmittel des Industriedesigns bedeutet das gleichzeitige Auftreten verschiedener Rollen bei ein und demselben kollektiven Kaufakt, daß eine Fülle von Nachfragerbedürfnissen unterschiedlicher Personen zu befriedigen sind. Identifiziert worden sind zwei Zielgruppen: die Verwender und die Käufer. Abhängig von der Bedürfnisstruktur der Beteiligten und der Kontaktintensität mit dem Investitionsobjekt kommt allen Komponenten des Industriedesigns, wenn auch verschieden stark gewichtet, Bedeutung zu. Der Designer muß die verschiedenen Qualitätsdimensionen des Produktdesigns auf das Anforderungsprofil aller Kaufinteressenten abstimmen, um absatzfördernde Wirkung zu erzielen. „Das Vorherrschen der eigentlichen Gebrauchstechnik bei Investitionsgütern bedeutet nun nicht, daß alle anderen Qualitätsbestandteile, besonders auch ästhetische, bei der Produktgestaltung vernachlässigt werden können" (Leitherer 1989, S. 267).

2.2.4 Wirkungsebenen des Industriedesigns vor dem Hintergrund des derivativen Charakters von Investitionsgütern

Gewerbliche Kunden äußern im Gegensatz zu privaten Verbrauchern einen abgeleiteten (derivativen) Bedarf (vgl. Fitzgerald 1989, S. 4, Backhaus 1992, S. 3). Damit steuert die Nachfrage auf Konsumgütermärkten letztendlich auch die quantitative Nachfrage auf Investitionsgütermärkten (vgl. Leitherer 1989, S. 260). Das Investitionsgut nimmt somit eine besondere Stellung im Wirtschaftsfeld ein. Es dient zur Produktion von Konsumgütern oder zum Angebot von Dienstleistungen für den Letztverbraucher.

Der Produktdesigner muß daher bei Investitionsgütern **zwei Wirkungsebenen** berücksichtigen: Die Wirkung des Designs **auf die sinnliche Wahrnehmung der Mitglieder des Buying-Centers und auf die der Konsumenten** (siehe Abb. 17).

Die beschaffende Organisation muß also in Betracht ziehen, wie der Kauf von bestimmten Investitionsgütern auf die Nachfrage ihrer Konsumenten wirkt. Dabei strahlt die Wirkung des Investitionsgüter-Designs je nach dem **Grad der Öffentlichkeit des Produktes** direkt oder indirekt auf den Konsumenten aus. Anlagen beispielsweise prägen wie Architektur das Landschaftsbild in entscheidendem Maße und üben damit Einfluß auf das Image des produzierenden Unternehmens beim Letztverbraucher aus. Ästhetische Komponenten der Anlage bekommen auch im Hinblick auf den Letztkonsumenten Bedeutung. Die Verwendung von umweltverträglichen Produktionsanlagen kann ein wichtiges Kriterium für die Kaufentscheidung des Konsumenten sein. Im Dienstleistungsbereich wirkt das Produktdesign von Investitionsgütern dann ganz direkt auf den Konsumenten (z.B. Frisiersalon) (vgl. Geipel 1990,S.184 ff. und S. 205ff.).

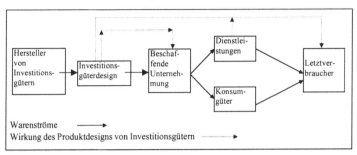

Abb. 17: Wirkungsebenen des Produktdesigns von Investitionsgütern
        Quelle: eigene Darstellung

Die **Wirkungsintensität** ist dabei wiederum abhängig von Kontaktintensität (Dauer und Grad an Wahrnehmung und Verwendung) mit dem Produkt (vgl. Abschnitt 3.1.2 und 3.2.2.3). Bei der Benutzung eines Bankautomaten beispielsweise entsteht eine stärkere Wechselbeziehung zwischen Mensch und Produkt als bei der Wahrnehmung eines vorbeifahrenden Lkws (vgl. Geipel 1990, S. 185). Im Dienstleistungsbereich muß der Designer gewährleisten, daß der Laie das Produkt bedienen kann und daß es sich in das Umfeld integriert (vgl. Geipel 1990, S. 208). Die Benutzung eines Investitionsgutes kann darüber hinaus Geltungsbedürfnisse des Letztverbrauchers befriedigen. Löbach weist allerdings darauf hin, daß bei gemeinschaftlich genutzten Produkten die Beziehung zwischen Verwender und Produkt bei weitem nicht so intensiv ist wie bei einem ausschließlich individuell gebrauchten Objekt, so daß die Kunden diese auch mit größerer Verantwortungslosigkeit behandeln (vgl. Löbach 1976, S. 49). Auch diese Problematik sollte der Unternehmer im Hinblick auf das innovative Investitionsgüter-Design von Dienstleistungsobjekten durchdenken.

Es wird offensichtlich, daß der Hersteller von Investitionsgütern bei innovativem Produktdesign sowohl die Bedürfnisse der Buying-Center-Mitglieder als auch der **Letztverbraucher** berücksichtigen muß. Damit ist eine **weitere Zielgruppe** für den Investitionsgüterhersteller identifiziert – auch wenn diese keinen direkten Einfluß auf die Kaufentscheidung hat: „Die Öffentlichkeit, die – soweit sie mit dem Produkt in Beziehung tritt – bestimmte Vorstellungsinhalte mit dem Objekt verbindet, die prinzipiell auf einer anderen Dimension liegen als bei den Unternehmensmitgliedern" (Geipel 1990, S. 152).

2.3 Industriedesign im Innovationsprozeß von Investitionsgütern

Nach einer Darlegung des hier zugrundeliegenden Innovationsverständnisses widmet sich dieses Kapitel Überlegungen zu den Identifikationsmöglichkeiten von Innovatoren, die die Adoption und Diffusion des innovativen Investitionsgutes aktiv fördern. Anschließend wird die Integration des unternehmerischen Leistungsbereichs „Industriedesign" in den Produktentwicklungsprozeß veranschaulicht. Die rechtlichen Grundlagen zum Schutz von Designinnovationen werden abschließend skizziert.

2.3.1 Zum Innovationsverständnis

Ziel dieses Kapitels soll es nicht sein, die Vielfalt der Definitionen (vgl. dazu Hauschildt 1993, S. 3 ff.) des Schlagwortes Innovation aufzuarbeiten. Vielmehr soll aus der Fülle der mit den Begriffsbestimmungen verbundenen Beschreibungen von Wesensmerkmalen der Innovation ein Kriterienkatalog abgeleitet werden, der die hier zugrundeliegende Auffassung von Produktinnovation, insbesondere im design-spezifischen Kontext, einordnet und abgrenzt, um damit eine Basis für die folgenden, anwendungsorientierten Ausführungen über Design als Innovationsinstrument zu schaffen.

2.3.1.1 Zum Innovationsbegriff

Die etymologische Bedeutung des Begriffes „Innovation" gründet auf den lateinischen Worten „novus" für „neu" und „innovatio", was soviel wie „Erneuerung, Neuerung, Neueinführung oder Neuheit" meint (vgl. Schubert 1991, S. 48).

Innovation ist aus betriebswirtschaftlicher Perspektive die Durchsetzung technischer, wirtschaftlicher, organisatorischer und sozialer Problemlösungen im Unternehmen, das ebenso wie sein Umfeld einem ständigen Wandel unterliegt. Innovation ist darauf gerichtet, Unternehmensziele auf neuartige Weise zu erfüllen (vgl. Pleschak/Sabisch 1996, S. 1). Zum Gegenstand von Innovationen zählen Produktinnovationen, Prozeß- u. Verfahrensinnovationen, neue Absatz- u. Bezugsmärkte, neue Organisationsformen und -methoden, veränderte soziale Beziehungen, neue Managementmethoden und die Verbesserung des Umweltschutzes im Unternehmen (vgl. Sabisch 1991, S. 9 und Pleschak/ Sabisch 1996, S. 2).

Eine Problemlösung ist als „neu" zu bezeichnen, wenn sie den bisherigen Erkenntnis- und Erfahrungsstand übertrifft (zur subjektiven Betrachtungsweise vgl. Abschnitt 2.3.1.2). Daher sind nicht nur revolutionäre, sprunghafte, sondern auch evolutionäre Veränderungen als Innovationen zu werten (vgl. Pleschak/Sabisch 1996, S. 2 und 4). „Es geht nicht mehr um die „echte" Innovation, den Quantensprung der Novität – *kleine* Unterschiede ergeben heute den Markterfolg (Küthe/Thun 1995, S. 15).

Die Unterteilung der **Stimuli von Innovationen** in „technology push" und „demand pull" liefert grobe Anhaltspunkte über das Entstehen von Innovationen. Die Nachfrage bzw. die Bedürfnisse der Kunden können „Pull"-Innovationen auslösen. „Push"-Innovationen gehen von neuen Technologien aus (vgl. Pleschak/Sabisch 1996, S. 2). Man sollte dabei jedoch von einer monokausalen Sichtweise Abstand nehmen, da sowohl technologische Neuheiten vom Bedürfnissog stimuliert sein als auch neue Technologien Nachfragereaktionen hervorrufen können. „**Erfolgreiche Innovationen beruhen auf der Zusammenführung von demand pull und technology push**" (Hauschildt 1993, S. 7; ähnlich Pleschak/Sabisch 1996, S. 3).

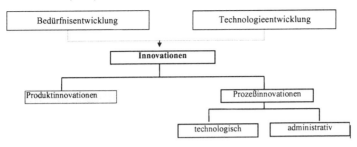

Abb. 18: Quellen und Arten von Innovationen
Quelle: eigene Darstellung

Im Rahmen dieser Untersuchung sollen die Prozeßinnovationen nicht thematisiert werden, da sie keine design-spezifischen Fragestellungen aufwerfen. Die hier bearbeitete Materie beschäftigt sich ausschließlich mit dem innovativen Design von Produktneuheiten im Investitionsgüterbereich. Denn **Produktinnovationen** nehmen im betrieblichen Innovationsgeschehen eine dominierende Rolle ein, da sie durch Anpassung an veränderte Bedürfnisse die Basis für die Sicherung und Verbesserung der Marktposition eines Unternehmens darstellen und oftmals Ausgangspunkt für Innovationsbestrebungen auf prozessualer und organisatorischer Ebene sind (vgl. Sabisch 1991, S. 9).

2.3.1.2 Wesensbestimmung und Abgrenzung der Produktinnovation

Unter Produktinnovation versteht man allgemein die **Neu- oder Weiterentwicklung eines Produktes**. Produktinnovationen zeichnen sich dadurch aus, daß das Produkt Eigenschaften aufweist, die

(1) neu oder
(2) wesentlich verändert sind und dadurch
(3) beim Kunden eine höhere oder veränderte Nutzenerwartung hervorrufen (vgl. Sabisch 1991, S. 57).

Ebenso sieht Brockhoff mit der Einführung eines neuen Produktes am Markt die Schaffung eines völlig neuen Eigenschaftsraumes oder die Erweiterung der Anzahl der Dimensionen eines bereits bekannten Eigenschaftsraumes verbunden. Der Autor weist allerdings auch darauf hin, daß die Abgrenzung zu imitativen Produkten in der Praxis oft schwierig ist (vgl. Brockhoff 1988, S. 19 f.).

Da sich entsprechend dem Veränderungsgrad des Produkteigenschaftsprofils auch der vom Kunden wahrgenommene Nutzen ändert, ist es aufschlußreich, sich mit der **Relativität der Produktneuheit** auseinanderzusetzen. „Bei Produktinnovationsprozessen interessieren insbesondere die Intensitätsdimension (wie sehr neu?), die Subjektdimension (neu für wen?) und die Zeitdimension (wie lange neu?)" (Schmitt-Grohé 1972, S. 26).

Kessler unterscheidet im Hinblick auf die **Intensitätsdimension** die quantitative Intensitätskomponente, die objektive Aussagen darüber trifft, um wieviel sich das neue Produkt von einem bereits vorhandenen unterscheidet, und die qualitative Intensitätskomponente, die die subjektive Bewertung der Nutzenstiftung für den Kunden mißt (vgl. Kessler, 1982, S. 90).

Bei der subjektiven Einschätzung kann man dabei nuancieren zwischen (vgl. Kessler 1982, S. 92):

- Scheininnovation
- einfacher Verbesserung
- Verbesserungsinnovation
- bedeutsamer Verbesserungsinnovation
- sehr bedeutsamer Verbesserungsinnovation
- radikaler Neuerung
- Basisinnovation.

Eine weniger detaillierte, aber pragmatischere Unterscheidung der Produktinnovationstypen im Hinblick auf ihren Neuheitsgrad nimmt auch Becker vor. Er unterteilt in (vgl. Becker 1990, S. 130 und Sabisch 1991, S. 64 f.):

- **Pseudo-Innovationen**, die zwar aus Sicht des Unternehmens eine Programm-Neuheit darstellen, aber aus der Perspektive des Marktes als Mee-too-Produkte einzustufen sind, da das Unternehmen die wesentlichen Eigenschaften von Konkurrenzprodukten imitiert hat und das Produkt damit keinen veränderten Nutzen im Hinblick auf das Qualitätsbündel aufweist. Der Nutzen einer solchen Imitationsstrategie besteht für den Konsumenten meist in preislicher Hinsicht. Imitationen werden im Rahmen dieser Arbeit nicht als Mittel zur Schaffung einer Produktinnovation angesehen. Diese stellen keine Eigenleistung im Sinne einer innovativen Designstrategie dar, da ihnen insbesondere das Merkmal der Kreativität fehlt. Sabisch definiert Innovationen u.a. als „unternehmerische Aktivitäten von hoher Kreativität" (Sabisch 1991, S. 11). Die Imitation wird als eine eigenständige Designstrategie neben der Innovation verstanden (vgl. Wieselhuber 1981, S. 41 ff. und Kapitel 4).

- **Verbesserungsinnovationen** bzw. quasi-neue Produkte, die sich zwar an bereits bestehenden Produkten anlehnen, aber durch wesentlich veränderte Produkteigenschaften einen höheren oder zumindest andersartigen Produktnutzen schaffen. Der Innovationstypus der Verbesserungsinnovation ist nur schwer von der Produktmodifikation zu unterscheiden (vgl. Sabisch 1991, S. 57).

- **Echte Marktneuheiten**, die bisher noch nicht am Markt existierten, die zumeist auf neuen Technologien (Basisinnovationen) basieren und neue Bedürfnisse befriedigen bzw. vorhandene Bedürfnisse auf innovative Weise erfüllen.

Im Hinblick auf die **Subjektdimension** kristallisieren sich bei der Betrachtung von Innovationstypen im wesentlichen zwei Sichtweisen zur

Beurteilung des Neuheitsgrades eines Produktes heraus: **Die Perspektive des Einzelunternehmers** (mikroökonomische Perspektive) und die **des Marktes** (makroökonomische Perspektive) (vgl. Kessler 1982, S. 93 f.).

Ziel der Produktinnovation ist es, durch die Neuerung oder Veränderung des Eigenschaftsprofils, im Sinne einer Profilierungsstrategie, das Produkt neu im Markt zu positionieren. „Die Position eines Produktes ergibt sich aus den wahrgenommenen Ausprägungen seiner urteilsrelevanten Produktmerkmale" (Schubert 1991, S. 43 f.). Die Betonung soll dabei auf dem Zusatz „wahrgenommenen" liegen. Das heißt, die Innovation muß für den Kunden sichtbar sein und auf ihn Wirkung ausüben. Das **Industriedesign** ist bei der **Sichtbarmachung der Novität des** Produktes das geeignete Instrument, um sowohl **technologische als auch design-bedingte Innovationen zu visualisieren.** In diesem Zusammenhang ist es evident, daß der Neuheitsgrad des Produktes nicht aus der Sicht des Einzelunternehmens resultiert, sondern aus der Beurteilung durch den Kunden als letzte, erfolgsbestimmende Instanz des Marktes (vgl. Wieselhuber 1981, S. 44; ähnlich Koppelmann 1993, S. 12).

Im Rahmen dieser Arbeit soll folglich unter Produktinnovation **jede radikale oder inkrementale Veränderung am Produkt** verstanden werden**, die aus der Sicht des Marktes einen anders- bzw. neuartigen Nutzen stiftet** (Marktsegmentneuheit).

Der Ausdruck „Marktsegmentneuheit", der treffender als der Begriff „Marktneuheit" erscheint, soll das hier zugrundeliegende Verständnis von Produktinnovation verdeutlichen. Er weist darauf hin, daß das Unternehmen mit dem neuen Produkt als Pionier einen *abgegrenzten* Markt bearbeitet, also durch den früheren Markteintritt gegenüber der Konkurrenz einen Wettbewerbsvorteil hat. Durch die einschränkende Betrachtung von ausschließlich Marktsegmenten und nicht des „Weltmarktes", eröffnen sich dem Unternehmen Suchfelder auf anderen Märkten, in anderen Kulturen und Ländern oder auf anderen Wissenschaftsgebieten wie Natur oder Architektur.

2.3.1.3 Wesensbestimmung einer Designinnovation

Eine Produktinnovation kann nicht nur auf der wirtschaftlichen Nutzung technischer Erfindungen basieren, sondern auch von anderen produktbestimmenden Faktoren wie dem neuartigen Produktdesign (**Designinnovation**) ausgehen.

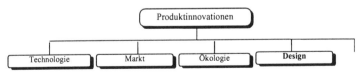

Abb. 19: Quellen für die Generierung von Produktinnovationen
Quelle: eigene Darstellung

Die Suchfelder für Innovationen schließen sich dabei nicht im Sinne einer Entweder-Oder-Beziehung gegenseitig aus, sondern müssen nach den Erfordernissen des Marktes sinnvoll miteinander kombiniert werden. Designinnovationen sind in enger Verbindung zu dem Begriff der sogenannten bedürfnis- oder marktinduzierten Innovationen ("demand pull") zu sehen, da das oberste Produktdesignziel die strenge Orientierung an den Anforderungen und Bedürfnissen der Kunden impliziert (vgl. auch Bailetti/Litva 1995, S. 3 ff.). Allerdings sollte eine designstrategische Innovationspolitik nicht bei der passiven Anpassung an die Bedürfnissen verharren, sondern sich aktiv mit der **Kreation neuer Bedürfnisse** (z.B. nach Ästhetik) beschäftigen und die technologieinduzierten Innovationen sinnvoll ergänzen.

Gerade im technikdominierten Investitionsgütersektor vernachlässigen die Unternehmen oft das Ideen-, Innovations- und Differenzierungspotential, das sich auf dem Suchfeld "Design" begründet (vgl. Bruns 1993, S. 16). Zwar schätzen Unternehmen laut Untersuchungsergebnissen des Institutes für Absatz und Handel St. Gallen die Produktinnovation (neue und bessere Produkte als die Konkurrenz anbieten) als entscheidende Reserve für den zukünftigen Markterfolg ein (4,37 Punkte auf einer Skala von 1 [unbedeutende] bis 5 [entscheidende Reserve]), dem Design (innovatives Design mit Einbezug von Produkten bis Corporate Identity) wird jedoch lediglich ein Wert von 3,15 beigemessen (vgl. Belz 1992, S. 19). Von einer neuartigen Gestaltung des Investitionsgutes können aber bedeutende Impulse im Hinblick auf den Novitätsgrad des Produktes ausgehen. "... design is being used ... as much more than styling: as a source of ideas in the new product development process" (Lorenz 1994, S. 78). Ebenso sieht Belz "Design" als Suchfeld einer innovativen Leistungsdefinition für Produkte, die ein neues Profil erhalten sollen (vgl. Belz 1990, S.211). Nach Kliche versteht man unter innovativen Investitionsgütern technische und systemtechnische Innovationen, die von Organisationen beschafft werden und prozeßinnovativ in der jeweilig abnehmenden Organisation zur Anwendung gelangen (vgl. Kliche 1991, S 67).

Diese rein technisch determinierte Sichtweise soll im Rahmen dieser Arbeit um **design-induzierte Innovationsbestrebungen** ergänzt werden: Bei der design-induzierten oder design-unterstützten Produktinnovationen (Designinnovation) geht es um eine **neue Gestaltung der Mensch-Produkt-Beziehung,** mit dem Ziel, den Qualitätsdimensionen des Produktes neue Ausprägungen zu verleihen (Innovationsdesign). Bei einer design-bedingten Produktinnovation soll das Qualitätsbündel eines Produktes so gestaltet werden, daß die Gestaltungsparameter selbst neu sind oder alte so miteinander kombiniert werden, daß eine neuartige Wirkung in praktischer, ästhetischer oder symbolischer Hinsicht beim Konsumenten ein befriedigendes Produkterleben hervorruft. Denn innovativ zu sein bedeutet für den Investitionsgüterhersteller: "Neues tun in Technik und Design" (Schricker 1980, S. 158).

Bei technikdominierten Investitionsgütern ergeben sich **zwei Einsatzmöglichkeiten** für das Industriedesign als Innovationsfaktor, die von der **Diskrepanz zwischen Technologie- und Produktlebenszyklus** bestimmt werden.

Technik \ Design	alt	neu
alt	keine Innovation	Designinnovation (Design als USP)
neu	Technologieinnovation (Problem: Erkennbarkeit/ Marktakzeptanz)	Integrative Technologie- und Designinnovation

Abb. 20: Innovationstypen auf der Grundlage der Technik-Design-Matrix
Quelle: eigene Darstellung

Wenn beide Lebenszyklen zeitgleich beginnen, also sowohl die Technologie als auch das Produktdesign neu sind, können **Technologie- und Designinnovation in einem integrativen Entwicklungsprozeß** zu einem marktgerechten Produkt vereinigt werden (vgl. zum integrativen Produktentwicklungsprozeß auch 2.3.3). Das Innovationsdesign hat hier die Aufgabe, die technologische Innovation durch einen fortschrittlichen Produktauftritt für die Zielgruppe wahrnehmbar zu kommunizieren. „Designing in its various forms (...) is the key to translating the invention into a commercially viable innovation. Effective designing is the only activity that can make this tangible" (Clipson 1990, S. 319). Da die ungenügende und langsame Akzeptanz von Innovationen durch den Kunden eines der Kernprobleme im Anlagen- und High-Tech-Marketing ist (vgl. Belz 1992, S. 9/11), kommt der Designinnovation nicht nur die Aufgabe zu, den Fortschritt zu visualisieren, sondern gleichzeitig ein Vertrauensverhältnis zu der neuen Technik aufzubauen. Diese Übersetzungs- und Vermittlungsleistung wird durch die Eignung des Industriedesigns ergänzt, auch bei dem integrativen Innovationstyp über eine innovative Technik hinaus selbst als Quelle für Innovationen zu dienen.

Oftmals ist der Produktlebenszyklus jedoch kürzer als der Technologielebenszyklus. Bei vielen Produkten **veralten die Produktbilder** durch modische Einflüsse und neuartige Wahrnehmungsgewohnheiten, obwohl sich die zugrundeliegende **Technologie weiterhin bewährt** und noch nicht durch eine Innovation substituiert werden kann. In dieser Zwischenphase **kann Innovationsdesign** den **Marktzugang öffnen** und zum **entscheidenden Verkaufspunkt** avancieren. Diese Vorgehensweise kann allerdings leicht als Aufforderung zu nachträglicher „Produktkosmetik" mißverstanden werden. Gemeint ist aber vielmehr, daß auf Gestaltungsmittelebene Neuerungen oder Verbesserungen zu einem innovativen Produkterlebnis in gebrauchstechnischer, sozialer oder ästhetischer Weise führen können. Um reine „Hüllenmacherei" zu verhindern, ist es erforderlich, daß die Aufgabenstellung von Anfang an völlig neu durchdacht wird und der **vernetzte Konstruktions- und Designentwicklungsprozeß** in Zusammenarbeit mit dem gesamten Entwicklungsteam nach den neuen Marktanforderungen **reaktiviert** wird. Industriedesign trägt damit möglicherweise dazu bei, den Technologielebenszyklus zu verlängern. Möglicherweise werden bei dem Entwicklungsvorgang aber auch Ideen zu technologischen Verbesserungsinnovationen produziert.

Die Kreation von Designinnovationen bildet für den Investitionsgüterhersteller neben der Technologieorientierung einen zentralen Baustein der Innovationspolitik und hat die Zielsetzung, seine Marktposition im Innovationswettbewerb zu stärken.

2.3.2 Identifikation von Innovatoren zur Unterstützung der Adoption und Diffusion von innovativem Investitionsgüter-Design

Um die Adoption und Diffusion einer design-unterstützten Produktinnovation im Investitionsgütersektor zu gewährleisten, ist es absatzpolitisch sinnvoll, die **Innovatoren** innerhalb des Marktes bzw. innerhalb der anvisierten Unternehmung zu identifizieren. Eine Adoption durch ein Abnehmer-Unternehmen liegt vor, wenn diese Organisation in ihrer spezifischen Bedarfssituation eine neuartige Lösung annimmt. Die Diffusion bedeutet eine mehrmalige Adoption der Innovation durch die industriellen Abnehmer (vgl. Kliche 1991, S. 16). Zielsetzung ist es, die Innovatoren in ihrer beeinflussenden Funktion als **Opinion Leader** des innovativen Investitionsgüter-Designs absatzpolitisch einzusetzen. Als Opinion Leader oder Meinungsführer werden Personen bezeichnet, die eine führende Rolle in der Beeinflussung anderer Personen in bezug auf deren Meinung über Innovationen einnehmen (vgl. Rogers 1983, S. 271). Das neuartige Produktdesign hat dabei die Aufgabe, als Faktor, der den innovativen Adoptionsprozeß initiiert, zu fungieren.

Strothmann/Kliche identifizieren die Innovatoren in einem **zweistufigen Marktsegmentierungsmodell** auf Makro- und Mikroebene (vgl. Strothmann/Kliche 1989, S. 74 ff.). Auf der **Makroebene** segmentieren sie die Unternehmen zunächst danach, ob sie sich einem der folgenden **Innovationstypen** zuordnen lassen (vgl. Strothmann/Kliche 1989, S. 74 ff. und Strothmann/Baaken/Kliche/Pörner/Stifel-Rechenmacher 1987/1988):

– HIPs: Unternehmen mit hohem Innovationspotential
– MIPs: Unternehmen mit mittlerem Innovationspotential
– NIPs: Unternehmen mit niedrigem Innovationspotential

Die Basis bilden empirische Studien, die eine Auswertung von annähernd 500 Interviews mit Investitionsgüterherstellern (insb. der Maschinenbau- u. Elektroindustrie) umfaßt, mit dem Ziel, für Anbieter von System-Technik Merkmale zu erarbeiten, die hochinnovative Unternehmen von weniger innovativen unterscheiden. Der Forschende kann danach die Unternehmen einem der drei Segmente zuordnen, indem er den innerbetrieblichen Technologieeinsatz, d. h. das Anwendungsniveau von innovativen Kommunikations- und Fertigungssystemen mißt. Diese Vorgehensweise ist allerdings aufgrund fehlender Kontakte oder Geheimhaltungsbestrebungen nicht immer praktikabel. Daher haben die Autoren weitere, leichter zu erfassende Merkmale erarbeitet, die, abhängig von dem Grad ihrer Ausprägung, die Zugehörigkeit zu einem bestimmten Innovationstyp wahrscheinlicher machen (vgl. Strothmann/Kliche 1989, S. 75).

Gratis-Informations-Service:

Bücher zum Thema Design

Zeitschrift form

Unter allen Einsendern wir diesel Karte verlosen Gutschein monatlich einen im Wert von 100 DM.

Vorname

Name

Straße / Hausnummer

PLZ / Wohnort

Land

Beruf / Tätigkeit

Werbeantwort

Verlag form

Hanauer Landstraße 161

D-60314 Frankfurt

MERKMALE	HIP	MIP	NIP
Corporate Identity	oft	gelegentlich	kaum
Messebeschickung	zahlreich	durchschnittlich	durchschnittlich
Kontakte mit Universitäten u. Hochschulen	sehr häufig	mittelmäßig	gelegentlich
Datenbankrecherchen	oft	gelegentlich	kaum
Produktinnovationen für neue Märkte	gelegentlich	kaum	keine
Produktprogramm	jung	durchschnittlich	alt
Kooperationen	häufig	gelegentlich	gelegentlich
Pressearbeit und Außendarstellung	intensiv	durchschnittlich	gering

Abb. 21: Charakterisierung von HIP-, MIP- und NIP-Unternehmen
Quelle: Strothmann/Kliche 1989, S. 75

Ergänzend zu der so erfolgten Makrosegmentierung kann man weitere Kriterien wie die Branchenzugehörigkeit oder die Unternehmensgröße in die Überlegungen einbeziehen (vgl. Kliche 1991, S. 118 sowie Strothmann/Kliche 1989, S. 76 f.). Bei den auf Makroebene identifizierten, innovativen Unternehmen ist es wahrscheinlich, daß sie das innovative Investitionsgüter-Design adoptieren und verbreiten.

Darüber hinaus sollte der Investitionsgüterhersteller auf der **Mikroebene** (d.h. innerhalb des Multipersonen-Gremiums jeder beschaffenden Unternehmung) (vgl. Abschnitt 2.2.3.2) diejenigen Personen identifizieren, die aufgrund ihrer Initiative bei der kollektiven Kaufentscheidung Schlüsselfiguren für die Annahme und Verbreitung von innovativem Investitionsgüter-Design darstellen.

Diejenigen Individuen, die den Innovationsprozeß aktiv unterstützten und Innovationsbarrieren überwinden helfen, bezeichnet Witte als **Promotoren** (vgl. Witte 1973, S. 15 und zum Promotorenmodell vgl. ebenso Gemünden 1986, S. 134 ff.). Während **Machtpromotoren** aufgrund ihres hierarchischen Potentials Innovationen fördern, setzen **Fachpromotoren** ihr objektspezifisches Fachwissen zur Durchsetzung einer Neuheit ein (vgl. Kliche 1991, S. 82).

Auch die **Image-Fakten-Reaktions-Typologie** von Strothmann (vgl. Strothmann 1979, S. 99 ff.) kann wichtige Hinweise für den Adoptions- und Diffusionsprozeß sowie für die Gestaltung des innovativen Produktdesigns liefern. Der eher rational orientierte **Fakten-Reagierer**, der in Entscheidungssituationen großen Wert auf umfangreiche Detailinformation legt, spricht auf produktsprachliche Anzeigenfunktionen, die im Sinne des Ordnungsprinzipes (vgl. Abschnitt 4.6.2) übersichtliche Informationen über die innovative Anwendung des Produktes liefern, eher an als auf formalästhetische oder symbolische Funktionen. Zugunsten emotionaler Aspekte vernachlässigt der **Image-Reagierer** das umfassende Produktinformationsbedürfnis. „Emotionale Wirkungen aussagekräftiger Eigenschaften verdichten sich (…) zu einem Produktimage, das dann um so größere Effizienz besitzt, wenn es durch zentrale Firmen-Imagefaktoren Abstützung erfährt" (Strothmann 1979, S. 100). Gerade ästhetische und symbolische Wirkungen des Produktdesigns könnten hierbei eine entscheidende Rolle spielen und den Image-Reagierer zur Adoption und Unterstützung der Investitionsgüter-Design-

Innovation veranlassen. Bei wachsender Produktkomplexität und abnehmendem Informationsstand über das Produkt kann das Industriedesign durch die sinnliche Ansprache von Emotionen Informationsdefizite kompensieren. Dies gilt um so mehr, als es in der Realität wohl eher Mischformen zwischen den beiden polarisierten Typen gibt, so daß nahezu jeder Kunde mit emotionalen Reaktionen auf das Produktdesign antwortet.

Im Rahmen der weiterführenden **Spiegel-Untersuchung „Innovatoren"** wurden, aufbauend auf diesen Modellen, drei Entscheidertypen ermittelt (vgl. zu den folgenden Ausführungen Strothmann/Kliche 1989, S. 81 ff. sowie die darin zitierte Spiegel-Untersuchung, Spiegel-Verlag 1988, insb. S. 19):

- Der **Entscheidungsorientierte** zeichnet sich durch zügige Entscheidungsfindung und häufige Beteiligung an Entscheidungen aus, ohne auf Detailwissen zurückzugreifen. Er orientiert sich kaum am Firmenimage, sondern verschafft sich eine Vorstellung über die Qualität des Produktes.
- Der **Faktenorientierte** verläßt sich auf sein selbsterarbeitetes Detailwissen, hat aber oftmals nur Mitwirkungsfunktion bei dem Entscheidungsprozeß und ist weitgehend unabhängig von der Wirkung des Firmenimages.
- Der **Sicherheitsorientierte** entscheidet sich zwar nur zögerlich, ist aber dennoch oftmals Impulsgeber für den Einsatz von Innovationen. Sein selektives Informationsverhalten öffnet den Blick auf das Wesentliche. Er kommt dem Image-Reagierer sehr nahe.

Abschließend sei im Rahmen der Selektierung von Innovatoren noch auf das **„Lead-user-Konzept"** von v. Hippel hingewiesen (vgl. v. Hippel 1984 u. 1986), das dem Investitionsgüterhersteller bei der Identifikation von innovativen Anwendern unterstützen könnte. Innovative Anwender heben sich durch Bedürfnisse, die der Masse der anderen Marktteilnehmer wesentlich vorausgehen, ab. Darüber hinaus erwarten sie einen erheblichen Nutzen von der Problemlösung ihrer Bedürfnisse (vgl. v. Hippel 1986, S. 796).

Der Investitionsgüterhersteller kann das Lead User-Konzept durch ein vierstufiges Vorgehen umsetzen (vgl. zu den Ausführungen v. Hippel 1986, S. 797 ff. und Isert/Herstatt 1991, S. 57):

1. **(Technologische) Trendbestimmung**: In dieser Phase geht es zunächst darum, unabhängig vom Lead User marktrelevante Trends zu erkennen. Dabei kann er ebenso Designtrends und -stile (z. B. neue Materialien) aufgreifen.
2. **Lead User Identifikation**: In der zweiten Phase wird nach Anwendern gesucht, die den Trend anführen könnten und sich einen relativ hohen Nutzen von einer Problemlösung versprechen.
3. **Lead User Konzeptentwicklung**: Das Unternehmen beteiligt die identifizierten Anwender am Problemlösungsprozeß.
4. **Konzeptakzeptanztest**: Abschließend überprüft man die Lead-User-Lösung auf ihre Repräsentativität für die Bedürfnisse der Branche und leitet daraus Aussagen über die Marktfähigkeit der Produktneuheit ab.

Indem der Investitionsgüterhersteller die Lead User aktiv in den Produktinnovationsprozeß einbezieht, kann er die Novität frühzeitig testen und verbessern. Neuartige Bedürfnisse, die Anstöße zu Produktneuentwicklungen geben könnten, legt er so rechtzeitig offen, daß sie im Innovationswettbewerb vor der Konkurrenz umgesetzt werden können. Bereits existierende Produkte könnte das Unternehmen durch die Initiative von Lead Usern auf andere Verwendungsgebiete transferieren. Damit könnten identifizierte Lead User wichtige Hinweise für die innovative Gestaltung des Investitionsgüter-Designs liefern.

Es wird deutlich, daß die Identifikation von Innovatoren entscheidend zum Erfolg der design-unterstützten Innovationstätigkeit beitragen kann.

2.3.3 Integration des Industriedesigns in den Produktentwicklungsprozeß

In der Literatur (vgl. z.B. Hansen/Leitherer 1984, S. 63, Uhlmann 1995, S. 27 ff., Sabisch 1991, S. 16 f.) unterscheiden sich die Darstellungen des idealtypischen Produktinnovations- bzw. -entwicklungsprozesses insbesondere im Hinblick auf die Anzahl der Phasen und damit in der Detailliertheit des Ablaufschemas. „Der Innovationsprozeß umfaßt den gesamten Prozeß von der Entstehung einer Idee für die Neuerung in der Unternehmenstätigkeit bis zur Einführung und Bewährung der neuen Lösung im Markt" (Sabisch 1991, S. 15). Bei den meisten Ablaufschemata handelt es sich um sequentielle Modelle, die die zeitliche Reihenfolge der Phasen widerspiegeln (vgl. Lenzen 1993, S. 96). Bürdek beschreibt den Prozeß als informationsverarbeitendes System, das sich durch zahlreiche Rückkopplungen auszeichnet (vgl. Jonas 1994, S. 42 f.). Die Zahl der Schleifen, die ein Produktentwurf bei seiner stufenweisen Entwicklung fordert, hängt im wesentlichen von der Komplexität und dem späteren Verwendungszweck des Produktes ab (vgl. Slany, zitiert bei Marquart 1994, S. 232). Die Weiterentwicklung des sequentiellen Modells führt zur Darstellung eines simultanen Ablaufprozesses, in dem sich die Phasen der Produktentwicklung überlagern, was in der unternehmerischen Umsetzung eine Verkürzung der Entwicklungszeit begünstigt. Der Industriedesigner muß in den so gestalteten Innovationsprozeß **früh integriert** werden. Lorenz weist dem Designer die Funktion eines „informal integrator" zu (vgl. Lorenz 1994, S. 75 ff.).

Auch wenn die simultanen einen erheblichen Fortschritt gegenüber den sequentiellen Modellen darstellen, ist der tendenziell *„lokalen"* Einordnung des Design in den Innovationsprozeß nicht zuzustimmen. Denn die design-spezifischen Aufgaben tangieren alle Phasen des Produktentwicklungsprozesses, und der **Designvorgang sollte sämtliche Zeitabschnitte des Innovationsprozesses übergreifend überlagern** (vgl. Lenzen 1993, S. 102). Lenzen betont, daß man die Trennung des Produktentwicklungsprozesses in Forschung und Entwicklung einerseits und Design andererseits zugunsten eines ganzheitlicheren Verständnisses aufgeben sollte. Er unterstützt die Tendenz einiger englischsprachiger Autoren, den Terminus „Research & Development" (R & D) durch die Bezeichnung „**Research, Design & Development**" (R, D & D) grundsätzlich zu ersetzen, um der hervorstechenden Bedeutung von Design im Innovationsprozeß Rechnung zu tragen (vgl. Lenzen 1993, S. 95). Auch Slany vertritt die Auffassung, daß der Designer von Anfang an in die Planung einzubeziehen ist und eng mit der Forschung und Entwicklung, mit der Konstruktion, der Fertigungsvorbereitung und der Produktion zusammenarbeiten sollte (vgl. Schönwandt 1990, S. 58). „Design ist mehr als modisches Styling, mehr als kurzlebiges Erfassen von Looks und Trends im gestalteten Produkt; es ist Konzept, Prozeß und Ergebnis der Möglichkeiten industrieller Gebrauchsprodukte für die psychischen und physischen Bedürfnisse der Nutzer" (Blank 1990, S. 38).

Die folgende Abbildung verdeutlicht die übergreifende Bedeutung des Industriedesigns bei dem Vorgang der Produktentwicklung, bei dem Industriedesign im Sinne des „**integrativen Designs**" mit dem konstruktiven Entwicklungsprozeß vernetzt ist. Lenzen zieht im Gegensatz zu den herkömmlichen, sequentiellen oder simultanen Phasenschemata einen **Netzwerkansatz** vor, da sich dieser der betrieblichen Realität eher annähert. In der Praxis hat sich gezeigt, daß die Phasen der Produktentwicklung nicht einer konsequenten, zeitlichen Reihenfolge unterliegen, sondern sich immer mehr verwischen. Die Verdeutlichung des Prozeßablaufs durch andere Schemata könnte die Beteiligten zum Aufbau falscher Denkmuster verleiten. Um die **vernetzte Vorgehensweise bei dem Produktentwicklungsprozeß** darzustellen, ist daher der Netzplan zu präferieren (vgl. Lenzen 1993, S. 99). Mehr Vernetztheit und Parallelität der Phasen führt zu Zeitersparnis und Fehlervermeidung durch bessere Kommunikation bei der Zusammenarbeit der am Innovationsprozeß beteiligten Teams.

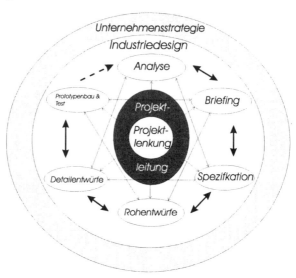

Abb. 22: Netzwerkansatz des Produktentwicklungs- und Designprozesses
Quelle: angelehnt an Lenzen 1993, S. 99

Das Industriedesign ist in die übergreifende Unternehmensstrategie eingebettet, die das Erscheinungsbild des Unternehmens und seiner Produkte entscheidend bestimmen sollte. Insbesondere Sabisch hebt bei seinem Phasenmodell des Innovationsprozesses hervor, daß dieser immer mit einer zielgerichteten Grundstrategie der Unternehmung, auf der die strategische Orientierung für Innovationen basiert, beginnen muß (vgl. Sabisch 1991, S. 17 f.). Industriedesign, verstanden als „integratives Design", übernimmt eine **Klammerfunktion** und begleitet damit den Produktentwicklungsprozeß permanent von der ersten Analyse bis hin zum Prototypenbau bzw. Test. Unternehmen, die in diesem Sinne Design als ganzheitlichen Ansatz verstehen, gewährleisten, daß das grundlegende **Designkonzept in alle Phasen integriert** wird und sich wie ein roter Faden durch den gesamten Prozeß zieht (vgl. Little 1990, S. 49). Auch in Experteninterviews konnte bestätigt werden, daß die Qualität einer Designleistung entscheidend davon abhängt, ob der **Designer von der ersten Sekunde des Produktentwicklungsprozesses** eingeschaltet wird (vgl. Schürer 1996, Topel 1996). Nur so kann „integratives Design" entstehen.

Indem die Vorstellung eines zeitlich begrenzten, nur eine spezifische Phase des Innovationsablaufes betreffenden Einsatzes der designerischen Tätigkeit aufgegeben wird, erhält das Industriedesign einen völlig neuen Stellenwert innerhalb des Innovationsprozesses. Es geht vor diesem Hintergrund über die klassischen Aufgabenfelder der eigentlichen Produktgestaltung in den Phasen des Roh- und Detailentwurfes weit hinaus. Die folgende Tabelle (siehe Abb. 23, S. 68) verdeutlicht beispielhaft – ein Anspruch auf Vollständigkeit wird nicht erhoben –, welche Rolle das Industriedesign in jeder Phase der Entwicklung eines Produktes spielt. Unter dem Gesichtspunkt der Integration des Designs in den konstruktiven Entwicklungsprozeß ist es zwar nicht sachadäquat, den einzelnen Arbeitsschritten separat spezifische Designaktivitäten zuzuordnen, diese Darstellungsform ist jedoch zum Zwecke der Verdeutlichung zu rechtfertigen (vgl. Uhlmann 1995, S. 45). Bei den folgenden Ausführungen handelt es sich also nur um einen **Ausschnitt aus dem Entwicklungsprozeß**, da das Design **nicht losgelöst** von anderen, die Produktgestalt bestimmenden Faktoren (insb. Konstruktion) sowie begleitenden Marketinginstrumenten gesehen werden darf.

Jede dieser Phasen ist ein **interaktiver Gemeinschaftsprozeß** der an der Entwicklung beteiligten Personen (Ingenieure, Konstrukteure, Marketingfachleute, Designer, Designmanager etc.). Da der Designer den Produktentwicklungs- und Designprozeß immer **ganzheitlich** betrachtet und neben den **technischen Funktionen** immer den **Produktnutzer** im Blickfeld hat, können von ihm entscheidende Lösungsimpulse für technische Probleme und Anstöße zur Bedüfnisbefriedigung durch neue Produkteigenschaften ausgehen. Designinnovationensbemühungen können über die innovative Materialisierung der gemeinschaftlich präzisierten Aufgabenstellungen bis hin zur Initiierung neuer Aufgaben bzw. Produkte reichen. Damit kann Industriedesign die „Weichen" im Innovationsprozeß von Investitionsgüter stellen. Wenn in dieser Arbeit von

Investitionsgüter-Design die Rede ist, steht daher immer implizit das Verständnis von „integrativem Design" dahinter.

Phase	Designspezifische Aufgaben innerhalb des Entwicklungsteams	Zielsetzung und Rahmendeterminanten
Analyse/ Markt- forschung	– Analyse der Kundenbedürfnisse – Analyse der Konkurrenzprodukte – Analyse von Suchfeldern für Designinnovationen – Überprüfung von Prägnanz und Konstanz der Produkteigenschaften bei Verbesserungsinnovation	– Zielgruppenbestimmung – Ideengenerierung – Bestimmung von Wettbewerbsbedingungen und Marktpositionierung – Einschätzung der Marktchancen und -risiken der Designinnovation – Analyseergebnis: Briefing
Briefing/ Produkt- konzept	Erstellung eines schriftlich fixierten Pflichtenheftes – Aufgabenformulierung u. -präzisierung (z.B. Gesamtfunktion, Bedürfnisse) – Designvorschriften (z.B. Gesetze, fertigungstechnische Determinanten, „Corporate Design Stil" des Unternehmens, Logo) – Designvorgaben (grobe Festlegung der funktionalen, ästhetischen und symbolischen Qualitätsdimensionen in Abstimmung mit Technologie/Konstruktion/Arbeitswisenschaft und Marktbedingungen etc.) – Arbeitsplan (Zuständigkeit und Verantwortungsbereiche, Termine, Budget)	Festlegung des Rahmenkonzeptes unter Berücksichtigung von – Unternehmensstrategie – Designstrategie – Technologiestrategie – Marktstrategie – Positionierung – Markenimage – Zielgruppenanforderung – Umweltbedingungen – technischen Voraussetzungen – Konkurrenzprodukten – Händleranforderungen – Kosten – Fertigungstechnologie – Zeitplan – USP usw.
Spezifikation	– Entwicklung und Überpüfung alternativer Konzeptionen durch Analyse des Einsatzes und der Kombination von alternativen Gestaltungsmitteln (Form, Farbe, Material, Zeichen usw., integriert in die konstruktive Entwicklung der Gesamtfunktion durch Teilfunktionen, deren Lösungsprinzipien durch Baustrukturen, Baugruppen etc.)	– Detaillierung des/der Produktkonzepte(s) unter Beachtung der oben genannten Rahmenfaktoren – Fehleranalyse u. -korrektur
Rohentwürfe (Conceptuel Design)	– Herstellung erster grober Modelle dreidimensionaler Natur	– Vergleich der Modellvorschläge und Auswahl einer Alternative, die das vorgegebene Produktkonzept erfolgversprechend umsetzt – Integrative Materialisierung des Designkonzeptes im Team mit Konstrukteur, Produktmanager etc. – Fehleranalyse u. -korrektur
Detailentwürfe (Detailing)	– Herstellung verfeinerter Modelle – Endgültige Festlegung der Gestaltungsmittel – Simulationen alternativer Einzelaspekte – Fertigstellung aller Pläne und Zeichnungen (CAD)	– Detaillierte Weiterentwicklung der ausgewählten Alternative und Optimierung – Überprüfung der funktionalen Qualität des Produktes – Erste Akzeptanzprüfungen bei der Zielgruppe von Modellen
Prototypen/ Nullserie (Prototyping)	– Umsetzung in das erste 1:1-Modell	– Test der Funktionsfähigkeit – Überprüfung der Akzeptanz – Finale Verbesserungen – Vorbereitung der Markteinführung

Abb. 23: Design im Produktentwicklungsprozeß
Quelle: Eigene Darstellung

2.3.4 Rechtliche Grundlagen zum Schutz von Designinnovationen

Nach dem **Wettbewerbsrecht** ist Nachahmung als notwendiger Teil des Wettbewerbsgeschehens grundsätzlich erlaubt, es sei denn, zu der bloßen Nachahmung treten Gesichtspunkte hinzu, die die Ausnutzung fremder Arbeitsleistung als sittenwidrig erscheinen lassen (vgl. Meinecke 1991, S. 62). Der **Nachahmungsfreiheit** stehen im deutschen Recht allerdings eine Vielzahl von Sonderschutzrechten gegenüber, die innovatives Investitionsgüter-Design schützen, indem sie das anfängliche Innovationsmonopol für einen gewissen Zeitraum künstlich verlängern und so die Rentabilitätschancen der Designinnovationstätigkeit steigern. Der **Rechtsschutz des Designs gegen Nachahmung** basiert auf Teilrechtsgebieten, die unter der Bezeichnung „gewerblicher Rechtsschutz und Urheberrecht" subsumiert werden können. Neben dem allgemeinen Wettbewerbsrecht unterscheidet man die sogenannten „technischen Schutzrechte" (Patentrecht, Gebrauchsmusterrecht), die „ästhetischen Schutzrechte" (Urheberrecht, Geschmacksmusterschutz) und die „Zeichenrechte" (Warenzeichenrecht). Hinsichtlich der **Rechtsfolgen** gewähren alle zivilrechtlich einen Unterlassungs- oder/und bei Verschulden des Imitators einen Schadensersatzanspruch. Daneben dienen Ansprüche auf Beseitigung bzw. Auskunft und Rechnungslegung der besseren und vollständigen Durchsetzbarkeit des Rechtsanspruchs. Sonderschutzrechte sind darüber hinaus strafbewehrt (vgl. Meinecke 1991, S. 19 ff.).

Von den „**technischen Schutzrechten**" gewährt das **Patent** den weitreichendsten Schutz vor Nachahmung. Sein Inhaber erhält für 18 Jahre ein monopolähnliches Ausschließlichkeitsrecht für Erfindungen technischen Charakters, die neu sind, eine ausreichende Erfindungshöhe aufweisen und gewerblich verwertbar sind. Die materiellen Voraussetzungen an die Erfindungshöhe sind beim **Gebrauchsmuster** geringer, demgegenüber ist der gewährte Schutz in manchen Details schwächer und die Schutzdauer beträgt nur bis zu acht Jahren. Das Gebrauchsmusterrecht schützt technische Neuerungen an Arbeitsgerätschaften oder Gebrauchsgegenständen vor Nachahmung. Die Erfindungshöhe wird auf der Grundlage des vorbekannten Standes der Technik am Können eines Durchschnittsfachmannes gemessen. Während das Patentamt den Schutzanspruch durch Verwaltungsakt nach einem im Patentgesetz detailliert geregelten Anmeldeverfahren erteilt, in dem alle Patentvoraussetzungen eingehend geprüft werden, wird das Gebrauchsmusterrecht mit der Eintragung in die Gebrauchsmusterrolle ohne Prüfung der Schutzfähigkeit einer Neuerung erworben. Die schnelle Verfügbarkeit der Eintragung (Sofortschutz) steht der geringeren Bedeutung im Verletzungsprozeß gegenüber (vgl. Meinecke 1991, S. 20 f. und S. 31 ff.).

Von den „**ästhetischen Schutzrechten**" fordert das **Urheberrecht** keine gewerbliche Verwertbarkeit des Schutzobjektes und tritt ohne Anmelde- oder Eintragungsformalitäten in Kraft. Es schützt bis 70 Jahre nach dem Tod des Schöpfers die Zuordnung persönlicher geistiger Schöpfung zu ihrem Urheber. Die dafür notwendige Kunstschutzfähigkeit wird erlangt, wenn der ästhetische Gehalt so hoch ist, daß die für Kunst empfänglichen und mit Kunstanschauung einigermaßen vertrauten Kreise von einer „künstlerischen Leistung" sprechen. Das Produktdesign müßte dem Anspruch der angewandten Kunst gerecht werden oder im besonderen die subjektive Gestaltungskraft des Designers reflektieren, damit das Urheberrecht Geltung besäße (vgl. Koppelmann 1997, S. 236). Das **Geschmacksmuster** dient demgegenüber ausschließlich dem Schutz der ästhetischen Gestaltung gewerblicher und industrieller Produkte, deren ästhetischer Gehalt geringer sein kann. Die Schutzdauer beträgt bis zu 20 Jahren. Der Schutz beginnt mit der formgebundenen Anmeldung und Hinterlegung einer vollständigen Bilddarstellung des Musters beim Patentamt. Die materiellen Schutzvoraussetzungen sind neben der gewerblichen Verwertbarkeit die Neuheit bzw. Eigentümlichkeit des Musters. Das Kriterium der Neuheit ist auf die Kenntnis der inländischen Fachkreise abzustellen. Die Erfordernis von Eigentümlichkeit ist ähnlich wie die Erfindungshöhe bei den technischen Schutzrechten das Kernstück der geschmacksmusterrechtlichen Voraussetzungen. Eigentümlichkeit verlangt eine über das Können eines Durchschnittsgestalters hinausgehende eigenpersönliche Gestaltungsleistung. Für den Schutzbereich ist dabei der Gesamteindruck entscheidend, so daß nicht nur identische Muster, sondern auch abgewandelte Ausführungen des Musters das Schutzrecht verletzen. Allerdings ist der Schutzumfang trotz des Abstellens auf den Gesamteindruck eng an das konkrete, bildlich dokumentierte Muster gebunden, so daß eine dahinterstehende gestalterische Idee oder ein Stil durch das Geschmacksmusterrecht keinen Schutz erlangt (vgl. Meinecke 1991, S. 21 f. und S. 46 ff.).

Die „Zeichenrechte", sprich das **Warenzeichengesetz**, soll vor dem Gebrauch eines verwechselungsfähigen Zeichens an einem gleichartigen Konkurrenzprodukt, um dessen Herkunft vorzutäuschen, schützen. Dabei kann nicht nur das eigentliche Warenzeichen durch Eintragung in eine beim Patentamt geführte Zeichenrolle gesichert werden, sondern auch die nicht eintragungsfähige Ausstattung, die insbesondere auch dreidimensionale Gestaltungen einschließt. Der Ausstattungsschutz umfaßt die eigenständige Aufmachung eines Produktes allerdings nur dann, wenn sie Verkehrsgeltung besitzt, d. h. im Verkehr tatsächlich als Herkunftszeichen erkannt wird (vgl. Meinecke 1991, S. 25 f. und Koppelmann 1997, S. 236).

Da selbst unter Ausnutzung der gesetzlichen Bestimmungen der Schutz vor Produktpiraterie, insbesondere auch mit Blick auf den ausländischen Markt, schwierig ist, schlägt Koppelmann **„Klonbarrieren"** vor, die das Innovationsrisiko begrenzen sollen:

- „Der Name des Schöpfers (Designers) und der des Herstellers müssen im Kommunikationsauftritt eine Einheit bilden.
- Der Herstellername muß unzerstörbar Produktbestandteil sein. Er muß werblich am Produkt herausgestellt werden.
- Durch die Wahl der Gestaltungsmittel und des Produktionsverfahrens muß die Möglichkeit der Identgestaltung erschwert werden. So wird ein Kloner durch hohe Werkzeugkosten, hohe Komplexität abgeschreckt" (Koppelmann 1997, S. 239).

2.4 Zusammenfassung der Grundlagen des Investitionsgüter-Designs

Investitionsgüter-Design beschäftigt sich mit der Gestaltung der Produkt-Mensch-Beziehung und beeinflußt die psychischen Wirkungsdimension bei der Wahrnehmung und Verwendung eines Arbeits- bzw. Produktionsmittels. Es hat die wesentlichen Aufgaben, die technologische Innovation durch die Gestaltungsmittel des Designs zu visualisieren und darüber hinaus selbst als **Quelle für Innovationen** zu dienen. Das **Industriedesign** ist damit ein **wichtiger Baustein** innerhalb des **Innovationsmanagements** von Investitionsgütern. Es kann gezielt eingesetzt werden, um die Kaufentscheidung zu beeinflussen. Damit kann das Industriedesign zum „**major competitive differentiator**" (Zetsche 1992, S. 4) im Innovationswettbewerb werden.

Um dieser Zielsetzung gerecht zu werden, muß der Investitionsgüterhersteller Wege finden, um **die Gestaltungsmittel des Designs auf neuartige Weise** so miteinander zu **kombinieren**, daß auf ästhetischer, praktischer oder symbolischer Ebene des Produktes eine innovative Wirkung hervorgerufen wird, die die Nachfrager von Investitionsgütern in der Marktwahl- und Verwendungssituation maßgeblich bewegt. Die rasche **Identifikation von Innovatoren** ist dabei von großer Bedeutung. Die erwerbswirtschaftliche Zwecksetzung des Investitionsgutes und die damit einhergehende Betonung der **praktischen Dimension** sollte das Unternehmen bei der innovativen Gestaltung besonders berücksichtigen. Dies darf allerdings nicht dazu führen, daß der Designer die **emotionsgerichteten Ebenen** des Produktes und deren Wirkung auf den nicht ausschließlich rational reagierenden Investitionsgüternachfrager vernachlässigt.

Erschwerend erweist sich bei der Adoption und Diffusion der Produktinnovation die Tatsache, daß das innovative Investitionsgüter-Design auf **divergierende Ansprüche verschiedener Buying-Center-Mitglieder** stößt und darüber hinaus die **Bedürfnisse der Letztkonsumenten** befriedigen muß.

Um eine design-unterstützte Produktinnovation im Investitionsgüterbereich zu kreieren, ist die frühe **Einbeziehung des Designers in alle Phasen** (einschließlich der stark technisch determinierten) des Produktentwicklungsprozesses im Sinne des „integrativen Designs" Bedingung für den Produkterfolg.

Ist dem Investitionsgüterhersteller die Entwicklung einer Designinnovation gelungen, darf er die Ausnutzung geltender **Schutzrechte** keinesfalls versäumen, um den ohnehin schwierig durchzusetzenden Schutz vor Nachahmung zu sichern.

Es bleibt die Frage offen, ob alle Produktgruppen innerhalb der differenzierten Investitionsgüterlandschaft geeignet sind, um Innovationsdesign ins Zentrum der Wettbewerbsstrategie zu stellen.

3. Kapitel   Designinnovationspotential von Investitionsgütern

In der Praxis wird oftmals bezweifelt, ob Investitionsgüter überhaupt „Spielraum für Design" lassen, da sie sich durch starke funktionelle Bezüge auszeichnen. Hier wird die Meinung vertreten, daß jedes Investitionsgut Designrelevanz besitzt und der Produktentwicklungsprozeß immer als eine Einheit von Konstruktion und Design zu verstehen ist (vgl. Abschnitt 2.3.3). Dennoch ist es wichtig, sich als Vorstufe zum konkreten Produktbriefing über die **„konstituierenden" Merkmale von Investitionsgütern** Klarheit zu schaffen, die ähnlich wie Designvorschriften im Pflichtenheft (vgl. Abschnitt 2.3.3) die Gestaltung limitieren. Die hier angestrebte Untersuchung der Produktmerkmale, die das Designinnovationspotential sowohl im positiven als auch im negativen beeinflussen, soll verhindern, daß der Investitionsgüterhersteller den Einsatz von Innovationsdesign für sein spezifisches Produktprogramm vorab als „ungeeignet" ablehnt. Es sollen dazu Kriterien abgeleitet werden, die Aussagen darüber zulassen, ob die Determinanten des Produktes bzw. der Verwendungssituation die Entwicklung einer **Designinnovation begünstigen oder erschweren.** Denn der Investitionsgüterhersteller, der sein Entwicklungspotential bisher ausschließlich auf eine Technologieorientierung gestützt hat, steht vor der Frage, ob sein Designinnovationspotential ausreicht, um eine Designführerschaft (vgl. Abschnitt 4.4.2.1) zu etablieren.

Eine **Potentialanalyse** (vgl. Koppelmann 1997, S. 272) zielt darauf ab, die unternehmenseigenen Ressourcen offenzulegen, um in einer konkreten Entscheidungssituation durch die Analyse der Ausgangssituation das Entscheidungsproblem einer Lösung zuzuführen. Die Analyse des Designinnovationspotentials leitet die Untersuchungsschritte dieses Kapitels. Die Erarbeitung einer Entscheidungsheuristik (Abschnitt 3.2) gründet auf dem Typologieansatz von Geipel (vgl. Geipel 1990, S. 165 ff.), der die Warenvielfalt auf Investitionsgütermärkten nach ihrer Designrelevanz bzw. ihren Designpotentialen ordnet (Abschnitt 3.1). Auf dieser Basis wird ein Entscheidungsschema abgeleitet (Abschnitt 3.2.1). Die schrittweise Lösung des Problems anhand von Entscheidungskriterien (Abschnitt 3.2.2) mündet in einem pragmatischen Differential, das Aussagen über das einzelproduktspezifische Designinnovationspotential zuläßt (Abschnitt 3.2.3). Mit der Bewertung des Designinnovationspotentials kann das design-orientierte Innovationsmanagement die design-strategische Ausgangsposition analysieren und auf dieser Grundlage das weitere design-strategische Vorgehen planen.

3.1 Typisierung der Investitionsgüter nach ihrer Designrelevanz

Eine an spezifischen Merkmalen der Güter ausgerichtete, morphologische Betrachtung der Warengruppe eröffnet zunächst einen Überblick über design-relevante Charakteristiken von Investitionsgütern. Geipel erreicht eine typologische Ordnung der Warenvielfalt auf Investitionsgütermärkten durch die Bildung von neun „Design-Typen", die er durch eine Analyse von vier Merkmalsdimensionen erarbeitet hat (vgl. Geipel

1990, S. 165 ff.). Die folgenden Ausführungen basieren auf diesem Typologieansatz. Vorab wird die verwendete typologische Methode erläutert.

3.1.1 Zur typologischen Methode

Die typologische Methode zielt darauf ab, für bestimmte analytische Zwecke speziell geeignete Warentypen zu bilden, um daraus Aktionsmöglichkeiten für den Unternehmer abzuleiten (vgl. Leitherer 1989, S. 316 u. Hansen 1969, S. 51). Eine Typologie bildet durch eine vom Untersuchungszweck abhängige Auswahl und Kombination von Merkmalen die **Gesamtheit der für das Erkenntnisobjekt wichtigen Erscheinungen**, eben das Typische, ab (vgl. Scherer 1991, S. 44). Das griechische Wort „Typus" kann mit Gestalt, Bild, Abbild, Modell, Ordnung oder Norm übersetzt werden (vgl. Gladbach 1994, S. 16). Ein Typ repräsentiert über die Summe der ihn prägenden Merkmale hinaus eine Reihe von Objekten, die eine **Anzahl gemeinsamer Merkmale und Merkmalsausprägungen** aufweisen (vgl. Knoblich 1969, S. 24 ff). Ein Merkmal bezeichnet im Rahmen der typologischen Methode in der Betriebswirtschaftslehre ein **Kriterium, nach welchem Untersuchungsobjekte unterteilt werden** (vgl. Scherer 1991, S. 39). Im Gegensatz zur einfachen klassifikatorischen Ordnung (vgl. Abschnitt 2.2.1), bei der man nach einzelnen isolierten Kriterien und ohne Abstufungsmöglichkeit der Merkmale systematisiert, werden bei der Typenbildung zur Kennzeichnung der Untersuchungsobjekte **mindestens zwei Merkmale** herangezogen, die durch Kombination eine Abstufbarkeit der Ausprägung und damit eine differenziertere Betrachtungsweise ermöglichen (vgl. Knoblich 1974, Sp. 2176). Merkmalsausprägungen definieren die tatsächlich beobachtbaren Ausgestaltungen, also die quantitativen oder qualitativen Differenzierungen, die bei einem Merkmal auftreten können (vgl. Scherer 1991, S. 39).

Bei der Vorgehensweise zur Bildung von Typen unterscheidet man zum einen die Stufe der **Auswahl** und **Zusammenstellung der Warenmerkmale** und zum anderen die der sinnvollen **Kombination der Merkmale** zu Typen (vgl. Knoblich 1965, S. 693). In der ersten Stufe müssen durchschnittliche Merkmale von allgemeingültiger Art herausgearbeitet werden. Die Anzahl der Merkmale richtet sich zum einen nach der Überschaubarkeit der Untersuchung durch Auswahl bedeutsamer Merkmale und sollte zum anderen gewährleisten, daß möglichst viele praktisch vorkommende Typen charakterisiert werden können (vgl. Scherer 1991, S. 49). Es können qualitative oder quantitative Merkmale gewählt werden. Da es sich bei Warentypen in der Regel um qualitative Typen handelt (vgl. Knoblich 1965, S. 700), wählt Geipel bei seinem Typologieansatz von Investitionsgütern unter dem Aspekt der Designrelevanz vier **qualitative** Merkmale aus. Zur Begründung dieser Vorgehensweise verweist er auf Tietz, der die zur Typenbildung herangezogenen Merkmale in qualitative und quantitative Typen unterteilt, je nachdem, ob „**Menschen als Indikatoren**" oder „mathematisch-physikalische Indikatoren" berücksichtigt werden (vgl. Tietz 1960, S. 29 u. 39, zitiert bei Geipel

1990, S. 169). Durch die ordinale Erfassung im Sinne eines Mehr oder Minder der Merkmalsausprägungen kommt Geipel zu einer Abstufung der Merkmale in „hoch" – „mittel-hoch" – „mittel" – „gering-mittel" und „gering" (vgl. Geipel 1990, S. 167 ff.).

In der zweiten Stufe der simultanen Verbindung der Merkmale greift er auf die **retrograde Typenbildung** zurück, indem er von bereits vorformulierten Warentypen ausgeht. Das heißt, er leitet aus einem bestimmten, bereits bekannten Warentypus die diesen kennzeichnenden Merkmalsausprägungen ab (vgl. Knoblich 1969, S. 55). Bei der retrograden Typenbildung untersucht man, welche Güter den aus realen Gegebenheiten abgeleiteten Merkmalskombinationen zuzuordnen sind (vgl. Geipel 1990, S. 172). Im Gegensatz dazu verknüpft man die Merkmale bei der progressiven Methode nach den Regeln der Kombinatorik (vgl. Knoblich 1969, S. 31 ff. und Geipel 1990, S. 171).

Im folgenden werden nun die ausgewählten Merkmale vorgestellt. Es wird dargelegt, welche Bedeutung ihre realen Ausprägungen für die Designrelevanz eines Investitionsgutes haben.

3.1.2 Designrelevante Typisierungsmerkmale von Investitionsgütern nach Geipel

Designrelevante Merkmale, also solche, die auf die Wechselbeziehung „Produkt-Mensch" abzielen, sind stets marktbezogen, d. h. im Hinblick auf ihre Bedeutung für die Beeinflussung einer bestimmten Zielgruppe zu sehen. Sie müssen sinnlich wahrnehmbar sein.

Neben der vorgenannten Restriktion werden bei Geipel jene Güter aus den Überlegungen ausgegrenzt, bei denen der Freiheitsgrad der Gestaltung aus naturwissenschaftlich-technischen oder fertigungswirtschaftlich-technischen Gründen gegen Null tendiert (z. B. Schiffsschrauben) (vgl. Geipel 1990, S. 174). Die technischen Eigenschaften eines derartigen Gutes determinieren seine Gestalt von vornherein, so daß Produktdesign nur unzureichend angewandt werden kann.

Eine Ausgrenzung trifft Geipel auch bei Produkten der Auftragsbzw. Maßfertigung. Er argumentiert, daß die Bereitstellung und Umsetzung von Design-Know-how die Kaufentscheidung nicht beeinflußt, da der Käufer die Gestaltungsmittel im Moment der Entscheidung noch nicht wahrnehmen kann, so daß das Design keine akquisitorische Wirkung entfaltet (vgl. Geipel 1990, S. 94 bzw. 175). Dieser Auffassung wird im Rahmen der hier behandelten Thematik nicht gefolgt, da sie weder hermeneutisch nachvollziehbar ist noch in Expertengesprächen bestätigt werden konnte. Gerade bei der Auftragsproduktion müssen auch im Hinblick auf das Produktdesign die spezifischen Kundenwünsche einfließen (zur Begründung vgl. auch Abschnitt 4 dieses Kapitels).

Geipel zieht unter Berücksichtigung dieser Ausgrenzungen folgende marktbezogene, qualitative Merkmale zur Bildung von „Design-Typen" im Investitionsgüterbereich heran:

1. Merkmal: Intensität der Subjekt-Objekt-Beziehung auf organisationaler Ebene
2. Merkmal: Intensität der Objekt-Umwelt-Beziehung

3. Merkmal: Produktkomplexität
4. Merkmal: Auftragsbezogenheit der Produktion

Für diese stellt Geipel Hypothesen auf, die einen Zusammenhang zwischen den Ausprägungen der Merkmale und der Relevanz bzw. dem Potential des Industriedesigns bei Investitionsgütern festlegen.

zu 1. Intensität der Subjekt-Objekt-Beziehung auf organisationaler Ebene

Die Stärke der Subjekt-Objekt-Beziehung und damit die Wirkung des Industriedesigns auf die Kaufentscheidung hängt von der Kontaktintensität zwischen Mensch und Produkt und dem Involvement, also dem Ausmaß der Bindung an das Objekt, ab.

Die **Kontaktintensität** setzt sich aus der Kontaktdauer und der Art des Kontaktes zusammen. Die Dauer der Berührung mit dem Produkt beschränkt sich beispielsweise bei Einbauaggregaten auf die Installation und die Wartung, während das Design einer Produktionsmaschine während ihrer gesamten Lebensdauer auf den Verwender (und eventuell auch Käufer) wirkt. Die Art des Kontaktes kann mittelbarer (Wahrnehmung in der Werbung) oder unmittelbarer Natur (Verwendung, Besichtigung) sein. Der intensivste und auch längste Kontakt kommt während der Verwendung vor. Die Wirkung des Industriedesigns in der Phase der Verwendung und in der Marktwahlsituation sollte daher unterschieden werden (vgl. Abschnitt 3.2.2.3 und Geipel 1990, S. 176 ff.).

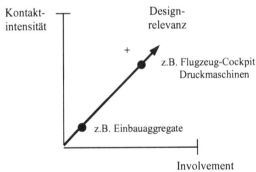

Abb. 24: Designrelevanz in Abhängigkeit von Kontaktintensität und Involvement
Quelle: eigene Darstellung

Das **Involvement** leitet sich aus der Art und der Dauer der Beziehung, insbesondere aber aus der Enge des Besitzverhältnisses ab. Der Verwender empfindet das Ausmaß der Bindung an das Investitionsgut bei besitzähnlichen Verhältnissen (z.B. Nutzung eines Firmenfahrzeugs) schwächer, als wenn er gleichzeitig auch Eigentümer ist. Die Gleichgültigkeit gegenüber dem Produkt vergrößert sich, je weniger die Chance besteht, es zu besitzen oder auch nur zu nutzen. Ebenso verringert sich das Engagement für ein Produkt, wenn es kollektiv genutzt wird (vgl. Löbach 1976, S. 44). Die Eignung eines Investitionsgutes, es als Prestigeobjekt zur Befriedigung der sozialen Ansprüche zu nutzen, verstärkt das Involvement. Die Demonstration des sozialen Status trägt in der Unternehmung dazu bei, die Beziehungen der Betriebsangehörigen untereinander zu ordnen. Nach Kreikebaum verleihen Statuszeichen ihren Trägern um so mehr Sozialprestige, je mehr sie auffallen und je singulärer sich die Position des Mitarbeiters in der Unternehmung darstellt (vgl. Kreikebaum 1961, S. 49 f.). Die persönliche Bindung an das Investitionsgut verstärkt sich daher durch dessen Eignung zum demonstrativen Konsum (siehe Abb. 24, S. 76).

Je stärker die Kontaktintensität und das Involvement mit dem Produkt sind, je wichtiger wird das Industriedesign als Marktfaktor für Investitionsgüter (vgl. Geipel 1990, S. 176 ff.).

zu 2.: Intensität der Objekt-Umwelt-Beziehung
Dieses Merkmal betrifft die in Abschnitt 2.2.4 angesprochenen zu unterscheidenen Wirkebenen des Industriedesigns. Die Produktwirkung eines Investitionsgutes bezieht sich nicht nur auf die Unternehmensmitglieder, sondern auch auf den Letztverbraucher (die Umwelt), dessen Urteil gegebenenfalls in das Entscheidungskalkül des Buying Centers einfließt. Vor allem im Dienstleistungsbereich (z. B. Zahnarztpraxis) interessieren zum einen die Anforderungen der Käufer und Verwender (Zahnarzt, Arztgehilfen) und zum anderen auch die Bedürfnisse der Letztverbraucher (Patienten).

Als Indikator für die Designrelevanz auf dieser Ebene wird wiederum die **Kontaktintensität** herangezogen (vgl. Geipel 1991, S. 185 f.). Diese hängt von dem **Grad der Öffentlichkeit** des Produktes ab. Kann der Letztverbraucher das Produkt nicht wahrnehmen (z. B. Einbauaggregate, Fertigungsanlagen), so erreicht die Merkmalsausprägung den Nullpunkt. Zwischen dem Konsumenten und dem Investitionsgut entsteht kein Kontakt, so daß die Objekt-Umwelt-Beziehung die design-spezifischen Entscheidungen im Innovationsprozeß nicht tangiert.

Eine mittlere Ausprägung des Merkmals ist gegeben, wenn zwar kein unmittelbarer Berührungskontakt zwischen dem Investitionsgut und dem Letztverbraucher besteht, das Produkt aber **Meinungsgegenstand** ist (vgl. Geipel 1991, S. 206). Bei einer direkten Verwendungsbeziehung zum Objekt (z. B. Benutzung eines Bankautomaten) erreicht das Merkmal die höchste Ausprägung. Der Kontakt ist hier am intensivsten, da bei der unmittelbaren Berührung die menschlichen Sinnesorgane stärker stimuliert werden als bei nur mittelbarem Kontakt, was das Wirkpotential des Produktes erhöht (vgl. Geipel 1990, S. 185 f. und Abschnitt 3.2.2.3).

Das heißt, je stärker die Kontaktintensität zwischen Letztverbraucher und Investitionsgut ausgeprägt ist, desto relevanter wird das Industriedesign im Produktentwicklungsprozeß (vgl. Geipel 1990, S. 184 ff).

zu 3.: Produktkomplexität
Die Produktkomplexität hängt von der **Zahl der Elemente des Objektes** und von der **Art und Anzahl der Beziehungen zwischen den Elementen** ab. Ausgehend von der technisch-funktional-bedingten Produktkom-

plexität weisen Güter mit vielen zu erfüllenden Teilfunktionen und technologisch vielschichtigen Funktionsabläufen hohe Komplexität auf (vgl. Klöcker 1981, S. 28).

Die Produktkomplexität ist im hier untersuchten Zusammenhang von Bedeutung, wenn sie sich auf das Urteil der Zielgruppen (Verwender, Käufer, Letztverbraucher) in der Beschaffungs- oder Verwendungssituation auswirkt. Es geht also um die **subjektiv wahrgenommene** Komplexität des Produktes, die von den Erfahrungen des Individuums abhängt. Je höher die Komplexität des Produktes ist, desto geringer ist der Anteil an evidenten Produktinformationen, desto schwieriger ist das Investitionsgut zu verstehen und zu beurteilen (vgl. Ellinger 1966, S. 268).

Mit steigender Produktkomplexität wächst daher die Relevanz des Designs (vgl. Geipel 1990, S. 186 ff). In der Marktwahlsituation müssen die Leistungsmerkmale des Produktes evident kommuniziert werden. Das heißt der Informationsgrad, also das Verhältnis von objektiv vorhandenen und subjektiv wahrnehmbaren Produkteigenschaften (vgl. Ellinger 1966, S. 267), sollte dazu beitragen, die Beurteilbarkeit des Produktes zu erleichtern. Die evidente Gestaltung von Schlüsselinformationen wirkt einer Informationsüberlastung entgegen. Der Verwender sollte die Produktfunktionen schnell und fehlerfrei erfassen und das Produkt rasch anwenden können (vgl. Geipel 1990, S. 190 f. und Abschnitt 3.2.2.2).

zu 4.: Auftragsbezogenheit der Produktion

Bei der Produktpolitik im Investitionsgüterbereich unterscheidet man die beiden strategischen Extrempositionen Individualisierung und Standardisierung (vgl. Abschnitt 4.4.3). Der Grundtyp **„Individualisierung"** zeichnet sich dadurch aus, daß der Anbieter auf die jeweiligen Wünsche des Abnehmers hinsichtlich der Gestaltung soweit wie möglich eingeht und eine individuelle, „maßgescheiderte" Problemlösung entwickelt. Diese Extremposition schließt Geipel aufgrund der mangelnden akquisitorischen Wirkung des Designs als Marktfaktor aus der Betrachtung aus. Bei der **Standardisierung** werden im Gegensatz dazu die angebotenen Produkte so vereinheitlicht, daß der Hersteller eine Mehrzahl von Abnehmern mit der gleichen Produktausführung beliefern kann. In der Realität gibt es häufig Zwischenformen dieser Extrempositionen (z.B. standardisierte Teile, die individuell kombiniert werden) (vgl. Arbeitskreis Marketing 1977, S. 40 ff. und Engelhardt/Günter 1981, S. 164).

Geipel geht von der Hypothese aus, daß der Grad an Standardisierung über die Relevanz des Industriedesigns bei Investitionsgütern entscheidet. Bei standardisierten Produkten haben die Imagewirkung des Produktdesigns im Sinne einer Herkunftsinformation und der Wiedererkennungseffekt auf Messen oder in der Werbung sowie die bereits vorhandenen symbolischen Produkterfahrungen verkaufsbeeinflussende Bedeutung. Als Indikatoren für den Grad der Standardisierung zieht er die **Verbreitung am Markt** (hohe Standardisierung) und die **Eingebundenheit des Produktes in ein System** (geringe Standardisierung) heran.

Systemanforderung können direkt auf Design-Kriterien wie z. B. die Farbgebung einer integrierbaren Maschine wirken.

Je geringer also die Auftragsbezogenheit der Produktion ist, desto relevanter ist die Bedeutung des Designs (vgl. Geipel 1992 ff.).

Diese Hypothese konnte in Expertengesprächen allerdings *nicht* bestätigt werden. Geipels Verständnis von Design als Marktfaktor beschränkt sich auf dessen gewünschte akquisitorische Wirkung in der Marktwahlsituation, was den Wettbewerbsfaktor Design zum „eyecatcher" degradiert. Er berücksichtigt nicht, daß auch bei Produkten der individuellen Auftragsproduktion befriedigendes Industriedesign in der Verwendungssituation die Kundenbindung erhöht. Designorientierte Unikate können ebenso als Referenzobjekte akquisitorische Wirkung besitzen und zum Corporate-Identity-Konzept der beschaffenden und nachfragenden Unternehmung beitragen (vgl. Abschnitt 4.3.3). Darüber hinaus vermindert die Ausgrenzung von Auftragsproduktion die betrachteten Güterklassen beträchtlich. Denn Jacob stellte 1995 in einer empirischen Untersuchung fest, daß einzelkundenbezogen gestaltete Gebrauchsgüter als Gegenstand der Beschaffung industrieller Nachfrager von höchster Bedeutung sind, die in der Zukunft noch ansteigen wird (vgl. Jacob 1995, S. 30). Bei einer Untersuchung des durchschnittlichen Anteils verschiedener Fertigungsarten im Maschinenbau entfielen gut dreißig Prozent auf die Einmal-/Unikatfertigung. Einzel- und Kleinserienfertigung umfaßten knapp fünfzig Prozent, und nur der Rest von etwa zwanzig Prozent der Maschinen wurde in Mittel-/Großserien oder in der Massenfertigung (Standardisierung) hergestellt (vgl. Jacob 1995, S. 33).

Im Rahmen dieser Untersuchung wird die Produktindividualisierung daher neben der Standardisierung als gleichbedeutende design-strategische Option angesehen (vgl. Abschnitt 4.4.3).

3.1.3 Bildung von Design-Typen im Investitionsgütersektor

In retrograder Weise bildet Geipel anhand der oben dargelegten Merkmale neun „Design-Typen" im Investitionsgütersektor, die er auf den Grad ihrer jeweiligen Merkmalsausprägungen untersucht. Zur Wiederholung wird festgehalten, daß die Bedeutung des Designs als Marktfaktor nach Geipel um so größer ist,

- je höher die Intensität der Subjekt-Objekt-Beziehung auf organisationaler Ebene,
- je höher die Intensität der Objekt-Umwelt-Beziehung,
- je größer die Produktkomplexität und
- je geringer die Auftragsbezogenheit der Produkte ist (vgl. Geipel 1990, S. 290).

Geipels Verdienst ist es, die Warenvielfalt auf Investitionsgütermärkten anhand von design-bezogenen Merkmalen zu typisieren, um daraus die divergierenden Designpotentiale der verschiedenen Produktguppen innerhalb der Investitionsgüterwelt abzuleiten. Mit dieser Systematik gelingt es Geipel, einen absatzpolitisch relevanten Zusammenhang zwischen Industriedesign und Investitionsgütern zu demonstrieren.

| Merkmal/ Ausprägung

Typ/Beispiel	Intensität der Subjekt-Objekt-Beziehungen auf organisationaler Ebene	Intensität der Objekt-Umwelt-Beziehungen	Produkt-komplexität	Auftrags-bezogenheit der Produktion
I/ Fertigungssysteme (Walzstraßen, Montagebänder)	gering-mittel	gering	hoch	hoch
II/ Einbauteile, -komponenten, -aggregate	gering-mittel	gering	gering-mittel	gering-mittel
III/ Einzelaggregate der Fertigung (Werkzeugmaschinen, Pressen, Biegemaschinen)	mittel	gering	mittel-hoch	gering-mittel
IV/ Bürogeräte (Kopierer, Textverarbeitungssysteme, Personalcomputer, Kommunikationsgeräte)	mittel-hoch	gering-mittel	mittel-hoch	gering
V/ Büromöbel	mittel-hoch	mittel-hoch	gering	gering
VI/ Handhabungsgeräte (Betonmixer, Motorsäge, Handbohrmaschine, Preßlufthammer)	mittel-hoch	mittel	gering-mittel	gering
VII/ Nutzfahrzeuge (LKW, Ackerschlepper, Baukran)	hoch	mittel	mittel-hoch	gering-mittel
VIII/ Selbstbedienungsautomaten (Bank-, Fahrkarten-, Getränkeautomaten)	gering	hoch	mittel-hoch	gering-mittel
IX/ Güter, mit denen personenbezogene Dienstleistungen erstellt werden (medizinisch-technische Geräte, Taxi, Flugzeug)	hoch	hoch	mittel-hoch	gering-mittel

Abb. 25: Design-Typen im Investitionsgütersektor
Quelle: Geipel 1990, S. 197

Das Ergebnis ist jedoch nicht voll umfänglich nutzbar, da nur drei der vier von Geipel herangezogenen Merkmale das Designpotential von Investitionsgütern beeinflussen, nämlich die Intensität der Produkt-Mensch-Beziehung auf organisationaler und Umweltebene und die Produktkomplexität. Die hohe Auftragsbezogenheit der Produktion schränkt das Designpotential von Investitionsgütern nicht unbedingt ein, da eine innovative Gestaltung Teil eines einzelproduktbezogenen Auftrages sein kann oder sogar sein muß.

Vom „point of view" des Investitionsgüterherstellers ist der Erkenntnisgehalt der Typologie auch insofern eingeschränkt, als sich Unternehmen in bezug auf ihre Leistungsgestaltung in der Regel nicht branchenübergreifend vergleichen. Einbauteile weisen zwar geringere Designpotentiale als z. B. Handhabungsgeräte auf, stehen aber auch nicht in direkter Konkurrenz zueinander. Bei der vergleichenden Produktkritik auf Messen, auf denen verschiedene Produktmarken mit gleicher Funktion miteinander konkurrieren, wird die Zielgruppe dem Gut mehr Aufmerksamkeit schenken, das nach zeitgemäßen Maßstäben gestaltet ist. Reese führt an, daß der Begriff „nicht design-relevant" im Investitionsgütersektor „eine eklatante Fehleinschätzung der Wirklichkeit" (Reese 1993, S. 1) ist, da durch Werbung jedes Investitionsgut sichtbar wird (vgl. Reese 1993, S. 1). Auch Sorg weigert sich, auf die Frage nach der Designrelevanz von Investitionsgütern die Welt in gestaltbare und nicht gestaltbare Produkte einzuteilen (vgl. Sorg 1996).

Wenn Design zum Innovationsfaktor werden soll, setzt dies die produkttypologische Machbarkeit von Design voraus. Die Kreation von Designinnovationen zur Generierung von Wettbewerbsvorteilen stellt jedoch sehr hohe Anforderungen an das Designpotential des Produktes und die Qualität der Gestaltungstätigkeit. Die Eigenschaften und Verwendungsbedingungen eines Produktes, die Designinnovationspotentiale begünstigen bzw. erschweren, sollen im folgenden geklärt werden.

3.2 Einzelproduktspezifische Bewertung des Designinnovationspotentials und Ableitung einer Entscheidungsheuristik

3.2.1 Entscheidungsschema für den Einsatz von Industriedesign als Innovationsfaktor

Das Innovationsmanagement eines Investitionsgüterunternehmens muß das Designinnovationspotential des einzelnen Produktes bewerten, um in der konkreten Entscheidungssituation über den Einsatz von Innovationsdesign zu beschließen. Dieser Entscheidungsprozeß soll im folgenden durch ein schematisches Vorgehen formalisiert werden. Die dabei aufgestellten Entscheidungsregeln sollen richtungsweisend sein, sind im Einzelfall jedoch nicht dogmatisch zu befolgen. Ziel ist es vor allem, durch die **gedankliche Gliederung des Entscheidungsproblems** in einzelne Entscheidungsschritte die Transparenz dieses komplexen Entscheidungsprozesses zu erhöhen und das Innovationsmanagement im Vorfeld zum konkreten Produktbriefing für design-spezifische Fragestellungen zu sensibilisieren. Ausgangspunkt der Entscheidungsschritte stellen Hypothesen dar, die an die Erkenntnisse Geipels angelehnt sind. Plausiblerweise ist davon auszugehen, daß das Designinnovationspotential um so höher ist, je größer die Gestaltungsfreiheit und die Komplexität des Produktes sowie die Intensität der Produkt-Mensch-Beziehung sind (vgl. Abschnitt 3.1.2. und 3.1.3) (siehe Abb. 26).

Als Entscheidungsregel gilt: Wenn eine dieser Fragen mit „ja" beantwortet werden kann, ist Spielraum für eine Designinnovation gegeben. Je mehr Fragen das Innovationsmanagement bejahen kann, desto höher ist das Designinnovationspotential.

Zur Beantwortung der Fragestellungen werden aufgrund von Plausibilitätsüberlegungen Entscheidungskriterien aufgestellt, mit deren Hilfe das Innovationsmanagement das Designinnovationspotential bewerten kann. Anhand der nachfolgend erarbeiteten Kriterien soll das spezifische Produkt in seiner besonderen **Einzelsituation** im Hinblick auf die abstrakten Eigenschaften Gestaltungsfreiheit, Produktkomplexität und Intensität der Produkt-Mensch-Beziehung beurteilt werden, um auf einer konkreteren Ebene Aussagen über das **einzelproduktspezifische Designinnovationspotential** abzuleiten. Dazu werden die widersprechenden Kriterien zu einem pragmatischen Differential geordnet, das die Pole „hohes bzw. niedriges Designinnovationspotential" aufweist (vgl. Abschnitt 3.2.3).

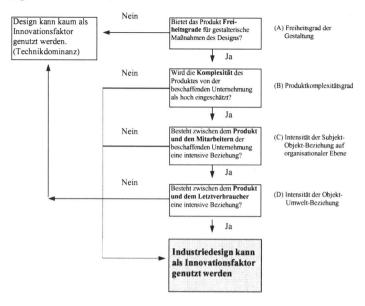

Abb. 26: Entscheidungsschema für den Einsatz von Industriedesign als Innovationsfaktor für Investitionsgüter
Quelle: eigene Darstellung

3.2.2 Entscheidungskriterien zur Bewertung des Designinnova-
tionspotentials

Zur Beurteilung der Designinnovationspotentiale sollen zum einen **objektbezogene** und zum anderen **subjektbezogene Anhaltspunkte** untersucht werden. Die Gestaltungsfreiheit und die Produktkomplexität
beschäftigen sich primär mit objektimmanenten Charakteristiken. Die
Intensität der Beziehung von Objekt und Subjekt auf organisationaler
und Umwelt-Ebene setzt das Produkt in Relation zum Menschen.

3.2.2.1 Kriterien zur Bewertung des Freiheitsgrades der Gestaltung

Die Zweckbestimmung eines Produktes, der Anteil an invarianten Teilen, die Systemverbundenheit, der Normungsgrad und der Einfluß von
Mikroelektronik zählen zu den Faktoren, die auf die Gestaltungsfreiheit
des Designs einwirken.

Die spezifische **Zweckbestimmung eines Produktes** und die Dominanz rationaler Faktoren schränken die Gestaltungsfreiheit des Designers
tendenziell ein (vgl. Schürer 1968, S. 16, Maier 1977, S. 144 f.). So unterliegt ein Kunstgegenstand, der zweckungebunden ist, keinem schöp-
ferischen Zwang. Ein Konsumgut, bei dem die ästhetische Komponente
eine große Rolle spielen kann, eröffnet dem Designer einen weiteren
gestalterischen Freiraum als ein Investitionsgut. Dieses ist immer streng
an seiner Zweckbestimmung, insbesondere seiner Bedienbarkeit, orien-

tiert, was die Gestaltungsfreiheit tendenziell einschränkt. Da diese Einschränkung generell bei der behandelten Warengruppe vorliegt, gibt dieses Kriterium wenig Aufschluß über Designinnovationspotentiale im Vergleich verschiedener Investitionsgüter und soll daher nicht als Kriterium herangezogen werden.

Ausgehend von der Annahme, daß schon in der Planungsphase bestimmte Gestaltelemente des neuen Produktes vorgegeben sind, bestimmt das **Verhältnis von invarianten und varianten Teilgestalten** den Freiheitsgrad, insbesondere den konstruktiven. Bei der Neukonstruktion eines Produktes wird dem Design die größte Gestaltungsfreiheit eingeräumt, wenn der Designer die Gestaltkonzeption, den Gestaltaufbau, die Form- und Farbgebung sowie die Grafik frei wählen kann, also der Anteil an varianten Gestaltungselementen möglichst hoch ist. Bei unveränderlichem Gestaltaufbau handelt es sich lediglich um eine Weiterentwicklung oder Verbesserungskonstruktion. Beim Baukastensystem mit vorhandenen Bauelementen und Zulieferteilen erhöht sich der Freiheitsgrad gegenüber der Verbesserungskonstruktion, da der Gestaltaufbau bzw. die -konzeption ohne konstruktiven Eingriff verändert werden kann (vgl. Seeger S. 102 f.).

Die **Systemgebundenheit** eines Investitionsgutes und die dadurch geforderte Integrationsfähigkeit nimmt ebenso auf den Freiheitsgrad der Gestaltung Einfluß. Unter einem System wird eine Menge von Elementen und die Menge von Relationen, die zwischen diesen besteht, verstanden (vgl. Adam/Helten/Scholl 1970, S. 68). Je höher die Einbindung in ein bestimmtes System ist, desto eingeschränkter ist der Designer in seinen Gestaltungsmöglichkeiten. Bei Anlagen, aber auch bei Einzelaggregaten, die mit anderen Maschinen kombiniert werden, und bei Einbauteilen stellt sich das Problem der Kompatibilität bzw. der Verbundkomplexität. Bei Einzelaggregaten und Einbauteilen werden die innovativen Gestaltungsmöglichkeiten unter dem Aspekt der Systemverbundenheit z.B. dadurch eingeschränkt, daß das Erscheinungsbild des zu integrierenden Produktes bestimmte Anforderungen erfüllen muß. Farbliche, materielle und formbedingte Abstimmungen sind in diesem Zusammenhang zu erwähnen. Auch die Normung spielt im Hinblick auf die Kompatibilität eine wichtige Rolle. Der Systemgedanke kann unter gestalterischen Gesichtspunkten aber auch zur innovativen Komponente beitragen – man denke insbesondere an Baukastensysteme. Tendenziell ist festzuhalten, daß die Systemverbundenheit die Freiheitsgrade des Designs und damit die design-bedingten Innovationspotentiale eingrenzt.

Die **Normung** ist eine Vorgabe, die ebenso eine Einschränkung der gestalterischen Freiheit bei Design und Konstruktion darstellt. Normen sind allgemein gültige, einheitliche Richtlinien über Maße, Qualität, Ausführungsform und Kontrolle von Einzelteilen oder Produktteilen (vgl. Hill/Siegwart 1968, S. 30). Ähnlich definiert Oeldorf/Olfert Normung als „Vereinheitlichung von Einzelteilen durch das Festlegen von Größe, Abmessung, Form, Farbe, Qualität. Sie schränkt die Vielzahl denkbarer Problemlösungen ein" (Oeldorf/Olfert 1983, S. 51). In diesem Zusammenhang ist der Nachsatz besonders zu betonen.

Die Gestaltungsfreiheit hängt in erster Linie von dem Grad der Normung, der durch die Normungsbreite und Normungstiefe bestimmt wird, ab. Die Normungsbreite schließt die Anzahl der Aspekte ein, die bei der Normung eines Gegenstandes beachtet werden müssen. Die Normungstiefe geht aus der Anzahl der in der Norm enthaltenen Fixierungen hervor (vgl. Pahl/Beitz 1986, S.334). Ist der Normungsgegenstand hinsichtlich der Normungstiefe und -breite voll erfaßt, handelt es sich um eine Vollnorm. Bei einer Teilnorm liegt lediglich eine partielle Fixierung vor. Bei einer Rahmennorm wird ein allgemeiner Rahmen vorgegeben, in den sich der Normungsgegenstand einfügen sollte (vgl. Oeldorf/Olfert 1983, S. 57). Die Gestaltungsfreiheit nimmt mit zunehmender Normungsbreite und -tiefe ab.

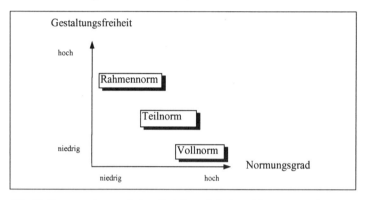

Abb. 27: Zusammenhang zwischen Gestaltungsfreiheit und Normungsgrad
Quelle: eigene Darstellung

Der Freiheitsgrad des Designs wird auch von dem Geltungsbereich der Norm tangiert, z. B. beim Export. Es lassen sich grundsätzlich internationale Normen, nationale Normen, Verbandsnormen und Werknormen unterscheiden. Auf internationaler Ebene befaßt sich die International Organization of Standarization (ISO) mit der Festlegung von Normen. Auf nationaler Ebene ist für die Bundesrepublik Deutschland der Deutsche Normenausschuß (DNA) autorisiertes Organ. Ergänzend können der Verband Deutscher Ingenieure (VDI), der Verband Deutscher Elektrotechniker (VDE) und der Verband der Automobilindustrie (VDA) innerhalb des jeweiligen Bereichs Verbandsnormen erlassen (vgl. Kern 1990, S. 120 f.). Werksnormen haben lediglich Gültigkeit für ein bestimmtes Unternehmen. Sie können z. B. aus DIN-Normen abgeleitet und unternehmensspezifisch konkretisiert werden oder vom Unternehmen selbst entwickelt werden (vgl. Oeldorf/Olfert 1983, S. 55).
Im Gegensatz zu den vorgenannten, einschränkend wirkenden Kriterien wird der Freiheitsgrad der Gestaltung durch den Einsatz von **Mikroelektronik** vergrößert. Aufgrund der **Miniaturisierung der Technik** muß sich die Formgestaltung nicht länger an der technischen Funktion im Sinne von „form follows function" orientieren (vgl. Kicherer 1987, S. 57). Die Verwendung von Mikroelektronik hat daher zu einer perma-

nenten Verkleinerung der Produktwelt, sowohl im Konsum- als auch im Investitionsgüterbereich, geführt. Mit dem Verlust der dritten Dimension werden die Produkte immer flächiger gestaltet. Lediglich die Bedingungen der optischen und mechanischen Handhabung verhindern, daß zumindest die Fläche dem allgemeinen Schrumpfungsprozeß standhält. Durch die Befreiung von materiellen Zwängen erhält das Investitionsgüter-Design einen neuen Aufgabenbereich: Das Design wird künftig nicht mehr am Aussehen der Hardware, sondern an der Anschaulichkeit der Software gemessen, was unseren Gesichtssinnen eine zentrale Bedeutung zuweist (vgl. Gros 1990, S. 37 ff.).

Zusammenfassend ist festzuhalten, daß die Zweckgebundenheit, ein hoher Anteil an invarianten Teilen, eine starke Eingebundenheit in ein System und ein ausgeprägter Normungsgrad die Gestaltungsfreiheit des Designs und die daraus ableitbaren Innovationspotentiale einschränken. Die Verwendung von Mikroelektronik erhöht den Spielraum des Designs, stellt aber zugleich neue Anforderungen an das Gestaltungskonzept.

3.2.2.2 Kriterien zur Bewertung der Produktkomplexität und -ordnung

Zwei Fragen sind in diesem Kapitel von Interesse. Zum einen: Wie muß ein Investitionsgut beschaffen sein, um beim Rezipienten den Eindruck von Komplexität oder Ordnung zu erzeugen? Und zum anderen: Kann Design eher bei komplexen oder nicht komplexen Investitionsgütern als Innovationsfaktor eingesetzt werden?

Konstruktion und Funktion eines Produktes bedingen seine Komplexität. Definitionsgemäß bestimmen die Anzahl der Elemente und ihre Relationen den Komplexitätsgrad (vgl. Bronner 1992, S. 1122). Abhängig von seiner Konstruktion untergliedert sich das Produkt in verschiedene **Ordnungsstufen**, die auf den Komplexitätsgrad wirken und in sich unterschiedliche Komplexität aufweisen:

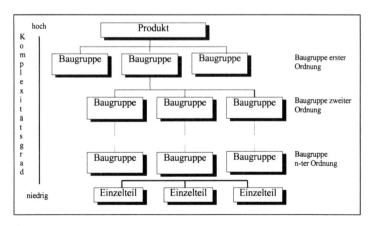

Abb. 28: Produktstrukturierung mit unterschiedlichen Ordnungsstufen
Quelle: Endler 1992, S. 41

Bezogen auf den Aufbau eines Produktes soll folgende Aussage festgehalten werden: Je höher die **Anzahl an Ordnungsstufen** ist und je vernetzter die Beziehungen zwischen diesen sind, desto komplexer ist das Produkt.

Die nachfolgende Abbildung zeigt die Ordnungsstufen und den damit verbundenen Komplexitätsgrad, veranschaulicht am Beispiel eines Hydraulikbaggers:

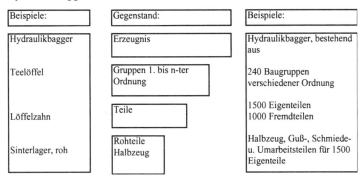

Abb. 29: Produktstrukturierung eines Hydraulikbaggers
Quelle: REFA 1985, S. 356

Die **Funktion** eines Produktes ist ein weiterer Indikator zur Beurteilung der Produktkomplexität. Je komplexer und vielfältiger die Funktionsabläufe in einem Produkt sind, desto komplexer sieht die Wechselbeziehung zwischen dem Menschen und dem Produkt, das er handhaben will, aus (vgl. Maier 1977, S. 639). Auch folgende Charakteristiken zur Festlegung von Komplexitätsstufen bei Maschinensystemen haben einen starken Bezug zur Funktion.

Stufe der Komplexität	Maschinensystem	Charakteristik	Beispiele
I	Teil Maschinenteil (Maschinenelement)	Elementarsystem, das Montageoperationen hergestellt wurde	Bolzen, Lagerbüchse, Feder, Scheibe
II	Gruppe Mechanismus Teilgruppe Untergruppe	Einfaches System, das höhere Funktionen (mit von Maschinenelementen) erfüllt	Getriebekasten, hydraulischer Antrieb, Spindelstock
III	Maschine Gerät Apparat	System, das aus Gruppen und Teilen besteht und eine geschlossene Funktion ausübt	Drehbank, Kraftwagen, Elektromotor
IV	Anlage Einrichtung komplexer Maschinensatz	Komplexes System, das eine Reihe von Funktionen erfüllt und das aus Maschinen, Gruppen und Teilen besteht und eine Funktions- und Ortsgesamtheit bildet	Härtereianlage, Bearbeitungsstraße, Fabrikeinrichtung

(Links neben der Tabelle, von oben nach unten: gering ↑ Komplexität ↓ hoch)

Abb. 30: Maschinensystem nach Komplexitätsstufen
Quelle: Hubka 1984, S. 86

Nach Hubka stellt die Anlage ein System auf höchster Komplexitäts-stufe dar, ein Teil zeichnet sich durch geringe Komplexität aus.

Um die Komplexität des geplanten Produktes aus der Sicht des Rezi-pienten einschätzen zu können, sollte der Hersteller das **Schwierigkeits-niveau der Beurteilung und Verwendung** untersuchen. Geipel unter-scheidet in diesem Zusammenhang Güter ohne technische Funktionen (Einrichtungsgegenstände), mit überwiegend mechanischen Funktio-nen (Antriebsaggregate) und mit überwiegend elektronischen Funktio-nen (Personal Computer). Elektronische Produkte weisen subjektbezo-gen die höchste Komplexität auf (vgl. Geipel 1990, S. 191).

Wichtig ist darüber hinaus die Frage, ob ausschließlich Experten (z. B. Mitarbeiter der beschaffenden Unternehmung) oder auch Laien (z. B. Letztverbraucher) das Produkt beurteilen bzw. benutzen. Es geht hier um die **Erfahrungswerte**, die der Rezipient aufweist.

Bei **Pionierprodukten** spielt der Komplexitäts- bzw. Ordnungsgrad des Objektes eine besondere Rolle. Einerseits darf die Komplexität den Verwender nicht überfordern, andererseits sollte das Unbekannte als Wettbewerbsvorteil gestalterisch genutzt werden. Schmitz weist dar-auf hin, daß ein Produkt nicht innovativ sein kann, wenn der Rezipient zu schnell eine aus Erfahrungen herrührende Ordnung erkennt. Daher sollte der Designer bei der Gestaltung von innovativen Produkten be-wußt mit Denk- und Wahrnehmungsgewohnheiten brechen (vgl. Schmitz 1994, S. 114). Die Negation von Ordnung ist beim Investitionsgüter-Design kritisch zu betrachten. Da die rationalen Gebrauchswerte eines Investitionsgutes im Vordergrund stehen, kann der Hersteller eine Inno-vation, die auf Verwirrung beruht, kaum vermarkten. Ordnung wird durch geometrische Gesetze wie Symmetrie, Reihung, Wiederholung von bestimmten einfachen geometrischen Figuren wie Kreis, Quadrat, horizontale oder vertikale Linien geschaffen. Der Mensch neigt dazu, komplexere Gestalten beim ersten Blick auf diese einfachen geometri-schen Grundformen zu reduzieren oder lose, unzusammenhängende Elemente zu solchen Formen zu vervollständigen. Die Gestalttheorie hat bewiesen, daß einfache Grundformen und Ordnungsprinzipien dem Menschen in gewissem Maße immanent sind und ein Orientierungs-system bilden, das das Individuum durch Erfahrungen und Umwelt-erlebnisse verfeinert. In einer optisch immer diffuseren und überlaste-ten Umwelt kommt diesem „Ordnungssinn" immer mehr Bedeutung zu (vgl. Kicherer 1987, 83 ff.). Das Produktdesign kann gewährleisten, daß der Betrachter das Innovative durch die Übersetzung in vertraute Wahr-nehmungsmuster rasch erkennt und daß eine an Erfahrungswerte an-knüpfende, neue Ordnung die Sinneswahrnehmung des Rezipienten reizt (vgl. Abschnitt 4.6.2).

Ein Produkt, das durch seine Funktion bzw. Konstruktion ohnehin schon komplex ist, erfordert zur Kreation einer gewissen Ordnung den vermehrten Einsatz designerischer Maßnahmen. Diese Aussage ent-spricht der Hypothese von Geipel, daß bei steigender Produktkom-plexität die Designrelevanz bzw. die Designpotentiale zunehmen (vgl. Geipel 1990, S. 186 ff.). Bei technisch innovativen Investitionsgütern gewinnen die gestalterischen Maßnahmen des Designs ebenso an Bedeutung, da das Produktdesign die **technische Neuheit nach außen wahrnehmbar kommunizieren** soll. Ein Produkt, dessen Komplexität der Käufer als hoch einschätzt (z. B. Personal Computer), bietet **generell mehr Ansatzpunkte** für Designinnovationen als ein einfaches Produkt (z. B. Schraube).

Deshalb wird auch hier die Hypothese vertreten, daß **bei steigender Produktkomplexität die Designinnovationspotentiale zunehmen.** In Einzelfällen erscheint es allerdings schwierig, einen eindeutigen Zusammenhang zwischen der Komplexität und den Innovationspotentialen des Designs abzuleiten.

3.2.2.3 Kriterien zur Bewertung der Intensität von Produkt-Mensch-Beziehung

Auch die Intensität der Beziehung zwischen Mitarbeiter und Produkt bzw. zwischen Letztverbraucher und Produkt im Dienstleistungsbereich können Aufschluß über die Einsatzmöglichkeiten innovativen Investitionsgüter-Designs geben.

Dazu sollten folgende Anhaltspunkte bedacht werden, die über die **Existenz,** die **Art und Dauer des Kontaktes zwischen Produkt und Mensch** und über das **Involvement des Mitarbeiters** Klarheit verschaffen. Denn je intensiver der Kontakt zwischen Mitarbeiter/Letztverbraucher und Produkt und je stärker das Involvement ist, desto größer ist das Wirkpotential einer Designinnovation (vgl. Abschnitt 3.1.2).

Es stellt sich zunächst die Frage, ob überhaupt ein **Kontakt zwischen Produkt und Mensch** besteht. Bezogen auf die organisationale Ebene sollte festgestellt werden, ob die Mitglieder des Buying Centers das Produkt in der Marktwahl- bzw. Verwendungssituation eigentlich wahrnehmen. Durch die neuen Möglichkeiten der Fernsteuerung bei Maschinen und Prozessen verliert der Benutzer bei der Verwendung das jeweilige Objekt immer mehr aus dem unmittelbaren Gesichtsfeld. Die Fernsteuerung unterbricht den „face to face"-Kontakt, so daß selbst tonnenschwere Werkzeugmaschinen zu einer immateriellen Größe auf dem Steuerpult zusammenschrumpfen. Das Design wird für den Mitarbeiter gewissermaßen unsichtbar (vgl. Gros 1990, S. 42). Gleiches gilt für Einbauteile, die im Investitionsgut verschwinden, so daß eine Design-innovation nach dem Kauf nicht auf den Mitarbeiter wirken kann. Bezogen auf die Umweltebene ist zu fragen, ob überhaupt ein Kontakt zwischen Letztverbraucher und Investitionsgut zustande kommt.

Wenn ein Kontakt auf organisationaler oder zusätzlich auch auf der Umweltebene existiert, weisen die **eingesetzten Wahrnehmungsorgane** auf seine **Intensität** hin. Je mehr menschliche Sinne bei der Erfassung des Wahrnehmungsgegenstandes stimuliert werden, um so intensiver ist der Kontakt. Bei der Verwendung intensiviert sich der Kontakt gegenüber der berührungslosen Gesichtswahrnehmung (vgl. Geipel 1991, S. 178). Die nachfolgende Abbildung zeigt die verschiedenen Formen der menschlichen Wahrnehmung:

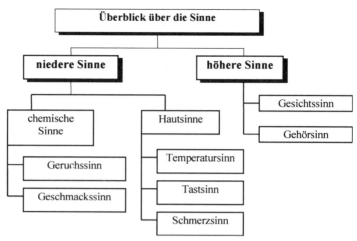

Abb. 31: Formen der menschlichen Wahrnehmung
Quelle: Koppelmann 1993, S. 33

Unsere Wahrnehmung ist selektiv, d. h. das Gehirn wählt zu jedem Zeitpunkt nur sehr wenige interessante Informationen aus. Sehen, Hören und Fühlen sind bei der Informationsaufnahme besonders wichtig. Jeder Mensch bevorzugt einen bestimmten Sinneskanal, das sogenannte Leitsystem. Über 80 Prozent aller Sinneseindrücke laufen über das Auge ab (vgl. Slany 1988, S. 16). Es gibt aber auch Menschen, die sich eher auditiv oder kinästetisch orientieren; d. h., sie nehmen intensiv über Töne, Geräusche und Worte oder über Gefühle, Schwingungen u. ä. wahr (vgl. Schott/Schaible 1991, S. 240 f.; zu den Wahrnehmungsarten vgl. auch Escherle 1986, S. 40).

Die Buying-Center-Mitglieder, insbesondere die Zielgruppe der Käufer, treten zunächst in der Marktwahlsituation über die Augen mit dem Produkt in Beziehung. Bereits bei einem mittelbaren Kontakt durch die Werbung werden Informationen über diesen Gesichtssinn gesendet. Bei einer unmittelbaren Kontaktaufnahme auf der Messe oder der probeweisen Benutzung kommt es meist zur Reizung weiterer Sinnesorgane. Die Stimulation der Hautsinne deutet auf eine intensive Verwendungssituation hin, da ein physischer Kontakt bei der Zielgruppe der Verwender gegeben ist. Je mehr die verschiedenen Sinneskanäle durch das Produkt gereizt werden, desto größer ist das Designinnovationspotential.

Dies gilt auch für die Relation zwischen Konsument und Produkt. Ist das Produkt lediglich Meinungsgegenstand oder kommt es zu einer unmittelbaren Berührung zwischen dem Subjekt und dem Objekt? Bei direkter Verwendung intensiviert sich die Beziehung.

Die nachfolgende Abbildung zeigt, wie stark tendenziell die **Kontaktintensität bei den verschiedenen Zielgruppen** des Designs auf Unternehmensebene (Verwender und Käufer) und auf Umweltebene (Konsumenten) ist, und kann im jeweiligen Fall als Denkschema dienen (vgl. Abschnitt 2.2.3.2 sowie 2.2.4). Bei jeder Produktentwicklung sollte der Produktverantwortliche sich die Art des Kontaktes zwischen dem Ob-

jekt und den verschiedenen Zielgruppen (Käufer, Verwender, Letztverbraucher) und den Grad der Kontaktintensität vor Augen führen, um
daraus Schlüsse auf das Designinnovationspotential abzuleiten.

Wirkungsebenen	Unternehmensebene		Letztverbraucher		
Kontaktintensität	Verwender	Käufer	Produkt für die Herstellung von Gütern	Produkt für die Bereitstellung von Dienstleistungen	
keine (keine Reizung der Sinnesorgane)	z.B. ferngesteuerte Maschine		z.B. Produktionsmaschinen		Ästhetik + Symbolik
schwache (Reizung des Gesichtssinns = visuelle Wahrnehmung)	z.B. ferngesteuerte Maschine im Sichtfeld			z.B. Möbelwagen	
mittlere Reizung von Gesichts- und z.B. Gehörsinn = visuelle und akustische Wahrnehmung)		z.B. Werkzeugmaschinen bei Präsentation auf Messen		z.B. Autowaschanlage	
starke (Reizung von mindestens Gesichts- und Tastsinn = visuelle und haptische bzw. taktile Wahrnehmung)	z.B. Büromaschinen, Steuerpult	z.B. Zahnarztstuhl (wenn Verwender = Käufer)		z.B. Spielautomat, Bankautomat, Röntgengerät, Tankstellensäule	+ Gebrauchs-technik

Abb. 32: Beispiele von Investitionsgütern mit unterschiedlicher Kontaktintensität
auf die Zielgruppen
Quelle: eigene Darstellung

Die **Verwender** des Investitionsgutes auf Unternehmensebene haben in
allen Dimensionen des Designs aufgrund der ausgeprägten Sinnesrei-
zung die intensivste Beziehung zum Produkt. Nur bei ferngesteuerten
Maschinen verlagert sich der Kontakt auf das Steuerpult. Die übrigen
Beteiligten des Buying Centers (**Käufer**) werden in erster Linie über die
Augen ästhetische und soziale Reize entgegennehmen und daraus auch
auf die Gebrauchstechnik schließen bzw. sich auf die Aussage der Verwender verlassen. Das Evidenzmaß der Produktmerkmale (vgl. Hansen/
Leitherer 1984, S. 36 f.) ist hier von großer Bedeutung. Das heißt, die
Eigenschaften des Produktes müssen so kommuniziert werden, daß der
Käufer sie wahrnehmen und beurteilen kann und sie zeitlich solange
wirken, daß sie die Marktwahl beeinflussen. Das Verhältnis der evidenten zu den latenten Produkteigenschaften bzw. der gesamten Produkteigenschaften zu den sichtbaren wird als Informationsgrad des Produktes bezeichnet (vgl. Ellinger 1966, S. 265 ff.).

Der **Letztverbraucher** hat je nach dem Grad des Kontaktes keine
oder nur eine schwache Beziehung zu dem Objekt. Viele Investitionsgüter bleiben dem Konsumenten gegenüber anonym. „Wer kennt schon
die Turbinen im Kraftwerk, von denen die Elektrizität für die Heim-
beleuchtung erzeugt wird" (Löbach 1976, S. 50)? Im Dienstleistungsbereich kann der Kontakt des Letztverbrauchers durch die stärkere Reizung der Sinne (Tastsinn) intensiver sein. Der Gestalter sollte sowohl die
gebrauchstechnischen als auch die ästhetischen und sozialen Aspekte
des Investitionsgüter-Designs durchdenken.

Neben der Art des Kontaktes lassen sich aus der **Zeitdimension** Indikatoren für die Kontaktintensität ableiten. Wie lange dauert der Kontakt in der Kaufentscheidungsphase? Hält er in der Verwendungsphase

an? Sind immer noch die gleichen Personen mit dem Produkt in Berührung? Wie häufig findet der Kontakt statt? Wie lange dauert der Kontakt zwischen Letztverbraucher und Produkt? Je länger und häufiger der Kontakt besteht, um so intensiver ist er.

Aufschluß über den **Grad der Bindung des Mitarbeiters** an das Produkt, sprich das Involvement, erhält der Anbieter durch die Beantwortung folgender Fragen: Ist die Kontaktintensität hoch? Ist der Käufer und Verwender des Produktes gleichzeitig Eigentümer; ist ein Besitzverhältnis gegeben? Wird das Produkt individuell oder kollektiv genutzt? Eignet sich das Produkt als Kommunikations- oder Demonstrationsobjekt (vgl. auch Geipel 1991, S. 183)?

Zusammenfassend wird festgehalten: Je stärker die Kontaktintensität auf organisationaler und Umweltebene und das Involvement ausgeprägt sind, um so erfolgreicher kann Design als innovative Komponente eingesetzt werden. Design wirkt auf die Bedarfsbeeinflussung steuernd.

3.2.3 Zusammenführung der Entscheidungskriterien im pragmatischen Differential

Die Entscheidungskriterien werden im folgenden in ein **pragmatisches Differential** überführt, das ein Bewertungsverfahren darstellt, mit dem die erwünschte Entscheidungsfindung bezüglich des Einsatzes von Innovationsdesign einzelproduktspezifisch und mit großer Übersichtlichkeit erfolgen kann.

Das pragmatische Differential ist in Analogie zum sogenannten semantischen Differential (nach Ch. E. Osgood) zu sehen, das aus der Psychologie und der Semiotik bekannt ist. Beim semantischen Differential geht es darum, Bedeutungen (Semantik!) von Objekten anhand von Assoziationen zu messen (vgl. Friedrichs 1990, S. 184). Sich widersprechende Eigenschaften werden dazu auf einer einfachen Skala gegenübergestellt. Das beim Ankreuzen entstehende Profil ermöglicht es, äußerst komplexe Situationen (z. B. menschlichen Wohlbefindens) zu beschreiben und begrifflich zu erfassen. Dieses Verfahren kann auch zur Bewertung (Pragmatik!) genutzt werden. Die Gegensatzpaare stellen in Fall des pragmatischen Differentials sich widersprechende Kriterien oder Adjektive dar, aus denen sich Werturteile formulieren lassen (vgl. Maser 1992, S. 142). Die Pole können dabei Aussagen über Wert/Unwert, Vor-/Nachteile, Stärken/Schwächen etc. machen (vgl. Maser 1992, S. 138). Das hier aufgestellte pragmatische Differential soll als **Bewertungstechnik** für das Designinnovationspotential von Investitionsgütern dienen. Die Kriterien, die in den vorangegangenen Kapiteln erarbeitet wurden, werden dazu so geordnet, daß die Pole „hohes Designinnovationspotential" und „geringes Designinnovationspotential" entstehen. Der Investitionsgüterhersteller erhält durch das Ankreuzen der zutreffenden Charakteristiken seines Produktes ein Profil, aus dem er Aussagen über das Designinnovationspotential ableiten kann. Dieses Profil soll hier als „**Designinnovationsprofil**" bezeichnet werden.

Die nachfolgende Abbildung zeigt das pragmatische Differential (vgl. Abbildung 33). Links von der fiktiven Mittellinie werden Investitionsgüter angesiedelt sein, deren Eigenschaften und Verwendungsbedingungen das Potential für Designinnovationen begünstigen. Bei Produkten, die rechts von dieser Linie liegen, werden die Konditionen für die Schaffung einer Designinnovation erschwert.

Das beispielhaft eingezeichnete Designinnovationsprofil für eine Druckmaschine (nach Angaben von Großmann 1996/97) zeigt, daß die Bedingungen dieses Produktes prinzipiell Designinnnovationspotentiale zulassen, so daß Innovationsdesign bei diesem spezifischen Produkt in den Mittelpunkt der Wettbewerbsstrategie gestellt werden könnte. Es sollte dem Designer dabei insbesondere gelingen, die Verwendungssituation zu optimieren und den Prestigegehalt einer Druckmaschine herauszustellen. Die drei letzten Bewertungskriterien des pragmatischen Differentials können im Fall der Druckmaschine vernachlässigt werden, da diese Punkte für Produkte, die im Dienstleistungsbereich eingesetzt werden, relevanter sind.

Abb. 33: Pragmatisches Differential zur Bewertung des Designinnovationspotentials von Investitionsgütern
Quelle: eigene Darstellung

3.3 Zusammenfassende Bewertung des Designinnovations-potentials von Investitionsgütern

Kapitel 3 stellt einen Versuch dar, den schwer meßbaren Begriff „Designinnovationspotential" zu **operationalisieren**. Die Frage, ob Innovationsdesign bei jedem Investitionsgut zum Erfolg führen kann, wurde durch die Ableitung von Entscheidungsregeln erleichtert. Dabei lieferten die Forschungsergebnisse Geipels, die auf ihren Aussagegehalt für die Thematik geprüft und umfassend ergänzt wurden, wertvolle Hinweise für die Ableitung von Entscheidungskriterien. Diese produktbezogenen Merkmale über die Gestaltungsfreiheit, die Produktkomplexität und die Intensität der Produkt-Mensch-Beziehung wurden in einem Bewertungsinstrumentarium, dem pragmatisches Differential, zusammengefaßt. Dieses Werkzeug zeichnet sich durch seine **Übersichtlichkeit** und **schnelle Erfaßbarkeit des Analyseergebnisses** aus.

Das pragmatische Differential ermöglicht aufgrund der Analyse der Produkt-Mensch-Beziehung, eine **Tendenz** zu geringem oder hohem Designinnovationspotential abzuleiten. Da dieses heuristische Entscheidungsmodell nur einen unvollständigen Ausschnitt aus der Realität zeigt, kann es sich lediglich um eine **Näherungslösung des Entscheidungsproblems** handeln. Denn einschränkend muß festgehalten werden, daß das Designinnovationspotential nicht nur von den „konstituierenden" Merkmalen des Produktes und der Verwendungssituation bestimmt wird, sondern auch von den personellen und organisatorischen Ressourcen (vgl. Kapitel 6), schutzrechtlichen Möglichkeiten (vgl. Abschnitt 2.3.4) und den fertigungstechnischen Bedingungen u. a.

Das Designinnovationsprofil kann darüber hinaus als **Grundlage des Pflichtenheftes** genutzt werden. Aus der Betonung bestimmter Kriterien (z. B. starke Eignung als Prestigeobjekt) können erste Anhaltspunkte für die Gestaltung gezogen werden (z. B. Hervorhebung der sozialen Qualität des Produktes). Außerdem kann das Innovationsmanagement mit diesem Bewertungsverfahren verschiedene Investitionsgüter im Hinblick auf ihr Designinnovationspotential **vergleichen** und die designbezogenen Maßnahmen innerhalb des Produktprogramms entsprechend planen.

Der darstellte Entscheidungsprozeß kann jedoch nur den Anfang einer Auseinandersetzung mit Industriedesign in einem bisher wenig design-orientierten Wirtschaftszweig darstellen. Denn grundsätzlich gilt, daß jedes Investitionsgut Designrelevanz aufweist. Der Nutzen des Designinnovationsprofils besteht insbesondere darin, den design-ungeschulten Mitarbeiter in einer frühen Phase des Produktentwicklungsprozeßes für design-spezifische Fragestellungen zu sensibilisieren. Die hier entwickelte Entscheidungsheuristik soll insbesondere vor einer pauschalen Ablehnung des Innovationsfaktors „Design" schützen. So kann das Innovationsmanagement vermeiden, daß der Designer erst in die Aufgabenstellung integriert wird, wenn die Konstruktion des Produktes bereits erfolgt ist. Denn die vollständige Integration des Designers in jede Phase des Entwicklungsprozeßes ist einer der Kernerfolgsfaktoren für das Gelingen und die Marktakzeptanz einer Designinnovation.

Für das Innovationsmanagement eines Investitionsgüterherstellers bildet die Analyse des Designinnovationspotentials die Ausgangsposition für das weitere design-strategische Vorgehen.

4. Kapitel   **Entwicklung von Designstrategien für Investitionsgüter**

Während die betriebswirtschaftliche Literatur Marketing- (vgl. z.B. Becker 1990, S. 111 ff., Meffert 1994, S. 107 ff.), Wettbewerbs- (vgl. Porter 1996, S. 19 ff.) und Technologiestrategien (vgl. Zörgiebel 1983, S. 1 ff.) ausführlich diskutiert, widmet sich selbst die Designliteratur der Thematik der Designstrategien nur fragmentarisch. Im Rahmen von Abhandlungen über Designmanagement wird zwar auf die Bedeutung einer kontinuierlich angewendeten Designstrategie hingewiesen (vgl. z. B. Little 1990, S. 30), eine inhaltliche Ausfüllung fehlt jedoch in den meisten Fällen. Designstrategien, die globale Wege für den zieladäquaten Einsatz von Produktdesign bei Investitionsgütern aufzeigen, wurden in der recherchierten Literatur nicht thematisiert.

Die Entwicklung von wettbewerbsorientierten Designstrategien für diese Güterkategorie ist daher Inhalt dieses Kapitels. Damit wird die primär kundenbezogene Sichtweise des Industriedesigns durch eine **konkurrenzorientierte Perspektive** erweitert.

Das Kapitel widmet sich Strategien zur Erlangung von Wettbewerbsvorteilen gegenüber der Konkurrenz durch Innovationen auf gestalterischer Ebene.

In Abschnitt 4.2 wird ausgeführt, daß die Integration von Innovationsdesign in den unternehmerischen Kontext zu Wettbewerbsvorteilen führen kann. Danach steht die Bedeutung von Corporate Identity als Rahmen der zu entwickelnden Designstrategien im Mittelpunkt (Abschnitt 4.3). In Abschnitt 4.4 werden strategische Alternativen diskutiert, die dem Investitionsgüterhersteller Basisentscheidungen im Vorfeld der Strategieentwicklung abverlangen. In Abschnitt 4.5 werden auf dieser Grundlage vier wettbewerbsorientierte Designstrategien entwickelt. Abschnitt 4.6 widmet sich der Festlegung strategieadäquater Designprinzipien. Einleitend wird das methodische Vorgehen bei der Strategieentwicklung erläutert (Abschnitt 4.1).

4.1 Zum methodischen Vorgehen bei der Strategieentwicklung
Das methodische Vorgehen entspricht den drei prinzipiellen Schritten, die Hinterhuber zur Strategieentwicklung vorschlägt:
– „Analyse der strategischen Ausgangssituation,
– Bestimmung der strategischen Zielposition,
– Festlegung der Mittel und Wege, um die formulierten Ziele innerhalb bestimmter Zeiten und Kosten zu erreichen" (vgl. Hinterhuber 1989, S. 106 zitiert bei Pleschak/Sabisch 1996, S. 60).
Dem ersten Schritt zur Entwicklung von Designstrategien für Investitionsgüter, nämlich der **Analyse der design-strategischen Ausgangsposition**, hat sich ausschnittsweise bereits Kapitel 3 gewidmet. Hier wurde ein Instrumentarium für die einzelproduktspezifische Einschätzung des Designinnovationspotential erarbeitet (vgl. Kapitel 3). Darüber hinaus müssen die personellen und organisatorischen Voraussetzungen, die fertigungstechnischen Bedingungen, die schutzrechtlichen Bestimmungen etc. in die Situationsanalyse eingehen.

In einem zweiten Schritt werden nun die **design-strategischen Ziel-positionen** bestimmt. Die Aktionsmöglichkeiten bezüglich der strategischen Erfolgsfaktoren „Marktpositionierung", „Konkurrenz-" und „Kundenorientierung" werden dazu einer Analyse unterzogen und schrittweise auf ihren Aussagegehalt für design-strategische Handlungen untersucht. Analogieschlüsse spielen dabei eine wichtige Rolle. Bei der Analyse kristallisieren sich zwei unabhängige Variablen für die Schaffung von design-strategischen Wettbewerbsvorteilen heraus, die zu einer Matrix aufgespannt werden. Als Ergebnis dieser Entscheidungsmatrix können vier Designstrategien abgeleitet werden, die vier alternative Zielpositionen design-strategischen Vorgehens darstellen. Die wettbewerbsorientierten Designstrategien werden auf ihre Merkmale untersucht.

Mit der Formulierung strategieadäquater Designprinzipien werden in einem dritten Schritt die **Mittel und Wege zur Zielerreichung** für die im Untersuchungszusammenhang relevanten Innovationsstrategien festgelegt. Die Untersuchungsergebnisse stützen sich dabei auf die empirischen Daten der Expertenbefragungen.

4.2 Wettbewerbsvorteile durch Integration von Designstrategien in den unternehmerischen Kontext

Im folgenden soll gezeigt werden, daß der Investitionsgüterhersteller durch die Neustrukturierung seiner Wertkette und durch die Verknüpfung von Innovations- und Designstrategien im Rahmen des Innovationsmanagements neue Wege zur Erzielung von Wettbewerbsvorteilen durch Innovationsdesign beschreiten kann.

4.2.1 Industriedesign als wettbewerbsstrategischer Baustein innerhalb der Wertkette

Der Strategiebegriff entstammt als Bezeichnung für allgemeingültige Kriegs- und Schlachtregeln dem militärischen Gedankengut. Seine etymologischen Wurzeln liegen in der griechischen Sprache, etwa bei „strategos" (Heerführer, Feldherr) oder bei „strategem" (Kriegslist) begründet (vgl. Meyer/Mattmüller 1993, S. 15). Strategische Entscheidungen stellen im Unterschied zu operativen nicht den Weg zur Zielerreichung in den Mittelpunkt, sondern die Suche nach der optimalen Zielposition. In bezug auf das Marktgeschehen verfolgen Strategien stets die Zielsetzung, möglichst **große und dauerhafte Wettbewerbsvorteile** zu gewinnen (vgl. Pleschak/Sabisch 1996, S. 58). Wettbewerbsvorteile erzielt ein Unternehmen, wenn es bei sonstiger Parität in mindestens einem Kriterium einmalig ist und diesen Abstand über einen längeren Zeitraum halten kann (vgl. Porter 1996, S. 31 ff.). Industriedesign kann dieses Kriterium darstellen.

Der Wettbewerbsvorteil drückt aus, daß der Kunde das Investitionsgut im Vergleich mit Konkurrenzprodukten als *wertvoller* beurteilt. Deshalb versucht jeder Strategietyp für den Abnehmer einen Wert zu schaffen, der über den dabei entstehenden Kosten liegt. Die Wertaktivitäten und die Gewinnspanne bilden den Gesamtwert der Unternehmung, der sich übersichtlich in dem analytischen Instrument der **Wertkette** darstellen läßt. Während die Gewinnspanne die Differenz zwischen dem Gesamtwert und der Summe der Kosten ausmacht, sind die Wertaktivitäten die Bausteine, aus denen das Unternehmen für seine Abnehmer ein wertvolles Produkt schafft (vgl. Porter 1996, S. 60 ff.). Das Innovationsdesign kann zu einem solchen Baustein für Wettbewerbsvorteile werden. Die folgende Wertkette spiegelt die strategisch relevanten Tätigkeitsfelder eines design- und innovationsorientierten Investitionsgüterunternehmens wider (vgl. ähnlich Schmitz 1994, S. 118), das Forschung und Entwicklung sowie Design und Konstruktion als integrative Einheit im Innovationsprozeß versteht:

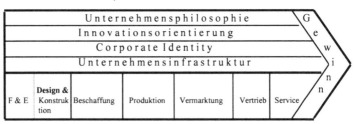

Abb. 34: Wertkette eines design- und innovationsorientierten Unternehmens
Quelle: eigene Darstellung

Die primären Aktivitäten, wie auch das Design, sind auf die physische Herstellung des Produktes gerichtet, die von den unterstützenden Maßnahmen begleitet werden (vgl. Porter 1996, S. 65). Der design-orientierte Investitionsgüterhersteller sollte die Kreation von innovativen Produkten unterstützen, indem er eine entsprechende Unternehmensphilosophie, die eine Innovations- und Designorientierung impliziert, über geeignete Corporate Identity Maßnahmen verbreitet (vgl. Abschnitt 4.3). Alle Wertaktivitäten können der Ausgangspunkt wettbewerbsstrategischer Überlegungen sein. Im Investitionsgüterbereich wurden bisher Technologiestrategien priorisiert. Aber auch die Neustrukturierung der Wertkette durch die Integration von Design stellt für den Investitionsgüterhersteller eine Möglichkeit dar, sich gegenüber der Konkurrenz einen dauerhaften Wettbewerbsvorteil zu verschaffen (vgl. Porter 1996, S. 210). Damit avanciert der **Innovationsfaktor Design zum Element der allgemeinen Wettbewerbsstrategie** eines Investitionsgüterherstellers. Festzuhalten bleibt, daß die gewählte Designstrategie stets mit den anderen Entscheidungen der Wertaktivitäten koordiniert und von ihnen unterstützt werden muß.

4.2.2 Verknüpfung von Innovations- und Designstrategien

Innovationsstrategien dienen der Erarbeitung von Wettbewerbsvorteilen. Mit Porters Worten gesprochen: „Innovation ist eine der wichtigsten Methoden, fest etablierte Konkurrenten anzugreifen" (Porter 1996, S. 234). Eine zentrale Aufgabe des Innovationsmanagements besteht damit in der Generierung von **Innovationsstrategien**, die das Unternehmen in Übereinstimmung mit der gesamten Unternehmensstrategie

entwickeln sollte (vgl. Pleschak/Sabisch 1996, S. 44). Eine Innovationsstrategie sollte dabei „alle strategischen Aussagen für die Entwicklung
und Vermarktung neuer Produkte und Verfahren, für die Erschließung
neuer Märkte, für die Einführung neuer Organisationsstrukturen und
sozialer Beziehungen im Unternehmen" (Pleschak/Sabisch 1996, S. 58;
im Original kursiv) umfassen. Die Entwicklung des Marktes, der Technologie und Umwelt als wichtigste Orientierungen der Innovationsstrategie implizieren eine enge Verknüpfung mit der Technologie-, der
Forschungs- und Entwicklungs- sowie der Marketingstrategie und der
Produktionsstruktur des Unternehmens (vgl. Pleschak/Sabisch 1996,
S. 58). Wenn das Unternehmen Industriedesign als Innovationsfaktor in
seinen Dienst stellen will, so muß es in die gewählte Innovationsstrategie darüber hinaus die design-strategische Komponente integrieren.

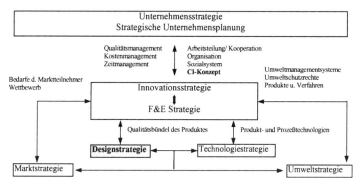

Abb. 35: Vernetzung der verschiedenen Strategieoptionen mit der Innovationsstrategie
Quelle: angelehnt an Pleschak/Sabisch 1996, S. 59

Das Innovationsmanagement sollte in einer übergreifenden, von der
Unternehmensstrategie bestimmten Innovationsstrategie die verschiedenen, interdependenten Substrategien koordinieren. Diese befassen
sich mit der strategischen Ausrichtung verschiedener Wettbewerbsfaktoren wie der Umwelt, der Technologie oder der Marktorientierung. Die
Designstrategie erhält insofern eine zentrale Stellung, als sie zum Ziel
hat, das Unternehmen über seine Produkte unmittelbar wahrnehmbar
beim Kunden zu repräsentieren. Forschungsergebnisse, Technologien,
die Umwelt- und Marktorientierung können nur über das Produkt (oder
das Dienstleistungsangebot) zum Gegenstand des Marktgeschehens
werden. „Die Designstrategie muß dabei zuverlässige Aussagen über
die Leistungen des Unternehmens, sein Technologiemanagement und
seine Stellung im Innovationswettbewerb machen" (Sommerlatte 1992,
S. 105 f.). Deshalb muß das Industriedesign in die strategischen Überlegungen des Innovationsmanagements einfließen. „Design braucht ein
Strategiedenken auf Basis von Zielparametern, die erkennbar und dominant durch eine Innovationsorientierung bestimmt sein müssen" (Poth/
Poth 1994, S. 92). Entscheidend hierfür ist das Corporate Identity Konzept.

4.3 Corporate Identity als Rahmen einer wettbewerbsorientierten Designstrategie

Wenn hier von wettbewerbsorientierten Designstrategien die Rede ist, geht es darum, globale Wege für den Investitionsgüterhersteller aufzuzeigen, die eine Abhebung von der Konkurrenz durch Innovationsdesign ermöglichen. Die Bestimmung der Markt- bzw. Wettbewerbsposition durch die Festlegung einer Soll-Unternehmensidentität, die design-strategisch und -operativ umgesetzt werden kann, steht im Mittelpunkt der folgenden Überlegungen.

Die Entwicklung eines Corporate Identity (CI) Konzeptes ist der Rahmen jeder Designstrategie. Die Gestaltung von CI-Konzepten ist dabei selbst eine sehr anspruchsvolle und komplexe Innovation (vgl. Pleschak/ Sabisch1996, S. 59), die ein effizientes Innovationsmanagement erfordert.

4.3.1 Fixierung der Soll-Unternehmensidentität

Der Begriff Corporate Identity kommt in seiner ursprünglichen Bedeutung aus dem Amerikanischen und bezeichnet die Identität von Körperschaften (Unternehmen und Organisationen) (vgl. Stammbach 1992, S. 21). In der Literatur unterscheidet sich das Verständnis von Corporate Identity je nachdem, ob stärker eine **zielorientierte** (vgl. z. B. Schneider 1991, S. 12), **strategieorientierte** (z. B. Harbrücker 1991, S. 184) oder **umsetzungsorientierte** (vgl. z. B. Gablers Wirtschaftslexikon 1988, S. 1105) Sichtweise angenommen wird. Eine Synthese der Perspektiven führt zu folgender Auffassung von Corporate Identity: Strategie und strategieadäquate Maßnahmen der Corporate Identity zielen darauf ab, durch die Gesamtheit aller Handlungen eine Unternehmensidentität zu schaffen, die der Soll-Identität (Ziel) entspricht (vgl. Kammerer S. 48). „So gesehen führt eine Corporate Identity zur Corporate Identity" (Achterholt 1991, S. 34). Das heißt, daß alle Komponenten der CI sowohl als Ist- und/oder als Soll-Größe verstanden werden können (vgl. Koppelmann 1997, S. 270). Corporate Identity bestimmt das übergreifende Erscheinungsbild, d. h. die **Identität des Unternehmens nach innen und nach außen,** so daß dem CI-Konzept eine grundsätzliche, alle Unternehmensbereiche betreffende Bedeutung zugemessen werden kann. Corporate Identity ist eine Unternehmensstrategie, die darauf abzielt, alle betrieblichen Handlungen perioden- und programmübergreifend aufeinander abzustimmen und zu einem singulären Ganzen zu verbinden (vgl. Kammerer 1988, S. 107). Corporate Identity kann dabei als strategisches Instrument nur funktionieren, wenn das Identitäts-Mix zur individuellen Konzeption geformt wird (vgl. Birgit/Stadler 1995, S. 36) (siehe Abb. 36).

„Corporate Identity ist die strategisch geplante und operativ eingesetzte Selbstdarstellung und Verhaltensweise eines Unternehmens nach innen und außen auf Basis einer festgelegten Unternehmensphilosophie, einer langfristigen Unternehmenszielsetzung und eines definierten Soll-Images" (Birgit/Stadler 1995, S. 59). Ein Unternehmen, das Corporate Identity erreichen will, sollte bestimmte, die individuelle **Soll-Identität** charakterisierende Merkmale aufweisen und damit das gewünschte Selbstbild formen. Unternehmensidentität entsteht durch **Kontinuität**, d. h., daß im Zeitablauf wesentliche handlungsbestimmende, unternehmenskulturelle Werte, Normen und Einstellungen überdauern sollten. Gleichzeitig ist **Konsistenz** anzustreben, indem die Beteiligten zeitpunktbezogen die interdependenten Einzelaktionen (z. B. Design und Technologie) aufeinander abstimmen. Die Notwendigkeit, die betrieblichen Handlungen auf die Anforderungen der Marktteilnehmer, insbesondere auf die Zielgruppe abzustellen, könnte man als **Reziprozität** bezeichnen. Gleichzeitig muß das Unternehmen seine Identität durch **Singularität** herausstellen, denn nur durch Einzigartigkeit ist eine Unterscheidung von anderen Unternehmen möglich (vgl. Kammerer 1988, S. 107). **Innovationsorientierung** sollte als explizites Ziel der Unternehmensidentität nach außen und innen formuliert werden.

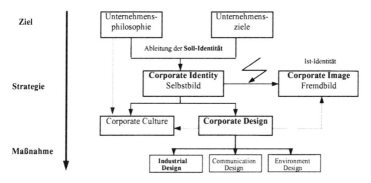

Abb. 36: Corporate Identity im Überblick
Quelle: angelehnt an Mayer 1996, S. 200

Die Corporate-Design-Elemente strahlen kontinuierlich nach innen und außen und provozieren dabei ein bestimmtes Abbild der Identität, das **Image**. Diese Wahrnehmung der Unternehmensidentität durch die Zielgruppe sollte idealerweise dem gewünschten Sollbild entsprechen. Die Differenz zwischen dem Fremdbild und dem Selbstbild entsteht oft durch Informationsdefizit (vgl. Trux 1983, S. 427, Trux 1995, S. 66 ff.). Industriedesign kann entscheidend zum Abbau dieses Mangels und damit zum Aufbau des gewünschten Corporate Image beitragen. Die Corporate-Design-Strategie zeigt dabei einen globalen Weg zur Verwirklichung der Soll-Identität des Unternehmens, die der Investitionsgüterhersteller auf Gestaltungsmittelebene operationalisieren sollte.

4.3.2 Ableitung einer Corporate-Design-Strategie
Das Corporate Design sorgt für die **sinnlich wahrnehmbare Kommunikation der Unternehmenspersönlichkeit** (vgl. auch Uhlmann 1995, S. 17). Kontinuität, Konsistenz, Reziprozität und Singularität in der Innovationsorientierung sind dabei design-strategische Vorgaben. Das Corporate Design kann als permanente Hintergrundstrategie für differierende, markt- und innovationsorientierte Gestaltungskonzepte verstanden werden (vgl. ähnlich Zindler 1992, S. 125).

Die Corporate-Design-Strategie sollte auf **Gestaltungsmittelebene** strategieadäquat umgesetzt werden. Die Instrumente ergeben sich aus folgender Abbildung:

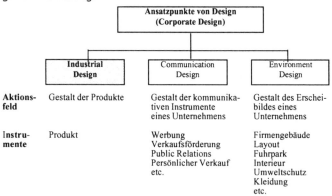

Abb. 37: Ansatzpunkte von Corporate Design
Quelle: Lenzen 1993, S. 16; angelehnt an Little 1990, S. 15

Das Produkt selbst ist das wichtigste Element der Corporate Identity (vgl. VDI/VDE 1986, S.19). Industriedesign ist damit ein Instrument zur Schaffung der Corporate Identity (vgl. Kammerer 1988, Olins 1990, Lorenz 1988, Schmidt 1992 und 1994). Profilierendes Design strahlt auf das gesamte Unternehmensimage aus und stellt den Knotenpunkt zwischen einer Identität nach innen und außen dar (vgl. Koppelmann 1987, S. 47). Design gilt als einer der Bausteine der Unternehmensphilosophie und dient gleichzeitig der Vermittlung einer Unternehmensbotschaft (vgl. Blank 1990, S. 37, Stihl 1994, S. 19) bzw. des Images (vgl. auch Meyer-Hayez 1986, S. 139). Die Produkt-Identität kann damit zum Bestimmungsfaktor für die Corporate Identity werden oder umgekehrt, das CI-Konzept wird zum Bestimmungsfaktor für das Produktdesign (vgl. Sarasin 1995, S. 185).

„Corporate Design in der Gestaltung heißt: in der **Wiederholung von Gestaltelementen** Ähnlichkeiten zu transportieren, die von hohem Wiedererkennungswert sind" (Reese 1993, S. 25). Kammerer unterscheidet die hinweisende und thematisierende Identitätsvermittlung. Der Markierung des Produktes durch Bild-, Wort- oder Buchstabenzeichen und oft auch der Farbe des Produktes (sog. „Hausfarben") kommt eher hinweisende Bedeutung zu. Bei der thematischen Identitätsvermittlung sollen entsprechend der Designphilosophie bestimmte Werte transportiert werden, die gleichzeitig Leitfaden und Korrektiv des Design- und Produktentwicklungsprozesses sind. Dabei zielt das Unternehmen nicht auf Gleichheit im Design ab, sondern will eine **Kontinuität in der Haltung** darlegen (vgl. Kammerer 1988, S. 246 ff.). Die Demonstration der Produktzusammen- und -zugehörigkeit zu einem singulären Ganzen fördert die Vertrauensbildung des Kunden und des Mitarbeiters gegenüber dem Unternehmen. Dazu müssen innerbetriebliche Grundsätze der Gestaltung gefunden werden, ohne dabei die

Kreativität der Entwurfstätigkeit einzuschränken (vgl. Abschnitt 4.6). Die Gestaltungsqualität sollte über einen längeren Zeitraum Kontinuität zeigen, und die Produkte verschiedener Programme sollten zueinander eine gestalterische Beziehung aufweisen. Die Designzielsetzung impliziert die Abgestimmtheit auf die Ansprüche der Zielgruppe. Die **Einzigartigkeit** jedes prägnant gestalteten Produktes erreicht der Investitionsgüterhersteller **durch Innovationsdesign**. Eine Unternehmensidentität, die eine Design- und Innovationsorientierung verinnerlicht, unterstützt damit den Eintritt in neue Märkte und die Differenzierung von der Konkurrenz (vgl. Spies 1993, S.43).

4.3.3 Besonderheiten der Corporate-Design-Strategie von Investitionsgütern

Bei der Güterkategorie der Investitionsgüter sollte die Corporate-Design-Strategie besonders sensibel behandelt werden. Denn Investitionsgüter wirken – da sie zur Herstellung von Produkten und Dienstleistungen im Nachfrager-Unternehmen verbleiben – nach innen im beschaffenden Unternehmen und nach außen in bezug auf das herstellende Unternehmen. Der Anbieter will seine spezifische Identität durch das Produkt kommunizieren und sich damit von den Wettbewerbern abheben. Der Nachfrager hingegen erwartet, insbesondere bei individueller Auftragsproduktion, daß sich das Investitionsgut in seine Unternehmung einfügt und seinem Corporate-Identity-Konzept entspricht. Damit gerät das Investitionsgut in eine schwierige „Zwitterstellung."

Deshalb soll, aus der Perspektive des Investitionsgüterherstellers gesprochen, zwischen zwei Corporate-Design-Strategien unterschieden werden, die *ausschließlich produktbezogen* zu verstehen sind:
- Unternehmensidentitätsorientierte Corporate-Design-Strategie (bei Produkt-Design-Standardisierung (vgl. Abschnitt 4.4.3.1)
- Kundenidentitätsorientierte Corporate-Design-Strategie (bei extremer Produkt-Design-Individualisierung (vgl. Abschnitt 4.4.3.2)

Die Strategiewahl ist dabei von der generellen Produktpolitik abhängig. Bietet das Unternehmen ein standardisiertes Produkt für einen breiten Markt an oder zielt es mit einem individualisierten Angebot auf kleine Segmente oder gar Einzelkunden ab? (vgl. Abschnitt auch 4.4.3) Die folgende Grafik verdeutlicht diesen Zusammenhang:

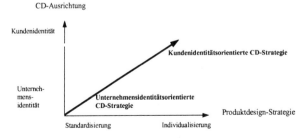

Abb. 38: Ausrichtung der Corporate-Design-Strategie entsprechend der designstrategisch bedingten Kundennähe
Quelle: eigene Darstellung

Bei **standardisierten Produkten** sollte sich in der Corporate-Design-Strategie die **eigene Unternehmensidentität** widerspiegeln.

Der produktbezogene Prägnanzauftritt könnte sich hingegen bei **einzelkundenbezogener Auftragsfertigung** ähnlich wie eine technische Problemlösung an der **Kundenidentität** orientieren. „Im Produktbereich Werkzeugmaschinen ist es üblich, jede Maschine nach Kundenwunsch zu lackieren. Allzu leicht kann die Maschine dabei ihr „Gesicht" verlieren, die firmenspezifische Kennung geht verloren" (Engel 1983, S. 28). Ein unbeabsichtigter Identitätsverlust kann nicht in Kauf genommen werden. Die Reduktion der herstellerkennzeichnenden Merkmale am Produkt soll nur im Extremfall starker Einzelkundenorientierung als **bewußte, eigenständige CD-Strategie** im Rahmen der design-orientierten Produktindividualisierung verstanden werden. Indem diese Entscheidung bewußt getroffen wird, kann ein ungeplanter Verzicht auf Corporate-Design-Merkmale am Produkt vermieden werden.

Neben ästhetischen Vorzügen in puncto Farbgebung könnten ökologische Leitlinien des Kunden und Besonderheit in der Gebrauchstechnik berücksichtigt werden. Bei Sondermaschinen für eine Behindertenwerkstatt beispielsweise sollte der Hersteller nicht nur technische Anforderung berücksichtigen. In behindertengerechten Anzeichenfunktionen, anders gestalteten Griffen und Knöpfen, leicht zu kennender Farbgebung etc. könnte sich die Unternehmensphilosophie des Nachfragers widerspiegeln. Die Herstellung von Produkten mit Behinderten an behindertengerechten Arbeitsplätzen als Unternehmensidentität des Nachfragers ließe sich so nach „innen" visualisieren.

Insbesondere im Dienstleistungsbereich tritt der Hersteller hinter dem Corporate-Identity-Konzept des Nachfragers zurück. Ein Ladenbauer für McDonalds oder der Hersteller einer Tankstellenanlage für DEA, BP etc. ist anhand des Produktes nicht erkennbar. Seine Corporate-Design-Strategie wird sich auf die Markierung und die anderen Instrumente, insbesondere die zweidimensionalen Medien, beschränken.

4.4 Basisentscheidungen zur Strategieentwicklung

Eingebettet in das Corporate-Identity-Konzept muß das Innovationsmanagement eines Investitionsgüterherstellers das design-strategische Handeln planen. Dazu stehen verschiedene Alternativen zur Verfügung, die grundsätzliche Entscheidungen über die konkurrenzbezogene Strategiedominanz, die angestrebte Marktposition und den kundenbezogenen Strategiestil betreffen.

4.4.1 Konkurrenzbezogene Strategiealternativen

Porter unterscheidet zwei Grundtypen von Wettbewerbsvorteilen, über die ein Unternehmen eine relativ bessere Position innerhalb der Branche erarbeiten kann: niedrige Kosten oder Differenzierung. Daraus leitet er drei Strategieempfehlungen zur Realisierung von Wettbewerbsvorteilen ab: die Kostenführerschaft, die Differenzierung oder die Konzentration auf Schwerpunkte. Letzterer Strategietyp bezieht sich auf Kostenvorteile oder Differenzierungspotentiale durch die intensive Bearbeitung eines kleinen Segmentes. Die Strategiealternativen können dabei auf die verschiedenen Wertaktivitäten innerhalb der Wertkette, also auch auf das Design, bezogen sein (vgl. Porter 1996, S. 31). Borja de Mozota leitet in Anlehnung an Porter aus den alternativen Wettbewerbsstrategien design-strategische Optionen ab, die er als „Design-to-cost", „Design-image" und „Design-user" bezeichnet (vgl. Borja de Mozota 1990, S. 78 ff.). Seine Ausführungen sind allerdings eher fragmentarisch und geben wenig Aufschluß zu dieser Thematik. Es stellt sich hier die Frage, welcher Strategietyp in bezug auf die Wertaktivität „Innovatives Design" ergriffen werden sollte, um in der Warengruppe der Investitionsgüter einen Wettbewerbsvorspung durchzusetzen?

4.4.1.1 Kostenführerschaft durch Designinnovationen?

Unter Kostenführerschaft versteht Porter, die Kosten für die Wertaktivitäten zu reduzieren. Durch das Angebot eines ansonsten gleichwertigen Produktes kann der Kostenführer gegenüber der Konkurrenz einen Kostenvorsprung erreichen, was bei gleichem Preisniveau zu höheren Erträgen führt. Eine geringere Wertschätzung des Kunden sollte der Kostenführer durch eine Preisreduzierung kompensieren, was allerdings nicht den Verlust des Kostenvorsprungs nach sich ziehen darf. Kostenführer verkaufen in der Regel Standardprodukte und messen der Ausnutzung größenbedingter Kostenvorteile hohe Bedeutung zu (vgl. Porter 1996, S. 32 ff. u. 93 ff.). Diese Strategie sollte folglich in erster Linie für standardisierte Investitionsgüter überdacht werden.

Welchen Beitrag kann eine Designinnovation im Investitionsgüterbereich zur Kostenminimierung leisten? Ist Industriedesign überhaupt geeignet, um mit der Zielsetzung „make it cheaper" (Borja de Mozota 1990, S. 81) einen echten Wettbewerbsvorteil zu erwirken?

Little unterscheidet in bezug auf die **Kostensenkungspotentiale durch Design** die direkten und indirekten Kosteneffekte. Zu den direkten Kosteneffekten zählt das Beratungsunternehmen die Senkung der Material-, Produktions-, Lager-, Vertriebs-, Logistik- und Servicekosten. Die indirekten Kosteneffekte beziehen sich auf die Reduktion von Zeitverlusten im Planungsprozeß, die Vermeidung von Reibungsverlusten durch die Koordination des Entwicklungsprozesses, die Reduzierung der Abfallentsorgung und die Beschleunigung und Verkürzung des Fertigungsprozesses (vgl. Little 1990, S. 55 ff.).

Eine Materialinnovation kann zu günstigeren Beschaffungs- und Herstellungskosten führen. Ein innovativer Gestaltaufbau kann die Fertigungskosten und die Servicekosten reduzieren, weil der einfache Gestaltaufbau oder die Handhabung der Verbindungselemente die Montage und die Reparatur des Produktes erleichtern. Die Größe, das Gewicht und die Stapelfähigkeit des Investitionsgutes nehmen Einfluß auf die Lagerkosten und seine Transportmöglichkeiten. Ebenso bestimmt die Produktgestalt die Präsentationsmöglichkeiten auf Messen und beim Handel. Der Produktentwicklungsprozeß kann durch Design optimiert werden. Schmitz vertritt die Ansicht, daß Gestaltungskontinuität zu Kostensenkungspotentialen im Sinne des Erfahrungskurven-Konzeptes führt, da Mitarbeiter Gestaltungsaufgaben rationeller lösen, bessere Fertigungsmethoden genutzt werden können und bei Produkten, die speziell für diesen Fertigungsprozeß konzipiert werden, Rüstkosten und Leerkapazitäten entfallen (vgl. Schmitz 1994, S. 134). Hier besteht allerdings die Gefahr, daß Inflexibilität die Innovationsbemühungen behindert.

Der Investitionsgüterhersteller kann zweifelsohne die Wirtschaftlichkeit durch Designinnovationen erhöhen und mit guten Entwürfen Kosten einsparen. Die ausschließliche Verfolgung der Strategie der **Kostenführerschaft mittels Design** scheint jedoch **selten sinnvoll**. Denn bei einer Favorisierung der Kostenführerschaft besteht die Gefahr, daß über die Suche nach Kostensenkungspotentialen die Gestaltung der Produkt-Mensch-Beziehung vernachlässigt wird. Ebenso könnte die Kreativität für neue Gestaltungsideen Einbußen erfahren. Kostensenkungspotentiale können und sollen positive Nebeneffekte einer planvollen Designtätigkeit sein. Industriedesign ist aber in erster Linie auf die Wahrnehmung der Marktteilnehmer gerichtet und insofern ureigenstes Instrumentarium der Differenzierung. „Ein Unternehmen differenziert sich gegenüber seinen Konkurrenten, wenn es etwas bietet, was für den Käufer über einen bloß niedrigeren Preis hinaus Wert besitzt" (Porter 1996, S. 165). Das Produktdesign dient dieser Wertschöpfung. Es ist anders als die Beschaffung, Fertigung u. ä. nach außen gerichtet und wirkt unmittelbar sensorisch wahrnehmbar auf den Kunden.

Schmitz weist darauf hin, daß man im Produktionsbereich mit Hilfe von funktionalen und ergonomisch optimierten Maschinen und Anlagen sicherer und ökonomischer arbeiten kann (vgl. Schmitz 1994, S. 135). Diese Kostensenkungspotentiale sind aus der Perspektive des Anbieters von diesen Maschinen ein Teil der design-bedingten Differenzierung von der Konkurrenz, da sie einen Beitrag zur Einmaligkeit leisten. Der Investitionsgüterhersteller verschafft seinem Abnehmer durch das Senken der Abnehmerkosten einen Wettbewerbsvorteil (vgl. Porter 1996, S. 178). Für den Investitionsgüterhersteller ist es von daher ein wichtiges Verkaufsargument, daß Industriedesign nicht nur Einflüsse auf die sinnliche Wahrnehmung und Motivation des Mitarbeiters hat, sondern dem Nachfrager zu Kostenvorteilen verhelfen kann.

4.4.1.2 Innovationsdesign als Ansatzpunkt einer wettbewerbsbezogenen Differenzierungsstrategie

Ziel der Differenzierung bzw. Leistungsführerschaft ist es, sich von der Konkurrenz abzuheben. „Ein Unternehmen hebt sich von seinen Konkurrenten ab, wenn es in etwas, das für den Abnehmer wertvoll ist, einmalig sein kann" (Porter 1996, S. 164). Bisher zielten die Strategieinhalte insbesondere deutscher Maschinenbaufirmen auf eine globale technologische Spitzenstellung ab, die dem Strategietyp der Differenzierung entspricht (vgl. Eisenhofer 1988, 241). Diese strategische Grundrichtung kann der Investitionsgüterhersteller ausbauen, indem er eine neue Quelle der Einmaligkeit, nämlich das Innovationsdesign, ausschöpft.

Auch Koppelmann ordnet Design nicht der Strategie der Kosten-, sondern der Leistungsführerschaft zu. Während sich der Kostenführer auf die Reduktion von Kosten der Beschaffungs-, Produktions- und Absatzbedingungen konzentriert, bemüht sich der Leistungsführer darum, daß die Produktleistung den Ansprüchen der Zielgruppe möglichst genau entspricht. Die Leistungsführerschaft kann sich in einer Kognitions- oder Emotionsstrategie äußern. Die Kognitionsstrategie will durch rationale Leistungsschwerpunkte überzeugen. Die Emotionsstrategie fokussiert auf die Strategiekerne „technische Faszination", „ästhetische Faszination" und „gute Partnerschaft". Design bezieht sich in erster Linie auf die ästhetische Faszination und wird als Profilierungsinstrument bezeichnet (vgl. Koppelmann 1992, S. 3 f.). Im Investitionsgüterbereich muß die im Rahmen der Leistungsführerschaft oder Differenzierung angestrebte Designstrategie über eine rein ästhetische Faszination hinausgehen und sich sowohl auf die anderen Elemente der Emotionsstrategie beziehen als auch Beiträge zur Kognitionsstrategie leisten.

Die Differenzierung durch Innovationsdesign kann dabei auf die gesamte Branche oder auf einzelne Segmente bis hin zu Einzelkunden gerichtet sein. Letzteres entspricht der Porterschen Strategie der **Konzentration auf Schwerpunkte**.

Um durch Differenzierung **Einmaligkeit** zu erreichen, lassen sich verschiedene Substrategien unterscheiden, die man auf die Differenzierungsquelle „Innovationsdesign" übertragen könnte. Eine solche Klassifikation des Porterschen Differenzierungsgedankens versuchen Ringlstetter/Kirsch. Danach lassen sich drei Kriterien zur Abhebung von der Konkurrenz unterscheiden: **Differenzierung** durch Qualität, Varietät oder Inkommensurabilität. Unterscheidet sich ein Unternehmen durch die **Qualität** seiner angebotenen Leistungen vom Wettbewerb, so nimmt der Kunde dieses bezogen auf bestimmte Kriterien als **besser** wahr. Differenzierung durch **Inkommensurabilität** liegt vor, wenn der Kunde die Leistung nicht als besser oder schlechter wahrnimmt, sondern als **anders**. Bei größerer **Varietät** der Leistung verfolgt das Unternehmen die Substrategie, sich den **individuellen** Präferenzen des Kunden genauer anzupassen als der Wettbewerb (vgl. Ringlstetter/Kirsch 1991, S. 563). Wenngleich sich eine Unterscheidung nicht immer stringent nach diesen Kriterien durchhalten läßt (mehr Individualität z. B. wird auch als besser oder anderes empfunden), so bietet die Klassifikation wertvolle Hinweise für eine gedankliche Strukturierung design-bedingter Differenzierungsstrategien. Die folgende Abbildung (Abb. 39, S. 106) bringt diese zum Ausdruck.

Die Strategie der Varietät entspricht der nachfolgend beschriebenen strategischen Vorgehensweise, sich durch Produkt-Design-Individualisierung auf bestimmte Marktnischen zu konzentrieren (Konzentration auf Schwerpunkte; vgl. Porter 1996, S. 35 ff. und Abschnitt 4.4.3.2). Im Gegensatz zur Produkt-Design-Individualisierung, die ihr Differenzierungspotential aus der innovativen, kundenspezifischen Gestaltung zieht, müssen bei der Produkt-Design-Standardisierung zur Abhebung von der Konkurrenz weitere Differenzierungspotentiale auf Gestaltungsmittelebene gefunden werden. Die Design-Qualitätsstrategie und die Design-Inkommensurabilitätsstrategie könnten hier Anhaltspunkte bieten.

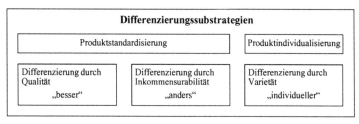

Abb. 39: Substrategien der Differenzierung
Quelle: eigene Darstellung

Darüber hinaus stellt die damit angestrebte design-bedingte Marktposition ein Differenzierungskriterium dar, mit dem sich Wettbewerbsvorteile erwirken lassen.

4.4.2 Positionierungsbezogene Strategiealternativen

Aus der Sicht des Einzelunternehmens kann eine Designführerschaft oder -gefolgschaft anvisiert werden. Es geht um die design-strategische Entscheidung über die relative Marktposition. Ist der Investitionsgüterhersteller bereit, eine Vorreiterrolle zu übernehmen und mit seiner Designinnovation prägend auf die Branche einzuwirken? Oder zieht er es vor, sich einem bereits adoptierten und diffundierten Designkonzept anzupassen? Diese Entscheidung muß der Investitionsgüterhersteller ebenso auf den angestrebten Technologiestil abstimmen.

4.4.2.1 Designführerschaft oder Designgefolgschaft

Bei technologischen Innovationen geht man davon aus, daß die gewünschte Marktpositionierung entscheidend von der **Wahl des Markteintrittszeitpunktes** bestimmt wird. Für die Zwecke des Investitionsgüter-Marketings zieht Backhaus der älteren, vierstufigen Einteilung von Ansoff/Stewart, die im Rahmen von Strategieuntersuchungen für Technologie-basierte Unternehmen erarbeitet wurde (vgl. Ansoff/Stewart 1967, S. 81), die leichter abzugrenzende Dreiteilung vor und unterscheidet

- Pioniere (first-to-market),
- früher Folger (early follower/early-to-market) und
- später Folger (late-to-market) (vgl. Backhaus 1992, S. 198).

Diese allgemein verbreitete Einteilung (vgl. Meffert 1989, S. 285) läßt für Designstrategien allerdings nur **bedingte Aussagemöglichkeiten** zu. Das Timing ist für die Positionierung als Designführer im Markt weniger entscheidend als bei einer technologischen Innovation, da sich ein prägender Designstil langsam entwickeln und etablieren kann bzw. häufig durch die Modifizierung eines bereits existierenden Designstils (z. B. Bauhaus – ästhetischer Funktionalismus; vgl. Abschnitt 5.4.2.2) entsteht. Das Kriterium für die Novität der Designinnovation ist daher nicht unbedingt der frühe Markteintrittszeitpunkt, sondern die Prägnanz, mit der es gelingt, die Wahrnehmung der Zielgruppe innerhalb des konkurrierenden Produktangebotes auf das eigene Produkt zu ziehen. Deshalb garantieren die nachfolgend beschriebenen **Timingstrategien für Designinnovationen** nur bedingt für die Postition des Designführers.

Der **Design-Pionier** verfolgt die Strategie, eine innovative Produktdesign-Idee als erster auf den Markt einzuführen. Die Designkompetenz und die hohe Befriedigung von Anwenderbedürfnissen soll in dieser konkurrenzlosen Situation zu Imagegewinnen führen. Mit dieser Strategie wird die Position des **Designleaders** erwirkt, der durch seine Alleinstellung dominante Designlösungen etablieren kann. Vor Nachahmung sollte der Designleader das innovative Designkonzept über Patente, Gebrauchsmuster-, Geschmacksmuster oder Ausstattungsrechte sichern (vgl. Abschnitt 2.3.4). Denn allein die Imitation einzelner Designelemente kann über die Herkunft des Produktes täuschen (vgl. Kammerer 1988, S. 219). Eine weitere Gefahr der Design-Pionier-Strategie besteht darin, daß der Markt die innovative Designlösung nicht akzeptiert und negative Irradiationseffekte auf die möglicherweise bereits etablierten Produkte ausstrahlen.

Der Designfollower kann entweder kurze Zeit nach dem Pionier oder relativ spät auf den Markt eintreten. Der **frühe-Design-Folger** imitiert eine bereits am Markt erfolgreich eingeführte Designinnovation. Er kann zwar nicht die Einmaligkeit der Neuheit als Verkaufsargument heranziehen, ist jedoch auch vor der Gefahr eines „Flops" weitgehend geschützt. Die Möglichkeit, die Reaktion des Marktes auf die Designinnovation zu beobachten, bietet die Chance, mit einer Verbesserung des Produktdesigns oder einer anderen Preisstrategie etc. Marktanteile zu erobern.

Der **späte-Design-Folger** sollte neben der Einführung einer etablierten Designlösung z. B. einzelkundenspezifische Sonderprobleme berücksichtigen, um gegenüber dem Designleader konkurrenzfähig zu sein. Hervorzuheben ist, daß auch die Designgefolgschaft eine bewußte und aktive Strategie darstellt, bei der sich das Unternehmen überlegt dafür entscheidet, die Designinnovation nicht als erstes auf dem Markt einzuführen.

Wieselhuber sieht den Designstrategiestil eines Unternehmens im Spannungsfeld zwischen den Produkt-Design-Zielen „Produkt-Design-Prägung" (Designleader) und „Produkt-Design-Partizipation" (Designfollower) und trägt damit dem Einwand Rechnung, daß weniger das Timing als die Prägnanz des Produktauftrittes die Führerschaft durch Innovationsdesign bedingt. Unter **Produkt-Design-Prägung** versteht er das Herausstellen und Wiederholen spezifischer Produkt-Design-Merkmale über einen längeren Zeitraum, was zu einer prägenden Wirkung des Designs bei den Marktteilnehmern führen soll. Er unterscheidet die Strategieausprägung „Produkt-Design-Innovation", die mit der Kreation neuer Bedarfe durch innovatives Design einhergeht und „Produkt-Design-Expansion", die auf die Schaffung zusätzlicher Bedarfe durch verbessertes Design abzielt. Den dahinterstehenden Produkt-Design-Handlungstyp bezeichnet Wieselhuber als Produkt-Design-Neuerer und

Produkt-Design-Erweiterer, was die strategische Grundhaltung des Unternehmens kennzeichnen soll. Während der Produkt-Design-Neuerer einen Vorsprung und die Alleinstellung gegenüber den Wettbewerbern und bei den Absatzorganen anstrebt, zielt der Produkt-Design-Erweiterer auf Abhebung bzw. Bevorzugung ab. Mit **Produkt-Design-Partizipation** ist das Teilhaben an bestehendem, bereits am Markt erfolgreich eingeführtem Produktdesign gemeint. Kennzeichnend hierfür ist, daß das Unternehmen kein eigenständiges, für seine Produkte charakteristisches Design realisiert. Wieselhuber differenziert zur Verwirklichung dieser Zielsetzung die Substrategien „Produkt-Design-Adaption" und „Produkt-Design-Imitation".

Produkt-Design-Adaption will die Bedarfspartizipation durch die Anpassung bestehender Produkt-Design-Konzepte an die Anforderungen der Marktteilnehmer erwirken. Oft geht es darum, die innovative oder erweiterte Produkt-Design-Konzeption entsprechend eines niedrigeren Qualitäts- und Preisniveaus der anvisierten Zielgruppe zu reduzieren. Diesen Produkt-Design-Handlungstyp nennt Wieselhuber Produkt-Design-Anpasser. Mit dieser Strategie strebt das Unternehmen eine Gleichstellung gegenüber dem Wettbewerb an.

Bei der Produkt-Design-Imitation versucht der Unternehmer, das Produktdesign des erfolgreichen Wettbewerbers wie eine originalgetreue Reproduktion konsequent nachzuahmen. Dementsprechend handelt es sich um den Handlungstyp des Produkt-Design-Nachahmers (vgl. Wieselhuber 1981, S. 43 ff. und Wieselhuber 1986, S. 199 ff.). Die folgende Abbildung zeigt die Merkmale der Strategiealternativen zusammenfassend:

Ziele / Strategien	Konsumenten	Absatzorgane	Wettbewerber	Handlungstyp
Produkt-Design-Innovation	Bedarfskreation	Alleinstellung	Vorsprung	Produkt-Design-Neuerer
Produkt-Design-Expansion	Bedarfsexpansion/-formung	Bevorzugung (Präferenz)	Abhebung	Produkt-Design-Erweiterer
Produkt-Design-Adaption	Bedarfspartizipation	Anpassung	Gleichstellung	Produkt-Design-Anpasser
Produkt-Design-Imitation	Bedarfspartizipation	Integration	Nachahmung	Produkt-Design-Nachahmer

Produkt-Design-Prägung (Produkt-Design-Innovation, Produkt-Design-Expansion); *Produkt-Design-Partizipation* (Produkt-Design-Adaption, Produkt-Design-Imitation)

Abb. 40: Merkmale der Produkt-Design-Strategiealternativen nach Wieselhuber
Quelle: eigene Darstellung nach Ausführungen von Wieselhuber 1981, S. 43 ff. u. 1986, 199 ff.

Die Berücksichtigung der Absatzorgane verdient eine besondere Herausstellung. Die theoriegeleitete Detailliertheit des Ansatzes bringt allerdings große Abgrenzungsschwierigkeiten mit sich, die die Umsetzung der Strategiealternativen erschweren.

Im weiteren soll deshalb die Unterscheidung zwischen Designführerschaft und -gefolgschaft genügen. Eine **Designführerschaft** läßt sich dabei je nach der Intensität der Designneuheit im Sinne einer echten Marktneuheit (Produkt-Design-Innovationen) oder einer Verbesserungsinnovation (Produkt-Design-Expansion) realisieren (vgl. Abschnitt

2.3.1.2). Voraussetzung für eine Designführerschaft ist, daß sich das Investitiongut durch **hohe Designinnovationspotentiale** auszeichnet (vgl. Kapitel 3), die in einem prägnanten Produktauftritt umgesetzt werden können.

Auch die **Designgefolgschaft** kann sich in der Intensität der Nachbildung unterscheiden. Das Unternehmen sollte die Marktposition des Designleaders insbesondere dann anstreben, wenn das zu vermarktende Produkt ein **niedriges Designinnovationspotential** aufweist oder das Unternehmen nicht über die notwendigen Ressourcen verfügt.

Im folgenden wird die Designführerschaft als bevorzugte, designstrategische Zielposition angesehen, da diese dem hier zugrundeliegenden Innovationsverständnis entspricht. Nur der Designführer wird aus der Sicht des Marktes als innovativ wahrgenommen. Der Marktauftritt als Design-Pionier erfordert allerdings erheblichen Abstimmungsbedarf mit anderen Bestimmungsfaktoren des Unternehmens. Es ist nur sinnvoll, eine Designführerschaft anzustreben, wenn die notwendigen, über das Designinnovationspotential hinausgehenden **Ressourcen** des Unternehmens vorhanden sind (vgl. auch Schmitz 1994, S. 149). So ist die ergonomisch sinnvolle, hinlänglich bekannte Schrägstellung des Steuerpultes für Maschinen erst vom Markt akzeptiert worden, als die Firma Siemens diese „Innovation" einführte. Dieses Beispiel deutet darauf hin, daß das **Image eines Investitionsgüterherstellers** und nicht die Neuartigkeit des Produktdesigns allein darüber entscheiden kann, ob eine Designinnovation vom Kunden als wertvoll erachtet wird und damit zum Wettbewerbsfaktor avanciert. Ohne ein kompetentes Image ist das Vertrauen der Zielgruppe, die sich an das neue Produktdesign möglicherweise erst gewöhnen muß, oft schwer zu erlangen. Hier zeigt sich die Wichtigkeit einer ganzheitlichen CI-Strategie (vgl. Abschnitt 4.3.).

4.4.2.2 Design- und Technologieführerschaft im Kontext

Auch im Hinblick auf die Produkttechnologie muß der Investitionsgüterhersteller die strategische Entscheidung über Führer- oder Gefolgschaft treffen. Bei der Position des Technologieführers versucht das Unternehmen, die innovative Produkttechnologie als erster auf dem Markt einzuführen und sich damit gegenüber der Konkurrenz einen Wettbewerbsvorsprung zu sichern. Der Technologie-Folger hingegen paßt seine Entwicklung an eine im Markt erfolgreich eingeführte Technologie an und trägt damit ein geringeres Risiko. Porter erläutert die Vor- und Nachteile der Strategiealternativen ausführlich (vgl. Porter 1996, S. 239 ff.).

Die Designstrategie und die Technologiestrategie (aber auch die Marktstrategie) hängen unmittelbar zusammen und müssen deshalb aufeinander abgestimmt sein. Dabei sind entsprechend der Technologie- bzw. Designkompetenz des Investitionsgüterherstellers verschiedene Alternativen möglich. Denn ein Unternehmen kann bei beiden Wertschöpfungsaktivitäten der Konkurrenz gegenüber gleich, besser oder schlechter gestellt sein (vgl. Abbildung 41, S. 110). Hiervon hängt die Größe und Dauerhaftigkeit des Wettbewerbsvorteils ab.

		Industriedesign		
T e c h n o l o g i e	besser	Technologiefokus-strategie (1)	Qualitätsstrategie auf Technologiebasis (2)	Totalstrategie (3)
	gleich	Problemstrategie (4)	Pattstrategie (5)	Qualitätsstrategie auf Designbasis (6)
	schlechter	Minimalstrategie (7)	Problemstrategie (8)	Designfokus-strategie (9)
		schlechter	gleich	besser

Industriedesign

Abb. 41: Wettbewerbsstrategische Positionen zwischen Design- und Technologieführerschaft
Quelle: eigene Darstellung

Die vorstehende Matrix zeigt den Strategiemix, der sich aus der Kombination von Design- bzw. Technologieführerschaft oder Design- bzw. Technologiegefolgschaft ergibt. Da der Investitionsgüterhersteller einen Wettbewerbsvorteil nur erwirken kann, wenn er – in einer ansonsten paritätischen Position – in mindestens einem Kriterium besser ist, scheiden die Positionen vier, fünf, sieben und acht als erstrebenswerte Zielpositionen aus. Dabei werden hier andere Wettbewerbsfaktoren wie der Kundendienst, die Lieferzeit etc., die ebenfalls auf die Präferenzbildung des Kunden Einfluß nehmen können, theoretisch ausgegrenzt.

Bei der „**Technologiefokusstrategie**" konzentriert sich das Unternehmen auf einen Technologievorsprung, ohne diesen durch innovatives Design zu visualisieren. Diese Strategie wird wohl von vielen Investitionsgüterherstellern – bisher möglicherweise auch mit Markterfolg – verwirklicht. Um langfristig den erzielten technologischen Wettbewerbsvorteil auszubauen und auch eine design-orientierte Zielgruppe anzusprechen, ist zumindest eine Gleichstellung auf der Ebene des Industriedesigns anzustreben. Darauf zielt die „**Qualitätsstrategie auf Technologiebasis**" ab. Eine paritätische Position zum Designkonzept der Konkurrenz ist im bisher wenig design-orientierten Investitionsgütersektor allerdings kein Garant für „gutes Design". Die „**Totalstrategie**" stellt daher den Zielpunkt der design-strategischen Stoßrichtung eines innovativen Investitionsgüterherstellers dar. Das Unternehmen kann sich hier von der Konkurrenz deutlich abheben und erhebliche Marktanteile erobern, da der Kunde sowohl die angebotene Produkttechnologie als auch das Produktdesign als wertvoller empfindet.

Der Investitionsgüterhersteller, der die „**Qualitätsstrategie auf Designbasis**" als strategische Zielposition fokussiert, weiß sein technologisches Know-how zielgruppengerecht zu visualisieren. Trotz der Technologiegefolgschaft, die das Risiko einer kostenintensiven, technologischen Neuentwicklung ausgrenzt, hat dieser Investitionsgüterhersteller die Chance, ein innovationsorientiertes Image aufzubauen. Für die Werkzeugmaschinenindustrie beispielsweise stellt Zörgiebel fest, daß in den meisten der untersuchten Fälle die Strategie der technologischen Führung nicht unmittelbar von hohem Unternehmenserfolg begleitet wurde und technologische Nachfolger mit hoher technologischer Kompetenz erfolgreicher sind (vgl. Zörgiebel 1983, S. 242). Diesen Wettbewerbsvorteil könnte der Investitionsgüterhersteller durch die Umsetzung von innovativen Designlösungen unterstützen.

Bei der „**Designfokusstrategie"** nimmt der Investitionsgüterhersteller bewußt eine schlechtere technologiestrategische Positionierung in Kauf und versucht diesen Nachteil durch die Designführerschaft zu neutralisieren. Das Fehlen der Grundqualität könnte sich allerdings negativ auf die langfristige Wettbewerbsfähigkeit auswirken. Vorstellbar ist, daß der Investitionsgüterhersteller mit dieser Strategiealternative lediglich bestimmte Marktnischen zu erreichen versucht, die auf die Leistungsfähigkeit einer besseren Technologie verzichten können. Sollte ein Nachfrager beispielsweise für seine Produktionsmenge die Kapazität der besseren Produkttechnologie nicht benötigen, könnte seine Präferenzbildung durch die höhere Designqualität beeinflußt werden.

Es wird deutlich, daß Innovationsdesign und Technologie wichtige Bausteine für die Produktstrategie eines Investitionsgüterherstellers sind. Das heißt aber auch, daß Produktdesign keinen Ersatz für eine innovative Produkt- und Technologiepolitik darstellt (vgl. auch Poth/Poth 1994, S. 87 f.).

4.4.3 Kundenbezogene Strategiealternativen

Wettbewerbsvorteile zu erlangen heißt, die Bedürfnisse der Kunden besser zu erfüllen als die Konkurrenz. Die Frage, inwieweit der Investitionsgüterhersteller den Wünschen der Nachfrager entsprechen will, zieht die strategische Grundsatzentscheidung über „Produktstandardisierung" oder „Produktindividualisierung" nach sich. Nur in wenigen Fällen treten die Entscheidungsalternativen in reiner Form auf, vielmehr existieren in der Realität verschiedene Übergangsformen im polaren Feld von strenger Individualisierung zu strenger Standardisierung (vgl. Arbeitskreis Marketing 1977, S. 41). Zum Zwecke der Verdeutlichung sollen die idealtypischen polaren Extrempositionen jedoch explizit als strategische Optionen hervorgehoben werden.

Auch wenn die vorliegende Thematik die Problematik der Standardisierung bzw. Individualisierung der übrigen Marketinginstrumente, der technologischen Lösung und des Dienstleistungsangebotes ausklammert, kann die Frage der Produkt-Design-Standardisierung oder -Individualisierung in der betrieblichen Praxis nicht losgelöst davon beantwortet werden. Insbesondere auf die Technologiestrategie, die bei Produktstandardisierung eine industrieweite oder bei Produktindividualisierung eine segmentspezifische Kundenorientierung aufweisen sollte (vgl. Zörgiebel 1983, S. 109 ff. u. 243), muß die Designstrategie abgestimmt sein.

4.4.3.1 Industrieweite Orientierung durch Produkt-Design-Standardisierung

Eine industrieweite Orientierung mittels Standardisierung verfolgt die Zielsetzung, einen **großen Marktanteil** zu bearbeiten. Es ist daher wichtig, daß der Investitionsgüterhersteller mit der Produktstandardisierungsstrategie einen Markt anvisiert, dessen Gesamtnachfragemenge und dessen Nachfragerzahl groß sind (vgl. Arbeitskreis Marketing 1977, S. 48).

Es handelt es sich um eine Strategie, „bei der ein Unternehmen die von ihm angebotene Leistung an den Ansprüchen ausrichtet, die die **potentiellen, anonymen Nachfrager** erwartungsgemäß **gemeinsam** aufweisen und zwar dergestalt, daß für einen Markt nur eine einzige **einheitliche Leistung** erstellt und unter Umständen **auf Vorrat** produziert wird" (Mayer 1992, S. 45; Hervorhebungen v. Verf. erg.). Es geht also darum, bezogen auf die Leistung „Produkt" in einer Version die **homogene Anspruchsstruktur** vieler verschiedener Kunden zu vereinen. Dazu müssen die technologischen Voraussetzungen dergestalt sein, daß die Möglichkeit einer allgemeinen Problemlösung gegeben ist und das zerlegbare Produkt nur wenige Kombinationsmöglichkeiten der Bauteile und eine geringe Komplexität aufweist (vgl. Arbeitskreis Marketing 1977, S. 49).

Wenn aufgrund der homogenen Bedürfnisse der Abnehmer keine Individualisierungsnotwendigkeit besteht, ist bei der Designentwicklung im Rahmen der Standardisierung folgende Vorgehensweise sinnvoll:

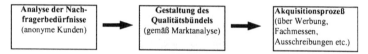

Abb. 42: Ablauf der Produkt-Design-Standardisierung
Quelle: eigene Darstellung

Das Industriedesign wird dabei in ästhetischer, gebrauchstechnischer und symbolischer Hinsicht auf die **durchschnittlichen Ansprüche aller Kunden** ausgerichtet sein. Das Produktdesign wird an technologische Grundlösungen, die standardisiert werden, angepaßt. Die Variantenvielfalt ist stark begrenzt. Auf zusätzliche Funktionen wird verzichtet, was die Bedienung vereinfacht. Sonderwünsche, z. B. die Farb- oder Formgebung betreffend, werden nicht berücksichtigt. Bereits standardisierte ergonomische Erkenntnisse fließen in das Produktdesign ein (z. B. Schrägstellung des Steuerpultes). Ziel ist die Nutzung von designbedingten Bestlösungen, die vereinheitlicht werden können und von einem breiten Marktsegment nachgefragt werden. Bei international agierenden Unternehmen stellt sich im Rahmen der Standardisierungsüberlegungen darüber hinaus die Frage, ob ein **globales Produktdesign** trotz kultureller Besonderheiten vom Markt akzeptiert wird (vgl. Abschnitt 4.4.3.3).

Die Standardisierung der Produkte sollte erhebliche **Kostensenkungspotentiale** freisetzen, da der Investitionsgüterhersteller bei einheitlichen Produkten größere Produkteinheiten und Produktionslose realisieren und damit „economies of scale" zur Kostensenkung nutzen kann.

Insbesondere wenn die Marktstellung des Anbieters aufgrund fehlender Produktsubstitute, durch Patente oder die Kapitalkraft monopolähnlich ist, besteht keine Notwendigkeit zu kostenintensiver Produkt-individualisierung (vgl. Arbeitskreis Marketing 1977, S. 46).

Weisen die Präferenzen der Nachfrager allerdings eine gewisse Hete-rogenität auf, so kann es bei einer zu starken Standardisierung zu Erlös-einbußen kommen, da die Kunden Produkte, die stärker an ihre Bedürf-nisse angepaßt sind, bevorzugen. Die Wahl der Strategie ist also davon abhängig, ob die Kosten der Individualisierung durch höhere Zahlungs-bereitschaft der Nachfrager (Wertkomponente) oder/und durch zusätz-liche Nachfrage (Mengenkomponente) kompensiert werden (vgl. Back-haus 1996, S. 160 f).

4.4.3.2 Segmentspezifische Kundenorientierung durch Produkt-Design- Individualisierung

Ziel der Produktindividualisierung ist es, durch die Spezialisierung und das Know-how des Anbieters **Markteintrittsbarrieren** für den Wettbe-werb zu errichten und den Kunden an das spezialisierte Angebot zu binden. „Die Produktindividualisierung oder einzelkundenbezogene Pro-duktgestaltung ist eine strategische Vorgehensweise eines Anbieters, die darauf abzielt, Präferenzen und damit Wettbewerbsvorteile durch die Ausrichtung der Eigenschaften des marktlichen Austauschgegen-standes auf die **individuellen Besonderheiten** der Verwendung in der Wertkette des Nachfragers zu erzielen" (Jacob 1995, S. 8). Bezogen auf das Produktdesign geht es um die **Maximalausprägung der Kunden-orientierung** in ästhetischer, symbolischer und gebrauchstechnischer Hinsicht.

Die Strategie der Individualisierung muß der Investitionsgüterher-steller aus den **Ansprüchen der Nachfrager** ableiten. Wo die Bedürfnisse der Nachfrager bezüglich der Verwendung des Produktes nicht indivi-dueller Natur sind, kann die Produktindividualisierung keine wettbe-werbsstrategische Wirkung entfalten (vgl. Jacob 1995, S. 8). Im Gegen-satz zur Standardisierung besteht bei der Extremausrichtung der Indivi-dualisierung bereits Kontakt zum Kunden, bevor das Produkt entwik-kelt wird. Der Kunde wird entweder aktiv umworben oder tritt auf eigene Initiative an den Investitionsgüterhersteller heran, um bei der Lösung eines Problems Hilfe zu suchen. Auf dieser Basis entwickelt der Anbieter möglicherweise in Zusammenarbeit mit dem Abnehmer eine spezialisierte Designlösung.

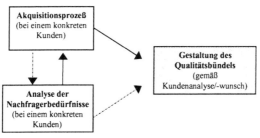

Abb. 43: Ablauf der Produkt-Design-Individualisierung
Quelle: eigene Darstellung

Die Größe des Marktsegmentes, die von der Differenziertheit der Kundenbedürfnisse abhängt, determiniert den Grad der Individualisierung (vgl. Lingnau 1994, S. 70). Es geht also um Produktdifferenzierung. Der Ausdruck Produktdifferenzierung soll allerdings zu Gunsten des Individualisierungsbegriffes zurückgestellt werden, da letzterer den hier gemeinten Untersuchungsgegenstand besser trifft. Produktdifferenzierung besagt lediglich, daß die angebotene Produktlinie nicht vollständig vereinheitlicht ist, sondern durch Varianten aufgefächert wird. Produktindividualisierung stellt die Extremform der Produktdifferenzierung dar und beschreibt die individuelle Umsetzung der Nachfragerwünsche bis hin zur maßgeschneiderten Problemlösung für den Einzelkunden (vgl. auch Mayer 1992, S. 37). Je nach Intensität der Individualisierung (bzw. Standardisierung) muß der Hersteller technologie- und benutzerabhängig spezialisierte Designlösungen entwickeln. Folgende **Stufen der Produkt-Design-Individualisierung** (bzw. Standardisierung) sollen gebunden an die gewünschte Kundennähe und den konstruktiven Vorbereitungsgrad unterschieden werden (vgl. auch Jacob 1995, S. 207/66 ff.). Hier zeigt sich, daß die Grenze zur Standardisierung fließend ist:

- Auftragsdesign bei Einzelanfertigung
- Spezialdesign bei Sonderanfertigung
- Adaptionsdesign bei Produktanpassung
- Baukastendesign bei vordefinierten Varianten

Bei der **Einzelanfertigung** bzw. dem **Auftragsdesign** besteht ein wesentlicher Teil des Produktentwicklungs- und Designprozesses aus einzelkundenbezogener Produktgestaltung (z. B. typisches Anlagengeschäft). Dazu könnte der Konstrukteur im Sinne der Neukonstruktion völlig neue Lösungsprinzipien entwickeln, deren Visualisierung auch vom Designer höchste Kreativität erfordert, da für die Produktentwicklung keine Vorbilder bestehen. Ebenso kann die Einzelanfertigung eine Kopie bereits realisierter Produkte sein, deren Design auf den Benutzer zugeschnitten wird (z. B. vereinfachte Version für ein Entwicklungsland). Gerade im Anlagen-Marketing ist der Abnehmer oft geneigt, seine spezifischen Vorstellungen über das zu erwerbende Gut durchzusetzen, also ein hohes Maß an Individualisierung zu fordern (vgl. Arbeitskreis Marketing 1977, S. 40). Aufgrund der hohen Markttransparenz im Anlagengeschäft herrschen häufig Marktpassivitätsstrategien in der Akquisitionsphase vor (vgl. Backhaus 1992, S. 439). Der Investitionsgüterhersteller sollte jedoch durch eine projektunabhängige aktive Innovationstätigkeit sein Innovationspotential gegenüber dem potentiellen Kunden demonstrieren, um so eine Vertrauensbasis für neue Kundenaufträge zu schaffen (vgl. Zörgiebel 1983, S. 241). Referenzanlagen und Modelle, die sich durch innovatives Design auszeichnen, können diese Informationsleistung schnell umsetzen. Die Corporate-Design-Strategie sollte dabei die Innovationsorientierung des Unternehmens und die Fähigkeit, Einzelprobleme gestalterisch individuell zu lösen, reflektieren.

Bei der **Sonderanfertigung** bzw. dem **Spezialdesign** geht es um die Modifikationen von Standardprodukten. Bestimmte Eigenschaften der

Standardprodukte werden auf die individuellen Anforderungen des Nachfragers ausgelegt, wobei sich die Art und der Umfang der Sonderanfertigung aus dem konkreten Kundenproblem ableiten. Auch in die Wahrnehmungs- und Verwendungsebene des Industriedesigns müssen diese Sonderprobleme einfließen.

Im Rahmen der **Produktanpassung** bzw. des **Adaptionsdesigns** läßt der Investitionsgüterhersteller bestimmte Eigenschaften des Produktes offen (z. B. Schnittstellen zur Umgebung), die erst nach der Akquisition für einen bestimmten Kunden gestaltet werden.

Bei der **vordefinierten Variantenfertigung** sind alle Produktteile und Varianten vorgeplant. Die vordefinierten Varianten bzw. Komponenten können in Zusammenarbeit mit dem Nachfrager nach ihrer Eignung individuell gewählt und bedarfsgerecht zusammengesetzt werden. Die individuelle Konfiguration der Komponenten könnte man auch als **Baukastenesign** bezeichnen. Unter einem Baukasten versteht man ein „Ordnungssystem, das den Aufbau einer begrenzten oder unbegrenzten Zahl verschiedener Dinge aus einer Sammlung genormter Bausteine auf Grund eines Programms oder eines Musterbauplans in einem bestimmten Anwendungsbereich darstellt" (Borowski 1961, S. 18 zitiert bei Jacob 1995, S. 68; vgl. auch Enders 1992, S. 219 ff.). Die Vorteile eines Baukastensystems bestehen darin, daß der Hersteller das Produktprogramm verwendergerecht ausweiten und bei kurzen Reaktionszeiten anpassen kann, ohne daß es zu einem überproportionalen Anstieg der Kosten kommt (vgl. Endler 1994, S. 98).

Jacob konnte in einer empirischen Untersuchung nachweisen, daß vordefinierte Varianten in der Investitionsgüterindustrie ökonomisch gesehen die höchste Bedeutung haben. Die zweithöchste Bedeutung kommt der Produktanpassung zu. An dritter Stelle stehen die Sonderanfertigungen und an vierter die Einzelanfertigung (vgl. Jacob 1995, S. 72).

4.4.3.3 Sonderproblem: globales versus länderspezifisches Innovationsdesign

Die international agierende Unternehmung muß bei der Festlegung des optimalen Standardisierungspfades die länderspezifischen Besonderheiten seiner ausländischen Marktsegmente berücksichtigen.

Produkte stellen konkrete Objektbesetzungen von anthropologischen Bedürfniskomplexen dar (vgl. Leitherer 1989, S. 19), die von naturhaften (z. B. Klima, Körpergröße etc.) und kulturellen Gegebenheiten geprägt werden (vgl. Berekoven 1985, S. 78 f.). Unter Kultur ist die „Gesamtheit der typischen Lebensformen einer Bevölkerung einschließlich der sie tragenden Geistesverfassung, insbesondere ihrer Wertvorstellungen und gesellschaftlichen Normen" zu verstehen (Berekoven 1985, S. 80; vgl. zum Kulturbegriff auch von Keller 1982, S. 114 ff.). Damit ist auch der Produktverwendungs- und Wahrnehmungsprozeß kulturell determiniert.

Für die Bearbeitung des asiatischen Marktes beispielsweise wird der Designer auf Unverständlichkeit bei der Verwendung von Piktogrammen stoßen, da diese Zeichenart in diesem Wirtschaftsraum nicht verbreitet ist (vgl. Gilgen 1996). Die Beispiele für Individualisierungsbedürfnisse ließen sich endlos fortführen (vgl. Leitherer 1989a, S. 87). Das Maß der Anpassungsnotwendigkeit an die mehr oder weniger homogenen Nachfragerbedürfnisse in verschiedenen Ländern bestimmt die Wahl einer globalen oder länderspezifischen Designstrategie als Sonderproblem der Standardisierungs- oder Individualisierungsentscheidung.

Backhaus schlägt vier Grundtypen im Spannungsfeld von globaler Produktstandardisierung zu länderspezifischer Adaption vor (vgl. Backhaus 1996, S. 143 f.): Ohne Anpassung können **standardisierte Produkte** weltweit identisch vermarktet werden. Güter, die das Unternehmen im Rahmen des **Built-in-Flexibility-Konzeptes** vertreibt, tragen dem notwendigen Anpassungspotential bei gleichzeitig größtmöglicher Ausschöpfung von Standardisierungspotentialen dadurch Rechnung, daß der Adaptionsprozeß so vorbereitet wird, daß er vom Nachfrager vollzogen werden kann (z. B. Einstellung auf ein anderes Stromnetz durch Umstellung am Gerät). Beim **Modulardesign** variiert das Unternehmen gewisse Produktkomponenten länderspezifisch, ohne den Produktkern zu verändern. **Differenzierte Produkte** weisen einen hohen Grad an Länderspezifik auf und können nicht standardisiert werden.

Eine andere Systematik wählen Atkinson et al. (vgl. Atkinson/Kranert/Müller-Boysen 1989, S. 77). Unter **Luxus-Produkten** verstehen die Autoren **„High-Tech"-Produkte**, die über einen besonders aufwendigen Ausstattungsgrad und ein Exklusivdesign verfügen. Die Autoren beschreiben weiterhin angepaßte **„High-Tech"-Produkte für hochtechnisierte Länder**, die an die Anforderungen und Vorschriften des Exportlandes angepaßt sind und auch in der Farbgebung, Ergonomie und Sprache eine länderspezifische Ausrichtung haben. Des weiteren werden **vereinfachte Produkte für eine industrialisierte Anwendung** unterschieden, die von einem „High-Tech"-Standard auf ein „Low-Tech"-Niveau durch Simplifizierung von Nebenfunktionen abgemagert wurden. Bei **Robustprodukten für Entwicklungsregionen** handelt es sich um eigenständige Neuentwicklungen im Grenzbereich von „Low-Tech" zu „No Tech" oder um veraltete Vorgängermodelle.

Beide Typologien stellen einen Versuch dar, den **Grad der kulturellen Bindung** zu systematisieren. Escherle verallgemeinert dies und differenziert die Produktwelt nach dem Maß der kulturellen Bindung und ihren wirtschaftlichen Chancen, um den Grad ihrer internationalen Verbreitungsfähigkeit zu ermitteln (vgl. Escherle 1986, S. 351) (siehe Abb. 44).

Demnach existieren keine Produkte ohne kulturelle Bindung. Auch Leitherer vertritt die Auffassung, daß auch die sogenannten „Culture-free-Produkte" bei näherem Hinsehen aus der Perspektive eines Marktes heraus geschaffen sind, wobei ihre Vermarktung aufgrund der Individualitäten in einem anderen Land keine wesentlich andere Strategie erfordert (vgl. Leitherer 1989a, S. 86). So gesehen stellt Escherle für eine Typologisierung nicht die Frage, ob eine kulturelle Bindung besteht, sondern nur, ob sie hoch oder niedrig ist. Bei niedriger kultureller Bindung und hohen wirtschaftlichen Chancen sieht er den Weg für internationale Produkte geebnet, d. h. für Güter, die zur Produkt-Design-

Standardisierung im hier definierten Sinne geeignet sind. Ist die kulturelle Bindung hoch, aber behebbar, handelt es sich um potentielle internationale Produkte. Bei nicht behebbarer, hoher kultureller Bindung des Produktes sollte der Investitionsgüterhersteller die Strategie der Produkt-Design-Individualisierung verfolgen, da es sich um lokale Produkte handelt bzw. potentiell lokale Produkte bei gleichzeitig niedrigen wirtschaftlichen Chancen, die beeinflußbar sind. Sind die wirtschaftlichen Chancen, bedingt durch das Marktpotential eines Marktes, niedrig und nicht zu verändern, sollte der Investitionsgüterhersteller von einer Marktbearbeitung, unabhängig davon, ob die kulturelle Bindung hoch oder niedrig ist, Abstand nehmen.

Wirtschaftl. Chancen Märkte x Marktpotentiale	kulturelle Bindung		
	hoch		niedrig
	nicht behebbar	behebbar	
hoch	lokale Produkte		internationale Produkte
niedrig — behebbar	potent. lokale Produkte	potentielle internationale Produkte	
niedrig — nicht behebbar	Nieten		

Abb. 44: Grad der internationalen Verbreitungsfähigkeit von Produkten
Quelle: Escherle 1986, S. 351

Die Ausführungen machen deutlich, daß das Problem der kulturellen und naturhaften Bindung von Produkten bei der Auslandsmarktbearbeitung (selbstverständlich auch im Binnenmarkt) immer latent vorhanden ist und stets in die Entscheidung über Produkt-Design-Standardisierung oder -Individualisierung einfließen sollten. Darüber hinaus müssen die technischen und gesetzlichen Rahmenbedingungen des Exportmarktes beim Produktdesign berücksichtigt werden.

4.5 Generierung von wettbewerbsorientierten Designstrategien für Investitionsgüter

Im letzten Kapitel wurden die verschiedenen strategischen Basisentscheidungen eines Investitionsgüterherstellers einzeln analysiert und auf ihre Bedeutung für das strategische Investitionsgüter-Design geprüft. Die ausgewählten Aktionsmöglichkeiten werden in der Synthese in vier Designstrategien kanalisiert, die zunächst zur Übersicht in einer Entscheidungsmatrix dargestellt werden. Anschließend werden die design-strategischen Optionen detailliert erläutert.

4.5.1 Entwicklung einer design-strategischen Entscheidungsmatrix

Im Innovationswettbewerb strategische Vorteile zu erwirken heißt, die Bedürfnisse des Kunden besser als die Konkurrenz zu befriedigen. Von den in Abschnitt 4.4. dargestellten strategischen Aktionsmöglichkeiten stellen die Variablen „Marktpositionierung" und „Kundenorientierung" unabhängige Handlungebenen dar, die zur Schaffung von Wettbewerbsvorteilen führen können. Das Innvationsmanagement kann also zwischen einem prägenden und einem nachahmenden Marktauftritt und zwischen einer industrieweiten und segmentspezifischen Kundenorientierung wählen, um sich von der Konkurrenz zu differenzieren. Aus den design-strategischen Handlungsalternativen „Marktpositionierung" und „Kundenorientierung" läßt sich folgende Matrix aufspannen, die eine Ableitung von **vier Designstrategien** ermöglicht:

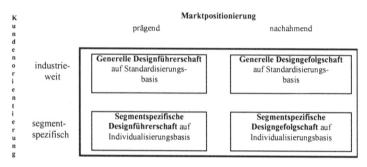

Abb. 45: Designstrategische Entscheidungsmatrix
       Quelle: eigene Darstellung

Durch die **strategische Marktpostition** werden Produktangebot und Image des Unternehmens entscheidend geprägt und die Anforderungen an die **Höhe des Designinnovationspotentials** determiniert. Dabei kann der Investitionsgüterhersteller zwischen der Positionierung als Designführer oder als Designfolger wählen. Die Designführerschaft erfordert Produkte mit hohen Designinnovationspotentialen, die sich branchenprägend von der Konkurrenz abheben. Bei Gütern mit niedrigen Designinnovationspotentialen ist die Nachahmung erfolgreicher Designführer zu empfehlen, was einen späten Markteinstieg bedingt. Damit erhält das Produktdesign entweder eine innovative oder eine eher nachahmende Ausrichtung.

Weiterhin muß das Unternehmen die **strategische Kundenorientierung** bestimmen, d. h. festlegen, ob es den Markt industrieweit (Produkt-Design-Standardisierung) oder segmentspezifisch (Produkt-Design-Individualisierung) bearbeiten will. Die Entscheidung bezüglich der strategischen Kundenorientierung beeinflußt gleichzeitig die **strategische Konkurrenzorientierung**; d. h. die Wahl der Wettbewerbsstrategie. Von einer Kostenführerschaft durch Innovationsdesign wurde im Rahmen dieser Arbeit als strategischer Option Abstand genommen. Das Innovationsdesign ist vielmehr geeignet, um eine Differenzierungsstrategie zu fundieren. Die Differenzierung kann dabei entweder auf das standardisierte Produktangebot (Produkt-Design-Standardisierung) oder auf einzelne Marktsegmente (Produkt-Design-Individualisierung) abzielen. Letzteres Vorgehen entspricht der wettbewerbsstrategischen Ausrich-

tung „Konzentration auf Schwerpunkte". Die vier generierten Designstrategien

- generelle Designführerschaft (= prägend auf Standardisierungsbasis),
- segmentspezifische Designführerschaft (= prägend auf Individualisierungsbasis),
- generelle Designgefolgschaft (= nachahmend auf Standardisierungsbasis)
- und segmentspezifische Designgefolgschaft (= nachahmend auf
  Individualisierungsbasis)

sollen im folgenden näher charakterisiert werden, um daraus Hand-
lungsempfehlungen für den innovativen Investitionsgüterhersteller abzuleiten.

4.5.2 Charakterisierung der Designstrategien
4.5.2.1 Generelle Designführerschaft

Der generelle Designführer auf Standardisierungsbasis versucht, mit
dem realisierten Produktdesign prägend auf eine Branche zu wirken
und die Bedürfnisse vieler Nachfrager quasi homogen in einer standardisierten Designlösung zu kanalisieren. Mit dem Innovationsdesign auf
Standardisierungsbasis will der Investitionsgüterhersteller eine bereits
am Markt bekannte und erprobte oder eine neue, für die Standardisierung geeignete Technologie in einem innovativ gestalteten Produkt
anbieten. Eine standardisierungsfähige Technologie ist also die Voraussetzung für die Produkt-Design-Standardisierung. Der Investitionsgüterhersteller, der diese Strategie verfolgt, wird daher eine allgemeine, weniger komplexe technische Problemlösung mit einem **industrieweit
prägenden Innovationsdesign** verbinden. Um die Designinnovation
zum Erfolg zu führen, erfordert die generelle Designführerschaft hohe
Designkompetenz und ein starkes design-bedingtes Innovationspotential.

Bezogen auf den Wettbewerb zielt dieser Strategietyp darauf ab,
sich durch eine innovative Designlösung von der Konkurrenz zu differenzieren. Dabei kann sich die **Differenzierung** in einer „besseren" und/
oder „anderen" Gestaltungsqualität darstellen. Die Befriedigung der
homogenen Ansprüche vieler Nachfrager durch die Designinnovation
führt dazu, daß der Investitionsgüterhersteller große Mengen des entsprechenden Gutes verkaufen kann. Dementsprechend kann die Preispolitik ausgerichtet werden.

Der Versuch, durch Innovationsdesign eine führende Designrolle einzunehmen, kann als **Offensiv- oder Defensivstrategie** ausgelegt werden. Der Technologieführer kann seine etablierte Wettbewerbsstellung,
die ein Herausforderer durch das Angebot gleicher oder verbesserter
Produkttechnologie bedroht, durch Innovationsdesign verteidigen. Da
eine Designinnovation sowohl vom Zeit- als auch vom Kostenaufwand
die technologische Neuerung unterbietet, könnte der bedrohte Technologieführer mit einer Designinnovation den Angriff eines Herausfor-
derers abwehren, ohne den Preis zu senken. Eine Verteidigungsstrategie

zielt darauf ab, Wettbewerbsvorteile eines Unternehmens dauerhafter zu machen. Eine Angriffsstrategie versucht die Wettbewerbsvorteile des Branchenführers zunichte zu machen (vgl. Porter 1996, S. 603/641 u. Hinterhuber 1990, S.51). Dem Technologiefolger bietet das Innovationsdesign eine Möglichkeit, den etablierten Technologieführer anzugreifen, der eine technologische Standardlösung bereits am Markt etabliert hat. Durch das Innovationsdesign, mit dessen Hilfe der Abnehmer das Produkt als „besser" oder „anders" empfindet, kann der design-orientierte Technologiefolger den Vorsprung des Technologieführers vermindern und mit dieser Angriffsstrategie Marktanteile erobern (vgl. Abschnitt 4.4.2.2).

Das folgende Produkt weist alle Charakteristiken auf, die auf das Anstreben einer Designführerschaft auf Standardisierungsbasis hinweisen (siehe farbige Abb. 46, S. 121).

Es handelt sich um eine Druckmaschine, die in Kooperation von KBA-Planeta und Scitex entwickelt wurde und erstmalig im Juni diesen Jahres (1997) der Öffentlichkeit präsentiert werden soll. Diese innovative Druckmaschine soll alle Funktionen einer Vier-Farben-Druckmaschine in Reihenbauweise innehaben (vgl. auch farbige Abb. 54, S. 126). Gegenüber den in Reihenbauweise aufgestellten Druckwerken hat die kompakte Bauweise des geplanten Produktes den Vorteil einer erheblichen Platzersparnis. Die Druckqualität liegt zwar auf einem niedrigeren Niveau, demgegenüber soll jedoch auch ein geringerer Anschaffungspreis realisiert werden. Damit wird ein breiteres Marktsegment anvisiert, das sich durch ein niedrigeres Anspruchsniveau in bezug auf die Druckleistung auszeichnet. Die Verwirklichung einer lediglich durchschnittlichen Druckqualität und einer geringeren Auflagengröße entspricht den Anforderungen der Zielgruppe (z. B. kleine Druckereien, professionelle Copyshops), die kleine Druckaufträge ausführen will (z. B. für Wurfsendungen, Dissertationen etc.). Im Gegensatz zu anderen Kompaktmaschinen soll jedoch ein größeres Druckformat als bisher möglich realisiert werden. Ziel ist es, mit dieser Strategie einen breiten Markt anzusprechen und große Stückzahlen des geplanten Produktes abzusetzen (vgl. Großmann 1996/97). Die Aufmerksamkeit der Zielgruppe in der Marktwahlsituation (Messe) wird insbesondere durch die innovative Gestaltung hervorgerufen. Bewußt haben sich die Kooperationsunternehmen von dem Design ihres bisherigen Produktprogramms gelöst, um gestalterisch den Innovationssprung zu visualisieren. Das Designerteam erreicht den innovativen Prägnanzauftritt dieses Produktes insbesondere durch die geschwungene, weiche Linienführung und Verwendung von runden Formelementen. Die technisch bedingte Massigkeit und Eckigkeit der Gestalt wird durch weiche Phantasieformen unterbrochen und eine nahezu verspielte Anmutung unterstreicht die Leichtigkeit der Bedienung. Diese Anmutung wird durch die Addition unterschiedlicher Formelemente, durch die geschwungene, leichte Kontur und die akzentuierte, gliedernde Farbgebung erreicht. Dabei ist es gleichzeitig gelungen, die Robustheit des Gestaltaufbaus, die zusätzlich durch Details wie massive, geschwungene Griffe

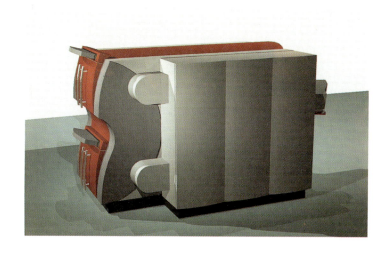

Abb. 46: Generelle Designführerschaft auf Standardisierungsbasis am Beispiel einer Druckmaschine
Quelle: 3-D-Grafik von KBA-Planeta, Radebeul

Abb. 47: Ein- und Ausgabestation eines Bestückungsautomaten ohne Designkompetenz
Quelle: Materialien von Siemens, München

Abb. 48: Ein- und Ausgabestation eines Bestückungsautomaten nach Adaptation
an den Designführer
Quelle: Materialien von Siemens, München

Abb. 49:   Beispiele für zeitgemäße Produktbilder in der Entwicklung
Quelle: Reese 1993, S. 49

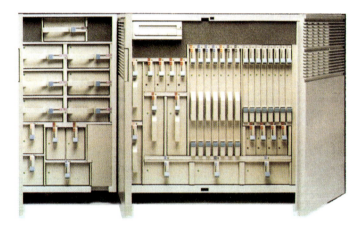

Abb. 50:   Prägnanz durch Ordnung am Beispiel „Aufbau eines Steuerschrankes"
            Quelle: Reese 1993, S. 54

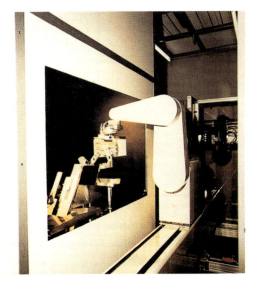

Abb. 51:   Prägnanz durch Ordnung am Beispiel „Industrieroboter"
           Quelle: Reese 1993, S. 43

Abb. 52:   Beispiele für Kontinuität in der Gestaltung
            Quelle: Reese 1993, S. 55

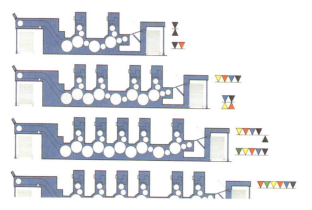

Abb. 54:   Modularbauweise am Beispiel einer Druckmaschine
            Quelle: Materialien von KBA-Planeta, Radebeul

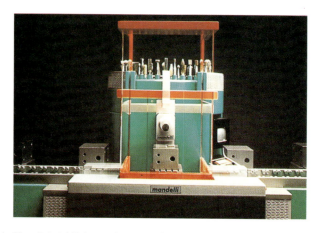

Abb. 68:   Beispiel für innovativ anmutende Farbgestaltung bei Maschinen
            Quelle: Reese 1993, S. 34

Abb. 70:   Beispiele für Benutzeroberflächen
Quelle: Reese 1993, S. 50/52

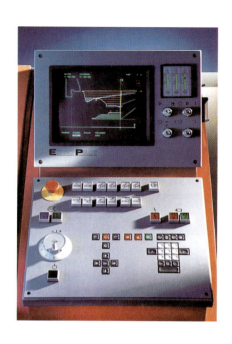

Abb. 71:   Beispiel für eine innovative Zeichengestaltung bei einer Steuerung
Quelle: Materialien von Schürer-Design, Bielefeld

Abb. 72:   Positive und negative Beispiele für Zeichengestaltung bei einer Steuerung
Quelle: Reese 1993, S. 30

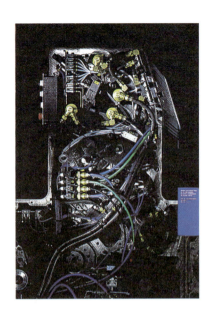

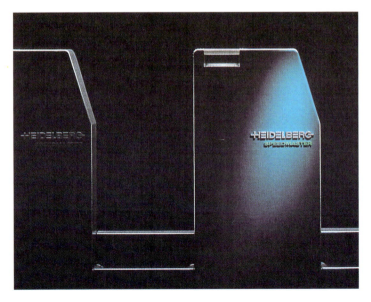

Abb. 85:   Ästhetizistische Anmutung beim Maschinendesign
            Quelle: Heidelberger Druckmaschinen AG, Heidelberg

Abb. 86:   Beispiele für High-Tech-Architektur und Design
           Quelle: Hauffe 1995, S. 166/167

Abb. 87:   Transparenzprinzip beim Maschinendesign
           Quelle: Materialien von Siemens, München

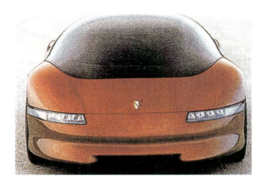

Abb. 94: Bolide gestaltetes Automobil der Marke Buik „Wildcat" von General
          Motors Corp., USA 1985
          Quelle: Guidot 1994, S. 279

Abb. 95: Bolidistisch gestaltetes Investitionsgut (Ultraschall-Inhalationsgerät)
          Quelle: Materialien von Design-Projekt, Dresden

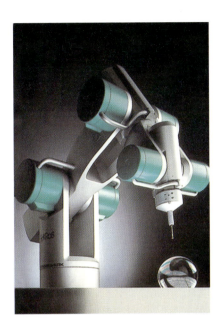

Abb. 96:   Knickarmroboter als Beispiel für ein Investitionsgut im Stil des boliden
           Bauhauses
           Quelle: Reese 1993, S. 45

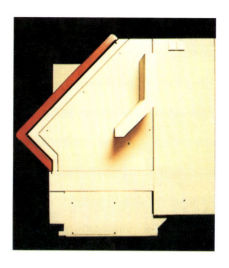

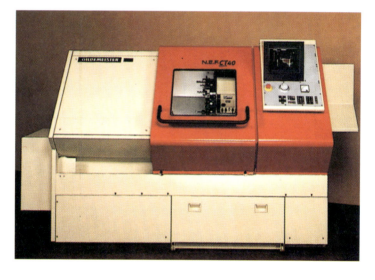

Abb. 97:   Eckige Universaldrehmaschine (ca. 1984)
            Quelle: Materialien von Schürer-Design, Bielefeld

Abb. 98: Gerundete Universaldrehmaschine (ca. 1990)
Quelle: Materialien von Schürer-Design, Bielefeld

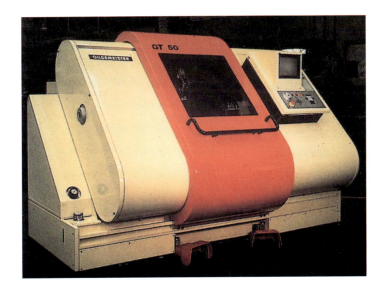

Abb. 99: Bolidistisches Maschinen-Design
Quelle: Materialien von Schürer-Design, Bielefeld

Abb. 100:   Energie-Forum-Innovation in Bad Oeynhausen von Frank O. Gehry
            Quelle: Ragarti 1996, S. 8

unterstützt wird, zu visualisieren und damit die Leistungsfähigkeit und Werthaltigkeit zum Ausdruck zu bringen. Trotz des additiven Gestaltaufbaus wird ein hohes Maß an anmutungshafter Ordnung verwirklicht, das wiederum Vertrauen in die Bedienbarkeit des Produktes aufbaut. Das Sinnfälligmachen von Professionalität bei der Druckleistung am Ort der Verwendung, an dem möglicherweise auch visueller Kontakt zum Letztverbraucher besteht, wird zum Imageaufbau des Abnehmer-Dienstleistungsunternehmens beitragen. Die Designinnovation in Verbindung mit der standardisierungsfähigen Technik erfüllt alle Bedingungen, um prägend auf die Branche einzuwirken und über den Innovationsfaktor Design Marktanteilezu erobern.

4.5.2.2 Segmentspezifische Designführerschaft

Auch die spezifische Designführerschaft auf Individualisierungsbasis zielt darauf ab, durch das Innovationsdesign eine führende Rolle im Marktgeschehen einzunehmen. Ziel ist wiederum, einen innovativen Designstil zu prägen. Dabei stehen jedoch nicht wie beim generellen Designführer die homogenen Bedürfnisse vieler Nachfrager im Mittelpunkt der Überlegungen, sondern einzelkundenspezifische Wünsche, die im Sinne einer **Maximalausprägung der Kundenorientierung** gestalterisch zu berücksichtigen sind. Auch bei der Designführerschaft auf Standardisierungsbasis sollten die ästhetischen, sozialen und gebrauchstechnischen Präferenzen der Abnehmer in das Produktdesign einfließen. Bei der Produkt-Design-Individualisierung orientiert sich der Industriedesigner jedoch nicht am Mittelwert aller denkbaren Kundenwünsche, sondern will die individuellen Bedürfnisse exakter im Objekt umsetzen. Die spezifischen Anmutungsansprüche des oder der nachfragenden Unternehmen sollten in den Gestaltungsentwurf eingebracht werden. Die hinter dem Kauf stehenden Prestigegedanken sollten eruiert und im Produktdesign umgesetzt werden. Spezifische Besonderheiten im Gebrauch müssen auf allen Gestaltungsebenen besonders sorgfältig berücksichtigt werden. Im Hinblick auf die Corporate-Design-Strategie sollte der Grad der Herstellererkennbarkeit und -prägnanz vom Kunden abhängig festgelegt werden (vgl. Abschnitt 4.3.3). Allerdings könnte es bei einem Verzicht auf herstellerkennzeichnende Wiederholung von Gestaltungselementen im Sinne der kundenidentitätsorientierten Corporate-Design-Strategie zu einem Konflikt mit der strategischen Zielsetzung der Designführung kommen. Doch der Nachfrager wendet sich an den Anbieter nicht zuletzt wegen seiner Designkompetenz. Die Kunst des segmentspezifischen Designführers auf Individualisierungsbasis ist es, den **unternehmenseigenen Designstil mit den individuellen Designvorstellungen des Kunden zu verbinden**, ohne dabei die eigene Identität zu verwischen und damit die Designführung aufzugeben.

Die wettbewerbsbezogene Kernstrategie im Rahmen der segmentspezifischen Designführerschaft auf Individualisierungsbasis ist die Differenzierung durch **Konzentration auf „Sonderwünsche"**, was eine große Designvarietät erfordert. Die hohe Flexibilität bei der Produktgestaltung verhindert die Substitution durch die preisgünstigeren Standardprodukte. Diese Markteintrittsbarriere läßt sich insbesondere durch Kooperation mit Lead-Usern ausbauen, indem der Anbieter die Individualisierungsnotwendigkeiten des nachgefragten Produktes gemeinschaftlich mit dem Nachfrager erarbeitet und umsetzt und hierdurch eine starke Kundenbindung entsteht. Bei der nutzerdominierten Innovationsentwicklung übernimmt der Verwender bzw. Nachfrager in nahezu allen Phasen die Leitung, und dem Anbieter obliegt lediglich die kommerzielle Nutzung und Diffusion (vgl. v. Hippel 1977, S. 61; Jacob 1995, S. 19). „Die Zusammenarbeit mit Nachfragern im Rahmen des Lead-User-Konzeptes ist also immer ein Mittel, das dazu dient, Innovationsstrategien zu initiieren bzw. zu fördern. Die Zusammenarbeit mit Nachfragern bei der Produktindividualisierung hat jedoch einen eigenständigen strategischen Charakter mit eigenständigen Wettbewerbszielen" (Jacob 1995, S. 20).

Bei der segmentspezifischen Designführerschaft auf Individualisierungsbasis kann es sich wiederum um eine **Angriffs- oder Verteidigungsstrategie** handeln. Zum einen kann der Investitionsgüterhersteller mit der Demonstration seiner Designkompetenz andere technologisch kompetente Spezialisten herausfordern oder sich gegen spezialisierte Technologiefolger verteidigen. Darüber hinaus kann die Strategie der führenden Produkt-Design-Individualisierung in Verbindung mit einer spezialisierten Produkttechnologie darauf abzielen, Marktanteile des standardisierten Investitionsgüterherstellers abzuschöpfen. Solange keine individuellere Problemlösung besteht, werden auch unzufriedene Kunden auf Standardprodukte zurückgreifen müssen.

4.5.2.3 Generelle Designgefolgschaft

Der generelle Designfolger auf Standardisierungsbasis will in den durch die Designinnovation geschaffenen Markt des Führers eindringen und Marktanteile mit einem ähnlichen Produkt erobern. Dazu ahmt er einen bereits am Markt erfolgreich etablierten Designstil nach und verbreitet diesen über seine Standardprodukte. Sein unternehmenseigenes Designinnovationspotential ist eher gering. Der Designfolger strebt die **Gleichstellung zu dem Designführer** innerhalb einer bestimmten Branche an. Bezogen auf die Konkurrenten, die keine Designorientierung im CI-Konzept verankert haben, kann sich der Designfolger innerhalb eines vom Designführer nicht anvisierten Marktsegmentes differenzieren.

Wenn der Designfolger mit dieser Strategie den gleichen Zielmarkt wie der als Vorbild dienende Designführer anvisiert, sollte er sich um eine frühe Nachfolge bemühen, da sonst der Markt bereits abgeschöpft ist. Auch sollte die Strategie von einer Qualitätsveränderung durch eine bessere Produkttechnologie (Qualitätsstrategie auf Technologiebasis; vgl. Abschnitt 4.4.2.2) oder von einem niedrigeren Preis begleitet sein, da ansonsten kein Wettbewerbsvorteil vorliegt.

Mit der Designgefolgschaft auf Standardisierungsbasis kann der Investitionsgüterhersteller auch eine aus dem Konsumgütermarketing bekannte „Trading-down-Politik" (vgl. Leitherer 1989, S. 117) verfolgen und damit einen **Zielgruppenwechsel** anstreben. Der Designfolger könnte eine innovative Designlösung, die mit einer höheren Preispolitik oder einer stärkeren Individualisierung einhergeht, in einer vereinfachten Version imitieren und in standardisierter Form einem anderen, breiteren Zielmarkt anbieten.

Orientiert sich der Designfolger an branchenfremden Designvorbildern und etabliert damit einen innovativen Designstandard innerhalb seiner Branche, so kann er zum Designführer avancieren.

4.5.2.4 Segmentspezifische Designgefolgschaft

Der segmentspezifische Designfolger auf Individualisierungsbasis ahmt den Designstil des Designführers nach, geht dabei aber auf Sonderwünsche des Kunden ein.

Insbesondere in der **Zulieferindustrie** kann die Designgefolgschaft eine erfolgversprechende Vorgehensweise sein. Der Käufer von Zulieferer-Produkten oder Produktteilen wird in den meisten Fällen kein Interesse an einem zuliefereeigenen, prägnanten Designstil haben. Vielmehr wird das nachfragende Unternehmen eine möglichst genaue Anpassung an seine Produktpalette in technischer, ästhetischer, sozialer und gebrauchstechnischer Hinsicht wünschen. Die Schnittstellen zwischen eigenem Produkt und Zulieferobjekt müssen im Sinne des **Adaptionsdesigns** (vgl. Abschnitt 4.4.3.2) aufeinander abgestimmt sein. Von der Qualität des Spezial-, Adaptions- oder Baukastendesigns kann die Make-or-Buy-Entscheidung des Nachfragers stark beeinflußt werden.

Die Abbildung 47 (siehe farbige Abb. 47, S. 122) zeigt die Ein- und Ausgabestation eines Bestückungsautomaten für Leiterplatten, die der Hersteller der Bestückungsmaschine aus Kostengründen zukauft.

Die Integration dieses Investitionsgutes in das Produktprogramm des Käufers (vgl. auch Abb. 87) erfordert eine starke Anpassung auf Gestaltungsmittelebene (siehe farbige Abb. 48, S. 122).

Diese Anpassung könnte der Designfolger auf Individualisierungsbasis für den Nachfrager übernehmen und sich durch diese **Konzentration auf Nachfragerwünsche** von der Konkurrenz differenzieren. Seine Corporate-Design-Strategie würde sich in produktbegleitenden Maßnahmen äußern und in bezug auf das Industriedesign die **kundenidentitätsorientierte Adaptionsstrategie** verfolgen (vgl. Abschnitt 4.3.3).

4.6 Etablierung der design-strategischen Zielposition durch strategieadäquate Designprinzipien

Im Mittelpunkt des folgenden Abschnitts stehen die Mittel und Wege zur Erreichung der design-strategischen Zielposition „Designführerschaft". Die Umsetzung der Designgefolgschaft wird hier nicht ausgeführt, da Imitieren im Gegensatz zum Innovieren nicht eigentlicher Bestandteil des betrachteten Untersuchungsgegenstandes ist. Die Designgefolgschaft ist aus marktlicher Sicht keine kreative Innovationsleistung (vgl. Abschnitt 2.3.1.2).

Es sollen hier strategieadäquate Designprinzipien aufgestellt werden, deren Einhaltung die **Position als Designführer** im Investitionsgüterbereich garantiert. Die Designprinzipien sollen nicht wie das Kapitel 5 Aufschluß über Innovationsquellen im einzelnen geben, sondern übergreifende Gestaltungsrichtlinien für wechselnde Designkonzeptionen darstellen. Ohne allgemeine Grundsätze wäre eine Strategie inkonsistent (vgl. Hinterhuber 1990, S. 107). Designrichtlinien stellen dabei keine für „alle Zeiten geltende Designbibel" (Neerman 1980, S. 149) dar, sondern können nur eine **Momentaufnahme richtungsweisender Gestaltungsprinzipen** verkörpern. Die Kernfrage dieses Abschnitts lautet: Wie kann man im Investitionsgütersektor prägende Produktbilder kreieren, die dem Investitionsgüterhersteller zur Rolle des Designführers verhelfen?

Die Trennung zwischen standardisierten und individualisierten Produkten und Designlösungen, die in der Realität unscharf ist, soll in bezug auf die strategieadäquaten Designprinzipien nicht explizit fortgesetzt werden. Die Designprinzipien für die Produkt-Design-Standardisierung gelten auch für einzelkundenbezogene Produkte, da diese den Designstandard halten bzw. um das Kriterium der Individualität übertreffen sollten. Grundlage für die Auswahl und Ableitung der Prinzipien sind Expertengespräche sowie eine unveröffentlichte Studie zum Investitionsgüter-Design des Designzentrums München (vgl. Reese 1993, S. 1 ff.).

4.6.1 Demonstration der Innovationskraft durch zeitgemäße Produktbilder

Unabhängig von dem technischen Fortschritt wechseln in der Investitionsgüterindustrie alle zehn bis fünfzehn Jahre die Produktbilder (vgl. Reese 1993, S. 47). Schon 1968 stellte Schürer fest, daß Formen nicht allein veralten, weil sie technisch überholt sind oder neue Erfindungen zu neuen Produkten führen, sondern auch, weil die zum Kauf anregende Wirkung fehlt (vgl. Schürer 1968, S. 21). Die sich verkürzenden Produktlebenszyklen werden diesen Prozeß noch beschleunigen. Wer den Zeitgeist in den Gestaltungsentwürfen nicht zu visualisieren versteht, läuft Gefahr, daß der Nachfrager Rückschlüsse auf den Entwicklungsstand der Technik zieht und das Produkt als veraltet ablehnt. Bei der Suche nach innovativen Designlösungen, die prägend auf eine Branche wirken sollen, erhält das **Prinzip der Modernität** Priorität (vgl. Rabold 1996, Sorg 1996, Gilgen 1996). Dabei akzentuiert sich eine zeitgemäße Gestaltung nicht nur in der Farbe, die allerdings als schnell zu realisierende Übergangslösung eine wichtige Funktion bei der Demonstration von Modernität übernehmen kann (vgl. Reese 1993, S. 40, 65 und Abschnitt 5.3.1.3). Die Produkte sollten auch mit einer vom Zeitgeist inspirierten Symbolik ausgestattet sein (vgl. Schürer 1996). Denn das Investitionsgüterunternehmen soll nicht nur die Produkttechnologie verkaufen, sondern auch die Begeisterung für Fortschrittlichkeit.

Designführung erfordert Gestaltung nach dem **Prinzip der Einmaligkeit und Unverwechselbarkeit** (vgl. Schürer 1996). Es geht darum, durch

Abhebung von der Konkurrenz die Innovationskraft des eigenen Unternehmens zu demonstrieren und zeitlich vor den Wettbewerbern zeitgemäße Produktbilder zu schaffen, ohne die Zielgruppe zu überfordern. Bei größeren Innovationssprüngen muß der Industriedesigner einen Kompromiß zwischen dem Prinzip der Einmaligkeit und Kontinuität finden (vgl. Abschnitt 4.6.3). Bei der Suche nach Designinnovationen sollte sich der Kreative nicht nur an der Konkurrenz orientieren, sondern auch außerhalb seiner Branche neuartige Gestaltkonzeptionen ermitteln (vgl. Topel 1996 und Kapitel 5). So kann Innovationsdesign einen Beitrag dazu leisten, daß das Investitionsgut aus der Perspektive des Kunden nicht austauschbar ist.

Ein sinnvoller Umgang mit Ressourcen ist heute eine Forderung, ohne die die Kreation zeitentsprechender Produktbilder nicht möglich ist. Dieses soll hier als **Prinzip der Verantwortlichkeit für die Umwelt** betitelt werden. Sparsamer Materialeinsatz und langlebige Gestaltungskonzepte führen zu zeitgemäßem Industriedesign (vgl. Rabold 1996, Sorg 1996). Rabold spricht auch vom **„Design light"** (Rabold 1996) und denkt dabei an den leichteren und umweltfreundlicheren Transport aufgrund von Gewichtsreduzierung durch die Materialwahl (vgl. Rabold 1996). Mayer-Hayoz appelliert dafür, die Lebensdauer von Produkten zu optimieren und deren Langlebigkeit und Materialrecycling durch **„Langzeit-Design"** zu unterstützen (vgl. Mayer-Hayoz 1993, S. 38). Modernität in zeitgemäßen, innovativen Produktbildern zu demonstrieren, soll also keinesweg eine Aufforderung zur bewußten Obsoleszenzpolitik im Investitiongüterbereich sein.

Die Abbildung 49 (siehe farbige Abb. 49, S. 123) zeigt die Entwicklungsreihe eines Automatisierungssystems und verdeutlicht die gestalterischen Auftritte zeitgemäßer Investitionsgüter zu verschiedenen Zeitpunkten.

4.6.2 Kreation von erkennbaren Produktpersönlichkeiten durch Prägnanz

Investitionsgüter müssen als markante Produktpersönlickeiten erkannt werden (vgl. Schürer 1996). Dazu verhilft das **Prinzip der Prägnanz**, das als übergreifende Gestaltungsrichtlinie verstanden werden soll, wobei sich die einsetzbaren Gestaltungsmittel zur Prägnanzbildung im Zeitablauf ändern können. Das Prinzip der Prägnanz ist der Gestaltpsychologie entlehnt. Der Ausdruck prägnant geht auf das lateinische „praegnans" (schwanger, trächtig, voll) zurück und bedeutet im allgemeinen soviel wie einprägsam, treffend, knapp, deutlich, präzise (vgl. Wagner 1981, S. 26). Die Prägnanz ist eine auf den Produktkontext bezogene Variable und resultiert aus dem Vermögen eines Gestaltungsobjektes, sich aus seinem Umfeld abzuheben und Aufmerksamkeit zu erregen (vgl. Koppelmann 1988a, S. 303). Prägnanz ergibt sich aus dem Verhältnis von Ordnung und Komplexität und ist insofern ein relativer Begriff, d. h. bei einem komplexen Umfeld ist eine Prägnanzwirkung durch geordnete Gestaltlösungen und bei einem geordneten Bezugsrahmen durch komplexe Produktgestalten zu erreichen (vgl. Lehnhardt 1996, S. 50).

Im Rahmen des Investitionsgüter-Designs sollte der Produktgestalter in der Regel nach dem **Prinzip der Ordnung** vorgehen (vgl. Reese 1993, S. 43). Bei Investitionsgütern handelt es sich meist um komplexe Produkte (vgl. Abschnitt 3.2.2.2) in einem ebenso komplexen, unmittelbaren Umfeld, womit hier der Ort der Produktverwendung (z. B. die Produktionshalle) und der Ort der Produktdarbietung (z. B. auf der Messe) gemeint sein können. Darüber hinaus ist das mittelbare Umfeld, worunter Dörner das speichernde Bewußtsein des Subjektes versteht (vgl. Dörner 1976, S. 74), ebenso durch Komplexität geprägt. Diese resultiert aus der Tatsache, daß sich der Betrachter der verborgenen, komplexen technischen Vorgänge und Zusammenhänge des Produktes bewußt ist oder sie zumindest erahnt. Insofern kommt der gestalttheoretischen Forderung nach Ordnung zur Schaffung von Prägnanz im untersuchten Kontext eine hohe Bedeutung zu. Katz zählt die Symmetrie, Regelmäßigkeit, Geschlossenheit, Einheitlichkeit, Ausgeglichenheit, Knappheit, maximale Einfachheit und das Horizontal-vertikal-Bezugssystem (vgl. Katz 1969, S. 51) zu den Variablen, die im gestalttheoretischen Sinn einen hohen Ordnungsgehalt garantieren und damit zu den Merkmalen einer prägnanten Produktgestalt gehören. Diese Annahme beruht auf gestaltpsychologischen Untersuchungen, die ergeben haben, daß der Wahrnehmende, insbesondere unter ungünstigen Wahrnehmungsbedingungen, eine Tendenz zur ordnenden Modifikation des Wahrnehmungsgegenstandes aufweist (vgl. etwa Hüppe 1984, S. 15, Katz 1969, S. 51). Dieses Ergebnis korrespondiert mit der Birkhoffschen Formel für das „Ästhetische Maß", die als Bedingung für das Gefühl des Gefallens das Erkennen einer Ordnung vorsieht (vgl. Grütter 1987, S. 52, vgl. auch Birkhoff 1968, S. 1 ff.). Neben der Reduzierung der Komplexität aus ästhetischen Überlegungen ist im Investitionsgüter-Design der Faktor Sicherheit, der aus der gestalterischen Vereinfachung hervorgehen kann, von ebenso großer Bedeutung.

Die nachfolgenden Abbildungen (siehe farbige Abb. 50, S. 124) untermauern die Hypothese, daß der Faktor „Ordnung" bei Investitionsgütern einen erheblichen Einfluß auf den Prägnanzauftritt des Produktes hat.

Die ungeordnet erscheinende, konstruktive Lösung beim Aufbau des Steuerschrankes vermittelt dem Benutzer den Eindruck, daß das Gerät schwer zu bedienen ist.

Die nachfolgende Abbildung demonstriert den Unterschied zwischen Ordnung und Komplexität am Beispiel eines Industrieroboters. Die prägnante Gestaltung des rechten Industrieroboters (vgl. farbige Abb. 51, S. 125) führt zu einer höheren Anmutungsqualität, die in erster Linie auf dem Prinzip der Ordnung beruht. Die durch die Technologie ausgelöste Konfusion bei der Wahrnehmung wird bei dem unteren Modell reduziert, was zu einer beruhigenden, vertrauenseinflößenden Wirkung führt.

Hier wird deutlich, welchen Einfluß der Faktor Ordnung auf die Produktqualität und Anmutung hat. Die Reduzierung der Komplexität führt deutlich zu einem prägnanteren Gestaltauftritt. Es ist jedoch nicht auszuschließen, daß sich nach Durchsetzung des Trends zur Ordnung in einigen Jahren prägnante Produktbilder durch Komplexität im Investitionsgütersektor schaffen lassen.

4.6.3 Inszenierung von vertrauensbildenden Produktauftritten durch Kontinuität

Der Investitionsgüterhersteller sollte durch Wiederholung von Gestaltmerkmalen vertrauensbildende Produktauftritte inszenieren. Trotz wechselnder Prägnanzen und dem Versuch, einmalige Produktbilder zu schaffen, sollte das Produktprogramm untereinander und im Zeitablauf Wiedererkennungseffekte aufweisen (vgl. z.B. Großmann 1996/97, Gilgen 1996), da eine gewisse Gestaltungskonstanz Vertrauen schafft und den Lernaufwand des Kunden vermindert. Bei dem **Prinzip der Kontinuität** geht es darum, im Sinne des Corporate Design (vgl. Abschnitt 4.3.2) durch Wiederholung von Gestaltelementen beim Betrachter das „wohlwollende Wiedererkennen" (Koppelmann 1988a, S. 303) auszulösen. Konstante Signale im Zeitablauf erleichtern die Wahrnehmung und tragen damit zur Profilierung des Produktes bei (Koppelmann 1987, S. 46). Das Markenzeichen übernimmt diesen Wiedererkennungseffekt, aber auch ein unternehmenseigener spezifischer Designstil kann zum vertrauenschaffenden Wiedererkennungswert avancieren. Der Investitionsgüterhersteller sollte eine durchgängige Designqualität programmübergreifend und periodenübergreifend anstreben. Wiederkehrende Strukturen, Farben und Formen führen dabei zu einheitlichen Produktbildern. Unähnlichkeiten führen zur Ausgliederung und sollten daher nur bewußt eingesetzt werden. Nur bei größeren Innovationssprüngen könnte ein „harter Bruch" sinnvoll sein, um die absolute Neuartigkeit der Produktinnovation gestalterisch zu demonstrieren. Wiederzuerkennende Designelemente lassen sich auch hier als Klammer einsetzen und gewährleisten trotz des erhöhten Lernaufwandes bei der innovativen Designlösung ebenso wie die Herstellermarke das Vertrauen der Zielgruppe. Die Abbildung 52 (siehe farbige Abb. 52, S. 126) zeigt Produkte, die der Betrachter wegen ihrer Ähnlichkeit als zusammengehörig empfindet.

4.6.4 Demonstration der Leistungsfähigkeit durch solide Produktbilder

Solide anmutende Produktbilder sorgen dafür, daß der Kunde Vertrauen in die Leistungsfähigkeit des Produktes hat (vgl. Köbler 1997). Eigenschaften wie die Kapazität, Schnelligkeit, Umrüstzeit, Zugänglichkeit etc. müssen wahrnehmbar demonstriert werden. Damit ist auch das **Prinzip der Funktionsorientierung** angesprochen.

Um Solidität zu demonstrieren, sollte der Investitionsgüterhersteller die **Ganzheitlichkeit des Gestaltauftrittes** sichern. Wird das Prinzip der Ganzheitlichkeit berücksichtigt, so ist gewährleistet, daß ein Produkt nicht nach einer „zusammengeschusterten" Lösung aussieht (vgl. Großmann 1996/97). Gerade im Investitionsgüterbereich ist der Konstrukteur oft geneigt, technologische Weiterentwicklungen dem vorhandenen Produkt quasi aufzusetzen. Die dadurch entstehende Zerklüftetheit des Produktes wirkt wenig professionell und vertrauenseinflößend. Eine

Verbesserungsinnovation kann nur zu prägnanten Produktbildern führen, wenn die Elemente des Produktes eine Einheit bilden und als integrales Ganzes anmuten. Insellösungen oder halbherzige Detaillösungen sollten die Durchgängigkeit der formalen Ausprägung nicht unterbrechen (vgl. Reese 1993, S.39).

Das **Prinzip der Detailsorgfalt** soll weiterhin explizit herausgestellt werden (vgl. Reese 1993, 75). Die nachfolgende Abbildung zeigt, daß die Gestaltung von Detaillösungen durchaus keine Selbstverständlichkeit ist. Ein Produkt ist aber nur so gut wie das schwächste Glied in der Kette. Mangelnde Detailgestaltung kann dazu führen, daß der dadurch entstehende schlechte Eindruck negative Irradiationseffekte auslöst, die die Beurteilung des Gesamtproduktes beeinflussen. Die nachfolgende Abbildung arbeitet den Unterschied zwischen „provisorischen" (linke Bildreihe) und durchdachten Detaillösungen (rechte Bildreihe) bei medizinisch-technischen Geräten heraus:

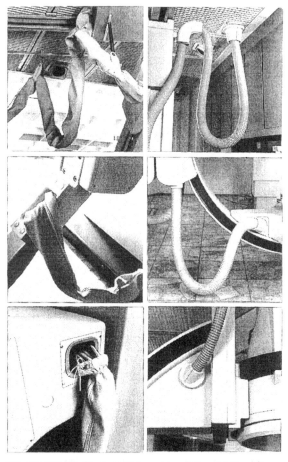

Abb. 53: Beispiele für mangelnde und sorgfältige Detailgestaltung
Quelle: Reese 1993, S. 75

Das **Prinzip der Abwesenheit von Defekten** zielt auf die demonstrative Optimierung der Funktionalität des Produktes ab. Damit der Betrachter der Leistungsfähigkeit des Produktes Vertrauen entgegenbringt, muß Fehlerfreiheit bei der Outputleistung oder zumindest Fehlererkennbarkeit und Reparaturfreundlichkeit demonstriert werden.

4.6.5 Schaffung einer käufer- und verwenderfreundlichen Produkt- und Raumanmutung

Entsprechend der Zielsetzung des Industriedesigns – auch auf Standardisierungsebene – soll das **Prinzip der Produkt-Mensch-Optimierung** nochmals explizit genannt werden. Insbesondere die Bedürfnisse des Verwenders stehen beim Investitionsgüter-Design im Mittelpunkt. In Anbetracht der Tatsache, daß der Mensch etwa 80 000 Stunden an seinem Arbeitsplatz verbringt (vgl. Reese 1993, S.77), kommt dem Investitionsgüter-Design eine sehr verantwortungsvolle Aufgabe im Hinblick auf die Gesundheit, das Wohlbefinden und die Arbeitszufriedenheit des Mitarbeiters zu. Ergonomie, Bedienfreundlichkeit, Zugänglichkeit und Sicherheit sind in diesem Zusammenhang zwar selbstverständlich, werden aber in der Realität dennoch oftmals zu wenig beachtet (vgl. Schönfelder 1996).

Alle Produkte unterliegen dem **Prinzip der Kulturgebundenheit,** wobei dies standardisierte Produkte tendenziell weniger betrifft als individualisierte. Die international agierende Unternehmung sollte generell die Berücksichtigung kultureller und naturhafter Besonderheit im Produktdesign nach dem Motto „so wenig wie möglich, aber soviel wie nötig" als Designrichtlinie internalisieren. Nur wenn der Industriedesigner neben den technischen und gesetzlichen Anforderungen die kulturell geprägten Präferenzen der Käufer und die anthropologisch bedingten Unterschiede der Verwender berücksichtigt, ist ein zielgruppengerechter Produktauftritt garantiert (vgl. Abschnitt 4.4.3.3).

Eine wichtige Gestaltungsrichtlinie für eine optimale Kundenorientierung ist das **Prinzip der Flexibilität.** Modularisierung des Aufbaus und Ausbaufähigkeit des Systems bzw. das Baukastenprinzip sind Vokabeln, die in diesem Kontext fallen (vgl. Topel 1996, Gilgen 1996, Schönfelder 1996). Unter Flexibilität wird die Anpassungsfähigkeit an unterschiedliche Situationen verstanden (vgl. Jacob 1995, S. 53), also auch an unterschiedliche Verwendungssituationen. Damit hält der „Swatchgedanke", also wechselnde Gestaltauftritte des selben Produktes, in das Investitionsgüter-Design Einzug (vgl. Topel 1996).

Die Abbildung 54 (siehe farbige Abb. 54, S. 126) zeigt den modularen Aufbau einer in Reihenbauweise konstruierten Druckmaschine. Nach dem spezifischen Kundenwunsch kann die Palette der Druckfarben erweitert werden. Die Werbebotschaft aus einem Prospekt der Unternehmensgruppe KBA-Planeta lautet: „Eine Reihe durchdachter Sondereinrichtungen erlaubt die maßgeschneiderte Anpassung der Maschine an Ihre Auftragsstruktur."

Zuletzt soll das Prinzip der **Integration in die Umgebung** genannt werden. Eine Maschine darf nie isoliert, sondern muß immer in ihrem

Umfeld gesehen werden (vgl. Schürer 1989, S. 5). Das Prinzip der Integration in die Umgebung trägt dazu bei, daß sowohl die Produkt- als auch die Raumanmutung positiv auf den Mitarbeiter wirken. Investitionsgüter-Design gestaltet das Umfeld des Mitarbeiters (vgl. Gotenbach 1996). Die Farbgebung kann hier ein entscheidender Einflußfaktor sein.

Abb. 55: Wechselbeziehung zwischen Raumanmutung und Maschinengestaltung
bzw. -aufstellung
Quelle: Schürer 1989. S. 5

Es wurde gezeigt, daß die Inszenierung eines prägnanten Produktauftrittes dem Investitionsgüterhersteller dazu verhilft, die Strategie der Designführerschaft zu verwirklichen.

4.7 Zusammenfassung und Bewertung der Strategieentwicklung

Jeder Investitionsgüterhersteller ist bestrebt, sich innerhalb des strategischen Dreiecks (vgl. Abschnitt 1.3.) zu behaupten. Das unternehmenseigene Innovationspotential durch Industriedesign zu erweitern, stellt dabei nicht nur eine Möglichkeit dar, die Bedürfnisse des Kunden zu befriedigen, sondern auch, sich von der Konkurrenz abzuheben. In diesem Kapitel wurde die konkurrenzorientierte Dimension des Investitionsgüter-Designs explizit herausgearbeitet, um zu zeigen, daß der Unternehmer Innovationsdesign als Wettbewerbsfaktor strategisch einsetzen kann. Dieses Ergebnis sollte den Investitionsgüterhersteller dazu veranlassen, das Innovationsmanagement um eine design-strategische Perspektive zu erweitern und damit den Innovationsdruck, der aus dem Technologiewettbewerb resultiert, zu entschärfen. Themenbedingt konnte nur ein Ausschnitt aus dem strategischen Entscheidungsspektrum des Innovationsmanagers dargelegt werden. Die Interdependenz mit anderen Unternehmensbereichen wurde in bezug auf das technologiestrategische Vorgehen dargestellt (vgl. Abschnitt 4.4.2.2). Eine Abstimmung der Designstrategie mit allen relevanten Unternehmensbereichen bleibt zu fordern.

Da die Literatur keine konkreten Aussagen zu Designstrategien bei Investitionsgütern enthält, wurden die kunden-, konkurrenz- und positionierungsbezogenen strategischen Basisentscheidungen analysiert und Analogieschlüsse bezüglich des design-strategischen Vorgehens gezogen. Der analytische Weg erhöhte die Transparenz bei der Strategieentwicklung, verdeutlicht die Vielschichtigkeit der Bestimmungsfaktoren und erleichtert dadurch die Entscheidung bei der Strategiewahl. In der Synthese konnten vier wettbewerbsorientierte Designstrategien generiert werden, deren Merkmale im folgenden zusammenfassend festgehalten werden sollen:

Merkmale / Designstrategie	Design-innovations-potential	strategische Marktposition	strategische Kunden-orientierung	strategische Konkurrenz-orientierung	Suchfeld-Orientierung
Generelle Designführerschaft auf Standardisierungsbasis	hoch	branchen-prägend	industrieweit	Differenzierung	über die Konkurrenz hinaus (vgl. Kap. 5)
Segmentspezifische Designführerschaft auf Individualisierungsbasis	hoch	branchen-prägend	segment-spezifisch	Konzentration auf Marktnischen	über die Konkurrenz hinaus (vgl. Kap. 5)
Generelle Designgefolgschaft auf Standardisierungsbasis	gering	nachahmend	industrieweit	Gleichstellung oder Differenzierung	Konkurrenz
Segmentspezfische Designgefolgschaft auf Indivudualirungsbasis	gering	nachahmend	segment-spezifisch	Konzentration auf Marktnischen	Konkurrenz

Abb. 56: Merkmale von wettbewerbsorientierten Designstrategien für Investitionsgüter
Quelle: eigene Darstellung

Das Designinnovationspotential des Unternehmens bestimmt die strategische Ausgangsposition. Die generelle und segmentspezifische Designführerschaft ist dem Investitionsgüterhersteller, der sein Innovationspotential durch Industriedesign erhöhen kann, zu empfehlen. Dazu müssen Designprinzipien, die eine prägende Position im Marktgeschehen gewährleisten, verinnerlicht werden. Diese Gestaltungsrichtlinien können dem design-orientierten Investitionsgüterhersteller als Anhaltspunkt für unternehmensspezifische Designgrundsätze dienen, die den Ausgangspunkt einer design- und innovationsorientierten Corporate-Identity-Strategie darstellen könnten. Offen bleibt die Fragestellung, woraus der Investitionsgüterhersteller sein Innovationspotential schöpfen soll? Bei der nachahmenden Strategie der industrieweiten oder segmentspezifischen Designgefolgschaft stellt die Konkurrenz das Suchfeld für den Designstil dar. Um Designinnovationen für eine Designführerschaft zu kreieren, müssen innovative Suchfelder generiert und analysiert werden.

5. Kapitel Analyse von Suchfeldern für Designinnovationen im Investitionsgütersektor

In Kapitel 4 wurde ausgeführt, daß Innovationsdesign für den Investitionsgüterhersteller ein Kriterium darstellt, um sich von der Konkurrenz zu differenzieren. Dazu muß es gelingen, diese „Quellen der Einmaligkeit" zu identifizieren. Insbesondere um eine Designführerschaft zu etablieren, kann nicht der Wettbewerber Anhaltspunkte für Designinnovationen liefern. Wenngleich die Konkurrenzanalyse wichtige Hinweise für eine Abhebung geben kann, muß der Investitionsgüterhersteller bzw. Industriedesigner darüber hinaus andere Suchfelder generieren und analysieren, die einen Fundort für innovative Designideen darstellen könnten. Die Suchfeldbestimmung stellt den Ausgangspunkt jeden Innovationsprozesses dar (vgl. Thom 1980, S. 53).

Ziel dieses Kapitels ist es, Impulse für Designinnovationen im Investitionsgütersektor zu identifizieren und danach design-relevante Suchfelder aufzustellen, zu strukturieren und zu analysieren. Nach der Darstellung des methodischen Vorgehens zur Generierung und Analyse von Suchfeldern (Abschnitt 5.1) und einem Überblick über mögliche Impulsbereiche (Abschnitt 5.2) widmet sich der Abschnitt 5.3 der Aufstellung einer formalen Suchfeldsystematik. Die erarbeiteten Suchfelder werden inhaltlich in bezug auf Designinnovationspotentiale für Investitionsgüter analysiert und anhand von Beispielen aus dem Investitionsgüterbereich verdichtet. Im Abschnitt 5.4 werden dann die impulsgebenden Suchräume „Architektur" und „Designstile des Konsumgüterbereichs" im Hinblick auf ihre Eignung als Quellen für innovatives Investitionsgüter-Design analysiert.

5.1 Zur Methode der Suchfeldanalyse

Bei der Suche nach innovativen Produkten und Designlösungen ist es empfehlenswert, die für den Betrieb geeigneten Suchfelder einzugrenzen (vgl. Leitherer 1980, S. 1097). Diese Vorstrukturierung des Suchraumes sollte das Unternehmen bzw. der Designer jedoch breit genug anlegen, um nicht von vornherein erfolgversprechende Möglichkeiten zu eliminieren (vgl. Otto 1993, S. 272). Koppelmann spricht in diesem Zusammenhang von Produktbereichsperseveration. Im angestammten Produktbereich zu suchen hat den Vorteil, daß der Produktmanager über ein hohes Know-how verfügt. Nachteilig kann mit dieser engen Suchfeldvorgabe jedoch der sogenannte „Scheuklappeneffekt" verbunden sein (vgl. Koppelmann 1993, S. 83).

Eine zu starke Einengung würde zudem der Bedeutung des Begriffes „Suchfeld" zuwiderlaufen. Der Ausdruck „Feld" stammt aus der Soziologie und beschreibt **geistige Landschaften oder Vorstellungsbilder**, die von der Binnenstruktur her noch undefiniert sind, sich jedoch zu anderen Phänomen (anderen Feldern) abgrenzen lassen (vgl. Küthe/Thun 1995, S. 64). Küthe/Thun sprechen von sogenannten „mental maps" (Küthe/Thun 1995, S. 64), die eine Suchgrundlage für z. B. innovative Designlösungen darstellen können. Der VDI/Gesellschaft Konstruktion und Entwicklung definiert den Begriff Suchfeld als „(...) dem eigentlichen Innovationsprozeß, an dessen Ende ein konkretes Produkt stehen soll, vorgegebener Rahmen oder Aktionsbereich, innerhalb dessen nach diesem zukunftsträchtigen Produkt gesucht werden soll" (VDI-GKE 1976, S. 20). In dieser Arbeit steht jedoch keine konkrete Produktidee im Mittelpunkt der Suche, sondern die Identifikation von Designinnovationen auf Gestaltungsmittelebene.

Suchfelder sind in Abgrenzung zu **Suchmethoden** zu sehen. Suchmethoden sind Denktechniken, mit deren Hilfe das Unternehmen systematisch nach Innovationen suchen kann. Die wichtigsten Denkverfahren sind Kreativitätstechniken wie Brainstorming (vgl. Osborn 1964), Synektik (vgl. Gordon 1960, Prince 1970) und der morphologische Kasten. (vgl. Zwicky/Wilson 1967). Suchmethoden können auf jedes Suchfeld angewendet werden, um innerhalb des abgegrenzten Suchrahmens planvoll zu suchen (vgl. Leitherer 1989, S. 322). Aufgrund der Vielzahl spezieller Literatur zu Suchmethoden (vgl. z. B. Schicksupp 1980, S. 88 ff., Schicksupp 1986, S. 109 ff., Drager 1991, S. 123 ff., Koppelmann 1993, S. 96 ff.) soll auf dieses spezifische Gebiet des Innovationsmanagements nicht eingegangen werden.

Bei der **Suchfeldanalyse** innerhalb der Unternehmung ist das stärkste Methoden- und Managementdefizit im Bereich der „Identifikation" von Suchfeldern zu sehen (vgl. Müller-Stewens 1990, S. 19). Diesem Mangel kann das Unternehmen entgegenwirken, indem es den Produktentwicklungs- und Designprozeß systematisch durch die folgenden Schritte einleitet:

Die Suchfeldanalyse beginnt mit dem **Impuls für die Suchfelderstellung** (vgl. Arndt 1983, S. 17 ff.). Bezogen auf die vorliegende Problematik bedeutet dies, daß das suchende Unternehmen zunächst Bereiche ermittelt, von denen es vermutet, daß diese eine Basis für Designinnovationen bieten könnten. Die Vorgabe von Untersuchungsbereichen ist für die weitere Teilphase der Suchfelderstellung zielsetzend und richtungsweisend. Die Ermittlung solcher Bereiche, von denen Impulse für die strukturierte Suchfelderstellung ausgehen, sollte sich an der Zukunftsträchtigkeit orientieren (vgl. Arndt 1983, S. 19). Bezogen auf eine Designinnovation im Investitionsgüterbereich können derartige Impulse z.B. von der Architektur oder von Designstilen des Konsumgütersektors herrühren (vgl. Abschnitt 5.4). Diese impulsgebenden Wachstumsbereiche könnte man auch als „Übersuchfeld" bezeichnen.

Beim nächsten Schritt der **Erstellung und Auswahl von Suchfeldern** strukturiert der Suchende den Impulsbereich in einzelne Suchfelder, innerhalb derer das Unternehmen Produkt- bzw. Designideen gewinnen kann. Bezogen auf den Aufbau der Suchfelder vergleicht Arndt die Suchfeldmethode mit der morphologischen Methode, da beide Vorgehensweisen darauf abzielen, zunächst einen möglichst totalen Ansatz zu erstellen, der alle Innovationsmöglichkeiten eines Impulsbereiches umfaßt. Je nach Zeit und Größe des zu strukturierenden Impulsbereiches kann eine Konzentration auf einzelne Suchfelder sinnvoll sein.

Beim Aufbau von Suchfeldern sieht Arndt die Hauptschwierigkeit in der Festlegung geeigneter Strukturierungskriterien. Er differenziert grob in Kriterien, die sich aus den technischen Möglichkeiten und aus den Anforderungen des Bedarfs im weitesten Sinne ableiten lassen. Das Unternehmen sollte die so ermittelten Suchfelder dann bewerten und einer Auswahl unterziehen (vgl. Arndt 1983, S. 22 ff.).

Entsprechend dieser methodischen Vorgehensweise werden die Suchfelder für Designinnovationen im Rahmen der hier angestrebten Suchfeldanalyse für Investitionsgüter generiert. In Anlehnung an Arndt und Otto (vgl. Abschnitt 5.2) wird der aus der Designtheorie entlehnte abstrakte Impulsbereich „Produkt-Mensch-Interaktion" nach drei übergeordneten Suchkriterien aufgeteilt: nach der Objekt- und Subjektbezogenheit und nach der Interaktion von Produkt und Mensch.

Bei der **objektbezogenen Suchfeldanalyse** richtet sich die Suchperspektive primär auf das Produkt als Impulsbereich. Hier werden die Suchfelder „Gestaltungsmittel des Objektes" isoliert betrachtet (vgl. Abschnitt 5.3.1).

Die **subjektbezogene Suchfeldanalyse** kehrt die Suchrichtung um und orientiert sich in erster Linie an dem Menschen als Impulsbereich, also den Benutzern und Käufern von Investitionsgütern bzw. den Letztverbrauchern. Hier sollen die Kontaktarten zum Produkt und die Anmutungsansprüche der Abnehmer als Suchfelder für Designinnovationen analysiert werden (vgl. Abschnitt 5.3.2).

Die **interaktionsbezogene Suchfeldanalyse** bezieht sich auf die Produkt-Mensch-Beziehung als Impulsbereich. Eine beidseitige Suchausrichtung ist im Rahmen dieser Thematik insofern unerläßlich, als das Industriedesign die Gestaltung der Objekt-Subjekt-Relation zum Inhalt hat. Denn es geht immer darum, das Eigenschaftsprofil des Produktes auf das Anforderungsprofil des Kunden auszurichten. Die Interaktion zwischen Produkt und Mensch soll daher explizit als weiteres Kriterium herausgestellt werden, was zur Ableitung der Suchfelder „Receiver und Transmitter des Produktes" führt (vgl. Abschnitt 5.3.3). Eine Trennung in Objekt- und Subjektbezogenheit kann nur einer Strukturierung und gedanklichen Übersichtsgewinnung dienen.

Aus dem abstrakten Impulsbereich Produkt-Mensch-Interaktion werden in Abschnitt 5.3 Suchfelder für Designinnovationen generiert. Mit diesem Gliederungsraster erhält der Investitionsgüterhersteller eine formale, design-theoretische Suchfeldsystematik, mit der er für jedes Produkt nach Designinnovationen suchen kann.

In Abschnitt 5.4 wechselt dann die theoretische Perspektive, und der konkrete Impulsbereich „Architektur und Konsumgüterdesign" wird zum Gegenstand der Suche. Das in Abschnitt 5.3 aufgestellte subjekt-bezogene Suchfeld „Anmutungsansprüche" wird auf die Impulsberei-che Architektur und Konsumgüterdesign bezogen, um exemplarisch für zwei Beoachtungsräume die Suchfeldanalyse zu konkretisieren. Vorab werden zur Übersichtsgewinnung impulsgebende Bereiche für Design-innovationen vorgestellt.

5.2 Sammlung von Impulsbereichen für Designinnovationen

Otto entwickelt für die Suche nach Designtrends einen übergeordneten Typologisierungsansatz von Suchräumen, der als Ausgangspunkt für eine weiterführende, produkt- und unternehmensbezogene Konkreti-sierung dienen kann (vgl. Otto 1993, S. 271 ff.). Die Behandlung dieses Ansatzes scheint im Rahmen der vorliegenden Thematik sinnvoll, da es bei der Suche nach Designtrends ebenso wie beim innovativen Design um die Erforschung von Quellen geht, mit deren Hilfe der Designer die Bedürfnisse des Kunden im Hinblick auf Ästhetik, Symbolik und Ge-brauchstechnik antizipieren bzw. beeinflussen kann. Neben der Struk-turierung der Suchräume nach übergeordneten Kriterien bietet die Aus-führung von Otto einen breiten, inhaltlichen Überblick über die Vielfalt möglicher Suchräume für eine design-relevante Ideengenerierung. Die-se breitgefächerte Sammlung von Quellen für Designinnovationen stel-len im Sinne von Arndt (vgl. Abschnitt 5.1) diejenigen impulsgebenden Suchräume dar, die der Designer selektieren und weiter strukturieren sollte. Otto bezeichnet die Suchräume als „evolutionär", um die Dyna-mik der direkt und indirekt design-wirksamen Hintergrundfaktoren, die den Trend beeinflussen, zum Ausdruck zubringen (vgl. Otto 1993, S. 272). Auch Innovationen unterliegen als Reaktion auf einen stetigen Wandel (vgl. Sabisch/Pleschak 1996, S. 1) dynamischen Strömungen.

Info-Quelle	designtrendbezogene Informations-ausrichtung / inhaltliche Suchrichtung	objektbezogen	subjektbezogen
intern		objektbezogener interner Suchraum	subjektbezogener interner Suchraum
extern	räumlich	objektbezogener räumlich externer Suchraum	subjektbezogener räumlich externer Suchraum
extern	zeitlich	objektbezogener zeitlich externer Suchraum	subjektbezogener zeitlich externer Suchraum
extern	sachlich	objektbezogener sachlich externer Suchraum	subjektbezogener sachlich externer Suchraum

Abb. 57: Designrelevante evolutionäre Suchräume
Quelle: Otto 1993, S. 274

Die Matrix stellt die verschiedenen Informationsquellen auf der einen Seite und die möglichen trend- bzw. design-bezogenen Informationsausrichtungen auf der anderen Seite dar. Bei den Informationsquellen kann das Unternehmen zwischen internen und externen Ressourcen differenzieren. Die nahezu unüberschaubare Vielfalt an externen Quellen strukturiert Otto, indem die Autorin inhaltlich die Suchrichtungen „räumlich", „zeitlich" und „sachlich" unterscheidet. Die trendbezogene Informationsausrichtung kann zum einen primär auf das Eigenschaftsprofil des Produktes und zum anderen primär auf das Anforderungsprofil des Abnehmers bezogen sein (vgl. Otto 1993, S. 274). Durch die Kombination der gewählten Merkmalsausprägungen ergeben sich zwei unternehmensinterne und sechs unternehmensexterne Suchräume, deren Inhalte und Erkenntnisobjekte Otto beispielhaft charakterisiert (vgl. Otto 1993, S. 275 ff.). Die nachfolgende Abbildung zeigt die **impulsgebenden Untersuchungsgebiete** im Überblick:

Designrelevante Suchräume	Inhalte und Erkenntnisobjekte
Objektbezogener interner Suchraum	• Beschaffung (Material-, Roh- u. Werkstoffsektor, Energieverfahren) • Produktions- u. Fertigungsmöglichkeiten • Absatzmarkt (Stärken- u. Schwächenanalyse des aktuellen Produktprogramms u. dessen Struktur, Untersuchung von marken- und verpackungspolitischen Grundsätzen) • „Suche nach vergessenen Innovationen" (vergessene Materialien etc.)
Subjektbezogener interner Suchraum	• Absatzmarkt (Bedarfe, Zielgruppen, Absatzwege- u. -strukturen, Informationen von Außendienstmitarbeitern, innerbetriebliches Vorschlagswesen, Beschwerden und Verbesserungsvorschläge von Konsumenten u. Verbraucherorganisationen) • vergessene Innovationen
Objektbezogener räumlich externer Suchraum	• materialisierter Ideentransfer aus fremden Kulturen (z.B. Ornamenttransfer) • Identifikation ausländischer Produkttrends
Subjektbezogener räumlich externer Suchraum	• Bedarfsbesonderheiten fremder Kulturen (Konsum- und Verbrauchsgewohnheiten fremder Völker, kulturanthropologische Hintergrundfaktoren wie Riten, Mythen, Schenken, Spiel, Gesellschaftsverkehr) • Identifikation ausländischer Geschmackstrends
Objektbezogener zeitlich externer Suchraum	• materialisierter, retrograder Ideentransfer z. B. aus Stil-, Kunst- und Technikgeschichte • vergessene Patente
Subjektbezogener zeitlich externer Suchraum	• historische Bedarfsäußerungen (Längstschnittanalyse bedarfsbeeinflussender substrativer Faktoren, Identifikation von sog. Revival-Wellen)
Objektbezogener sachlich externer Suchraum	• beschaffungs-, absatzmarktlich u. produktionswirtschaftl. relevante, materialisierte Phänomene • Schwachstellenanalysen von Konkurrenzprodukten • Beobachtungen von Handwerksdesigns, bildender Kunst, Mode, Alltagsästhetik, industrieller, militär. Ästhetik, Architektur, Natur, etc.
Subjektbezogener sachlich externer Suchraum	• Analyse des kulturellen und sozialen Bereiches (z.B. Subkulturen, Filme, Theater, Musik, Literatur, Werbung, Ausstellungen) • Untersuchung von Bedarfskomplexen durch Händlerbefragungen • Ergonomie, Logistik, Esoterik, Astrologie

Abb. 58: Inhalte und Erkenntnisobjekte design-relevanter Suchräume
Quelle: eigene Darstellung nach Ausführungen von Otto 1993, S. 275 ff.

Derartige Sammlungen von Beobachtungbereichen sind in der Literatur meist unter dem Stichwort „Suchfeld" zu finden (vgl. Mayer 1996,

S. 157). Zur Ableitung von Designinnovationen müssen diese allerdings noch konkretisiert werden.

5.3 „Produkt-Mensch-Interaktion" als Ausgangspunkt für die Aufstellung von design-relevanten Suchfeldern für Investitionsgüter

Das folgende Kapitel widmet sich der Ableitung einer Suchfeldsystematik als formales Suchraster für den Investitionsgüterhersteller. Der Impulsbereich „Produkt-Mensch-Interaktion" wird nach design-theoretischen Gesichtspunkten strukturiert (vgl. Abschnitt 5.1.), und die generierten Suchfelder werden inhaltlich auf ihren Aussagegehalt zu Designinnovationen im Investitionsgüterbereich analysiert. Abschließend wird eine Kombinationsmatrix für die systematische Suchfeldanalyse abgeleitet.

Ein Anspruch auf eine vollständige Erfassung aller Suchfelder wird nicht erhoben und widerspräche zudem dem Innovationsgedanken, der das fortlaufende Finden neuer Suchräume impliziert.

5.3.1 Impulsbereich „Produkt" als Ausgangspunkt einer objekt-bezogenen Suchfeldanalyse

Das geplante Investitionsgut stellt einen zentralen Beobachtungsraum für die Suche nach innovativem Design dar. Darauf verwiesen die im Rahmen von Expertengesprächen interviewten Designer bei der Frage nach verwendeten Suchfeldern beim Gestalten. Ausdrücke wie „Informationsschnitte durch das Produkt vorzunehmen" (vgl. Chemaitis 1996), die Aufschluß über die Funktion und den Aufbau geben, und „zum Ganzen zu verdichten" bzw. „die Gestalt von innen nach außen wachsen zu lassen" (vgl. Gilgen 1996, Topel 1996, Sorg 1996) beschreiben Suchprozesse, die primär am Produkt orientiert sind. Topel nennt als „Übersuchfeld" die Forderung bei der Suche nach innovativem Design, „alles in Frage zu stellen" (Topel 1996) oder anders ausgedrückt „jede Aufgabe neu zu durchdenken" (Chemaitis 1996) bzw. zunächst die Aufgabenstellung selbst in Frage zu stellen, um dieselbe zu problematisieren (vgl. Uhlmann 1995, S. 19).

Diese abstrakte Beschreibung des Suchprozesses läßt sich durch eine isolierte Gestaltungsmittelanalyse erhellen, die jedes Gestaltungsmittel für sich gesehen als Suchfeld für innovative Designlösungen versteht. Dabei sollte der Suchende der Frage nachgehen, inwieweit die einzelnen Gestaltungsmittel zur Materialisierung der geforderten Produktleistungen beitragen und ob die Wahl des Gestaltungsmittels bzw. deren Kombination zur Schaffung einer Designinnovation führen können (vgl. auch Koppelmann 1993, S. 267). Bei der nachfolgenden Synthese der isoliert betrachteten Gestaltungsparameter zu einem Produktganzen muß es dem Designer gelingen, das innovative Element evident zu visualisieren.

Die fünf elementaren Gestaltungsmittel Material, Form, Farbe, Oberfläche und Zeichen werden im folgenden beispielhaft auf ihre Eignung als Suchfeld für Designinnovationen im Investitionsgüterbereich untersucht. Da die komplexen Gestaltungsmittel eine spezifische Kombination der elementaren darstellen (vgl. Koppelmann 1993, S. 250), kann auf ihre Analyse in diesem Rahmen verzichtet werden. Im technisch anspruchsvollen Investitionsgütersektor obliegen insbesondere Funktions- und Konstruktionsprinzipien der Verantwortlichkeit des Konstrukteurs, der sich in einer frühen Phase des Produktentwicklungs- und Designprozesses mit dem Designer abstimmen sollte. Die Behandlung der elementaren Gestaltungsmittel soll daher in diesem Untersuchungszusammenhang genügen.

5.3.1.1 Material als Suchfeld für Designinnovationen

Der Designer kann bei seiner Gestaltungsaufgabe über ein Materialangebot von ca. 60 000 verschiedenen Stoffen verfügen, das jedes Jahr um ca. 500 neue Materialien ergänzt wird (vgl. Koppelmann 1993, S. 267). Nach ihrem Ursprung unterteilt man die Materialarten in organische, anorganische und synthetische Stoffe (vgl. Read 1958, S. 51 u. Maier 1977, S. 590). Die große Stoffvielfalt legt den Schluß nahe, daß dieses Gestaltungsmittel ein hohes Potential für die Generierung von Designinnovationen bietet (vgl. auch Lengert 1989, S. 121 ff. u. Linke 1989, S. 92 ff.). Allerdings mußten neue Lösungskonzepte auch schon verworfen werden, weil leistungsfähige Werkstoffe fehlen (vgl. Meerkamm 1989, S. 111). Denn **Materialeigenschaften** determinieren die formalen Möglichkeiten der Gestaltung. So lassen sich aus Karton andere Formcharaktere entwickeln als z. B. aus Holz, Blech, Gummi etc. (vgl. Wagner 1981, S. 86). Der Designer sollte daher bei der Suche nach Designinnovationen in diesem Feld die Eigenschaften des jeweiligen Stoffes auf erwünschte Leistungsaspekte wie die technisch-naturwissenschaftlichen und ökonomischen Leistungen sowie die Wahrnehmungs- und Anmutungswirkungen untersuchen (vgl. Koppelmann 1993, S. 269 f.).

Moholy-Nagy charakterisiert die Eigenschaftsgefüge des Materials durch die Begriffe Materialstruktur (kristalline oder organische Struktur des Materials), Materialtextur (natürliche, unbehandelte Oberfläche des Materials) und Materialfaktur (sichtbar behandelte Oberfläche des Materials) (vgl. Moholy-Nagy 1968, S. 48). Schmitz-Maibauer entwirft eine umfassendere Eigenschaftspalette (vgl. Abb. 59) und spricht dem Material eine besondere Bedeutung zu, da „der „Stoff" das einzige Gestaltungsmittel ist, das alle fünf Sinne des Menschen ansprechen kann" (Schmitz-Maibauer 1989, S. 97). Das Material trägt damit entscheidend zur Erhöhung der Kontaktintensität zwischen Produkt und Mensch bei (vgl. Abschnitt 3.2.2.3) (siehe Abb. 59).

Die möglichen **Innovationsleistungen** neuer oder alternativ verwendeter Werkstoffe zeigt die Abbildung 60 (siehe S. 155) im Überblick:

Von einer materialbedingten **Kostensenkung** und **fertigungstechnischen Vereinfachung** profitieren der Hersteller und der Nachfrager nach Investitionsgütern möglicherweise über den Preis. **Konstruktive** und **naturwissenschaftlich-technische** Neuerungen oder Veränderungen durch neue Werkstoffe können über **andersartige Wahrnehmungs- und**

Parameter \ Sinne	Optik	Haptik	Akustik	Olfaktorik	Gustatorik
Stoffkosistenz	x	x	(x)		
Transparenz	x				
Geschlossenheit	x	x			
Gewicht	(x)	x	(x)		
Oberfläche	x	x			
Farbe	x				
Glanz	x				
Glätte	x	x			x
Übertragung	x	x			
Temperatur	(x)	x			
Elektrik		x			
Geschmack				(x)	x
Geruch				x	x
Klang			x		

Abb. 59: Beeinflussung der Sinne durch Werkstoffeigenschaften
Quelle: Schmitz-Maibauer 1989, S. 97

Anmutungswirkungen das Investitionsgüter-Design beeinflussen. Das Material wirkt darüber hinaus direkt auf die menschliche Wahrnehmung und Verwendung in **ästhetischer** (z. B. Glanzwirkung von Edelstahl), **gebrauchstechnischer** (z. B. Leichtigkeit von Styropor) und **symbolischer** Hinsicht (z. B. Hochwertigkeit von Marmor).

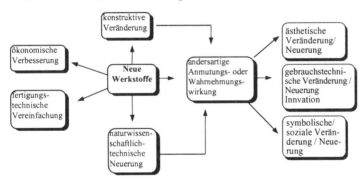

Abb. 60: Innovationsleistungen des Gestaltungsmittels „Material"
Quelle: eigene Darstellung

Die Werkstoffe „technische Keramik" und „hochfeste Kunststoffe" verdeutlichen beispielhaft das Designinnovationspotential des Materials für das Investitionsgüter-Design.

Keramische Werkstoffe zählen zu den frühsten von Menschen genutzten Materialien. Dieser Stoff trat jedoch vor der Nutzung in innovativen Verwendungsgebieten wie dem Automobilbau, der Automobilelektronik, dem Maschinenbau und der Wärmetechnik hinter der Werkstoffgruppe der Metalle zurück. Als Ergänzung dieser Werkstoffpalette kamen im 20. Jahrhundert noch die Kunststoffe hinzu (vgl. Huber 1989, S. 77).

Das Eigenschaftsprofil von technischer Keramik ermöglicht zahlreiche der oben beispielhaft genannten Anwendungsmöglichkeiten. Es zeichnet sich durch hohe Festigkeit auch bei hohen Temperaturen, große Härte und Verschleißfestigkeit, Korrosionsbeständigkeit und chemische Resistenz, niedrige Dichte und hervorragende Oberflächengüte aus (vgl. Meerkamm 1989, S. 112). Insbesondere die große Hochtemperaturfestigkeit hat dazu geführt, daß technische Keramik als Motorbauteil eingesetzt wird. Ab ca. 1000 Grad Celsius existiert für Anwendungen mit starker Temperaturentwicklung kaum eine Alternative zu Keramik (vgl. Huber 1989, S. 81).

In der Automobilelektronik z. B. profitiert der Designer von der guten Wärmeleitfähigkeit und der hohen elektrischen Isolierleistung des Werkstoffs „Keramik". Keramische Materialien werden u. a. als Substrate für Hybridschaltkreise eingesetzt. Mit diesen stellen Unternehmen der Automobilzulieferindustrie beispielsweise Bordcomputer für Automobile her. Das begrenzte Platzangebot für diesen Rechner erfordert eine hohe Dichte der gespeicherten Informationen (vgl. Huber 1989, S. 77).

Abb. 61: Keramik als innovativer Werkstoff für Leiterplatten
Quelle: Huber 1989, S. 77

Das Bild zeigt eine Schaltung mit gleicher Funktion auf einer herkömmlichen Leiterplatte und einem keramischen Substrat. Durch die hohe Wärmeleitfähigkeit der Keramik ist die Schaltung auf einem wesentlich kleineren Raum möglich. Ohne die Möglichkeit zur Miniaturisierung durch den innovativ verwendeten Werkstoff Keramik wäre der Bordcomputer etwa viermal größer (vgl. Huber 1989, S. 77), was Folgen für die Formgebung hätte. Der Pionier auf dem Gebiet der Ingenieurkeramik stellt rund 3000 verschiedene Bauteile nach speziellen Industrieangaben her, die in den Stückzahlen von einem Exemplar bis 1000 und mehr reichen (vgl. Frisch 1996, S. 48).

Eine Weiterentwicklung zu der Ingenieurskeramik stellt die sog. Nano-keramik dar, mit deren Hilfe andere Materialen wie Glas, Metall oder Kunststoff so beschichtet werden können, daß sie vor Bruch, Kratzern und Schmutzpartikeln besser geschützt sind. Die Anwendung dieser Materialinnovation ist bei Automobil-Windschutzscheiben aus leichte-ren Kunststoffen (Energieersparnis!) geplant. „Die Fenster bieten we-gen ihrer Bruchfestigkeit auch mehr Sicherheit, und die Designer erhal-ten größere Gestaltungsfreiheit" (Frisch 1996, S. 47).

Ein weiteres Beispiel für die Designinnovationsmöglichkeiten durch den Materialeinsatz bzw. die Werkstoffeigenschaften stellen die **hoch-festen Kunststoffe** dar. Die wesentlichen werkstofflichen Vorteile des Kunststoffs für den Designer sind seine Formgebungs- und Farbge-bungspotentiale und seine Eignung zum integrierten Konstruieren. Mit Kunststoffen kann der Designer Formteile von praktisch beliebig kom-plizierter Gestalt über Technologien wie Pressen, Spritzgießen, Blas-formprozesse, über Extrusion, Folienblasen, Tiefziehen sowie durch die verschiedenartigsten Schäumprozesse verwirklichen. Der Produzent kann Teile von hoher Präzision in den meisten Fällen in einem Arbeitsgang herstellen. Zudem können verschiedene Kunststoffe in der Masse ein-gefärbt bezogen werden, so daß der Hersteller ebenso die Farbgebung in den Herstellungsprozeß einbeziehen kann. Unter integriertem Kon-struieren versteht man die Möglichkeit, mehrere Teile (bzw. Funktionen) zu einem einzigen Teil zusammenzufassen. Solche integrierten Bauteile erleichtern die automatische Montierbarkeit und tragen damit erheblich zur Rationalisierung des Herstellungsvorganges bei (vgl. Weber 1989, S. 24). Die nachfolgende Abbildung verdeutlicht den Vorteil dieses Mate-rials im Hinblick auf die freizügige Formgestaltung des Produktes:

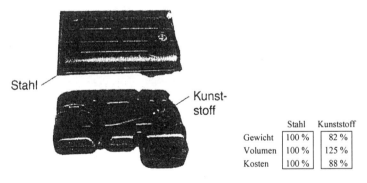

	Stahl	Kunststoff
Gewicht	100 %	82 %
Volumen	100 %	125 %
Kosten	100 %	88 %

Abb. 62: Stahl- und Kunststoff-Kraftstoffbehälter im Vergleich
        Quelle: Meerkamm 1989, S. 114

Gegenüber den herkömmlichen, aus Stahl gefertigten Kraftstoffbehäl-tern kann der Designer mit den variabel gestaltbaren Kunststofftanks quasi jede Ecken und jeden Winkel einer Karosserie ausnützen. Hinzu kommt das geringere Gewicht, die höhere Sicherheit, das größere Volu-men und die niedrigeren Kosten des Produktes aus Kunststoff (vgl. Meerkamm 1989, 113 f.).

5.3.1.2 Form als Suchfeld für Designinnovationen

Bei der Formgebung eines Investitionsgutes orientiert sich der Designer stark an dem konstruktiven Aufbau und der Funktion des Produktes, die seine Freiheit tendenziell einschränken. Die visuelle Umsetzung bzw. Abdeckung des technischen Innenlebens zur Schaffung einer übersichtlichen Ordnung und zur Gewährleistung der notwendigen Sicherheit bei der Verwendung des Produktes stehen im Vordergrund. Darüber hinaus muß der Gestalter die Transportbedingungen und die Verpackungsgestaltung des Investitionsgutes berücksichtigen. Dennoch bleibt ein weiter Rahmen für mögliche Formvarianten – ein Innovationspotential, das der Hersteller unbedingt ausnutzen sollte, da die Form der wesentlichste Bestandteil einer prägnanten Objektgestalt ist. In vielen Produktbereichen ist die Stoffwahl wegen der geforderten technischen Leistungen eingeschränkt, so daß eine spezifische Form prägende Bedeutung gewinnen kann (vgl. Koppelmann 1993, S. 272).

Eine systematische Suche nach innovativen Formvarianten sollte der Designer mit der Betrachtung der **sechs Parameter** beginnen, die eine Form charakterisieren (vgl. Koppelmann 1993, S. 274):

- Erscheinungsformen
- Formelemente
- Formdimension
- Formproportion
- Formkonturen
- Formstruktur

Bei den physikalischen **Erscheinungsformen** der Form kann man grundsätzlich zwischen formlosen (z. B. Gase, Flüssigkeiten), formunbeständigen (z. B. Pulver, Granulate), formhaltenden (z. B. Pasten, Gelee) und formfesten Gestaltauftritten unterscheiden (vgl. Koppelmann 1993, S. 274), wobei sich die weiteren Überlegungen auf **formfeste** Erscheinungsformen von Produkten beziehen.

Die Form setzt sich aus verschiedenen **Formelementen** zusammen. Man unterscheidet flächige und räumliche Formelemente, also „Punkt", „Linie", „Fläche" und „Körper" (vgl. Koppelmann 1993, S. 274 u. Koppelmann 1971, S. 77). Auch wenn der Designer bei Investitionsgütern primär dreidimensionale Körper entwirft, spielen bei der Detailgestaltung Flächen und innerhalb der Flächen Linien und Punkte eine Rolle. Die harmonische Zusammensetzung der Elemente zu einer innovativen Produktgestalt ist die kreative Aufgabe des Designers. Die Gestaltung der Formelemente ist dabei durch einen Pool an geometrischen und organischen Formen variierbar. Jedes Element kann seine Lage im Raum verändern. Darüber hinaus kann die Anordnung der Formelemente bestimmte Effekte hervorrufen, die die Gestalt beeinflussen. Stark faßt die gestalterischen Möglichkeiten der Formelemente übersichtlich in einem „Design-Baukasten" zusammen (vgl. Stark 1996, S. 67 f.).

Der **Punkt** oder die runde Spur ist das einfachste Formelement, das jedoch durch seine Größe und durch runde, eckige oder unregelmäßige Ausmaße variierbar ist. Der Designer kann darüber hinaus durch eine zentrale oder dezentrale Lage im Raum und eine regelmäßige oder asymmetrische Anordnung von Punkten (man denke an die Knöpfe eines Steuerpultes) bestimmte Effekte erzielen und z. B. die Bedienbarkeit beeinflussen (vgl. Stark 1996, S. 58).

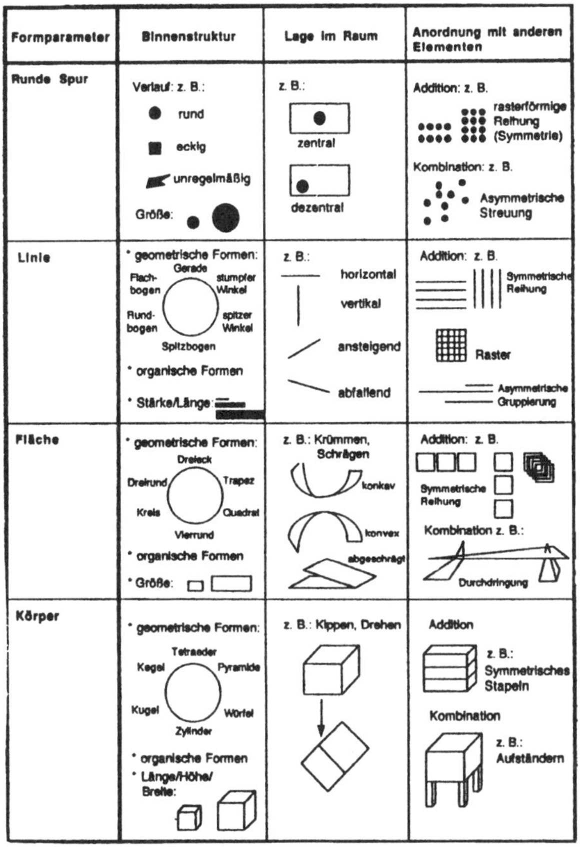

Formparameter	Binnenstruktur	Lage im Raum	Anordnung mit anderen Elementen
Runde Spur	Verlauf: z. B.: ● rund ■ eckig ◢ unregelmäßig Größe: ● ⬤	z. B.: zentral dezentral	Addition: z. B. rasterförmige Reihung (Symmetrie) Kombination: z. B. Asymmetrische Streuung
Linie	* geometrische Formen: Gerade Flachbogen / stumpfer Winkel Rundbogen / spitzer Winkel Spitzbogen * organische Formen * Stärke/Länge	z. B.: —— horizontal | vertikal / ansteigend \ abfallend	Addition: z. B. Symmetrische Reihung Raster Asymmetrische Gruppierung
Fläche	* geometrische Formen: Dreieck Dreirund / Trapez Kreis / Quadrat Vierrund * organische Formen * Größe:	z. B.: Krümmen, Schrägen konkav konvex abgeschrägt	Addition: z. B. Symmetrische Reihung Kombination z. B.: Durchdringung
Körper	* geometrische Formen: Tetraeder Kegel / Pyramide Kugel / Würfel Zylinder * organische Formen * Länge/Höhe/Breite:	z. B.: Kippen, Drehen	Addition z. B.: Symmetrisches Stapeln Kombination z. B.: Aufständern

Abb. 63: Variationsmöglichkeiten bei Formelementen
Quelle: Stark 1996, S. 68

Linien können geometrische (z. B. gerade Strecken) oder organische Formen (z. B. Wellen) aufweisen, die der Gestalter jeweils durch die Variation der Linienstärke und -länge sowie die Lage im Raum und die Anordnung der Linien differenzieren kann (vgl. Stark 1996, S. 58 ff). Dörner weist nach, daß die Lage und Anordnung von Linien bestimmte Anmutungswirkungen beim Betrachter hervorrufen können. Während der Horizonatalerstreckung eine ruhende, lastende Wirkung zukommt, wirkt eine Vertikalerstreckung eher strebend, aktiv und dynamisch. Eine ansteigende Diagonalerstreckung hat eine aggressive, aktiv-strebende Wirkung, eine abfallende Diagonalerstreckung eine rückzügliche (vgl. Dörner 1976, S. 178).

Die **Fläche** wird durch den Verlauf ihrer Umrißlinie, also der Form und Ausdehnung von Länge und Breite bestimmt. Zu den elementargeometrischen Grundformen oder Primärformen zählen das gleich-schenklige Dreieck, das Quadrat und der Kreis, denen seit der Antike bestimmte semantische Werte zugeordnet werden. Das Dreieck wird mit den Adjektiven wandelbar, problematisch, spannungsvoll, konstruktiv charakterisiert, das Rechteck und Quadrat gelten als männlich, hart, bestimmt, verstandesbetont und der Kreis als weiblich, weich, unbestimmt, gefühlsbetont (vgl. Stark 1996, S. 60). Daraus lassen sich bestimmte Anmutungswirkungen ableiten. Die flächigen Sekundärformen Trapez, Drei- und Vierrund entstehen aus der Zusammensetzung von Primärformen, die der Designer wiederum zu weiteren Formvarianten beliebig komplex kombinieren kann. Neben den geometrischen existieren auch organische oder freie Formen, die z. B. einen konvexen oder konkaven Verlauf annehmen können (vgl. Stark 1996, S. 60 f.). Das Horizontal-Erstreckungsverhältnis einer Fläche (vgl. ausführlicher Dörner 1976, S. 184 ff.) und die Gewichtsverteilung rufen bestimmte Anmutungswirkungen hervor. Kopflastige Formen beispielsweise lösen ziehende, labile Assoziationen aus, und basislastige Formen wirken drückend, stabil. Seitengleichgewichtigkeit erzeugt eher den Eindruck von Statik, Starrheit und Regelmäßigkeit, Seitenungleichgewichtigkeit den von Dynamik und Lebendigkeit (vgl. Stark 1996, S. 62.).

Körper fügen sich aus Flächen zusammen und zeichnen sich durch die drei Dimensionen Länge, Breite und Höhe aus. Es existieren geometrisch regelmäßige Primärformen (Quader, Würfel, Tedraeder, Kugel) und daraus zusammengesetzte Sekundärformen (Zylinder, Kegel, Pyramide) sowie geometrisch-unregelmäßige oder organische Formen (variierte Raumformen, Phantasieformen). Körper lassen sich im Raum drehen oder kippen und durch Addition oder Multiplikation unterschiedlicher und gleicher Formen aufständern, gruppieren, reihen usw. (vgl. Stark 1996, S. 62 ff. und Abb. 63).

Den dominanten Einsatz verschiedener geometrischer Formen zu einer innovativ anmutenden Maschine zeigt die folgende Abbildung (Abb. 64, S. 161). Insbesondere die Verwendung des Kreises als vorherrschendes Formelement in Verbindung mit der abgerundeten Oberflächenkontur differenziert das Objekt von den üblicherweise quadratisch verkleideten Maschinen, die die Funktion und Dynamik des Innenlebens nach außen oft nicht reflektieren.

Für die Kreation einer innovativen Gestaltwirkung muß der Designer neben den Formelementen auch die Formparameter Formdimension, Formproportion, Formkontur und -struktur als Suchfelder für Designinnovationen analysieren.

Während die **Formdimension** die Größenunterschiede des Produktes bei gleicher Proportion angibt, beschreibt die **Formproportion** die genauere Figur-Grundbeziehung, also das Verhältnis der Formelemente zueinander (vgl. Koppelmann 1993, S. 275 f.).

Aus der Proportionslehre der Formen entstammen die sogenannten Harmoniegesetzmäßigkeiten, die bestimmte Proportionalverhältnisse beschreiben, die der Betrachter als anmutend empfindet. Das von Euklid erstmals beschriebene mathematische Proportionalgesetz des

„**Goldenen Schnittes**", teilt eine Strecke so, daß das Verhältnis von kleiner zu größerer Strecke gleich dem Verhältnis von größerer zur Gesamtstrecke ist (vgl. Höge 1984, S. 116, Beutelspracher/Petri 1989, S. 15, Grütter 1987, S. 154). Auf jeder Strecke gibt es den sogenannten „goldenen Punkt", der sie in jene zwei ungleichen Teile zerlegt, die in diesem einmaligen, auf uns außerordentlich harmonisch wirkenden Verhältnis zueinanderstehen (vgl. Doczi 1985, S. 14).

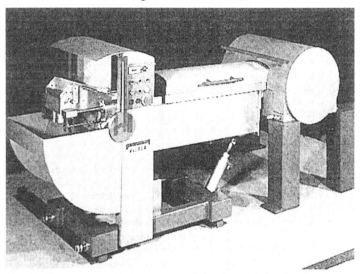

Abb. 64: Einsatz von verschiedenen, geometrischen Formen beim Maschinendesign
Quelle: Material von Schürer-Design, Bielefeld

Die **Symmetrie**, also die „spiegelbildliche Entsprechung zweier Hälften" (Schleifer 1968, S. 71) ist ein weiteres harmonisches Gestaltungsprinzip, das eine Strecke in zwei gleichgroße Teile, also im Verhältnis 1:1 teilt. Der Horizontalsymmetrie mit vertikaler Achse kommt dabei die größte Bedeutung hinsichtlich der ästhetischen Wirkung zu (vgl. Heufler/Rambousek 1978, S. 22). „Das Wort Symmetrie stammt aus dem Griechischen und bedeutet ursprünglich: anmutig, harmonisch, wohlgestaltet" (Grütter 1987, S. 159). Das Gefühl der Harmonie und Ästhetik basiert auf dem Empfinden eines visuellen Gleichgewichtes durch den Betrachtereindruck, daß auf beiden Seiten einer fiktiven senkrechten Mittellinie des Objektes gleichviel „Gewicht" lastet. Dieser Eindruck der Ausgeglichenheit und Regelmäßigkeit bedingt das harmonische Hauptkriterium der Symmetrie (vgl. Tjalve 1978, S. 179).

Der Designer kann die Form weiterhin mittels unterschiedlicher **Konturierung** differenzieren. Durch eine überlegte Ecken- und Kantengestaltung oder durch Einschnürungen und Ausbuchtungen kann der Gestalter die Formgrenzen so variiren, daß unterschiedliche optische und haptische Wahrnehmungswirkungen zu innovativen Gestalteindrücken führen. Die Formkonturen erhöhen nicht nur die optische Spannung des Betrachters, sondern können durch die Einbeziehung ergonomi-

scher und wahrnehmungspsychologischer Erkenntnisse auch die Bedie-
nungstätigkeit erleichtern (vgl. ähnlich Koppelmann 1993, S. 276 f).
Daher spielen Formkonturen bei Investitionsgütern – man denke z. B.
an die Gestaltung von Griffen und Bedienungselementen – eine wichtige Rolle. Im Hinblick auf die Anmutungswirkungen der Konturgestal-
tung lösen gerundete Ecken- und Kantengestaltungen eher Assoziationen von vertrauten, organischen Vorbildern aus, während eine gerade,
exakte Kantenführung primär Distanziertheit und Eleganz vermittelt
und das künstlich Geschaffene betont (vgl. Stark 1996, S. 65). Eine weitere Harmoniegesetzmäßigkeit besagt, daß der Mensch horizontale
und vertikale Formkonturen als besonders ästhetisch empfindet, da die
anatomische Primärstellung des menschlichen Auges diese visuellen
Hauptrichtungen begünstigt. Je weniger Augenbewegungen die ganzheitliche Erfassung der Produktform erfordert, desto unmittelbarer sei
die ästhetische Wirkung des Betrachtungsobjektes. Daher zieht der Betrachter bei jeder optischen Wahrnehmung die senkrechten und waagerechten Linien allen Schrägen vor. Da die Muskulatur zur waagerechten
Bewegung der Augen stärker ausgebildet ist als die zur senkrechten,
präferiert der Betrachter noch um einiges die horizontale Linienführung gegenüber der vertikalen (vgl. Grütter 1987, S. 124, Hamburger
1915, S. 35, Klöcker 1981, S. 83 f.). „Liegende" Formen, also solche, die
sich vor allem in der Horizontalen erstrecken, werden einfacher wahrgenommen und enthalten so aber auch weniger Originelles als die „stehende" Form" (vgl. Grütter 1987, S. 124). Eine Beschränkung auf rein
vertikal und horizontal verlaufende Formkonturen kann den Anmutungseindruck von Strenge oder Steifheit erzeugen, was zu einer unle-
bendigen Starrheit der Objekte führen könnte (vgl. Heufler/Rambousek
1978, S. 28).
    Beispiele für die Variationsmöglichkeiten durch unterschiedliche
Formkonturen und Formstrukturen zeigt die folgende Abbildung:

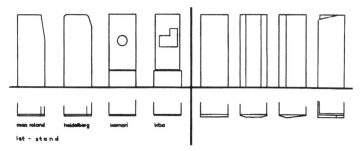

Abb. 65: Formvarianten für das Gehäuse von Druckwerken
        Quelle: Materialen von KBA-Planeta, Radebeul

Es handelt sich dabei um die Schemazeichnung eines Herstellers von
Mehrfarben-Bogenoffsetdruckmaschinen. Die in der Abbildung gezeich-
neten Quader-Varianten stellen die Gehäuse für die verschiedenfarbi-
gen Druckwerke dar, die in Reihenbauweise nacheinander aufgestellt
und mit Übergabetrommeln verbunden werden. Die rechteckige Form

dieser Teile der Druckmaschine ist vornehmlich konstruktiv bedingt. Ein Vergleich mit den Wettbewerbern zeigt, daß sich die Produktformen aller Anbieter ähneln. Heidelberger Druckmaschinen und MAN Roland versuchen sich durch andere Formkonturen von den Konkurrenten abzuheben. KBA-Planeta entscheidet sich unter den neuen Formvarianten für die von rechts gesehen zweite. Der Konstrukteur sieht in der Herausarbeitung einer vertikalen Konturlinie (ohne eine farbliche Veränderung) und der dadurch erreichten Flächenbrechung eine Möglichkeit, die Langeweile der glatten Fläche zu verhindern und sich damit optisch von den Wettbewerbern zu differenzieren (vgl. Großmann 1996/97). „Große Flächen lassen sich durch Kanten (im Original kursiv, Anm. d. Verf.) in ihrer Massigkeit ‚brechen' " (Koppelmann 1993, S. 278). Dieses Beispiel betrifft also ebenso die **Formstruktur**, die sich auf die Variation innerhalb der gegebenen Formgrenzen durch Linien, Fugen, Flächenbrechung, Bedienteilanordnung usw. bezieht (vgl. Koppelmann 1996, S.274/278).

Große Übersichtlichkeit verschafft das von Lehnhardt entwickelte **Ausdruckspolaritätenprofil**, das anhand von vierzehn bipolaren Begriffspaaren die möglichen Erscheinungsmerkmale einer Produktform charakterisiert (vgl. Lehnhardt 1996, S. 150 ff.).

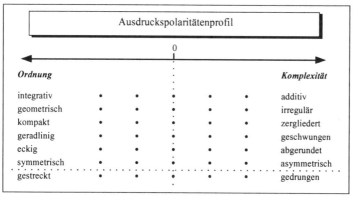

Abb. 66: Ausdrucksbestimmte Phänomene des Suchfeldes „Form"
Quelle: Lehnhardt 1996, S. 158

Auch wenn dieses Instrumentarium für die phänomenologische Analyse von Designprägnanzen bzw. -stilen entworfen wurde, läßt sich hiermit das Suchfeld „Form" zwar nicht gesamtumfänglich, aber pragmatisch überschaubar für den Investitionsgüterbereich darstellen. Die übergeordneten Bestimmungsvariablen des Gestaltaufbaus „**Ordnung**" und „**Komplexität**", nach denen die Adjektive strukturiert sind, können hier als übergeordnete Suchkriterien dienen. Im Investitionsgüter-Design kommt dem Prinzip Ordnung ein hoher Stellenwert zu, da die Funktionen immer komplizierter werden und die Sicherheit der Bedienung und die Erfaßbarkeit der Produktinformationen nur durch gestalterische Übersichtlichkeit gewährleistet werden kann (vgl. Abschnitt 4.6.2). Die Formgebung bei Investitionsgütern zeichnet sich demzufolge durch eine eher integrative, geometrische und kompakte Form mit geradlinigen, eckigen Formkonturen und symmetrischen Formproportionen aus. Um bei dem Käufer die Anmutung innovativer Ausdrucksformen hervorzurufen, sollte der Designer jedoch auch die Phänomene einer Formgebung einbeziehen, die eine komplexe Anmutung auslösen. Die auf Abbildung 64 gezeigte Maschine von Schürer-Design mutet eher additiv, irregulär, zergliedert, geschwungen, abgerundet, aber gestreckt und symmetrisch an. Dennoch ist ihre Wirkung nicht von einer beunruhigenden Komplexität, die Bedienungsängste auslöst. Innovatives Investitionsgüter-Design muß die Formparameter zu einem innovativen Produkterlebnis zusammenfügen, ohne zu stark zu entfremden.

5.3.1.3 Farbe als Suchfeld für Designinnovationen

Das Suchfeld „Farbe" sollte den Investitionsgüterhersteller in besonderem Maße interessieren, da sich innovative Effekte bei einem Investitionsgut durch Farbveränderung zu geringen Kosten realisieren lassen. Die Farbe ist (...) ein billiges, vorurteilsbildendes, gebrauchswertsteigerndes Gestaltungselement (Seeger 1992, S. 251). Da die Farbwahl aber auch gleichzeitig die am sensibelsten zu behandelnde Entscheidung ist (vgl. Küthe/Venn 1996, S. 7), sollte der Investitionsgüterhersteller diese nur auf der Grundlage einer planvollen Suche für innovative Farbcharaktere treffen. Die Farbe steht dabei immer im Kontext mit anderen Gestaltungsmitteln. Auch die Art des Produktes sowie die Umgebung, in der es verwendet wird, bedingen die Farbwahl. Die Farbgestaltung der Arbeitsumwelt ist ein wichtiger Einflußfaktor auf die Wahrnehmung des Mitarbeiters. Neben der **farbpsychologischen Wirkung** in der Kaufsituation und bei der Verwendung des Produktes sollten im Investitionsgüterbereich besonders die **Informationsleistungen** der Farbe im Vordergrund der Gestaltungsbemühungen stehen.

Heute sind weltweit etwa 7,5 Millionen Farben und ca. 2800 Farbnamen bekannt – eine Tatsache, die das Innovationspotential dieses Parameters unterstreicht. Die deutsche Umgangssprache verfügt über 280 Farbbezeichnungen, von denen nur 12 (grün, blau, rot, gelb, orange, rosa, braun, schwarz, weiß, violett, purpur, grau) häufiger benutzt werden (vgl. Leitherer 1982, S. 307 u. Maier 1977, S. 633). Schätzungsweise ist das menschliche Auge befähigt, etwa 500 000 Farbnuancen zu differenzieren (vgl. Kelm 1971, S. 42).

Die Farbtheorie unterscheidet bei den **Farbtönen** die drei Grund- oder Elementarfarben „gelb", „rot", „blau", die Mischfarben (alle übrigen Farben) und die Nicht-Farben „schwarz", „weiß", „grau" (vgl. Frieling 1957, S. 11). Koppelmann wählt eine abweichende Klassifikation der Farben und trennt die Kategorien bunte Farben (z. B. Regenbogenfarben), unbunte Farben (Weiß bis Schwarz), Erdfarben (Braunnuancen), Metallfarben (Goldfarben, Silberfarben, Aluminiumfarben, Messingfarben usw.), Metallic-Farben (durch fein verteilte Metallpartikel optisch aufgewertete Farbkompositionen) und Sonderfarben. Letztere bezeichnen Colorierungen mit speziellen Helligkeitsparametern wie Leuchtfarben oder Oberflächenmodifikationen wie Perlmut, Craquelee, Hammerschlag (vgl. Koppelmann 1993, S. 287). Als weitere Farbdimensionen unterscheidet man die Ausprägungen der **Helligkeit** (z. B. hell–dunkel durch Zusatz von Schwarz und Weiß) und der **Sättigung** bzw. Reinheit (z. B. rein, klar, leicht getrübt, getrübt, stark getrübt) (vgl. Hase 1989, S. 90, Koppelmann/Küthe 1987, S. 114, Mante 1977, S. 34). Nach DIN 6164 definiert man die Farbe über die drei Bestimmungsgrößen Bunttonzahl, Sättigungsstufe und Dunkelstufe (vgl. Seeger 1992, S. 251). Auch Gericke/Richter/Schöne sehen die auffälligsten visuellen Unterscheidungsmerkmale einer Farbe in dem Farbton, der Helligkeit und der Sättigung begründet, weisen jedoch darauf hin, daß für die ästhetische Qualität einer Farbe außerdem noch der Materialcharakter des Farbträgers von ausschlaggebender Bedeutung ist (vgl. Gericke/Richter/Schöne 1981, S. 8).

Die Farbe als Suchfeld setzt jedoch nicht nur bei der Kreation neuer Farbtöne an, sondern kann auch auf die neuartige **Farbordnung** und die **Farbkontrastgestaltung** bezogen sein. Die Farbordnung der Farbgebung einer Gestalt resultiert aus den Symmetrien und den Proportionen der Farbflächen und Farbmuster. Weiterhin ergeben sich Farbordnungen aus dem Verhältnis der Farbtöne (Kontrast, Monochromie u. a.) zueinander (vgl. Seeger 1992, S. 39). Die Farbgestaltung von Maschinen und Geräten sollte festlegen, welche Farben, bezogen auf das zu gestaltende Objekt, eine gliedernde und welche eine bindende Wirkung übernehmen sollten und in welcher Art die Farben zu gruppieren sind. Die Kombination von kontrastierenden oder ähnlichen Farben erfolgt nach den Gesetzen von Gleichgewicht und Spannung (vgl. Gericke/Richter/Schöne 1981, S. 13). Monochrome Farbkombinationen (Ton-in-Ton) erscheinen gedämpft und kultiviert, häufig aber auch ängstlich. Der Kontrast bezeichnet das eindeutige Absetzen einer Farbe gegen eine andere, was zu einer Ästhetik des Gegensatzes führen soll. Um eine innovative Wirkung zu erreichen, kann der Designer mit verschiedenen Kontrastarten experimentieren (vgl. Seeger 1992, S. 263 f., Knuf 1988, S.48, Itten 1961, S. 58, Raab 1976, S. 54 f., Gericke/Richter/Schöne 1981, S. 160 ff.):

- Buntkontrast (Kombination von zwei Vollfarben)
- Unbuntkontrast (Kombination von weiß, schwarz oder grau)
- Quantitätskontrast (Mengenverhältnis der konstrastierenden Farbflächen)
- Intensitätskontrast (Stärke der Farbgegensätze)
- Helligkeitskontrast (Hell-Dunkel-Gegensatz)
- Komplementärkontrast (Kontrast von farbtonunähnlichen Gegenfarben)
- Kalt-Warm-Kontrast (Temperaturanmutungskontrast)
- Nah-Fern-Kontrast (Distanzanmutungskontrast)
- Simultankontrast (Gegenseitige Beeinflussung und Veränderung von Farben)
- Flimmerkontrast (Wirkung von Farben gleicher und ähnlicher Dunkelkeitsstufe)
- Sukzessivkontrast (Nachbild oder Gegenfarbe)

Mit einer systematischen Farbbeobachtung, dem sogenannten **Farb-scouting**, kann das Unternehmen die Variations- bzw. Innovationsmöglichkeiten der Farbgebung auch im Investitionsgütersektor erforschen. Scouts sind speziell ausgebildete Beobachter, die Veränderungen im Feld kurzfristig registrieren und damit dem Zeitgeist Rechnung tragen (vgl. Küthe/Venn 1996, S. 120). Suchfelder für Investitionsgüter können dabei z. B. die Farbgebung im Konsumgütersektor oder in der Automobilindustrie sein. Desweiteren ist es aufschlußreich, auf Messen die Farbwahl der Konkurrenten zu analysieren und so die gewählte Farbpalette für ein bestimmtes Investitionsgut zu vergleichen und Anmutungswirkungen der präferierten Farben festzuhalten (Schürer 1996).

Unter **Farbanmutung** versteht Seeger alle Bedeutungen und Assoziationen, die eine einzelne Kultur einer Farbe zugeweist (vgl. Seeger 1992, S. 255). Küthe/Venn versuchen die Begriffe Farbanmutung, -empfindung und -assoziation zu differenzieren, wenngleich viele Autoren die Begriffe synonym benutzen. Im Gegensatz zu Farbempfindungen, die unreflektiert und spontan geäußert werden, stellen Farbanmutungen reizinduzierte Empfindungen dar, die mit Erfahrungen und Vorerfahrungen gekoppelt sind. Eine Farbempfindung kann zu Gedankenverbindungen, also Assoziationen anregen, bevor es zur Anmutung kommt (vgl. Küthe/Venn 1996, S. 52/58). Eine konsequente Abgrenzung der Begriffe scheint aufgrund der schwer meßbaren Farbwirkungen jedoch schwierig.

Da sich die Anmutungswirkungen durch äußere Einflüsse wie Moden, Medien etc. verändern, ist es kaum sinnvoll, Farben normierte und fixierte Anmutungsentsprechungen zuzuordnen (vgl. Küthe/Venn 1996, S. 60). Darüber hinaus unterscheidet sich das individuelle Farbempfinden, weil es einer Reihe von subjektiven Faktoren (soziale Schicht, Alter und Geschlecht, kulturspezifische und religiöse Prägung, Mode, Umgebung) unterliegt (vgl. Maier 1977, S. 636 f., Hase 1989, S. 86, Küppers 1989, S. 32). Diverse wissenschaftliche Beiträge haben dennoch gezeigt, daß partiell eine übergreifende Übereinstimmung in der anmutungshaften Wirkung von Farben besteht (vgl. z. B. Heller 1989, Pawlik 1979, Frieling 1968).

Die Wirkung der Farbe auf das **menschliche Empfinden von Temperatur** kann an Untersuchungen belegt werden, die Bedeutung im Investitionsgüterbereich haben. Die Psychologen Warden und Flynn stellten bei umfangreichen Farbuntersuchungen fest, daß ein Raum, der in blaugrün gestrichen ist, bei Versuchspersonen bereits bei 15 Grad Celsius ein Kältegefühl vermittelt, während der gleiche Raum orangefarbig erst bei 2 Grad Celsius zu derartiger Wirkung führte (vgl. Slany 1988, S. 16). Die Untersuchungen zeigen, daß die menschlichen Erfahrungswerte über Wärme- und Kälteempfindungen mit den Werten der warmen und der kalten Farben korrelieren. Denn Gelb, Orange, Rot stehen in Analogie zu Sonne, Licht, Feuer und Wüstensand und gelten somit als warme Farben. Sicherlich um diese Anmutungswirkungen bzw. Assoziationen hervorzurufen, entschied sich die Firma Viessmann, die Heizungsanlagen in einem kräftigen Orange zu gestalten, das zum wesentlichen

Bestandteil der gewählten Corporate-Design-Strategie avancierte (vgl. Design Zentrum Hessen 1995, S. 106). Grün, Blau und Violett lehnen sich gedanklich an Himmel, Eis, Meer und Wiese an und assoziieren Kälte. Ebenso konnte man in Untersuchungen darlegen, daß die **Stimmung des Menschen** durch Farbe beeinflußt werden kann. Während sich in einem roten Raum die Atmung beschleunigt und der Puls und Blutdruck steigen (sehr aufreizend, beunruhigend), bewirkt ein blau gestrichener Raum genau das Gegenteil (beruhigend) (vgl. Slany 1988, S. 16).

Küthe/Venn weisen dennoch auf die Gefahren hin, die die Formulierung allgemeiner Farbanmutung mit sich bringt und schlagen eine Systematik vor, mit der sich Farbanmutungen festlegen lassen. Um die Anmutungen begrifflich besser zu fassen und einen Feldcharakter zu schaffen, empfehlen die Autoren eine polare Gliederung, die die bisher als relevant hervorgetretenen Anmutungscharaktere umfaßt. Für eine feinere Analyse können die **abstrakten Anmutungscharaktere durch Einzelanmutungen (Charakterelemente)** spezifiziert werden. Die aussagekräftigeren Ergebnisse werden erzielt, wenn man die Anmutungscharaktere nicht für Einzelfarben, sondern für Farbzusammenstellungen z.B. anhand eines Kompositionsatlasses untersucht (vgl. Küthe/Venn 1996, S. 60 ff). Folgende Anmutungscharaktere und Einzelanmutungen kann der Forschende unterscheiden (siehe Abb. 67, S. 168):

Abbildung 68 (siehe farbige Abb., S. 126) zeigt eine Farbgebung bei einem Investitionsgut, die in diesem Kontext originell und avantgardistisch anmutet.

Die Farbgebung kann darüber hinaus **Synästhesien** (durch die Reizung eines Sinnesorgans wird ein anderes miterregt) in bezug auf Akustik, Geruch, Geschmack, Formwahrnehmung, Gewicht, Dimension, Haptik und Gesamtbefinden auslösen (vgl. Küthe/Venn 1996, S. 54 ff.), die der Designer beim innovativen Produktdesign gezielt einsetzen sollte. Beispielhaft sei der Zusammenhang zwischen Farbwirkung und Gewichtempfinden des Menschen aufgezeigt. Versuchspersonen sollten die Gewichte gleich großer und gleich schwerer, jedoch verschiedener farbiger Verpackungen schätzen. Das Gewicht der weißen Packung wurde mit 3 pounds bekanntgegeben. Eine grüne Verpackung wurde bereits auf 4, 1 pounds geschätzt, eine blaue auf 4,7 und eine schwarze auf 5,8, also als doppelt so schwer wie die weiße erachtet. Der Anlaß für den Versuch waren die Beschwerden von Transportarbeitern, die an bestimmten Tagen früher als sonst über Ermüdungserscheinungen klagten, obwohl sie an allen Tagen Kisten mit gleichem Gewicht verluden. Bei der Überprüfung stellte man tatsächlich fest, daß an den kritischen Tagen schwarze Kisten statt wie sonst weiße zu transportieren waren (vgl. Slany 1988, S. 16). Mit diesem Wissen kann der Designer beim innovativen Investitionsgüter-Design unerwünschte Wirkungen vermeiden bzw. gewünschte bewußt hervorrufen.

Die Farbe sollte gezielt zur Sendung von produktsprachlichen Informationen eingesetzt werden. Folgende **Informationsleistungen** der Farbe sollten dabei bedacht werden (vgl. Seeger 1992, S. 257 ff.):

- Sichtbarmachung und Tarnung mit Farben
- zweckkennzeichnende Farben
- bedienungskennzeichnende Farben
- prinzip- und leistungskennzeichnende Farben
- material- und fertigungskennzeichnende Farben
- kostenkennzeichnende Farben
- zeitkennzeichnende Farben
- herstellerkennzeichnende Farben
- marken- und händlerkennzeichnende Farben
- verwenderkennzeichnende Farben

Durch ihre Markierung lassen sich Produktteile oder Zeichen hervorheben (z. B. durch Leuchtfarben, Kontraste). Diese **Sichtbarmachung** bestimmter Gestaltungsmittel steigert gezielt eingesetzt die Bedienungssicherheit des Produktes. Im Gegensatz dazu lassen **Tarnfarben** Produktelemente zurücktreten (z. B. durch das Ähnlichkeitsprinzip zum Hintergrund), was einen erheblichen Einfluß auf die Ästhetik des Produktganzen haben kann.

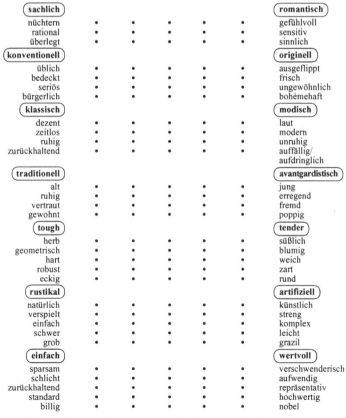

sachlich					romantisch
nüchtern	•	•	•	•	• gefühlvoll
rational	•	•	•	•	• sensitiv
überlegt	•	•	•	•	• sinnlich
konventionell					**originell**
üblich	•	•	•	•	• ausgeflippt
bedeckt	•	•	•	•	• frisch
seriös	•	•	•	•	• ungewöhnlich
bürgerlich	•	•	•	•	• bohèmehaft
klassisch					**modisch**
dezent	•	•	•	•	• laut
zeitlos	•	•	•	•	• modern
ruhig	•	•	•	•	• unruhig
zurückhaltend	•	•	•	•	• auffällig/ aufdringlich
traditionell					**avantgardistisch**
alt	•	•	•	•	• jung
ruhig	•	•	•	•	• erregend
vertraut	•	•	•	•	• fremd
gewohnt	•	•	•	•	• poppig
tough					**tender**
herb	•	•	•	•	• süßlich
geometrisch	•	•	•	•	• blumig
hart	•	•	•	•	• weich
robust	•	•	•	•	• zart
eckig	•	•	•	•	• rund
rustikal					**artifiziell**
natürlich	•	•	•	•	• künstlich
verspielt	•	•	•	•	• streng
einfach	•	•	•	•	• komplex
schwer	•	•	•	•	• leicht
grob	•	•	•	•	• grazil
einfach					**wertvoll**
sparsam	•	•	•	•	• verschwenderisch
schlicht	•	•	•	•	• aufwendig
zurückhaltend	•	•	•	•	• repräsentativ
standard	•	•	•	•	• hochwertig
billig	•	•	•	•	• nobel

Abb. 67: Polaritätenprofil der Anmutungscharaktere und Einzelanmutungen für Farben
Quelle: Küthe/Venn 1996, S. 61

In der Industrie haben sich bestimmte **zweckkennzeichnende Farben** (nach DIN 5381) eingebürgert. Für technische Geräte beispielsweise hat der Drei-Figuren-Test innerhalb einer Untersuchung von J.J. Wittenberg folgende Vorzugsfarben ergeben: Weiß, Grau und Blaugrün in verschiedenen Nuancen, Dunkel- und Hellblau sowie Orangebraun. Die blaue Farbgebung dominiert bei technischen Geräten. Eine Abweichung von diesen Vorzugsfarben kann zum einen auf die Zielgruppe entfremdend wirken, zum anderen aber auch innovative Impulse vermitteln. **Bedienungskennzeichnende Farben** sollen die Leichtigkeit der Benutzung und die Arbeitssicherheit des Produktes gewährleisten (z. B. Farbkodierungen für Druckknöpfe). Rot beispielsweise signalisiert häufig Gefahr und die Aufforderung zu erhöhter Vorsicht (z. B. Not-Aus). **Prinzip- und leistungszeichnende Farben** verweisen zum Beispiel auf die Standsicherheit eines Produktes, indem man unten dunkle und oben helle Farbtöne verwendet. Farben können ebenso die Verwendung bestimmter **Materialien oder Fertigungsarten** anzeigen (z. B. Blau bei Stahlguß). Darüber hinaus deutet die Kolorierung oftmals auf die **Kosten** der Produktherstellung hin. RAL-Farben beispielsweise sind weniger kostenintensiv als Metallic-Lacke. Farben weisen auch auf die **Herstellungszeit** des Gegenstandes hin, da bestimmte Moden und zeitgenössische Farbpräferenzen in das Produktdesign einfließen (vgl. Abschnitt 4.6.1). Das oben geschriebene Farbscouting kann innovative Farbtendenzen einfangen. **Herstellerkennzeichnende Farben** sollen dem Kunden die Identifizierbarkeit der Produktherkunft ermöglichen und damit der erwünschten Corporate-Design-Strategie Rechnung tragen (z. B. Vitroorange von Viessmann). Ebenso zeigen **Markenfarben oder eine händlerkennzeichende Kolorierung** dem Käufer einen garantierten Qualitätsstandard des Produktes an. Bei **verwenderkennzeichnenden Farben** ist zum Beispiel an Berufskleidung oder Uniformierung zu denken.

5.3.1.4 Oberfläche als Suchfeld für Designinnovationen

Die Oberfläche ist ein derivatives Gestaltungsmittel, dessen Aktionsspielraum durch Interdependenz zu der Form, der Farbe und dem Material eingeschränkt wird. Die form- und stoffbezogene Oberflächengestaltung stehen im Vordergrund. Eine stoffbezogene Oberflächenveränderung ergibt sich, wenn man auf ein Trägermaterial einen weiteren Werkstoff aufbringt. Als formbezogene Parameter sind die ebene (flachbündige), die erhabene (z. B. Reliefs, aufgedoppelte Streifenbänder, Noppen) und die vertiefte (Flachreliefs, Einfräsungen, Ausätzungen) Oberflächenausprägung sowie das Glätten (z. B. durch Schleifen, Polieren, Hobeln, Schmirgeln usw.) oder Rauhen (z. B. durch Bürsten, Sandstrahlen usw.) der Oberfläche zu differenzieren (vgl. Koppelmann 1993, S. 301 f.).

Der Investitionsgüterhersteller sollte die aus der innovativen Gestaltung der Oberflächenbeschaffenheit resultierenden **optischen und haptischen bzw. taktilen Sinneseindrücke** beachten. Über das Auge nimmt der Betrachter wahr, ob eine Fläche glänzend oder matt aussieht. Dabei muß der Designer berücksichtigen, daß Oberflächen im Gesichtsfeld entspiegelt oder matt sein sollten, um Unfälle durch Blenden zu vermeiden (vgl. Seeger 1992, S. 229 f.). Auch kann eine unterschiedliche Textur auf eine funktionale Trennung von Produktteilen hindeuten (vgl. Hase 1989, S. 98). Bezogen auf den Tastsinn interessieren zum einen die haptische Qualität durch Ausformungen der Oberfläche wie Begrenzungsenden, Kanten und Ecken und zum anderen die taktile Wahrnehmung durch die Stofflichkeit, d. h. die spezifische Beschaffenheit des Materials (vgl. Heufler/Rambousek 1978, S. 29). Man unterscheidet in diesem Zusammenhang den Kontakt-, den Zufassungs- und den Umfassungsgriff. Hier setzen wieder **ergonomische Überlegungen** an. Die Oberflächengestaltung sollte Greifsympathie und Bedienfreundlichkeit erzeugen. Scharfkantige Oberflächenreliefs sind wegen der Verletzungsgefahr zu vermeiden. Die Rauhigkeit eines Materials kann die Stand- bzw. Rutschsicherheit erhöhen. An Griffen ist die Kraftübertragung und der Koppelungsgrad zu gewährleisten (Seeger 1992, S. 229). Darüber hinaus sollte der Designer den Reinigungsaufwand bestimmter Oberflächen berücksichtigen.

Aufgrund spezifischer DIN-Vorschriften sind alle Prüf- Meß-, Kontakt- u. a. Oberfächen als invariable Oberflächen aus den Designüberlegungen auszuschließen, so daß lediglich die Sicht-, Blick- und Griffflächen den innovativen Gestaltungsbemühungen zur Verfügung stehen (vgl. Seeger 1992, S. 227). Da die Funktionalität und die Arbeitssicherheit bei Investitionsgütern im Mittelpunkt stehen, verzichtete man bisher allerdings auch bei diesen Flächen darauf, rein dekorative **Ornamente** zu verwenden. Eine Variation der Produktoberfläche kann diese Gestaltungsaufgabe erfüllen, indem man dem Grundprodukt formale oder farbige Applikationen oberflächlich hinzugefügt oder durch Materialveränderung bzw. ursprünglicher Materialbelassung (z. B. Holzmaserung) Ornamente kreiert. Man unterscheidet also angebrachte und kunstgemachte bzw. naturgegebene strukturelle Ornamente (vgl. Read 1958, S. 152). Damit könnte man auch im Investitionsgüterbereich der Annahme Rechnung tragen, daß eine emotionale Notwendigkeit zur Ornamentierung besteht, die Psychologen mit der Angst des Menschen vor leeren Flächen, dem sogenannten „horror vacui" begründen (vgl. Mana 1978, S. 26). Der Übergang der Ornamentik zum Zeichen ist fließend.

5.3.1.5 Zeichen als Suchfeld für Designinnovationen

Die Visualisierung von kaufentscheidenden (technisch-funktionalen und ökonomischen) Leistungsmerkmalen mittels Anzeichen im produktsprachlichen Sinne bildet laut Untersuchungsergebnissen von Geipel den Schwerpunkt des Industriedesigns von Investitionsgütern (vgl. Geipel 1990, S. 289). Anzeichen sind Mensch-Objekt-Beziehungen, die über eine spezifische Art der Zeichenwirkung zustande kommen und es ermöglichen, die praktischen Funktionen des Produktes visuell darzustellen (vgl. Fischer/Mikosch 1984, S. 8 und Abschnitt 2.1.4.4.2 zur Theorie der Produktsprache). Der Einsatz von Zeichen dient im Rahmen des Innovationsdesigns dazu, die neuartigen Produktmerkmale in der

Marktwahlsituation rasch zu kommunizieren. Darüber hinaus sind Zeichen in entscheidendem Maße dafür verantwortlich, die Bedienbarkeit in der Verwendungssituation zu erleichtern und diese innovativ zu gestalten.

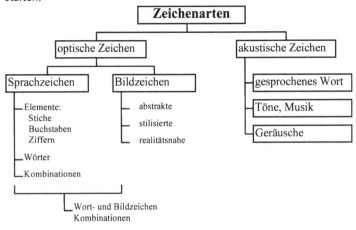

Abb. 69: Zeichenarten als Suchfeld für Designinnovationen
Quelle: Koppelmann 1993, S. 295

Koppelmann unterscheidet die **Zeichenarten** der optischen und akustischen Zeichen (vgl. Koppelmann 1993, S. 295 f.), die Anhaltspunkte für einzelne Suchfelder bieten. Gerade technische Produkte weisen neben optischen auch zunehmend **akustische Zeichen** (z. B. Warnsignale) auf (vgl. Koppelmann 1993, S. 296, Abschnitt 5.3.3.2.3). **Optische oder grafische Zeichen** umfassen zum einen Bildzeichen oder Piktogramme und zum anderen Schriftzeichen oder alpha-numerische Zeichen. Die Bildzeichen sind zeichentheoretisch Ikone und Indizes, d. h. abbildende und hinweisende Zeichen. Sie sind entwicklungsgeschichtlich die ältere und konkretere Zeichenart. Schriftzeichen sind die entwicklungsgeschichtlich jüngere und abstraktere Zeichenart. Sie stellen im zeichentheoretischen Sinn Symbole, d. h. repräsentierende Zeichen dar (vgl. Seeger 1992, S. 233). Die hier angrenzende Problematik des Markennamens als spezifisches Schriftzeichen und des Logos oder Markenzeichens als Bildzeichen soll aus den Überlegungen dieser Arbeit ausgeklammert werden, da sie über die Thematik „Industriedesign" hinausführen würden (vgl. z.B. Welbers S. 93 ff., S. 184 ff., Nommensen 1990, S. 1 ff.).

Bei technischen Investitionsgütern entwickelt sich ein breites Anwendungsfeld für **Bildzeichen**, da die technischen Objekte aufgrund der rasch vordringenden Mikroelektronik durch eine starke Betonung der Maschinensteuerung vom Bedientableau aus zu Lasten der Produktkörperlichkeit gekennzeichnet sind. „Jeder Chip sieht gleich aus, unabhängig ob er einen Sprachcomputer steuert oder einen Bagger" (Lengyel 1993, S. 53). Die Beschleunigung der Prozesse und Verkürzung der Arbeitszyklen bedingen bei der gegenwärtigen Maschinenentwicklung eine stärkere Gefährdung des Bedienpersonals, eine Zunahme der

Emissionen und eine Verringerung der Prozeßüberschaubarkeit. Diese Faktoren führten zur Vollverkleidung der Maschinen und zur räumlichen Trennung zwischen dem Prozeß, der im Inneren des Produktes abläuft, und der Prozeßüberwachung, die der Maschinenführer am Steuerpult wahrnimmt (vgl. Schürer 1989, S. 4). Die neue Produktgeneration ist dadurch geprägt, daß die **Schnittstelle zwischen Produkt und Mensch** auf **eine Bildfläche oder ein Steuerpult** beschränkt ist. „Die Designaufgabe reduziert sich dabei auf die sogenannte Benutzer-Ober-Fläche. Das heißt: von der Körper-Semantik auf die Produkt-Grafik" (Gros 1990, S 40). Der Verlust der Anschaulichkeit fordert ein Umdenken im Design von der Hardware- zur **Software-Orientierung** (vgl. Lengyel 1993, S. 53). Möglicherweise sind Zeichen daher das wichtigste Suchfeld des innovativen Investitionsgüter-Designs (siehe farbige Abb. 70, S. 127).

Der Vorteil von **Bildzeichen** ist, daß das Bild schneller und mit geringerem Raumbedarf Information vermittelt als eine verbale Botschaft. Daher werden Bilder und Zeichen in immer größerem Umfang als Informationsmittel verwendet, was ihrem Einsatz gleichzeitig einen inflationären Charakter verleiht. Bei dem visuellen Überangebot an Informationen, das uns täglich belastet, kann eine innovative Zeichengebung daher auch abschreckend wirken. Denn Zeichen müssen nicht nur erkannt, sondern auch gelesen und verstanden werden (Kapitzki 1993, S. 11/20). Das Verstehen von Zeichen muß entweder durch das Erfahren und Begreifen innerer Wirkungszusammenhänge und -abhängigkeiten oder durch die Wissensvermittlung von künstlich geschaffenen Bedeutungssystemen gelernt werden, so daß sich jede Sozialisation ein spezifisches Zeichenrepertoire aneignet. Zeichen können dennoch unterschiedlich gedeutet werden, was die Eindeutigkeit der Aussagen zum Kernproblem der Zeichengestaltung macht (vgl. Fischer/Mikosch 1984, S. 17). Die unterschiedlichen Interpretationsmöglichkeiten der Zeichengebung an Produkten erschweren insbesondere die internationale Marktbearbeitung bei Investitionsgütern. Hier gilt es, die Verständlichkeit von Zeichen bei der ausländischen Zielgruppe vorab zu testen. Der Lernaufwand für ein innovatives Zeichensystem muß im Verhältnis zu seinem Nutzen stehen. Um dem Lernaufwand zu verringern, hat das Deutsche Institut für Normen in der DIN 30600 versucht, Bildzeichen einheitlich festzuschreiben (vgl. Seeger 1992, S. 237). Kapitzki bedauert bei dieser DIN-Norm allerdings die mangelnde Sensibilität für die Gestaltungsqualität und den geringen Einfallsreichtum bei der Umsetzung von Begriffen und Sachverhalten in markante Zeichen (vgl. Kapitzki 1993, S. 22).

Seeger stellt als die wichtigsten Kriterien für die **Praktikabilität von Bildzeichen** die folgenden heraus (vgl. Seeger, S. 237):
- Schnelle Erkennbarkeit
- schnelle Erfaßbarkeit
- leichte Wiedererkennbarkeit
- Unabhängigkeit von Sprache
- Anbringung auf gleichgroßen Flächen

Es ist jedoch unbedingt notwendig, über die Praktikabilität von Zeichen hinaus durch deren Anmutungswirkung dem zunehmenden Bedarf an ästhetischer Information gerecht zu werden (vgl. Kapitzki 1993, S. 11/ 20/27). In diesem Sinne empfindet Gros das Piktogramm als das **Ornament** der „neuen Technologie". Er sieht die Entwicklung von funktionserklärenden und zugleich ornamentalen Piktogrammen sogar als Schlüsselfrage der künftigen Stilentwicklung im Design: „Wo die neue Technik schließlich selbst zur *Fläche* schrumpft, wo das Wort Ober-Fläche seinen Sinn verliert, weil es kein materielles Darunter mehr gibt, da können sich die Gegenstände ohnehin nur noch außen unterscheiden – d. h. am klassischen Ort des Ornaments." (Gros 1990a, S. 46). Dies gilt im besonderen für das Design von technikverhüllenden Investitionsgütern.

Ein **Piktogramm** ist ein ikonisches Zeichen, das seine Bedeutung aus einer bildhaften Ableitung der Sinn- oder Begriffsgebung erhält. Die Qualität dieser Darstellung erzielt man durch Abstraktion und Formreduzierung, die Eindeutigkeit resultiert aus dem Bezug von Zeichenfigur und Zeichenfeld (vgl. Kapitzki 1993, S. 20). Um die neue Bilderschrift zu verstehen, braucht man eine visuelle Grammatik, ein verbindliches Regelwerk, bei dessen geschulter Anwendung die Botschaft eindeutig interpretiert wird (zu den Regeln vgl. Gros 1990, S. 46 ff.).

Ein Beispiel für die Bedeutung von Zeichen für das innovative Design von Investitionsgütern ist die Abbildung einer Steuerung für eine Universaldrehmaschine (siehe farbige Abb. 71, S. 128). Die Werkzeugmaschine erhielt 1994 nicht zuletzt wegen der übersichtlich gegliederten Tastatur mit den neu entwickelten Piktogrammen den Stahlinnovationspreis.

Neben der Verständlichkeit der Zeichen an sich muß also auch deren **Anordnung** durchdacht sein. Die Beispiele (siehe farbige Abb. 72, S. 129) belegen den Unterschied zwischen guter und schlechter Zeichengestaltung.

Diese Benutzeroberflächen bestehen aus einem Bedientableau mit integrierter speicherprogrammierter Steuerung. Bei dem linken Beispiel harmonisieren Tableauoberflächen der speicherprogrammierten Steuerung und Befehlsgeräte nicht miteinander. Die schwarzen Befehlsgeräte auf schwarzem Untergrund ergeben keine Prägnanz. Der Ansatz für die Gruppierungen von zusammengehörigen Bedienelementen wird durch die schlechten Bildzeichen und deren Plazierung zunichte gemacht. Die uneindeutige Zuordnung der Symbole bringt die Gefahr der Fehlbedienung mit sich.

Im Gegensatz dazu zeichnet sich das rechte Beispiel durch eine klare Gliederung der Bedienelemente in Gruppen aus, die durch Aufteilung der einheitlichen Oberfläche für speicherprogrammierte Steuerung und Befehlsgeräte durch Linien entsteht. So läßt sich eine erhöhte Bediensicherheit erreichen. Die andersartigen Befehlsgeräte treten aufgrund ihrer Plazierung nicht mit den quadratischen Tasten in Konkurrenz (vgl. Reese 1993, S. 30).

Darüber hinaus sollte bei der Anbringung von Benutzeroberflächen an Maschinen auf die gestalterische **Integration** und die **Proportionalität** geachtet werden (vgl. farbige Abb. 70, S. 127, Reese 1993, S. 51 f. und Abschnitt 4.6.4).

Zusammenfassend wird festgehalten, daß jedes Gestaltungsmittel für sich ein Suchfeld für Designinnovationen darstellt. Die Gestaltungsmittel wirken dabei nicht einzeln, sondern als Produktganzes auf den Menschen, der im folgenden Abschnitt im Zentrum der Suchbemühungen stehen soll.

5.3.2 Impulsbereich „Mensch" als Ausgangspunkt einer subjektbezogenen Suchfeldanalyse

Bei der subjektbezogenen Suchfeldanalyse stellt der Mensch den impulsgebenden Suchraum dar. Aus den Bedürfnissen des Abnehmers lassen sich wichtige Suchfelder für das Investitionsgüter-Design ableiten. Der Hersteller muß den Kontakt zum Kunden zwecks Bedarfsforschung aktivieren, um die Bedürfnisse zu erkennen. Vertriebsmitarbeiter, die bei ihren Kundenbesuchen die hinter dem Nachfrageverhalten stehende Bedarfsentwicklung stärker beobachten und beurteilen, tragen zu einer innovationsorientierten Verkaufsorganisation bei. Ebenso sollten die Servicemitarbeiter nicht allein die Produkte betreuen, sondern sich aktiv mit den Bedürfnissen ihrer Nutzer auseinandersetzen, um frühzeitig Innovationswünsche zu registrieren. Die Mitarbeiter aus Forschung und Entwicklung sollten die Außendienstmitarbeiter in regelmäßigen Abständen zu Kundenbesuchen begleiten. Eine Auseinandersetzung mit der Problem- und Bedarfssituation vor Ort sollte dazu führen, daß Produkte nicht am Markt vorbeientwickelt werden (vgl. Sommerlatte 1989, S. 313 ff.).

Bezogen auf das innovative Investitionsgüter-Design gilt es im Rahmen der subjektbezogenen Suchfeldanalyse, Bedürfnisse zu identifizieren oder zu kreieren, die die sinnliche Wahrnehmung und Wirkung des Produktes betreffen. Denn das innovative Design sollte alle der Wahrnehmung zugänglichen Faktoren berücksichtigen. Der erste Abschnitt behandelt daher die Suchfelder, die sich aus den Kontaktarten zum Produkt „Wahrnehmung und Verwendung" ableiten lassen. Der zweite Abschnitt ist den Anmutungsansprüchen der Zielgruppe gewidmet – ein Suchfeld, das bisher bei dieser Produktgruppe kaum beachtet wurde.

5.3.2.1 Wahrnehmung und Verwendung als Suchfelder für Designinnovationen

Die Wirkungsfelder des Industriedesigns sind die Wahrnehmung und Verwendung des Produktes. Über diese Kontaktarten kommt der Mensch mit dem Produkt in Berührung, wobei sich bezogen auf Investitionsgüter die Kontaktintensität der verschiedenen Buying-Center-Mitglieder unterscheidet (vgl. Abschnitt 3.2.2.3). Für das innovative Investitionsgüter-Design kann es wünschenswert sein, daß der Kunde die Wahrnehmung oder/und Verwendung des Investitionsgutes als innovativ empfindet. Ein Laptop beispielsweise unterscheidet sich nicht in seinen technischen Funktionen von einem herkömmlichen Computer. Die

Verwendung des Laptops z. B. auf Reisen, ermöglicht durch das niedrigere Gewicht und die geringere Größe, stellt die innovative Verwendungskomponente dieses Produktes dar.

Die Identifikation von anderen Verwendungs- und Wahrnehmungsmöglichkeiten kann so der Auslöser für eine Produktinnovation sein. Sommerlatte benutzt in diesem Kontext den Begriff der „Nutzeninnovation" und weist darauf hin, daß in Technologiemärkten häufig eine neuartige Kombination von Nutzeneffekten ebenso bedeutsam ist wie die technische Neuerung. Er bedauert, daß die Anbieter das Innovationspotential oft nicht voll erkennen oder den damit verbundenen Nutzen für die Abnehmer nicht umfassend genug formulieren bzw. kommunizieren. Innovative Unternehmen dagegen bemerken bei den Abnehmern ein bereits aktiviertes Bewußtsein für die Nutzeninnovation und richten ihre Produkte an der Bedürfnisentwicklung aus (vgl. Sommerlatte 1989, S. 309 ff.). Bezogen auf das Industriedesign kann sich eine solche Nutzeninnovation in einer neuartigen Wahrnehmung oder Verwendung manifestieren, die gegebenenfalls, aber nicht zwangsläufig, eine innovative Technologie reflektiert. Der Investitionsgüterhersteller sollte daher der Frage nachgehen, bei welchen Produkten der Kunde ein neuartiges Wahrnehmungs- oder Verwendungserlebnis wünscht und wie es der Designer mittels Produktdesign inszenieren kann.

Zur Strukturierung dieser Suchfelder wird folgende Systematik vorgeschlagen:

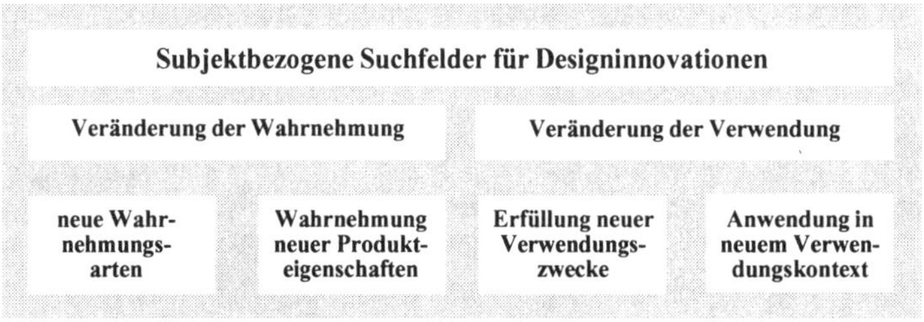

Subjektbezogene Suchfelder für Designinnovationen			
Veränderung der Wahrnehmung		Veränderung der Verwendung	
neue Wahrnehmungsarten	Wahrnehmung neuer Produkteigenschaften	Erfüllung neuer Verwendungszwecke	Anwendung in neuem Verwendungskontext

Abb. 73: Wahrnehmung und Verwendung als subjektbezogene Suchfelder für Designinnovationen
Quelle: eigene Darstellung

Neue Wahrnehmungsarten resultieren aus der Reizung anderer Sinnesorgane. Zum Beispiel könnte man eine optisch wahrnehmbare Funktion durch eine akustische signalisieren (Warnsignal statt Kontrollampe). In einem Lastenaufzug wird auf die Gewichtsbegrenzung üblicherweise durch Beschilderung in Kilogrammangaben hingewiesen. Eine eingebaute Funktion zur Gewichtsmessung sowie ein Warnton, der bei Überlastung ausgelöst wird, könnte vor Funktionsunfähigkeit oder gar vor Unfällen schützen (vgl. auch Abschnitt 5.3.3; zum „Aufzugs-Design" vgl. Joos 1996, 225 ff.).

Die **Wahrnehmung neuer Reize, insbesondere neuer Produkteigenschaften,** ist für die design-bedingte Innovation von besonderer Bedeutung. Der Kunde zieht lediglich eine evidente, d.h. sinnlich wahrnehmbare Produkteigenschaft zum Qualitätsurteil heran. Das Röntgengerät von Philips Medical Systems erhielt den Designpreis Rotterdam 1995. Die Jury begründete ihr Urteil u. a. damit, daß das neue Produktdesign dazu beiträgt, den einschüchternden Eindruck der medizinischen Apparatur auf den Patienten zu vermindern (vgl. o. V. 1995, S. 104). Die Wahrnehmung dieses medizinischen Gerätes führt somit zu einer andersartigen Gefühlslage des Letztverbrauchers und Verwenders. Auch wenn sich die technischen Funktionen eines Produktes nicht unbedingt unterscheiden, kann z. B. die Ansprache der ästhetischen Empfindung des Kunden mittels Produktdesign ein neuartiges Wahrnehmungs- und Produkterlebnis vermitteln.

Bei der **Erfüllung neuer oder verbesserter Verwendungsmöglichkeiten** geht es zumeist um vom Kunden gewünschte Zusatzleistungen von technisch ausgereiften Produkten. Ein Beispiel für die Verwendungsverbesserung ist die Entwicklung von der herkömmlichen Einzelzapfsäule zu der heute weitverbreiteten Mehrproduktzapfsäule an Tankstellen. Das für Aral 1989 entwickelte Produkt wurde 1990 im Wettbewerb des Design-Zentrum NRW mit dem Preis „Die Besten der Besten Design-Innovationen" ausgezeichnet. Die Designaufgabe entstand aus einem Verwendungsproblem bei dem Tankvorgang. Tankstellenbesitzer hatten beobachtet, daß die Kunden beim Ansteuern der Tankstelle die letzten 50 Meter damit verbringen, die richtige Zapfsäule (Benzin, Super, Bleifrei etc.) zu suchen, wodurch es zu langen Wartezeiten kam. Um den Bedienkomfort und damit die Tankfrequenz zu erhöhen, hat der Designer das Produkt an die Anforderungen des Kunden (Letztverbraucher und Tankwart) angepaßt, indem er die Verwendung zum Multidispenser erweiterte und diese in der Produktgestalt visualisierte. Jede Zapfeinheit ist modular aufgebaut, mit jeder Kraftstoffsorte komplett ausgestattet und von beiden Seiten zu nutzen. Durch Ordnung und farbliche Gliederung zeigt das Gerät das vereinigte Mehrfachangebot verschiedener Kraftstoffsorten auf einen Blick. Die scheibenweise Gliederung, das Hervortreten der jeweiligen funktionstragenden Elemente, die eindeutige Zuordnung von Sortenbezeichnung und Zapfventil bzw. Schlauch sowie der weiße, trapezförmige Anzeigenkopf dienen dem Tankenden als Orientierung. Weitere innovative Funktionen sind die DM-Vorwahl und die integrierte Schlauchaufwicklung. Die Modularbauweise ermöglicht eine problemlose Auf- und Abrüstung des Produktes mit anderen Kraftstoffarten (vgl. Lengyel 1993, S. 49 f.).

Bei der **Anwendung** eines Investitionsgutes **in einem anderen Verwendungskontext** wird zumeist auch eine andere Zielgruppe anvisiert. Viele Produkte können so durch geringe Modifikationen in anderen Verwendungssituationen eingesetzt werden. Die Telekom verkauft beispielsweise die bekannte Telefonzelle mit entsprechender Ausstattung durch einen Geldautomaten und angepaßter äußerlicher Farbgestaltung an Banken. Diese setzen dieses Produkt überall dort ein, wo für ein Bankhaus zu wenig Platz ist. Für Diskretion und Wetterschutz bei den Bankgeschäften ist dennoch gesorgt (vgl. o. V. 1995, S. 54).

Die Suchfelder „Wahrnehmung und Verwendung" tangieren auch das klassische Suchgebiet des Investitionsgüter-Designs: die Ergonomie.

Ergonomie, Anthropometrie, das Studium von Bewegungsabläufen sind Schlagwörter für Aufgabenbereiche, die nach wie vor einen hohen Stellenwert im Investitionsgüter-Design einnehmen und jede Gestaltungstätigkeit ergänzen müssen.

5.3.2.2 Anmutungsansprüche als Suchfeld für Designinnovationen

Die technischen Funktionen des Produktes und deren Sinnfälligmachung in rational bewertbaren Sachleistungen bilden die Grundlage für das Qualitätsurteil im Investitionsgüter-Design. Da sich viele Produkte in ihrem Grundnutzen mehr und mehr gleichen und der Kunde die technischen Vorteile in der Marktwahlsituation voraussetzt bzw. nicht immer sofort sinnlich wahrnehmen kann, kommt der **Anmutungsqualität** auf emotionaler Ebene im Investitionsgüterbereich erhebliche Bedeutung zu (vgl. auch Abschnitt 2.1.4.3). Diese erfaßt den Grad der Übereinstimmung von Anmutungsansprüchen und Anmutungsleistungen (vgl. Frey 1993, S. 30).

Schürer sieht einen klaren Zusammenhang zwischen der Anmutungsqualität und der Objektqualität. Definiert man Qualität als Ausdruck von Wert, so unterliegen Wertmaßstäbe Empfindungen, Meinungen und Gefühlen. Auf dieser qualitativen Ebene identifiziert sich der Kunde mit dem Produkt. Indem Persönlichkeitsmerkmale auf das Produkt übertragen werden, erhält das Objekt seine Produktpersönlichkeit, die seine Anmutung festlegt und eine bestimmte Erwartungshaltung hervorruft. Dieses sichtbare Qualitätsversprechen nennt Schürer Qualitätsanmutung (vgl. Schürer 1989, S. 5). Die Gestaltung einer zielgruppenadäquaten Anmutungsqualität stellt eine Herausforderung an das innovative Investitionsgüter-Design dar.

Design-orientierte Investitionsgüterhersteller führen gemeinsam mit der Verkaufsabteilung und ausgesuchten Außendienstmitarbeitern sogenannte **Anmutungstests** zur Ermittlung der Anmutungsleistungen des Produktes durch. Nach dem innerbetrieblichen Durchlauf zieht das Unternehmen ein spezialisiertes Institut hinzu, das den Test bei einer größeren Anzahl an Probanden durchführt. Um festzustellen, ob die Innovation marktfähig ist, werden dabei neben dem eigenen Erzeugnis auch Konkurrenzprodukte vorgestellt. Bei einem erfolgreichen Verlauf der Anmutungstests kann das Unternehmen das Produkt auf dem Markt einführen (vgl. Bruns 1993, S. 16).

Anliegen dieses Abschnitts ist es zu verdeutlichen, daß das Unternehmen schon vor der Produktentwicklung **gewünschte Anmutungswirkungen des Produktes** im Pflichtenheft festlegen sollte. Diese Vorgehensweise ist in der Praxis des Investitionsgüter-Designs zwar bisher unüblich, hat aber den Vorteil, daß negative Anmutungswirkungen weitgehend ausgegrenzt werden können, bevor der Designer ein kostspieliges, dreidimensionales Modell entworfen und gebaut hat oder das Produkt sogar auf dem Markt eingeführt wurde. Die Fragestellung lautet also nicht wie bei den Anmutungstests „wie wirkt das Produkt auf die Zielgruppe?", sondern „welche Anmutungsansprüche hat die Zielgruppe bzw. wie soll das Produkt auf die Zielgruppe wirken, damit diese zum Kauf motiviert wird?" Der Investitionsgüterhersteller sollte also versuchen, für eine bestimmte Zielgruppe positive Anmutungswirkungen seines Produktes sicherzustellen. Diese resultieren aus der Befriedigung von **Anmutungsansprüchen**. Die in diesem Suchfeld festzustellenden Anmutungsansprüche kann der Designer dann im Produktdesign materialisieren.

Als Instrumentarium dazu wird das von Frey konstruierte und von Lehnhardt weiterentwickelte **Eindrucksdifferential zur Erfassung von empfindungsbezogenen Anmutungsqualitäten** herangezogen werden (vgl. Frey 1993, S. 183 ff, Lehnhardt 1996, S. 182 ff; zum semantischen Differential vgl. Abschnitt 3.2.3). Durch die hier gesammelten und geordneten Begriffsgegensatzpaare läßt sich das eindrucksbestimmte Angemutetwerden durch Objekte phänomenologisch beschreiben und bewerten. Expertengespräche haben ergeben, daß dieses Anmutungsprofil auch für die Messung von Anmutungswirkungen im Investitionsgüterbereich eingesetzt werden kann. Aus Gründen der Forschungsökonomie soll das semantische Differential von Frey bzw. Lehnhardt daher für Darstellung des Suchfeldes „Anmutungsansprüche" übernommen werden.

Frey stützt sich bei der Sammlung konzeptadäquater Merkmale für die Konstruktion dieses semantischen Differentials auf den von Friedrich-Liebenberg systematisch zusammengestellten Begriffspool möglicher Anmutungsleistungen (vgl. auch Friedrich-Liebenberg 1986, S. 106 ff.). Aus den Empfindungsleistungen Wert, Besonderheit, Zeit, Ästhetik, Atmosphäre, Vertrauen und Überlegenheit leitet sie mit Hilfe des von Schmitz entwickelten Imagery-Instrumentariums (vgl. Schmitz 1990, S. 97 ff.) intrakategoriale Polaritäten ab, die konkrete Gestaltungsmittelempfindungen widerspiegeln. Das Polaritätenprofil gegensätzlicher Anmutungsfacetten ermöglicht es, das Maß an Kongruenz zwischen Anmutungsansprüchen und Anmutungsleistungen festzustellen. Dazu legt Frey mit Hilfe eines Expertengremiums **idealtypische Anmutungsprofile für bestimmte, vorab identifizierte Zielgruppen** fest (vgl. Frey 1990, S. 226 ff.). Diese „Soll-Anmutungsansprüche" sollten zur Bewertung der Anmutungsqualität mit den realisierten Anmutungsleistungen eines vorgestellten Prototypen verglichen werden. Abweichungen von dem Soll-Anmutungsprofil außerhalb des festgelegten Toleranzbereiches deuten darauf hin, daß das Produkt im Markt nicht die gewünschten positiven Anmutungswirkungen auslöst (vgl. Frey 1990, S. 275 ff.).

Hierauf aufbauend erreicht Lehnhardt durch ein ordnendes Arrangement der begrifflichen Gegensatzpaare eine bipolare Struktur des Anmutungsprofils, die eine höhere Transparenz und Praktikabilität des Instrumentariums zuläßt und als Grundlage für die Entwicklung eines idealtypischen Polaritätenprofils für Investitionsgüter dienen kann. Lehnhardt geht bei der Analyse von Designprägnanzen anhand des semantischen Differentials davon aus, daß nahezu jedes Anmutungspolaritätenpaar allein schon von der sprachlichen Bedeutung her ein bildlich gesprochenes, aber wertfrei zu sehendes „Weniger" oder „Mehr" repräsentiert. Nach dieser „Weniger/Mehr"-Relation strukturiert sie die adjektivischen Gegensatzpaare „einfach–hochwertig", „üblich–exklusiv", „sparsam–verschwenderisch", „reduziert–opulent", „leise/dezent–laut/schrill", „streng–verspielt", „ernst–heiter", „kalt–warm", „introvertiert–extravertiert", „beruhigend–anregend" und „statisch–dynamisch" (vgl. Abb. 74). Zur Ordnung der Anmutungspaare, die sich dieser Strukturierung nicht unterziehen lassen, wechselt sie von der sprach- in die design-theoretische Perspektive und bedient sich des Vokabulars Ottos (vgl. Otto 1993, S. 171 ff.), die Designtrends zwischen den Polen einer funktionalismuskonformen und nicht funktionalismuskonformen Trendsprache angesiedelt sieht. Die subjektiv wahrgenommenen und beurteilten Gestaltungsmittel und -prinzipien, die eine funktionalismuskonforme Trendsprache bedingen, entsprechen im wesentlichen denen des Funktionalismus oder werden von diesen abgeleitet (Nüchternheit/Einfachheit). Im Gegensatz dazu negiert die nicht funktionalismuskonforme Trendsprache diese Gestaltungsmittel und zieht jene vor, die Expressivität und Ausgefallenheit widerspiegeln. In diesem Sinne ordnet Lehnhardt die restlichen Begriffspaare, wobei Funktionalismuskonformität (z. B. technisch, funktionell) dem gedanklichen „Weniger" und Nicht-Konformität (z. B. natürlich, dekorativ) dem gedanklichen „Mehr" entsprechen. Ein fiktiver Polaritätenstrahl mit einem linken („Weniger") und rechten Pol („Mehr") in der Kopfzeile des Anmutungsdifferentials signalisiert die Ordnung der Begriffspaare nach dieser Systematik (vgl. Lehnhardt 1996, S. 187 ff.) (siehe Abb. 74, S. 180).

Im Gegensatz zu Lehnhardt soll für die Anwendung dieses Instrumentariums im Investitionsgüter-Design das Adjektiv „massiv" dem gedanklichen „Weniger" und „elegant" dem anmutungshaften „Mehr" zugeordnet werden.

Dieses Anmutungs- bzw. Eindrucksdifferential kann dazu dienen, die Wirkungen der eigenen Produktpalette festzustellen und mit denen der Konkurrenzprodukte zu vergleichen. Der Investitionsgüterhersteller kann mit diesen Anmutungstests Differenzierungsmöglichkeiten für das Produktdesign ableiten.

Eine Weiterentwicklung stellt der Einsatz dieses Instrumentariums für die Suche von **Soll-Anmutungsansprüchen im Investitionsgütersektor** dar, die in einem planvollen Prozeß zu ermitteln und zu überprüfen sind. In einem ersten Schritt sollte das Unternehmen dazu nach seinen Segmentierungskriterien die anvisierte Zielgruppe festlegen. Da es sich bei innovativen Investitionsgütern häufig um Verbesserungsinnovationen der Vorgängermodelle handelt, ist die Zielgruppe oftmals bereits identifiziert. Der Produktmanager sollte in einem nächsten Schritt Experten auswählen, die er für geeignet hält, als Vertreter der Zielgruppe die gewünschten Anmutungsansprüche zu bestimmen. Als Auswahlkriterien für die Experten dienen fachliche Qualifikation, Urteilskraft, Imagination, Intuition und Interesse. Der Empathie, also der Fähigkeit, sich in die Perspektive der Buying-Center-Mitgliedes zu versetzen, kommt ebenso erhebliche Bedeutung zu (vgl. Frey 1990, S. 275 f.). Außendienstmitarbeiter mit engem Kontakt zu de anvisierten Zielgruppe könnten

Anmutungs- bzw. Eindrucksdifferential						

0

links („weniger")   rechts („mehr")

links („weniger")						rechts („mehr")	
einfach	•	•	•	•	•	hochwertig	
üblich	•	•	•	•	•	exklusiv	**Wert**
sparsam	•	•	•	•	•	verschwenderisch	
klassisch	•	•	•	•	•	modisch	
traditionell	•	•	•	•	•	avantgardistisch	**Zeit**
konservativ	•	•	•	•	•	innovativ	
konventionell	•	•	•	•	•	originell	
technisch	•	•	•	•	•	natürlich	
vertraut	•	•	•	•	•	exotisch	**Besonderheit**
angepaßt	•	•	•	•	•	provokativ	
elegant	•	•	•	•	•	massiv	
männlich	•	•	•	•	•	weiblich	
harmonisch	•	•	•	•	•	dissonant	
reduziert	•	•	•	•	•	opulent	**Ästhetik**
leise/dezent	•	•	•	•	•	laut/schrill	
streng	•	•	•	•	•	verspielt	
funktionell	•	•	•	•	•	dekorativ	
artifiziell	•	•	•	•	•	rustikal	
beruhigend	•	•	•	•	•	anregend	
ernst	•	•	•	•	•	heiter	
kalt	•	•	•	•	•	warm	**Atmosphäre**
sachlich	•	•	•	•	•	romantisch	
introvertiert	•	•	•	•	•	extravertiert	
stabil	•	•	•	•	•	zerbrechlich	**Vertrauen**
statisch	•	•	•	•	•	dynamisch	
perfekt	•	•	•	•	•	improvisiert	
normiert	•	•	•	•	•	spezialisiert	**Überlegenheit**
sportlich	•	•	•	•	•	gesetzt	

Abb. 74: Geordnetes Anmutungsdifferential nach Lehnhardt
Quelle: Lehnhardt 1996, S. 191 mit Ergänzungen

für diese Aufgabe geeignet sein. Haben die Experten auf der fünf-stufigen Skala die einzelnen Anmutungsfacetten bestimmt, liegt als Ergebnis ein idealtypisches Experten-Anmutungsprofil aus der Sicht der entsprechenden Zielgruppe vor. Nach dieser Maßgabe sollte der Designer das Produktdesign des Prototypen gestalten. Mit Hilfe dieses Prototypen sollte das Unternehmen dann die Anmutungswirkung kontrollieren, indem das neu entwickelte Modell den eigentlichen Anmutungstest durchläuft. Es ist fraglich, ob die zuvor ausgewählten Experten die Anmutung des Prototypen beurteilen sollten, da sich eventuell bestimmte Produktvorstellungen zu sehr verfestigt haben. Zumindest sollte eine Kontrollgruppe die Anmutungsleistungen des Prototypen zusätzlich bewerten. Sollten die Abweichungen von dem Soll-Profil außerhalb des zuvor festgelegten Toleranzbereiches liegen, ist es ratsam, das Produktdesign nochmals zu überdenken und den Prozeß mit einem verbesserten Prototypen zu wiederholen (vgl. Frey 1993, S. 273 ff.).

Die Abbildung zeigt ein idealtypisches Anmutungsprofil für eine Druckmaschine:

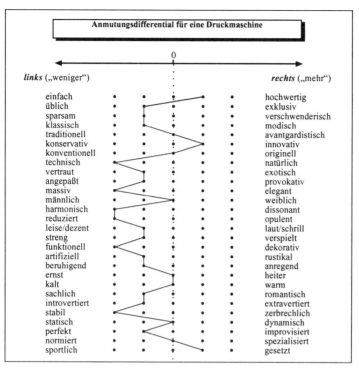

Anmutungsdifferential für eine Druckmaschine		

0

links („weniger")   rechts („mehr")

einfach	hochwertig
üblich	exklusiv
sparsam	verschwenderisch
klassisch	modisch
traditionell	avantgardistisch
konservativ	innovativ
konventionell	originell
technisch	natürlich
vertraut	exotisch
angepaßt	provokativ
massiv	elegant
männlich	weiblich
harmonisch	dissonant
reduziert	opulent
leise/dezent	laut/schrill
streng	verspielt
funktionell	dekorativ
artifiziell	rustikal
beruhigend	anregend
ernst	heiter
kalt	warm
sachlich	romantisch
introvertiert	extravertiert
stabil	zerbrechlich
statisch	dynamisch
perfekt	improvisiert
normiert	spezialisiert
sportlich	gesetzt

Abb. 75: Anmutungspolaritätenprofil für eine Druckmaschine
Quelle: Großmann 1996/97

Das idealtypische Anmutungsprofil für eine Druckmaschine zeigt eine **starke Neigung zur Links-Polarität**, die darauf hinweist, daß die Ziel-gruppe das **gedankliche „Weniger" und „Funktionalismuskonformität"** präferiert. Eine linkspolare Anmutung verweist auch auf die starke Be-deutung von **Pragmatik** und **Ordnung** (vgl. Lehnhardt 1996, S. 212; ausführlich Abschnitt 5.4.1.3). Dieses Ergebnis fügt sich in die empiri-schen Erkenntnisse dieser Untersuchung ein, die Ausdruck in den De-signprinzipien (insbesondere Prinzip der Ordnung und Prinzip der Funk-tionsorientierung) finden (vgl. Abschnitt 4.6.2 und 4.6.4). Die auch in der Realität phänomenologisch beobachtbare, funktionsbestimmte und nüchterne Anmutung im Investitionsgüter-Design entspricht offensicht-lich den Anmutungsansprüchen der Kunden. Bei der Bewertung der gewünschten Anmutungswirkungen einer Druckmaschine treten die Adjektive „technisch", „massiv", „harmonisch", „reduziert", „funktio-nell" und „stabil" durch Extremausprägung hervor (vgl. Abb. 75) und sollten durch entsprechende, diese Anmutungsleistung garantierende Gestaltungsmittel umgesetzt werden. Lediglich die Adjektive „hoch-wertig", „innovativ" und „gesetzt", die der rechten Polseite zugehö-ren, durchbrechen die starke Neigung, eine idealtypische Druckmaschi-ne mit Anmutungsausdrücken der linken Polseite zu belegen. Das Bedürfnis nach innovativer Gestaltung wird hier unterstrichen.

Es wurde gezeigt, daß Anmutungsansprüche zum innovativen Suchfeld für das Produktdesign von Investitionsgütern avancieren können. Der innovations- und design-orientierte Investitionsgüterhersteller sollte überlegen, ob sich zukünftig auch aus der Betonung der Rechtspolarität, also einer generell opulenteren Anmutung, innovative Gestaltungspotentiale ableiten lassen, die zur Kreation neuer Bedürfnisse bzw. Anmutungsansprüche führen (vgl. Abschnitt 5.4.4).

5.3.3 Impulsbereich „Produkt-Mensch-Beziehung" als Ausgangspunkt einer inter-aktionsbezogenen Suchfeldanalyse
Dieser Abschnitt widmet sich der gedanklichen Synthese der objekt- und subjektbezogenen Impulsbereiche zu *einem* Suchbereich für Designinnovationen.

5.3.3.1 Interaktiver Informationsaustausch zwischen Produkt und Mensch
Bei der interaktionsbezogenen Suchfeldanalyse sollen Designinnovationspotentiale untersucht werden, die aus dem **Informationsfluß in zwei Richtungen** resultieren: vom Produkt zum Menschen und vom Menschen zum Produkt. Das heißt, das innovative Investitionsgüter-Design muß im Sinne des „Human Interface" die Äußerungen des Produktes für den Menschen und die des Menschen für das Produkt verständlich machen. Mensch und Produkt nehmen diese Sinnesinformationen über die Wahrnehmungs- bzw. Informationskanäle auf. Ähnlich wie der Informationsaustausch zwischen zwei Menschen über die fünf Sinne in beiden Richtungen verläuft, steht auch dem Produkt die vom Menschen ausgehende fünfsinnige Informationsmenge zur Verfügung, so daß **das Objekt ebenso wie das Subjekt Empfänger (Receiver) und Sender (Transmitter)** einer Nachricht sein kann. Aus der Perspektive des Produktes gesprochen ist z. B. ein Lautsprecher ein „akustischer" Transmitter eines Produktes und ein Mikrofon der „akustische Receiver" eines Produktes (vgl. Ginnow-Merkert 1996, S. 70).

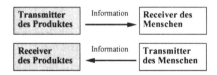

So ergibt sich bei dem Austausch der visuellen, akustischen, olfaktorischen, gustatorischen und taktilen bzw. haptischen Informationen von Objekt und Subjekt folgende Matrix als Suchfeld für innovative Designideen (siehe Abb. 76).

Um die Beziehung Produkt-Mensch mittels Industriedesign zu optimieren, muß der Designer die vom Produkt gesendeten und vom Menschen empfangenen Informationen sowie die vom Menschen gesendeten und vom Produkt entgegenzunehmenden Informationen in die Gestaltungsüberlegungen einfließen lassen und die Interaktion bewußt zur Entwicklung innovativer Gestaltungskonzepte heranziehen. Damit eröffnen sich im Rahmen der interaktionsbezogenen Suchfeldanalyse **zehn Suchfelder**, die in Abstimmung auf die menschlichen Anforderungen an das Produkt innovative Designlösungen hervorbringen können (zu den folgenden Ausführungen vgl. auch Ginnow-Merkert 1996, S. 70 ff.):

- **Visuelle Transmitter** und **visuelle Receiver** des Produktes
- **Akustische Transmitter** und **akustische Receiver** des Produktes
- **Taktile/haptische Transmitter** und **taktile/haptische Receiver** des Produktes
- **Olfaktorische Transmitter** und **olfaktorische Receiver** des Produktes
- **Gustatorische Transmitter** und **gustatorische Receiver** des Produktes

Informations- Kanal / Informations- übermittler	Produkt		Mensch	
	Transmitter	Receiver	Transmitter	Receiver
visuell (sehen)				
akustisch (hören)				
olfaktorisch (riechen)				
haptisch/taktil (fühlen)				
gustatorisch (schmecken)				

Abb. 76: Receiver und Transmitter als interaktionsbezogene Suchfelder für Designinnovationen
Quelle: eigene Darstellung angelehnt an Ausführungen von Ginnow-Merkert 1996, S. 70 ff.

5.3.3.2 Receiver und Transmitter des Produktes als interaktionsbezogene Suchfelder

Nachfolgend werden die Suchfelder für Designinnovationen, die aus den Sende- und Empfangsmöglichkeiten des Produktes resultieren, ausgeführt. Über diese tritt das Investitionsgut mit den Buying-Center-Mitgliedern, insbesondere den Benutzern, in Kontakt.

5.3.3.2.1 Suchfeld: Visuelle Transmitter des Produktes

Der Sehnerv überträgt die im Auge in elektrische Impulse umgesetzte und vorbereitete optische Informationen in bestimmte Regionen des Gehirns. Dabei werden spezifische Kriterien wie räumliche Tiefe, Bewegung, Form der Objekte, Farbe und Helligkeit verarbeitet. Die Verarbeitung der Sehinformationen im Gehirn erfolgt ratiomorph, d. h. logisch und unbewußt unter Verwendung intern vorhandener Konzepte (vgl. Wolf/Wolf 1990, S. 74).

Die Gestaltungsmittel des Produktes, also seine Form, Farbe, sein Material etc. zählen zu den *passiven*, visuellen Transmittern eines Produktes, die damit den traditionellen Aufgabenbereich des Industriedesigners umfassen. Diese sind in Abschnitt 5.3.1 bereits hinreichend erläutert worden.

Zu den *aktiven* visuellen Transmittern eines Produktes gehören z. B. Lampen und Lichtioden, Kathodenstrahlröhren („Bildschirm") und LCD-

Displays. Ginnow-Merkert weist darauf hin, daß der dynamisch veränderliche, intelligent reagierende, visuelle Transmitter (z. B. Warnblinklicht) die Möglichkeit bietet, unmittelbar und emotional auf den Menschen einzuwirken und daher allen auf der intellektuellen Leistungsfähigkeit des Benutzers beruhenden Lösungen (z. B. Lesen, Interpretieren, Erinnern einer Bedienanleitung) in bezug auf Erinnern, Reaktionsgeschwindigkeit und Bedienungssicherheit weit überlegen ist (vgl. Ginnow-Merkert 1996, S. 72). Diese Erkenntnis ist gerade bei erklärungsbedürftigen Investitionsgütern von großer Bedeutung.

5.3.3.2.2 Suchfeld: Visuelle Receiver des Produktes

Bei den visuellen Receivern eines Produktes geht es um dessen „Seheigenschaften". In rudimentärer Weise kennen wir diese Fähigkeit bei Produkten mit Bewegungsmeldern z. B. bei automatischen Türen oder in Form von Alarmanlagen.

„Sehende" und mit künstlicher Intelligenz ausgestattete Produkte wären befähigt, auf die Eigenschaften des Benutzers zu reagieren. Fahrkartenautomaten z. B. könnten selbständig den Kindertarif auswählen.

Darüber hinaus könnte ein Produkt, das Menschen zu identifizieren vermag, sich aufgrund der früheren „Erfahrung" seinem Gegenüber anpassen. Eine Maschine oder ein Personalcomputer beispielsweise könnten einer ungeschulten Person zunächst nur die elementaren Bedienfunktionen präsentieren, während ein erfahrener Benutzer über weitere Funktionen und Bedienelemente verfügen könnte (vgl. Ginnow-Merkert 1996, S. 72).

5.3.3.2.3 Suchfeld: Akustische Transmitter des Produktes

Bei den akustischen Transmittern eines Produktes geht es um die Sendung von verbalen, aber vor allem von non-verbalen Lautäußerungen, Signalen und Geräuschen, die der Designer bewußt zur Produktgestaltung einsetzen sollte.

Dieses Suchfeld scheinen die Industriedesigner bisher vernachlässigt zu haben, da selbst die technologisch fortschrittlichsten Produkte akustische Lautäußerungen allerprimitivster Qualität erzeugen und sich durch stets identische, absolut bedeutungs- und inhaltslose elektronische Piepstöne disqualifizieren (vgl. Ginnow-Merkert 1996, S. 74).

Die zu übermittelnde Information akustisch verständlich zu gestalten stellt für den Industriedesigner von Investitionsgütern eine neue Herausforderung dar. Denn das menschliche Gehirn ist in der Lage, feinste Unterschiede hinsichtlich Frequenz, Dynamik, Lautstärke, Zusammensetzung, Richtung etc. zu erkennen und auf Geräusche mit bewußten oder reflexartigen (Zusammenzucken, Gänsehaut) oder biochemischen (Angst, Freude, Panik) Reaktionen zu antworten. Der Hörsinn zählt zusammen mit dem Tastsinn und dem Gleichgewichtssinn zu den mechanischen Sinnen. Das Hörorgan ist mit etwa 15 000 Sinneszellen ausgestattet, die eine detaillierte Klangrepräsentation durch parallele Verarbeitung in unterschiedlichen Verarbeitungskanälen ermöglichen (vgl. Thurm 1990, S. 92).

Benutzer von Maschinen orientieren sich oft an Geräuschen (z. B. Quiet-
schen als Zeichen für fehlendes Öl), um Fehlfunktionen des Produktes zu erkennen. In diesem Sinne sollten die Gestalter über den ver-
stärkten Einsatz von akustischen Signalen nachdenken und bestimmte
Lautäußerungen des Produktes mit seinen Funktionen oder/und mit
Handlungsaufforderungen an den Benutzer verbinden. Da non-verbale
Lautäußerungen oft kulturübergreifend verstanden werden, ist dieses
Suchfeld für Investitionsgüter besonders wichtig, mit denen der Anbieter den internationalen Markt bearbeiten will.

5.3.3.2.4 Suchfeld: Akustische Receiver des Produktes

Die „Hörfähigkeit" des Produktes bezeichnet ein weiteres Suchgebiet
für innovative Designlösungen.

Das von Siemens entwickelte Produkt „Sicare pilot" stellt eine solche
Innovation dar. Es handelt sich um ein Sprachsteuersystem (Voice Remote
Control System), das gesprochene Befehle erkennt und in Steuerbefehle
für andere technische Geräte umsetzt. Das innovative Produkt kann
64 Begriffe eindeutig identifizieren und damit etwa 150 bis 200 Funktionen ausführen. Verantwortlich hierfür ist ein lernfähiger Chip (Neu-
tral Net Speech Recognizer), der Sprache erkennen und einem Sprecher
zuordnen kann und somit die menschliche Spracherkennung nachzuahmen vermag. Das Sprachfernsteuergerät soll ab Ende 1996 motorisch
behinderten Menschen ermöglichen, zeitweise ohne Pflegeperson in
ihrer Wohnung zurechtzukommen. Die anfänglich für Autotelefone
entwickelte Technik erwies sich für diesen Verwendungszweck als zu
teuer (DM 5.450,–). Deshalb entwickelte das Siemens-Design-Studio in
München für die neue Technologie eine innovative Designlösung, die
mit einem alternativen Designkonzept einen anderen Verwendungszweck erfüllt (vgl. Michel 1996, S. 47). Die Anwendung einer solchen
Technologie könnte auch im Investitionsgüterbereich innovative Impulse
geben. Die Einsatzmöglichkeiten körperlich behinderter Personen könnte das Unternehmen durch derartige Produkte erweitern. Behinderte Mitarbeiter könnten Maschinen bedienen, die auf Sprachbefehle reagieren.

Darüber hinaus könnte das Auslösen von Funktionen durch Sprache
Arbeitskrankheiten verhindern, die ansonsten durch ergonomisch un-
günstige Bewegungsabläufe entstehen.

Bei gleichzeitiger verbaler und manueller Bedienung könnte sich die
Bediengeschwindigkeit von Geräten erhöhen.

Allerdings ist der Mensch nicht nur zur verbalen Kommunikation
fähig, sondern kann diverse Lautäußerungen wie Singen, Pfeifen, Sum-
men, In-die-Hände-Klatschen, Niesen, Husten, sich Schneuzen, Gähnen,
Stöhnen, Magenknurren etc. gewollt oder ungewollt von sich geben.
Mit intelligentem Gehör versehene Produkte können auf die Wünsche
des Menschen reagieren, bevor diese bewußt geäußert werden (vgl.
Ginnow-Merkert 1996, S. 74). Ein Lkw-Cockpit beispielsweise könnte
mit einer Warnfunktion ausgestattet werden, die auf die Ermüdungserscheinungen seines gähnenden Fahrers reagiert. So ließen sich Unfälle
im Straßenverkehr vermeiden.

5.3.3.2.5 Suchfeld: Taktile bzw. haptische Transmitter des Produktes

Um taktile und/oder haptische Reize auszulösen, muß der Kontakt zwischen Produkt und Mensch unmittelbar sein; d. h. kein Medium wie die Schallwellen beim Hören oder die Lichtwellen beim Sehen vermitteln die Kommunikation zwischen Produkt und Mensch.

Sicher diskutieren Designer die taktile Qualität von Werkstoffen und bestimmen, ob sie sich warm, kalt, weich oder hart etc. anfühlen. Die Kommunikation dieser passiven taktilen Transmitter ist jedoch statisch und läßt keine Aussagen über eine Zustandsveränderung zu. „Ein ‚lebendiger' Druckschalter arretiert und stellt sich zurück, er blockiert, wird heiß, vibriert. Die ‚intelligente' Tastatur weckt, warnt, orientiert und informiert" (Ginnow-Merkert 1996, S. 76).

Ebenso kann die Veränderungsfähigkeit oder zeitweise Abwesenheit von taktilen oder haptischen Informationen die Bedieneinfachheit von Investitionsgütern erhöhen. Eine komplexe Bedientastatur zeichnet sich meist durch Funktionen aus, die der Verwender nur selten benutzt, die ihn aber durch ihre Präsenz verwirren. Deshalb fordert Ginnow-Merkert, der die Existenz zahlreicher „Produkt-Kadaver" kritisiert, daß ein ausgeschaltetes Gerät nur ein sinnvolles Bedienelement aufweisen darf: den Einschalter (vgl. Ginnow-Merkert 1996, S. 76).

5.3.3.2.6 Suchfeld: Taktile bzw. haptische Receiver des Produktes

Viele Produkte reagieren auf die Berührung oder Umfassung des Benutzers. Schalter der verschiedensten Art, Tasten, Schließmechanismen und Klinken, bewegliche Klappen und Hebel, Schiebe- und Drehregler, Pedalen, Druckfühler etc. sind Beispiele für taktile bzw. haptische Receiver eines Produktes. „HI-Touch"-Produkte würden der Berührung des Menschen differenzierter begegnen und z. B. über seine Körpertemperatur, die Hautfeuchtigkeit und die Betätigungskraft bzw. -geschwindigkeit auf seine Gefühlslage oder Handlungsabsichten eingehen (vgl. Ginnow-Merkert 1996, S. 75).

Das Siemens-Design-Studio arbeitet in diesem Sinne an Designinnovationen, den sogenannten „Touch screen"-Produkten. In der Entwicklung begriffen ist ein Taschentelefon mit integrierter Telefaxfunktion, das u. a. die Fähigkeit hat, die handschriftlich eingegebenen Nachrichten zu „lesen" und zu versenden. Bei der Gestaltung derartiger Produkte gilt es zu bedenken, daß die Designer bei aller Euphorie über die Minaturisierung nicht vergessen sollten, daß „die Hände der Benutzer nicht kleiner werden" (Rabold 1996).

5.3.3.2.7 Suchfeld: Olfaktorische Transmitter des Produktes

Die chemischen Sinne „Riechen" und „Schmecken" sind die entwicklungsgeschichtlich ältesten unserer Wahrnehmungskanäle (vgl. Hatt 1990, S. 127). Deshalb ist es um so verwunderlicher, daß Duftstoffe im Produktdesign, insbesondere bei Investitionsgütern, immer noch eine untergeordnete Rolle einnehmen. Bei den meisten Produkten entstehen Gerüche unbeabsichtigt. Dabei könnten Düfte den Benutzer des Produktes informieren, erziehen, alarmieren, führen oder bestimmte dem Duft innewohnende Gefühle oder Erinnerungen auslösen (vgl. Ginnow-Merkert 1996, S. 78). Auch Kroeber-Riel bezeichnet den Geruch als Schlüsselreiz, der den Kunden stark aktiviert (vgl. Kroeber-Riel 1984, S. 67).

Das Limbische System übernimmt die Steuerung der Emotionswelt, die Informationsübertragung zwischen Kurz- und Langzeitgedächtnis und die Auswertung von Gerüchen. Damit ist dieser zentrale Funktionsschaltkreis in unserem Gehirn für die Speicherung eines Geruchs und das Auslösen einer entsprechenden Erinnerung oder eines Gefühls verantwortlich (vgl. Mensing/Beck 1984 S. 127 ff.). Die Intensität und Qualität von Gerüchen beeinflussen die emotionale Wirkung, die sie auslösen. Geruchswirkungen kann man dabei vereinfacht in zwei Kategorien unterteilen: solche, die der Rezipient als angenehm oder unangenehm empfindet (vgl. Kobal 1990, S.141 f.). Allerdings klassifiziert der Mensch, der schon im Säuglingsalter ein scheinbar angeborenes Interesse an Duftstoffen zeigt, die wahrnehmbaren Gerüche seiner Umwelt nicht von Natur aus in gut- und übelriechende. Diese Geruchskriterien entwickelt er erst durch Lernerfahrungen im Laufe der Sozialisation und Enkulturation. Im Bemühen um die Zuneigung der Eltern kommt er ihrem Sauberkeitsverlangen nach und erlernt durch Identifikation oder Abneigung gegenüber Personen seiner Umwelt ästhetisch-kulturelle Präferenzen für Düfte (Mensing/Beck 1984, S. 127 ff.). Der Designer muß daher bei Investitionsgütern, die zum Export bestimmt sind, auch das kulturell anders geprägte Duftempfinden seiner Zielgruppe berücksichtigen.

Duftstoffe können im Produktdesign vier verschiedene Aufgaben erfüllen: Düfte können das Produktkonzept selbst darstellen (1) oder einen dominanten Bestandteil des Konzeptes (2) ausmachen (z. B. bei Kosmetikprodukten). Eine derartige Bedeutung des Duftes ist im Investitionsgüterbereich nicht vorstellbar. Der Designer kann Duft im Investitionsgüter-Design jedoch zur **Maskierung** von verwendeten Produktbestandteilen (3), die aufgrund ihres Eigengeruchs auf den Kunden eine abstoßende Wirkung hätten, einsetzen. Ebenso könnte der Einsatz von Duftstoffen der **Signalisierung oder Stimulierung von produktimmanenten Eigenschaften** (4) dienen (vgl. zur Aufteilung Knoblich/Schubert 1989, S. 108 ff.). Bestimmte Gerüche, die mit positiven Produkterfahrungen verbunden sind, könnten, gezielt eingesetzt, Rückschlüsse auf die Qualität des innovativen Produktes zulassen.

Die alternative Verwendung von Duftstoffen ist im japanischen Produktdesign bereits verankert. Grundlage für den Einsatz von olfaktorischen Transmittern stellt hier die sogenannte Aromacology („Aroma" & „Psychology") dar, eine Wissenschaft, die aufgrund der Messung von Gehirnströmen davon ausgeht, daß Düfte beim Rezipienten entweder eine stimulierende oder beruhigende Reaktion hervorrufen. Zitrone und Pfefferminze stimulieren, Muskat und Lavendel wirken streßmindernd, eine Mischung aus Rosmarin und Zitrone konzentrationshebend, und Kamille und Lavendel enthalten beruhigende Komponenten. Die Parfümierung von Produkten (wie z. B. Wecker oder Telefone) bildet in

Japan ein neues Marktsegment. Aber auch im Investitionsgütersektor setzen die Japaner bereits Duftstoffe ein. Gemeinsam mit dem Kosmetikkonzern Shiseido entwickeln Unternehmen Systeme, die je nach Uhrzeit konzentrationsfördernde oder beruhigende Düfte am Arbeitsplatz verströmen (vgl. o.V. 1990, S. 6 ff.). Wieso sollten denn nicht auch Maschinen angenehme Duftstoffe verbreiten?

5.3.3.2.8 Suchfeld: Olfaktorische Receiver des Produktes

Die „Riechfähigkeit" von Produkten zeigt sich z. B. bei Produkten wie Rauchmeldern, Gasdektoren und Alkoholschnüfflern. Weitere Einsatzbereiche von olfaktorischen Receivern würden von deren Sensibilität und Leistungsfähigkeit abhängen, für die jedoch z. Zt. die technischen Grundlagen noch fehlen.

Die Medizintechnik z. B. bietet ein weites Anwendungsfeld für die Sensortechnik, ignoriert jedoch die Möglichkeit, aus den im Geruchscocktail des Menschen enthaltenen Informationen auf bestimmte Krankheiten zu schließen. Ärzte folgern z. B. aus der Atemluft des Patienten den Gesundheitszustand (z. B. Azetongeruch bei Diabetes).

Jedem Menschen haftet doch eine olfaktorische Identität, eine nur ihn umgebende, charakterisierende Kombination von Duftmolekülen an, die z. B. Hunde sofort erkennen. Wenn es gelänge, das individuelle Duftgemisch wie einen „olfaktorischen Fingerabdruck" auf technisch einfache Weise zu analysieren, ließen sich zahlreiche innovative Designlösungen im Investitionsgütersektor kreieren. Der Benutzer könnte auf das Eintippen von Zahlencodes oder sonstigen Identitätsbekundungen verzichten und jedes Produkt könnte sich durch das Erkennen der Duftmarke individuell und optimal auf ihn einstellen (vgl. Ginnow-Merkert 1996, S. 78).

Produkte, die „riechen" können, könnten ebenso im Versandhandel eine sinnvolle Aufgabe einnehmen. Aufgrund der Möglichkeit, bestellte Waren innerhalb einer bestimmten Rückgabefrist an den Versandhandel zurückzusenden, gibt es immer wieder Retouren (insbesondere Kleidung für seltene Anlässe wie Smokings, Brautkleider etc.), die ihre Besteller bereits getragen haben und benutzt zurückschicken. Geräte, die den menschlichen Körpergeruch identifizieren könnten, würden verhindern, daß diese Waren unbeabsichtigt ins Sortiment zurückgelangen.

5.3.3.2.9 Suchfeld: Gustatorische Transmitter des Produktes

Der Geschmackssinn ist eng mit dem Geruchssinn verbunden. Er kann nur vier Qualitäten, nämlich süß, sauer, salzig und bitter unterscheiden. Die feinere Differenzierung nimmt der Riechsinn vor. Geschmack wird in den Bereichen der Papillen, den kleinen Erhebungen auf der Zungenoberfläche, wahrgenommen. In den Wänden und Gräben der Papillen sitzen die ca. 2000 Geschmacksknospen des Menschen, in denen die eigentlichen Sinneszellen angesiedelt sind. Die fingerförmigen Fortsätze der Sinneszellen, die sogenannten Mikrovilli, enthalten die Rezeptormoleküle, an die sich die in den Speisen enthaltenen Reizmoleküle binden. Über chemische Synapsen leiten die Geschmackszellen Signale an benachbarte Neuronen weiter. In mehreren Stufen der Verschaltung gelangt die Information in einen für den Geschmack vorgehaltenen Unterkern des ventralen Teils des Thalamus (vgl. Hatt 1990, S. 127).

Ginnow-Merkert betont, daß Produkte, die nicht schmecken oder riechen, dem Menschen ein essentielles Element von Lernerfahrung vorenthalten (vgl. Ginnow-Merkert 1996, S. 80), allerdings ist der Einsatz von gustatorischen Transmittern im Investitionsgütersektor schwer vorstellbar.

5.3.3.2.10 Suchfeld: Gustatorische Receiver des Produktes

Wenngleich auch die wissenschaftlichen Grundlagen für einen möglichen Geschmackssinn des Produktes z. Zt. noch fehlen, soll dieses Suchfeld dennoch kurz angesprochen werden. Denn schließlich geht es bei der Suche nach Innovationen manchmal um Utopien.

Wie könnte man ein Produkt, das uns „schmecken" kann, einsetzen? In der medizinischen Diagnostik könnten Geräte die Verdauungsnebenprodukte an der Hautoberfläche messen und bewerten. Denn die chemische Beschaffenheit (Salze, Fette, gasförmige Substanzen, Feuchtigkeitsgehalt) der Hautoberfläche ist individuell unterschiedlich und ändert sich abhängig von Umwelteinflüssen, Streß, körperlicher Betätigung, Gesundheitszustand usw. Oder die Büromöbel und die sonstigen Arbeitsmittel könnten den Gesundheitszustand des Mitarbeiters permanent über Meßfühler oder Sensoren „erschmecken" und so vor Unfällen durch Übermüdung, Krankheit, Streß etc. schützen (vgl. Ginnow-Merkert 1996, S. 80). Allerdings könnten derartige Innovationen auch zum Mißbrauch verleiten, weil sie zur Überwachung des „gläsernen Mitarbeiters" beitragen würden.

Im Angesicht der vorab dargelegten Suchfelder für innovative Designlösungen im Investitionsgütersektor wird besonders deutlich, daß Design bedeutet, uns „die Welt von morgen vorstellbar zumachen" (Rabold 1996). Wir müssen beginnen, „analog zur visuellen Formensprache die anderen sinnesmäßigen Äquivalente zu entwickeln und uns in der anschließenden Phase mit deren harmonischer Integration befassen" (Ginnow-Merkert 1996, S. 80).

5.3.4 Ableitung einer Suchfeld-Matrix für die systematische Suchfeldanalyse

Im vorangegangenen Abschnitt wurden aus den Impulsbereichen „Produkt", „Mensch" und „Produkt-Mensch-Interaktion" abstrakte Suchfelder generiert. Sie bilden in ihrer Gesamtheit ein formales, designtheoretisches Raster für die systematische Suche nach Designinnovationen. Diese **Suchfeldsystematik**, die eine objektbezogene, subjektbezogene und interaktionsbezogene Suchperspektive impliziert, kann in einem zweiten Schritt auf **konkrete Suchfelder** angewandt werden. Bei diesen konkreten Suchfeldern kann es sich z. B. um andere Branchen oder andere Disziplinen wie Architekturstile, Designstile, Kunststile etc.

handeln (vgl. auch Abschnitt 5.2). In der Kombination ergibt sich folgende Matrix möglicher Suchfelder für Designinnovationen:

Impulsbereiche		Architektur				Konsumgüter-Design			
Suchfelder		Struk-turalis-mus	High-Tech	Dekon-strukti-vismus	usw.	Ästhe-tischer Funk-tiona-lismus	Mini-malis-mus	Ästhe-tizis-mus	usw.
O	Material								
b	Form								
j	Farbe								
e	Oberfläche								
k t	Zeichen								
S									
u	Wahrnehmung								
b	Verwendung								
j e	Anmutungsansprüche								
k t									
	visuelle Transmitter								
I	visuelle Receiver								
n	akustische Transmitter								
t	akustische Receiver								
e	takt./hapt. Transmitter								
r a	takt./hapt. Receiver								
k	olfakt. Transmitter								
t i	olfakt. Receiver								
o	gustator. Transmitter								
n	gustator. Receiver								

▢ = Im Kapitel 5.4 analysierte Suchfelder

Abb. 77: Suchfeld-Matrix zur systematischen Suchfeldanalyse
Quelle: eigene Darstellung

Die leeren Zeilen und Spalten sollen darauf hinweisen, daß der Suchende die Suchfeldgenerierung entsprechend seinen weiteren Innovationsbemühungen endlos fortsetzen kann.

Die Kombinations-Matrix stellt einen totalen Ansatz im Sinne der **morphologischen Methode** dar. Daher kann nicht jedes aus der Kombination entstehende Suchfeld inhaltlich besetzt werden. Das Unternehmen muß erfolgversprechende, zukunftsorientierte Suchfelder selektieren und diese vertiefend untersuchen. Kystek/Müller-Stewens schlagen zwei Aktivitäten unterschiedlicher Suchintensität vor: das „Scanning" und das „Monitoring". Während beim **Scanning** der Beobachtungsbereich nach schwachen Signalen abgetastet wird, versteht man unter **Monitoring**, die identifizierten schwachen Signale genauer zu beobachten. Ein Analytiker soll beim Monitoring über eine fortgesetzte und vertiefende Untersuchung, die auch eine Vernetzung zu anderen Phänomen umfassen kann, das Vorverständnis zum Untersuchungsgegenstand verbessern (vgl. Krystek/Müller-Stewens 1993, S. 175 ff).

Im folgenden werden die Impulsbereiche „Architektur" und „Konsum-güterdesign" auf Designinnovationspotentiale für Investitionsgüter vertiefend untersucht. Zunächst steht dabei das **Suchfeld „Anmutungsansprüche"** im Zentrum der Analyse. Entsprechend der idealtypischen Anmutungsansprüche der „Zielgruppe" für Investitionsgüter werden erfolgversprechende Stile aus Architektur und Konsumgüterdesign ausgewählt. Diese werden anschließend **objektbezogen**, d.h. im Hinblick auf die verwendeten Gestaltungsmittel analysiert und Übertragungsmöglichkeiten auf das innovative Investitionsgüter-Design werden erwogen (vgl. Schraffierung in der Abb. 77).

5.4 Architektur- und Designstile als Ausgangspunkte für anmutungshafte Suchfelder im Investitionsgüter-Design

Der folgende Abschnitt leitet einen theoretischen Perspektivenwechsel ein. Von dem abstrakten Impulsbereich „Produkt-Mensch-Interaktion" zum konkreten Impulsbereich „Architektur" bzw. „Konsumgüterdesign". Da viele Designstile des Konsumgütersektors aus Architektur-stilen abgeleitet sind, ergeben sich hier inhaltliche Synergien. Der Stilpluralismus in Architektur und Konsumgüterdesign der Gegenwart stellt im folgenden den Analysegegenstand dar.

Abschnitt 5.4.1 beschäftigt sich im Anschluß an Erläuterungen zum Stilbegriff (Abschnitt 5.4.1.1) mit den Übertragungsmethoden von Stilphänomenen auf Investitionsgüter-Design (Abschnitt 5.4.1.2). In Abschnitt 5.4.1.3 werden aus dem Stilpluralismus nach den subjektbezogenen Anmutungspräferenzen der Investitionsgüterkäufer geeignete Suchfelder für den hier vorliegenden Untersuchungszweck selektiert. Die innerhalb der Architektur- und Designstile als geeignet identifizierten Suchfelder werden im Hinblick auf spezifische Gestaltungsmerkmale und -prinzipien untersucht, die der Gestalter auf das Design von Investitionsgütern übertragen könnte. Abschnitt 5.4.2 widmet sich zunächst den ausgewählten Architekturstilen, und Abschnitt 5.4.3 behandelt anschließend die Designstile als Ausgangspunkte für anmutungshafte Suchfelder. Darüber hinaus werden weiterführend visionäre, anmutungshafte Suchfelder beider Impulsbereiche thematisiert (Abschnitt 5.4.4).

5.4.1 Stilphänomene als Suchfelder des innovativen Investitions-güter-Designs

„Design follows architecture" (Küthe/Thun 1996, S. 65). Küthe/Thun fassen in dieser knappen Aussage zusammen, was Stark in seinen Ausführungen eindeutig nachweist: Die Architektur liefert ständig Signale für die Produktgestaltung und sollte deshalb Bestandteil eines trend-sensiblen und vorausschauenden Produkt- bzw. Innovationsmanagements sein (vgl. Stark 1996, S. 1 ff.). Die meist aus den Architekturstilen abgeleiteten Designstile ergänzen dieses Suchfeld und bilden gemeinsam eine geeignete Analysegrundlage für innovatives Investitionsgüter-Design. Mit den Worten des Architekten Frank O. Gehry ausgedrückt: „Aus meinem Verständnis heraus muß die Gestaltung von Form und

Funktion „Design oder Architektur", die Weiterentwicklung „Innovation" genannt werden (zitiert nach Miethke 1996, S. 56).

5.4.1.1 Zum Stilbegriff

Das Wort Stil ist etymologisch von dem lateinischen Begriff „stilus" abgeleitet, was soviel wie eine spezifische Schreibart bedeutet. Dahinter steht die Vorstellung, daß die Handschrift Ausdruck des individuellen Charakters eines Menschen ist (vgl. Walker 1992, S. 181).

Aus absatzwirtschaftlicher Sicht hat sich insbesondere Ursula Hansen (1969) dem Phänomen der Stilbildung gewidmet. Aus objektbezogener Blickrichtung definiert Hansen Stil als ein stabiles, längerfristiges Konzept zur Ordnung der Objektwelt unter dem Gesichtspunkt gestalterischer Gemeinsamkeiten.

Aus subjektbezogener Perspektive beschreibt sie Stil als soziales Phänomen der gleichgerichteten ästhetischen Empfindungen (vgl. Hansen 1969, S. 23). Da ein Designstil als Wahrnehmungsphänomen eine typische, pägnante Gestaltungsweise darstellt, kann man mit Verweis auf die Gestaltpsychologie auch von **Designprägnanz** sprechen (vgl. Koppelmann 1993, S. 198 f., Lehnhardt 1996, S. 44), ein Begriff der hier synonym zum Ausdruck Designstil verwendet wird. Verschiedene prägnante Ausdrucksweisen von Objekten können innerhalb einer zeitgeschichtlichen Epoche nebeneinander existieren. Wir sprechen vom sogenannten **Stilpluralismus** (vgl. Hase 1989, S. 53).

Bei der Abgrenzung des Stilbegriffes zum Phänomen der **Mode** ist insbesondere die zeitliche Dauer als Kriterium heranzuziehen. Die fluktuelle Erscheinung der Mode wechselt schneller als die des Stils, der aus sehr viel längerfristigen ästhetischen Wellen besteht (vgl. Wiswede, S. 37, Leitherer 1991, S. 162). Deshalb ist die Mode eher in Verbindung mit dem Abwechslungs- und der Stil mit dem Beharrungsprinzip zu sehen (vgl. König/Schluppisser, S. 112).

Investitionsgüter sollten als hochwertige Langzeitprodukte konzipiert werden, die nicht als „Eye Catcher" dienen, d. h. sich durch modische Gags von der Konkurrenz zu unterscheiden versuchen. Investitionsgüter-Design sollte den Zeitgeist einfangen und damit nachhaltig und langfristig die ästhetischen und symbolischen Zeitwerte widerspiegeln (vgl. Rabold 1996 und Abschnitt 4.6.1.). Deshalb sind Stilphänomene modischen Erscheinungen als Suchfeld für innovatives Investitionsgüter-Design vorzuziehen.

Ein Architektur- bzw. Designstil wird durch Bauwerke bzw. Konsumgüter/Möbel geprägt, die sich durch die **Wiederholung und die besonderen Gemeinsamkeiten spezifischer Gestaltungselemente** (z.B. gleiche Formcharaktere, spezielle Farbwahl etc.) auszeichnen und sich daher einem Stilphänomen zuordnen lassen. Bezogen auf das Subjekt reflektiert der Stil den **zeitgenössischen Geschmack einer Gruppe**. Auch die Buying-Center-Mitglieder sind diesen zeitgenössischen Strömungen ausgesetzt und werden ein nach ihren ästhetischen Grundwerten gestaltetes und mit Symbolik aufgeladenes Investitionsgut schätzen.

5.4.1.2 Methoden der Übertragung von Architektur- und Designstilen auf das Investi-tionsgüter-Design

Bei der Übertragung der Gestaltungsmittel eines Architektur- oder Designstils muß der Designer diese für den Verwendungszweck „Investitionsgüter-Design" modifizieren. Ziel ist es, für diese Güterkategorie eine neue prägnante Stil- und Produktsprache zu schaffen. Dies kann nicht mit einer maßstabsgetreuen Übertragung verwirklicht werden, sondern erfordert den **Transfer der anmutungshaften Wirkung** von Prägnanzen der Stilphänomene auf Investitionsgüter.

Bei der Erarbeitung einer geeigneten Methode werden die „formalen Transferstrategien" von Stark bemüht, der verschiedene Möglichkeiten für die Übertragung von Architektur auf Produkte unterscheidet. Er differenziert in Stilisierung, Imitation und Zitat (vgl. Stark 1996, S. 98 ff.). Erweitert man die Blickrichtung über die Architektur hinaus auf die Designstile im Konsumgütersektor, so ergibt sich die folgende Matrix für die Übertragung von Stilphänomenen:

Impulsbereiche	Architektur				Konsumgüterdesign			
Suchfelder / **Transfer-maßnahmen**	Struktu-ralismus	High-Tech	Dekon-strukti-vismus	usw.	Ästheti-scher Funktio-nalis-mus	Mini-malis-mus	Ästhe-tizis-mus	usw.
Stilisierung								
Imitation								
Zitat								

Abb. 78: Übertragungsmethoden von „Architektur-" und „Designstilen" auf Investitionsgüter-Design
Quelle: eigene Darstellung

Die **Stilisierung** beruht darauf, wenige für ein Objekt charakteristische Merkmale herauszugreifen und diese in abstrahierter Form und in kleinem Maßstab in das Investitionsgut zu integrieren.

Bei der **Imitation** geht es um eine möglichst maßstabsgetreue Nachbildung eines Vorbildes, d. h. der Industriedesigner überträgt eine z. B. aus der Baukunst vertraute Form auf das zu gestaltende Investitionsgut. Die Wiedererkennung von Vertrautem in einem anderen Verwendungszusammenhang kann zu Überraschung und Irritation führen. Die maßstabsgetreue Nachbildung eignet sich aufgrund der dabei entstehenden Wirkung und der starken konstruktionsbedingten Determination bei der Gestaltung von Investitionsgütern meist nicht.

Beim **Zitat** greift der Gestalter lediglich einzelne Elemente des Vorbildes heraus und setzt diese im Designentwurf in meist verfremdeter oder ironisierter Form um. Die Strategie des Zitierens sollte dabei die Bezüge zu dem entsprechenden Architektur- bzw. Designstil noch erkennen lassen.

Aus ergonomischen, technischen und konstruktiven Zwängen heraus wird es im Investitionsgüter-Design meist nur möglich sein, bestimmte in Architektur- oder Designstilen erzielte **Anmutungswirkun-**

gen mit modifizierten Mitteln in der Gestaltung umzusetzen. Deshalb ist hier von **anmutungshaften Suchfeldern** die Rede. Dazu eignet sich die Methode der Stilisierung am besten, da sie stilbildende Elemente in abstrahierter Form transferiert.

5.4.1.3 Auswahl geeigneter, anmutungshafter Suchfelder innerhalb des Stilpluralismus

Aus den verschiedenen Stilrichtungen, die potentielle Suchfelder für Designinnovationen im Investitionsgütersektor repräsentieren, muß das Unternehmen für die Übertragung geeignete Stile auswählen. Da die anmutungshafte Wirkung von Stilphänomenen auf Investitionsgüter tranferiert werden soll, ist es sinnvoll, die Anmutungsansprüche der Investitionsgüter-Käufer als Auswahlkriterium für geeignete Stile innerhalb des Stilpluralismus heranzuziehen. Das abstrakte Suchfeld „Anmutungsansprüche der Zielgruppe" bildet damit den Ausgangspunkt der Überlegungen.

Wie in Abschnitt 5.3.2.2 festgestellt wurde, konzentrieren sich die **idealtypischen Anmutungsprofile** für Investitionsgüter vornehmlich auf die Anmutungsbegriffe der linken Hälfte des Polaritätenstrahls, was darauf hinweist, daß die Zielgruppe der Investitionsgüterkäufer in bezug auf die Gestaltung das **gedankliche „Weniger"** bevorzugt (vgl. Abschnitt 5.3.2.2). Gleichzeitig spiegelt dieses Untersuchungsergebnis die große Bedeutung der **praktischen Funktionen** und der **Ordnung** im Investitionsgüter-Design wider. Die Erkenntnis über die Anmutungspräferenzen der Zielgruppe soll nun als Strukturierungskriterium für die Auswahl geeigneter Suchfelder innerhalb des Stilpluralismus dienen.

Lehnhardt aggregiert bei der Analyse von Designprägnanzen die einzelnen Anmutungsdifferentialbewertungen, die sie durch Experteneinschätzung gewonnen hat. So können die untersuchten **Designstile entsprechend ihrer links- oder rechtspolaren Prägnanzanmutung positioniert** werden. Die Abbildung 79 zeigt das Ergebnis dieser Forschung.

Die starken linkspolaren Ausrichtungen der Stilphänomene „Ästhetischer Funktionalismus", „Technizismus", „Minimalismus", „Ästhetizismus" und „Archetypen-Design" legen den Schluß nahe, daß sich diese zeitgenössischen Stile im Hinblick auf ihre Anmutungswirkungen als Suchfelder für innovatives Investitionsgüter-Design besonders anbieten. Denn linkspolare Designprägnanzanmutungstypen wirken reduziert, sachlich, ruhig und zeichnen sich durch Zurückhaltung und Purismus aus (vgl. Lehnhardt 1996, S. 221). Auch reflektieren diese Stilrichtungen im Gegensatz zu den rechtspolaren einen höheren anmutungshaften Ordnungsgehalt (vgl. Lehnhardt 1996, S. 177). Aufgrund dieser Charakteristiken sind die oben genannten Stilrichtungen als Suchfelder für Designinnovationen im Investitionsgütersektor geeignet.

Positioniert man die Designstile in einem zweidimensionalen Design-Portfolio mit den Achsen Pragmatik und Semantik, so wird das Ergebnis nochmals bestätigt (siehe Abb. 80).

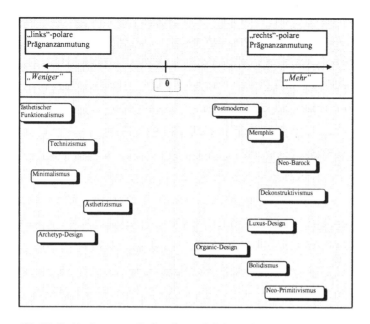

Abb. 79: Positionierung von Designstilen nach links- und rechtspolaren Prägnanz-
anmutungen
Quelle: Lehnhardt 1996, S. 210

Pragmatik

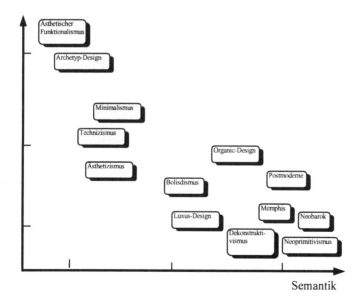

Abb. 80: Designportfolio: Positionierung von Designstilen zwischen Pragmatik
und Semantik
Quelle: Lehnhardt 1996, S. 213; Schattierung v. Verf. erg.

Der Ästhetische Funktionalismus, das Archetyp-Design, der Minimalismus, der Technizismus und der Ästhetizismus kennzeichnen sich als „links"-polare Designstile durch einen **höheren anmutungshaften Bezug zur pragmatischen Seite.** Die pragmatische Dimension umfaßt das Sinnfälligmachen von Gebrauchswerten, während die semantische Dimension (nach der hier verwendeten Terminologie die symbolische), die Eignung eines Produkt beschreibt, auf der Ebene emotionaler Empfindungen bestimmte Bedeutungsinhalte zu kommunizieren (vgl. Lehnhardt 1996, S. 213/25/31). Der stärkere praktische Bezug der Anmutungswirkung linkspolarer Designstile unterstreicht deren Bedeutung für das Investitionsgüter-Design, das sich in erster Linie an den gebrauchstechnischen Funktionen orientiert. Aufgrund der Positionierung der Designprägnanz „Bolidismus" zwischen Pragmatik und Semantik gilt es zu prüfen, ob der Industriedesigner auch aus diesem Stilphänomen stilprägende Gestaltungselemente für das Investitionsgüter-Design gewinnen kann (vgl. Abschnitt 5.4.4.2).

Die in diesem Untersuchungszusammenhang als geeignet ausgewählten Designprägnanzen basieren in drei Fällen auf architektonischen Vorbildern: auf dem Strukturalismus (ästhetischer Funktionalismus), auf der High-Tech-Architektur (Technizismus) und auf der Slick-Tech-Architektur (Ästhetizismus). Daraus wird geschlußfolgert, daß auch innerhalb der Architekturstile die korrespondierenden, „links"-polaren Stilrichtungen als Suchfelder für innovatives Investitionsgüter-Design in Frage kommen. Im folgenden werden die identifizierten Architektur- und Designstile charakterisiert und im Hinblick auf ihr Designinnovationspotential für Investitionsgüter analysiert. Dabei werden im Rahmen der Überlegungen zur Architektur (Abschnitt 5.4.2.) die Stile „Strukturalismus", „High-Tech-" und „Slick-Tech-Architektur" angesprochen. Damit wird diejenige Disziplin zum Suchfeld, in der das jeweilige Stilphänomen originär auftrat. In Abschnitt 5.4.3 werden dann die Designstile „Archetyp-Design" und „Minimalismus" auf ihre produktsprachlichen Merkmale und deren Stilisierungsmöglichkeiten im Investitionsgüter-Design untersucht. Weiterführend werden in Abschnitt 5.4.4 „Bolidismus" und „Dekonstruktivismus" als zielgruppenunabhänigige Visionen für anmutungshafte Suchfelder analysiert. Weil im folgenden die Gestaltungsmittel und -prinzipien von Bauwerken und Konsumgütern als Stilisierungsgrundlage untersucht werden, dominiert die objektbezogene Suchperspektive.

5.4.2 Investitionsgüter-Design auf der Grundlage ausgewählter Architekturstile

5.4.2.1 Zur Stilisierung von architektonischen Vorbildern im Investitionsgüter-Design

Stark hat festgestellt, daß sich die Zeitspanne (ca. fünf Jahre) zwischen einem Trend in der Architektur und seiner Umsetzung im Design verkürzt. Designer registrieren Neuerung in der Architektur zunehmend früher und setzen diese in Produkte um (vgl. Stark 1996, S. 282). Diese

Entwicklung darf an dem innovationsorientierten Investitionsgüterhersteller keinesfalls vorbeigehen.

In den Anfängen des Maschinendesigns kann der aufmerksame Beobachter vielfach einen Rückgriff auf Architekturstile erkennen. Im ausgehenden 18. und beginnenden 19. Jahrhundert rückt die Dampfmaschine wegen ihrer repräsentativen Bedeutung als Kraftmaschine ins Blickfeld der Gestaltungsbemühungen. Während aus England stammende oder nach englischem Vorbild nachgebaute Maschinen zumeist durch gotische Stilelemente gekennzeichnet waren, wiesen die deutschen Produkte vielfach klassische, der griechischen Antike entlehnte Formelemente auf. Französische Dampfmaschinen standen unter dem gestalterischen Einfluß der Renaissance, des Barocks und des Rokokos. Allerdings entledigte sich der Maschinenbau mit zunehmender Komplexität der Geräte während des letzten Drittels des 19. Jahrhunderts mehr und mehr der von der Architektur übernommenen Formensprache, um eigenständige, bis dahin noch nie dagewesene Formen zu schaffen (vgl. Schürer 1991, S. 79/88). „Größte Einfachheit der Formgebung und der Farbwirkung, glatte Begrenzungsflächen ohne Verzierungen, insbesondere ohne architektonischen Aufputz, glatte Hohlgußformen, wo einfaches, ruhiges Aussehen durch die Konstruktion selbst nicht genügend erreichbar ist, absichtliche Verkleidungen ..." (Riedler 1896 zit. in Schürer 1991, S. 88) forderte Riedler für die neue Maschinengeneration.

Wenn hier von dem Transfer architektonischen Gedankenguts die Rede ist, darf die dem Investitionsgut eigene industrielle Produktsprache nicht überschattet werden. Es geht nicht um die Rückbesinnung auf die Anfänge der Maschinengestaltung, die durch das reine Kopieren von Stilelementen geprägt war, sondern um die Inspiration durch einzelne Parameter und Prinzipen, die die innovative Anmutungswirkung der jeweiligen Stilprägnanz reflektieren. Die Stilisierung von architektonischen Bauprinzipien und -elementen in der Gestaltung von Investitionsgütern liegt besonders nahe, da auch Gebäude starken funktionalen Zwängen unterworfen sind.

Es sind vor allem drei Aufgabenbereiche im Investitionsgütersektor denkbar, die durch Architektur berührt werden können:
• Großanlagen (z. B. Kraftwerke)
• Fabrikhallengestaltung
• Einzelprodukte

Bei der **Gestaltung von Großanlagen** kommt diese Disziplin unmittelbar zum Tragen. Der Bau eines Kraftwerks oder einer Raffinerie etc. wird nach architektonischen Kriterien geplant.

Bei der **Fabrikhallengestaltung** kann man von einer Architektur der Maschinenaufstellung sprechen. Die Raumanmutung ist erheblich von der Kontextwirkung verschiedener Investitionsgüter geprägt (vgl. auch Abschnitt 4.6.5).

Die **Einzelprodukte** stehen hier im Mittelpunkt der Suchfeldüberlegungen. Die Gegenüberstellung der Materialisierungsmöglichkeiten von Formparametern in Architektur und Design zeigt die Zusammenhänge zwischen diesen beiden Disziplinen deutlich:

Parameter	Architektur	Design
Punkt	Verbindungselement oder konstruktive Details wie Schrauben, Nieten, Wandöffnungen	Bedienungselemente wie Knöpfe, Schalter, Schrauben, punktähnliche Perforierungen der Fläche
Linie	Dachlinien, sichtbare Konstruktionsteile wie Stützen, Säulen oder Verstrebungen, Gesimse, Tür- und Fensterstürze, sonstige Abschlüsse wie Geschoßabsetzungen	Silhouette des Produktes, grafische oder stilisierte Zeichen oder Muster, Lüftungs- oder Lautsprecherschlitze, Fügen, Beine
Binnenfläche	Grundflächen, Fassaden, Wände, Wandöffnungen (Fenster, Türen), Dächer	Oberflächen, Frontplatten, Seitenteile, Abdeckungen, Standflächen
Körper	Gebäude, Gebäudeteile u. Anbauten (z.b. Loggien, Balkone, Erker, Treppenhausvorsprünge)	Produkte, Produktteile, Zubehörteile
Kontur	Gebäudeecken, Dachkanten, Unterzüge, Tür- und Fensterstürze, Treppen, Gesimse, Silhouette des Gebäudes	Ecken- und Kantengestaltung, Einschürungen und Ausbuchtungen, Silhouette des Produktes
Struktur	Beschaffenheit der Fassade (wie etwa Feinkörnung), Differenziertheit der Baukörper und Details, Ornamentik	Fugen, Noppen, Griffmulden, spezielle Oberflächenbehandlungen
Proportion	Verhältnis von Grund- zu Wand- und Dachflächen, von Fenster- und Türflächen zueinander	Lage der Linien und Flächen zueinander, Verhältnis von Produktteilen, Seitenteilen zu Abdeckungen, Standflächen
Dimension	Größe des Gebäudes im Vergleich zu Gebäuden der unmittelbaren Umgebung oder solchen des gleichen Typs	Größe einer Produktform im Verhältnis zu ergänzbaren Produktteilen oder gattungsgleichen Produkten

Abb. 81: Materialisierungsmöglichkeiten von Formparametern in Architektur und Design
Quelle: Stark 1996, S. 70

Der Designer kann nicht nur aus der Form, sondern auch aus den anderen Gestaltungsparametern wie der Farbgebung, dem Material, der Oberfläche, der Zeichengebung und den Funktions- bzw. Konstruktionsprinzipien Ansatzpunkte für die Stilisierung ableiten. Dabei können auch die von Stark identifizierten inhaltlichen Transferstrategien von Architektur auf Design einfließen. Stark unterscheidet zwischen der Thematisierung der Tektonik und der Veranschaulichung des übergreifenden Prinzips, die zwei weitere abstrakte, objektbezogene Suchfelder für Designinnovationen bilden könnten. Die **Thematisierung der Tektonik** zielt darauf ab, den strukturellen Aufbau oder die statischen und konstruktiven Besonderheiten bei Gebäuden oder Produkten darzustellen (vgl. Stark 1996, S. 103). Unter Tektonik versteht man die Zusammenfügung starrer Teile zu einem zwingend in sich zusammenhängenden Gebilde der Baukunst, aber auch das architekturgleich Gefügte (vgl. Brookhaus 1983 S. 538). Bei der **Veranschaulichung des übergreifenden Prinzips** verbinden bestimmte übergeordnete Themen das Architektur- und Designobjekt. Das Aufgreifen und Behandeln eines gleichen Themas führt dann zu ähnlichen gestalterischen Lösungen, obwohl die Wahl der Gestaltungsmittel nicht unbedingt identisch ist. Oftmals zeigen sich übergreifende Denk- und Gestaltungsprinzipien, wenn derselbe Künstler Gebäude und Gebrauchsobjekte entwirft (vgl. Stark 1996, S. 104). Viele große Architekten wie z. B. Charles Rennie Mackintosh, Gerrit Thomas Rietveld, Walter Gropius etc. haben sich erfolgreich als Designer versucht (vgl. Hauffe 1995, S. 54, 72, 78) und verwirklichen verwandte Gestaltungsprinzipien in Gebäuden und Gebrauchsgegenständen.

Die Übertragung von Architekturstilen auf Investitionsgüter-Design durch die Übernahme einzelner Gestaltungselemente soll nun im folgenden an Beispielen demonstriert werden.

5.4.2.2 Vom Strukturalismus zum Systemgedanken im ästhetischen Funktionalismus

Die Wurzeln funktionalistischen Denkens in Architektur und Design gehen auf die Gestaltungsideologie des **Bauhaus** (1919–1933) zurück, das dogmatisch Klarheit, geometrische Einfachheit und Gesetzmäßigkeit in der funktionellen Gestaltung forderte (vgl. Heufler/Rambousek 1978, S. 14). Zielsetzung war es, für breite Bevölkerungsschichten Produkte zu entwerfen, die finanziell erschwinglich und funktionell sind. Das Vorherrschen der praktischen Funktion („form follows function") geht so weit, daß gestalterischer Mehraufwand, der dem reinen Gebrauchszweck des Produktes nicht dienlich ist, als überflüssig abgelehnt wird (vgl. Wick 1983, S. 28 f.). Dieses Diktum verbannt insbesondere das Ornament aus dem Gestaltungsrepertoire des Designers und führt so zu Gebilden extremer Ordnung.

Die praktische Funktion bestimmt auch die dem Strukturalismus vorausgehende und vom Bauhaus geprägte Architekturströmung des **Brutalismus** (ca. 1950). Die integrierende Ästhetik der klassischen Moderne, die alle Teilfunktionen in einer Primärform vereinigt, wird im Brutalismus allerdings durch eine Zerlegung in unterschiedlich große, autonom gestaltete Einzelelemente abgelöst. Damit folgt die Form nun jeder Teilfunktion für sich gesehen, so daß von innen nach außen entwickelte Gebäude mit einer reichen plastischen Gliederung entstehen. Mit der Aufteilung der Funktionen und ihrer autonomen Ausgestaltung hat der Systemgedanke Einzug in Architektur und Design gehalten. Die unterschiedlich geformten Teilkörper, die zu einem Gebilde addiert werden, können zu einem immer leistungsfähigeren System erweitert werden (vgl. Stark 1996, S. 157 ff).

Die Komplexität, die durch die Addition unterschiedlicher Teilkörper im Brutalismus entsteht, wird im **Strukturalismus** (ca. ab 1955) reduziert, indem der Architekt ähnliche oder gleiche Elemente aneinander reiht. Der ästhetische Reiz besteht in der demonstrativen Identität der Teileelemente, die nach einem bestimmten Anordnungsprinzip zusammengefügt werden. Der praktische Nutzen resultiert aus der Erweiterbarkeit der Nutzungsmöglichkeiten und der flexiblen Umfunktionierbarkeit des Gestaltaufbaus. Die Produkte des hieran angelehnten ästhetischen Funktionalismus zeichnen sich konsequenterweise durch zusammengefügte Teilelemente aus, die im Sinne des Baukastensystems ausgetauscht, weggenommen und ergänzt werden können, ohne die Ordnung des homogenen Gesamteindrucks zu beeinträchtigen (vgl. Stark 1996, S. 170 ff). Die Objektwelt des ästhetischen Funktionalismus wird wie zu seinen Anfängen im Bauhaus von symmetrisch-sachlicher Ordnung und farblicher Reduktion dominiert.

Die folgenden Abbildungen zeigen Gebäude, die von dem sogenannten **Wachstumskonzept** geprägt sind, das die Strukturalisten im Hinblick auf eine mögliche Erweiterbarkeit des Systems forderten.

Abb. 82: Bürogebäude in Apeldorn von Hertzberger und Wohnblock in Montreal von Safdie als Beispiele für den Strukturalismus
Quellen: links: Stark 1996, S. 174; rechts: Gössel/Leuthäuser 1994, S. 265

Welche Bedeutung das Suchfeld **„Strukturalismus" im Investitionsgüter-Design** haben kann, zeigt exemplarisch die nachfolgende Abbildung. Diese Kompaktgeradeausmaschine hat bei der Vergabe des „Sächsischen Staatspreises für Design 1996" den zweiten Platz erhalten.

Abb. 83: Kompaktausziehmaschine mit strukturalistischen Gestaltungsprinzipien
Quelle: Designzentrum Dresden 1996, S. 6

Die Anmutung dieser Maschinen resultiert aus der Übernahme strukturalistischer Gestaltungsprinzipien. Bei der oben gezeigten Kompaktausziehmaschine lobte die Jury das architektonische Prinzip zur Verdeutlichung des Ziehvorganges. Die Proportionen der statisch tragenden und verkleideten Bereiche machen die im Maschineninneren ablaufenden Prozesse nachvollziehbar. Die Reihung identischer, geometrischer Körper tragen zu einer feinsinnig gegliederten Gestalt bei, die dennoch den kompakten und homogenen Aufbau des Gesamtobjekts nicht verletzen (vgl. Design Zentrum Dresden 1996, S. 6). Bei der Übertragung des architektonischen Prinzips auf das Maschinendesign wird hier insbesondere die Tektonik thematisiert.

Der zentrale Gedanke des Systemdesigns ist ein dominantes Gestaltungsprinzip im Investitionsgüter-Design. Die Kombinierbarkeit und Ergänzbarkeit des Produktes und die dadurch erzielte Flexibilität und höhere Leistungsfähigkeit avancieren insbesondere im Maschinendesign zu einem zentralen Gestaltungsthema. Die **additive Ästhetik**, die durch die Aneinanderreihung identischer Teilkörper und durch die Erkennbarkeit der Struktur von Konstruktion und Funktion entsteht, kommt gleichzeitig der erwünschten Dominanz von Pragmatik und hoher Ordnung im Maschinendesign entgegen. Der strukturalistische Systemgedanke stellt im Investitionsgüter-Design nicht nur ein bedeutendes Suchfeld für innovative Designlösungen dar, sondern begründet ebenso den Kerngedanken des strategieadäquaten Designprinzips „Flexibilität" (vgl. Abschnitt 4.6.5).

5.4.2.3 Vom Slick-Tech zum ästhetizistischen Verhüllungsprinzip

Die Slick-Tech-Architektur zeichnet sich durch den Einsatz von ornamentlosen Primärkörpern aus. Das prägnanteste Gestaltungsmerkmal dieses Architekturstils, der Mitte der 60er Jahre entstand und sich bis heute behauptet, ist die glänzende, glatte (engl.: slick) Außenhaut der Fassade. Die Verwendung von Spiegelglas, polierten Aluminiumtafeln, blankem Email oder glänzendem Kunststoff ermöglichen es, die innenliegenden Funktionen des Gebäudes in nahezu strukturlose Körper verschwinden zu lassen (**Verhüllungsprinzip**). Bei der Fassadengestaltung verzichtet man auf Fensteröffnungen, Balkone oder andere Elemente, die das Bauwerk in Geschosse untergliedern und den Bezug zum menschlichen Maßstab signalisieren. Damit bietet sich diese Bauweise für Gebäude mit extremen Ausdehnungen, in der Regel Hochhäusern, an (z. B. der Hancock Tower in Boston, Deutsche Bank in Frankfurt). Die spiegelnde Oberfläche lenkt vom Volumen dieser skulpturartigen Gebäude ab und mutet durch distanzierte Eleganz und repräsentative Wertigkeit positiv an (vgl. Stark 1996, S. 183 ff.) (siehe Abb. 84, S. 202).

Der Mitte der 70er Jahre hieraus entstandene Designstil des **Ästhetizismus** zeichnet sich ebenso durch einfache, integrative Formen, klare, geometrische Linienführung mit auffallend glatten, verfugten Kanten sowie der Entsagung vom Ornament in Form von Griffen, Knöpfen oder Schnörkeln aus. Das zugrundeliegende Designprinzip der Verhüllung, d. h. des Verschwindenlassens von Bedienungselementen im Sinne der völligen Funktionsintegration, gewährleistet die makellose und perfekte Anmutung einer glatten, ebenmäßigen Haut (vgl. Koppelmann 1993, S. 198/258 und Lehnhardt 1996, S. 120). Weite Verbreitung findet dieser Designstil bei technischen Konsumgüter, insbesondere Geräten der Unterhaltungselektronik (z.B. Bang & Olufsen).

Abb. 84: Hancock Tower in Boston

Die **Verhüllung von Funktionsabläufen** ist **im Investitionsgüter-Design**, insbesondere im Maschinenbereich, ein häufig verwendetes Prinzip. Dies trägt der Forderung Rechnung, daß komplexe funktionelle Vorgänge den Benutzer verwirren und deren Offenlegung ein Unfallrisiko darstellt. Die Trennung von Maschinenkorpus und Steuerpult als Bedienzentrale führen weiterhin dazu, daß die Formgebung die Funktionsabläufe nicht widerspiegelt, sondern verhüllt. Die in Designerkreisen häufig kritisierte Vernachlässigung dieser Visualisierung soll an dieser Stelle außer acht gelassen werden (die Gestaltung des Steuerpultes muß diesen Mangel selbstverständlich überbrücken). Hier leitet vielmehr der Gedanke, das offensichtlich notwendige Verhüllen von Technik in Körpern ästhetisch zu gestalten und den **Verzicht auf Funktionsbezüge bewußt zu ästhetisieren**. Wenn schließlich „nur" die Oberfläche für die Designinnovation zur Verfügung steht, sollte diese einen anmutungshaften Auftritt gewährleisten. Dafür steht die

Oberflächenbeschaffenheit, sprich das Material, die Farbgebung und die Bemusterung der Außenhaut zur Verfügung. Das verhüllende Prinzip der Slick-Tech-Architektur hätte im Investitionsgüter-Design auch den Vorteil, daß ein hoher Grad anmutungshafter Ordnung erreicht wird.

Durch das elegante Äußere einer ästhetizistisch gestalteten Maschine tangiert der Designer nicht nur die ästhetische, sondern auch die soziale Qualität des Objektes. Die Materialanmutung von Hochwertigkeit kann die Aufmerksamkeit des Einkäufers z. B. auf Messen erregen und für den Benutzer innerhalb der Unternehmung einen Prestigezuwachs bedeuten. Die Werbebotschaft der Firma Heidelberger Druckmaschinen AG stützt sich auf eine ästhetizistische Maschinen-Anmutung und verwirklicht bewußt das Verhüllungsprinzip mit einer glänzend wirkenden Außenhaut (siehe farbige Abb. 85, S. 130):

Vorstellbar ist der Ästhetizismus im Investitionsgüterbereich bei Einzelaggregaten der Fertigung, die der Maschinenbediener fernsteuert, so daß spiegelnde Flächen nicht durch Blendung die Bedienung erschweren. Für mögliche Reparaturen müssen die Wände leicht zu öffnen sein. Ebenso können Fertigungsstraßen, die komplett verkleidet werden (z. B. in der Textilindustrie), durch die Stilisierung der Außenhaut zu einer ästhetischen Fabrikhallengestaltung, die den Anmutungsansprüchen ihrer Mitarbeiter genügt, beitragen.

Bei Bürogeräten wie z. B. Kopierern oder PC-Bildschirmen ist der gestalterische Bezug zu Konsumgütern der Unterhaltungselektronik ausgeprägt. Die Verhüllung von Bedienungselementen kommt der Aufforderung Ginnow-Merkerts nach, daß ein ausgeschaltetes Gerät nur eine sinnvolle Funktion offenbaren sollte, nämlich den Einschalter (vgl. Abschnitt 5.3.3.2.6). Der Büromöbelbereich, insbesondere verschlossene Aktenschränke, könnten auch von dem übergreifenden Gestaltungsprinzipmerkmalen des Ästhetizismus profitieren.

Möglicherweise bieten auch Nutzfahrzeuge Anwendungsmöglichkeiten für die Stilisierung von Slick-Tech. Die Lastkraftwagen einer Kunstspedition könnten mit der eleganten und hochwertigen Anmutung einer glänzenden Karosserie den sorgsamen Umgang mit den wertvollen Transporten im wahrsten Sinne des Wortes „widerspiegeln".

5.4.2.4 Vom High-Tech zum technizistischen Transparenzprinzip

Die High-Tech-Architektur verbirgt im Gegensatz zum Slick-Tech nicht das konstruktive Innenleben, sondern stellt es bewußt zur Schau und weist damit auf die hohe Leistungsfähigkeit und Belastbarkeit hin (vgl. Stark 1996, S.199). Dieser Architekturstil entstand etwa zeitgleich mit der Slick-Tech-Architektur. Die Wortschöpfung „High-Tech" ist eine Zusammensetzung aus den Begriffen „High Style" und „Technology", was auf die totale oder teilweise Verwendung von Fertigteilen verweisen sollte (vgl. Kron/Slesin 1979, S. 1). Ein modernes Beispiel technizistischer Baukunst ist das 1977 in Paris errichtete „Centre Pompidou" (R. Rogers & P. Piano), das seinen technologischen Symbolgehalt durch die demonstrative Öffentlichkeit von unverkleideten Luftschächten, Aufzugsmaschinerien, Wasserrohren usw. im Sinne des **Röntgen- oder Transparenz-prinzips** gewinnt (vgl. Kron/Slesin 1979, S. 33). Die erzielte Anmutung von Komplexität und Professionalität, Rationalität und Coolness bestimmen den High-Tech-Stil (vgl. Koppelmann 1993, S. 259).

Der **Technizismus oder die „High-Tech-Welle"** im Konsumgüterbereich bezieht sich ebenso wie die Architektur auf die Übertragung technologischer Produktsprache auf die Konsumgüterwelt (vgl. Fischer 1988, S. 47). Der ästhetische Reiz entsteht hier durch Verfremdung und Überhöhung von technisch-konstruktiven Zeichen und Elementen (vgl. Gros 1987, S. 17).

Bei der Übertragung von High-Tech-Architektur greifen die von Stark dargelegten inhaltlichen Transferstrategien „Thematisierung der Tektonik" und die „Veranschaulichung des Übergreifenden Prinzips". Zur Demonstration dient die Abbildung 86, die die von Norman Foster geplante Hongkong-&-Shanghai-Bank in Hongkong (1981–1985) und das vom gleichen Architekten entworfene Investitionsgut aus dem Büromöbelbereich „Nomos" zeigt (siehe farbige Abb. 86, S. 131).

Das Bauwerk Fosters stellt eine filigrane Variante technizistischer Baukunst dar, die die dem Bau inhärenten technischen Gesetzmäßigkeiten zur ästhetischen Dominante stilisieren (vgl. Stark 1996. S. 203). Der Architekt hebt auch bei dem Büromöbelsystem sowohl die tektonischen Gesetze als auch die Visualisierung einer komplexen technischen Ästhetik als übergreifendes Prinzip hervor.

In anderen Bereichen des Investitionsgüter-Designs, z. B. bei Maschinen, kann die Ästhetisierung des Konstruktiven zur Wirkung kommen, wenn sich die Konstruktion des Investitionsgut sichtbar gestalten läßt. Der ästhetische Reiz resultiert hier aus der **Demonstration der technischen Leistungsfähigkeit** (vgl Abschnitt 4.6.4), die sich in den Sachleistungen unbedingt bestätigen sollte. Die demonstrative Zurschaustellung technisch-konstruktiver Gestaltungselemente im Sinne des Röntgen- bzw. Transparenzprinzips findet seine Grenzen allerdings dort, wo die Sicherheit des Benutzers gefährdet ist oder empfindliche Produktteile geschützt werden müssen (vgl. Leitherer 1991, S. 158).

Wie man High-Tech-Prinzipien durch innovative Gestaltungsvarianten bei der Automatisierungstechnik umsetzt, zeigt die Abbildung 87. Die Konkurrenzprodukte (Ein- und Ausgabestationen eines Bestückungsautomaten für Leiterplatten; farbige Abb. 87 oben, S. 131) wirken im Vergleich zu der nach dem Transparenzprinzip gestalteten Maschine (farbige Abb. 87 unten, S. 131) „veraltet".

Indem der Designer das technische Innenleben des Bestückungsautomaten für seinen Benutzer sichtbar gestaltet hat, signalisiert er hohe – d. h. wahrnehmbare – Leistungsfähigkeit und Belastbarkeit der Maschine. Durch die demonstrative Öffentlichkeit von Konstruktion und Funktion setzt er so das sachleistungsbezogene Qualitätsversprechen anmutunghaft um. Dabei geht es um die Geschwindigkeit und Genauigkeit, mit der die Maschine Leiterplatten mit Bauelementen bestückt. Der Maschinenbediener kann den Automaten durch die offene Gestaltung leicht von der Seite betätigen und mögliche Fehlleistungen durch die innovative Verwendung von transparenten Materialien als Deckenabschlußplatte einfach erkennen. Zusätzlich werden so die Reparaturarbeiten erleichtert. Der Aufbau dieses Modulsystems wirkt durch die transparenten, gewölbten Platten wesentlich leichter als eine verhüllte Maschine. Allerdings erhöht sich auch die visuelle Komplexität.

5.4.3 Investitionsgüter-Design auf der Grundlage ausgewählter Designstile des Konsumgütersektors

Im folgenden sollen nun die linkspolaren Designstile „Archetyp-Design" und „Minimalismus" in Bezug auf ihr Transferpotential für Investitionsgüter analysiert werden.

5.4.3.1 Archetyp-Design

Der Terminus „Archetyp" ist aus der Psychologie entlehnt und geht auf C. G. Jung zurück, der Grundmuster untersucht hat, die offensichtlich aus dem stammesgeschichtlichen Erfahrungsschatz der frühen Menschheit herrühren und deren Symbolwerte die Tendenz aufweisen, sich über Jahrtausende trotz wandelnder Kultursituationen wenig oder gar nicht zu ändern. Diese **Urprägungen von in der menschlichen Psyche vorhandenen Symbolbildern,** die auch ohne historischen Zusammenhang an verschiedenen Orten und in verschiedenen Epochen gleichartig auftreten, nennt Jung „Archetypen" (vgl. Braem/Heil 1990, S. 10f.). „Arche" bedeutet soviel wie Ursprung, Anfang, Urgrund, Prinzip und „typus" drückt etwa Gestalt, Bild, Abbild, Modell, Ordnung oder Norm aus. Die Zusammensetzung zu „Ur-Bild" weist auf Bedeutungen wie entwicklungsgeschichtlich früh, ursprünglich oder auf das Wesentliche reduziert hin (vgl. Gladbach 1994, S. 16).

Beim Archetyp-Design geht es darum, die **Produkterscheinung auf ihr Urbild zu reduzieren,** d. h. das Produkt an seine authentische Urgestalt anzunähern. Dabei soll eine zeitunabhängige und zeitübergreifende Gestaltauffassung realisiert werden, die dem Bedürfnis nach Langlebigkeit und Essenz gerecht wird (vgl. Otto 1993, S. 216f.). Es gilt solche Formen zu suchen, die durch die Stimulation von anthropologischen Konstanten und Vorstellungsbildern individualistisch-historische Geschmacksausformungen überdauern (vgl. Fischer 1988, S. 111).

Archetypische Produkte zeichnen sich daher durch strenge, einfache, wohlbekannte und besonders langlebige Grundformen (z. B. Elementarform des Quadrates), unauffällige, unaufdringliche Farben sowie traditionelle, bekannte Materialien aus. Ihre Anmutung ist radikal asketisch (vgl. Lehnhardt 1996, S. 111 ff.). Ordnet man dieser Designprägnanz einen komplexen Anmutungsgesamteindruck zu, der den Leitgedanken dieser Stilrichtung in *einem* Anmutungsbegriff abstrahiert, so spricht Lehnhardt von der **Vertrautheitssemantik** des Archetyp-Designs (vgl. Lehnhardt 1996, S. 219 ff.).

Das Archetyp-Design ist gewissermaßen eine Auflehnung gegen immer kürzer werdende Produktlebenszyklen und den Mißbrauch des Designs zu diesem Zwecke. Es wehrt sich dagegen, daß Konsumgüter zwar ihr Erscheinungsbild ändern, nicht aber ihre Essenz. Langlebige, auf das Wesentliche reduzierte Produkte entlasten die Informationsgewinnung und verhindern „die drohende Langeweile der gestalthaften Beliebigkeit" (Lehnhardt 1996, S. 112). Diese Zielsetzung kommt dem Postulat nach Langlebigkeit und Nachhaltigkeit im Investitionsgüter-Design entgegen (vgl. Abschnitt 4.6.1.).

Die Urbilder von Investitionsgütern zu assoziieren, erscheint allerdings schwierig. Ein einfacher, vierbeiniger Stuhl entspricht unserer urtypischen Vorstellung vom Sitzen. Wie bohrt, stapelt, bestückt, stanzt, verpackt oder druckt der Mensch nun aber in seiner reinen, ursprünglichen Form? Assoziationen von Maschinen zu Beginn der industriellen Revolution widersprechen dem gleichzeitig zu schaffenden Symbolgehalt von Fortschrittlichkeit, Sicherheit und höchster Praktikabilität einer Innovation. Innovativ heißt hier ursprünglich und vertraut, jedoch nicht veraltet. Wo die internen Vorstellungsbilder für die produkttypische Urgestalt fehlen, müssen die **Tätigkeiten**, die mit Hilfe dieser Produkte realisiert werden sollen, untersucht werden (vgl. Fischer 1988, S. 111). Investitionsgüter mit dem Symbolgehalt der Einfachheit und Vertrautheit aufzuladen und damit die Assoziation von Ergonomie, Zuverlässigkeit, Leistungsfähigkeit und Unempfindlichkeit zu vermitteln, kommt der Stilisierung von Archetyp-Design bei Investitionsgütern gleich. Unbewußt wird die „richtige" Form des Produktes erwartet, wobei von dieser Position der Mitte aus systematisch Variationen abgeleitet werden können (vgl. Gladbach 1994, S. 47).

Der Transfer von Archetyp-Design soll am Beispiel eines Druckluft-Abbau-Hammers verdeutlicht werden. Die folgende Abbildung zeigt verschiedene Konkurrenzmodelle von Druckluft-Abbau-Hammern für den Bergbau:

Abb. 88: Alternative Druckluft-Abbau-Hammer von verschiedenen Wettbewerbern
Quelle: Materialen von Designprojekt, Dresden

Aus den Tätigkeitsanalysen im Bergbau, die die Einsatzmöglichkeiten dieses Werkzeugs festhalten, lassen sich ergonomische Anforderungen ableiten, die gleichzeitig die Basis für eine archetpyisch stilisierte Produktneuentwicklung begründen. Die Untersuchung der Tätigkeit „Stemmen" ergibt die Vorstellung eines Produktes, das spitz, leicht, handlich, praktisch und gleichzeitig robust ist. Die folgende Abbildung stellt die archetypisch geprägte Produktneuentwicklung dar:

Abb. 89: Archetypisch geprägter Druckluft-Abbau-Hammer
Quelle: Materialen von Designprojekt, Dresden

Das Gerät zeichnet sich durch einfache, reduzierte Grundformen und eine zurückhaltende Farbgebung aus. Der verlängerte Griffarm erleichtert gegenüber den Konkurrenzmodellen die Stemmbewegung und besticht dennoch durch die simple Lösung eines ergonomischen Problems. Diese Besonderheit hebt der Designer produktsprachlich nur durch kontrastierende, aber schlichte Farben hervor. Durch den Verzicht auf Ausbuchtungen, Einkerbungen, Griffrundungen usw. entsteht die Anmutung, als würde es sich um den Urtypen eines Abbauhammers handeln. Das Produkt wirkt durch die Materialwahl und schlanke Formgebung leicht, aber dennoch solide und robust. Diese Anmutung wurde in einer Akzeptanzanalyse bestätigt (siehe Abb. 90).

Archetypisches Design bei Investitionsgütern bietet sich auch dort an, wo die Beliebigkeit der Formgebung durch den Einsatz von Mikrochips gegeben ist und die Akzeptanz technischer Innovationen aufgrund der Adoptionsschwelle der Zielgruppe nur schrittweise erarbeitet werden kann.

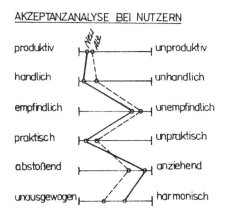

Abb. 90: Akzeptanzanalyse bei Nutzern von Druckluft-Abbau-Hammern
Quelle: Materialien von Designprojekt, Dresden

5.4.3.2 Minimalismus

Der Minimalismus kennzeichnet ähnlich wie das Archetyp-Design eine Objektwelt, die sich durch **extreme ästhetische Reduktion** ausdrückt. Lehnhardt beschreibt den anmutungshaften Gesamteindruck dieser Designprägnanz daher mit dem Begriff der **„Reduktions-Semantik"** (vgl. Lehnhardt 1996, S. 223). Dieses Stilphänomen entstand als Gegenreaktion auf die überladene, symbolhaltige Sprache des Memphis bzw. der Postmoderne. Askese, Bedürfnislosigkeit, Nüchternheit und Einfachheit ist das Vokabular des Minimalismus (vgl. Fischer 1988, S. 101). Die minimalistisch gestalteten Produkte verzichten auf alles Überflüssige, Opulente – sogar die Funktion wird auf das Wesentliche reduziert –, so daß der Minimalismus mit seiner demonstrativen Pragmatik als Verlängerung des ästhetischen Funktionalismus interpretiert werden kann.

Die puristische Zurückhaltung zeigt sich in einer Formensprache, die extreme **Feingliedrigkeit, Schlankheit und Zierlichkeit** demonstriert und eine Anmutung von Leichtigkeit und filigraner Eleganz vermittelt. Auch die Farbgebung, Ornamentik und Materialwahl des Minimalismus zeichnet sich durch Verzicht aus. Matt-schwarz und matt-metallisch dominieren die Farbwelt. Die Ornamentlosigkeit der Objektwelt unterstreicht die calvinistisch-strenge Einfachheit des Ausdrucks. Die Materialien orientieren sich an funktionalistischen Vorbildern wie Stahlrohr, naturbelassenes Aluminium oder Stahl, Holz etc. (vgl. Fischer 1988, S. 101). Das folgende Foto bildet einen minimalistisch gestalteten Büroarbeitsplatz ab:

Abb. 91: Minimalistisch gestalteter Büroarbeitsplatz

Bei Büromöbeln und Ladeneinrichtungen, aber auch bei Investitionsgütern, mit denen Präzisionsarbeit ausgeführt wird, bietet sich dieser Designstil als Stilisierungsgrundlage an. Bei medizinisch technischen Geräten, z. B. Zahnarztwerkzeugen, könnte eine filigrane, feingliedrige Formensprache dazu führen, daß die Sachleistungen präziser Feinarbeit auch gestalterisch anmuten. Ebenso ist dieses Designkonzept für Werkzeuge der Feinmechanik, z. B. in der Uhrenindustrie vorstellbar.

5.4.4 Visionen für anmutungshafte Suchfelder im Investitions- güter-Design

Die Ansprüche der Zielgruppe zu befriedigen ist der oberste Design-Grundsatz. „Andererseits ist das totale Mißfallen nicht nur der Maßstab für einen ‚Flop', sondern auch für das absolut Neue oder Innovative" (Seeger 1992, S. 15). Deshalb sollten sich die innovationsorientierten Investitionsgüterhersteller einen Moment von den Anforderungen der Zielgruppe lösen und den Versuch zulassen, heute noch utopisch erscheinende Designvisionen zu überdenken. Ohne experimentelles Vorgehen geht den Kreativen die Fähigkeit zu innovieren verloren (vgl. Gotenbach 1996). Im folgenden wird eine Systematik für die Ableitung visionärer, anmutungshafter Suchfelder erarbeitet und am Beispiel der Stile „Bolidismus" und „Dekonstruktivismus" inhaltlich vertieft.

5.4.4.1 Ableitung einer Suchfeldsystematik für visionäre, anmutungshafte Suchfelder

Die bisher erläuterten linkspolaren Stilphänomene als Stilisierungsgrundlage für Investitionsgüter-Design heranzuziehen ist unter der Prämisse der sofortigen Verkäuflichkeit des Produktes plausibel. Mit Blick auf die zukünftigen Zeitgeistströmungen könnte das innovative Design für Investitionsgüter jedoch auch durch **konträrpolare oder rechtspolare Designprägnanzen** inspiriert werden.

Zur Registrierung und Generierung von Designstilen oder -prägnanzen entwirft Lehnhardt eine Matrix, die die dominanten und akzessorischen Designcharaktere des jeweiligen Stilphänomens, die den komplexen Anmutungsgesamteindruck ausmachen (sog. Designcharakter-Semantiken), kombiniert und identifiziert so „reine" oder „mischtypenartige" Designprägnanzen. Dabei zeigen sich noch viele unbesetzte Kombinationsmöglichkeiten von Designcharakter-Semantiken, die anmutungshafte Suchfelder für die Generierung zukünftiger, innovativer Designprägnanzen darstellen. Bei den bekannten Designstilen verzeichnet Lehnhardt bei der Einordnung der Prägnanztypen in ein polares Arrangement lediglich gleichpolare, also entweder links- oder rechtspolare Stilphänomene, die sich unmißverständlich einer Polseite zuordnen lassen. Bei der Analyse von unbekannten, real existierenden Designprägnanzen hat Lehnhardt neben gleichpolaren, reinen (reiner Funktionalismus) auch diverse **konträrpolare Designprägnanzmischtypen** lokalisiert, die ebenso als Suchgrundlage für innovatives Investitionsgüter-Design dienen könnten. Konträrpolare Designstile bedienen sich der **Formation eines anmutungshaften Kontrastes als innovatives Gestaltungsprinzip**, indem links- und rechtspolare anmutungshafte Leitmotive vereinigt werden (vgl. Lehnhardt 1996, S. 216 ff.). Folgende zusammenfassende Darstellung gibt einen Überblick über die Untersuchungsergebnisse:

Designprägnanztypen	linkspolar	rechtspolar	kontrârpolar
„reine" Designprägnanzen	**Technizismus** (Technik/Technik) **Minimalismus** (Reduktion/Reduktion) **Archetyp-Design** (Vertrautheit/Vertrautheit) **Ästhetizismus** (Eleganz/Eleganz) **Reiner Funktionalismus** *(Funktion/Funktion)*	**Dekonstruktivismus** (Dissonanz/Dissonanz) **Luxus-Design** (Luxus/Luxus) **Organic-Design** (Natur/Natur)	
Designprägnazmischtypen	**Ästhet. Funktionalismus** (Funktion/Eleganz)	**Bolidismus** (Opulenz/Robustheit) **Postmoderne** (Historie/Dekoration) **Memphis** (Naivität/Dekoration) **Neobarock** (Romantik/Opulenz) **Neoprimitivismus** (Exotik/Natur) **Dissonanter Neobarock** (Romantik/Dissonanz) **Poetischer Bolidismus** (Opulenz/Romantik) **Minimal-Ästhetizismus** (Eleganz/Reduktion) etc.	**Barock-Tech** *(Technik/Romantik)* **Dissonanter Minimalismus** *(Reduktion/Dissonanz)* **Bolides Bauhaus** *(Funktion/Opulenz)* **Poetischer Ästhetizismus** *(Eleganz/Romantik)* **Barock-Minimalismus** *(Reduktion/Romantik)* **Minimal-Exotik** *(Exotik/Reduktion)* etc.

kursiv = bisher unbekannte Designstile
Klammer = (dominant/akzessorisch)-Semantik

Abb. 92: Ordnung der Designstile nach Reinheit und Polarität
Quelle: eigene Darstelldung nach Ausführungen von Lehnhardt 1996, S. 216 ff.

Im Rahmen der hier vorgenommenen Untersuchung wurden die **linkspolaren, reinen** Design-Charakter-Semantiken als Stilisierungsgrundlage herangezogen: nämlich High-Tech bzw. Technizismus (Technik-Semantik), Slick-Tech bzw. Ästhetizismus (Eleganz-Semantik), Minimalismus (Reduktions-Semantik) und das Archtyp-Design (Vertrautheits-Semantik). Der aus dem Strukturalismus abgeleitete ästhetische Funktionalismus ist ein Mischtyp, der dominant von der Funktions-Semantik und akzessorisch von der Eleganz-Semantik bestimmt wird. Die existierenden, bolidistisch anmutenden Investitionsgüter (vgl Abschnitt 5.4.4.2) deuten möglicherweise bereits einen **Trend zu rechtspolaren Anmutungscharakteren** im Investitionsgüter-Design an, die die Wirkung des anmutungshaften „Mehr" (d. h. von Komplexität und Semantik bzw. Symbolik) vermitteln.

Ein **schrittweiser Übergang zur Semantik des „Mehr"** könnte der Designer durch die Gestaltung von zunächst konträrpolaren Designprägnanzmischtypen versuchen, die den Investitionsgüter-Käufer nicht schockieren, sondern positiv überraschen. Im Hinblick auf das idealtypische Anmutungs- bzw. Eindrucksprofil, das sich für Investitionsgüter durch die Hinwendung zum linken Pol auszeichnet, erscheint es sinnvoll, zunächst **dominant linkspolare und akzessorisch rechtspolare Designprägnanzmischtypen als anmutungshaftes Suchfeld für das Investitionsgüter-Design** heranzuziehen. Das Bolide Bauhaus könnte mit seiner dominanten Funktions-Semantik und rezessiven Opulenz-Semantik einen derartigen langsamen Übergang zu einer Semantik des anmutungshaften „Mehr" bieten (vgl Abschnitt 5.4.4.2).

In Abweichung zu Lehnhardt, die sämtliche identifizierten Designcharakter-Semantiken zur Generierung von Suchfeldern für Designprägnanzen im Konsumgüterbereich sowohl als dominantes als auch akzessorisches Merkmal kombiniert (vgl. Lehnhardt 1996, S. 234), wird hier eine Matrix entworfen, die die linkspolaren Semantiken als dominanten Gestaltauftritt impliziert und die rechtspolaren als untergeordneten Anmutungseindruck vorsieht.

	Design-charakter-Semantiken	Luxus	Historie	Natur	Dekoration	Opulenz	Robustheit	Dissonanz	Romantik	Exotik	Naivität	
akzessorisch rechtspolar												
d o m i n a n t **l i n k s p o l a r**	Schlichtheit										Memphis-Funktions.	
	Avantgardismus				Neue Avantg.							
	Technik			Bio-Tech	dekorativ. Technic				Barok-Tech			
	Funktion					Bolides Bau-haus						
	Reduktion							dissonant. Minimalis.				
	Eleganz											
	Harmonie											
	Sachlichkeit											
	Vertrautheit			Bio-Arche typ								
	Professionalität			Öko-Design	dekorative Profess.							

Abb. 93: Innovative Designprägnanzen als Suchfelder für das Investitionsgüter-Design
Quelle: angelehnt an Lehnhardt 1996, S. 234

Während Lehnhardt 400 Suchfelder generiert (vgl. Lehnhardt 1996, S. 234), ergeben sich unter der Prämisse der stärkeren Gewichtung der Gestaltungsprinzipien „Pragmatik" und „Ordnung", die eine linkspolare Dominanz implizieren, und der untergeordneten Betonung der semantischen Dimension 100 anmutungshafte Suchfelder für innovative Designcharakter-Semantiken im Investitionsgüterbereich. Die „weißen" Felder zeigen unbesetzte Kombinationsmöglichkeiten, die der Designer als Ideenpool bzw. Orientierungshilfe für die Anmutungsgestaltung nehmen kann. Die leere Zeile bzw. Spalte der Matrix signalisieren, daß sich die Semantiken im Laufe der Zeit ändern bzw. ergänzt werden können. Die Wahl der Gestaltungsmittel und ihre Kombination bedingen, ob eher eine **„Ordnungs-Semantik"** oder eine **„Komplexitäts-Semantik"** erzielt wird.

Die Tendenz zum anmutungshaften „Mehr" soll im folgenden anhand „eines gemäßigt rechtspolaren Mischtypen", dem Bolidismus
(vgl. Abb. 79) und „eines reinen, extrem rechtspolaren Stilphänomens, dem Dekonstruktivismus (vgl. Abb. 79) gezeigt werden. Damit
soll der eingängigen Aufforderung Rechnung getragen werden, über
das Anforderungsprofil der Zielgruppe hinaus zu experimentieren
bzw. Bedürfnisse zu antizipieren oder zu kreieren und so Innovatives
zu schaffen.

5.4.4.2 Bolidismus

Der Bolidismus ist eine **rechtspolare** Designprägnanz, die sich allerdings
durch eine relative **Nähe zur Pragmatik** (vgl. Abb. 80) auszeichnet. Hier-
in begründet sich auch ihre Eignung zur Übertragung auf das Investitionsgüter-Design. Der Bolidismus stellt einen Designprägnanz-Misch-
typ dar, der sich durch eine **Opulenz-Robustheits-Semantik** auszeichnet
(Lehnhardt 1996, S. 247), was insbesondere der oftmals gewünschten
Anmutung im Maschinendesign entgegenkäme.

Als „Bolidisten" bezeichnet man eine Gruppe junger Architekten,
die etwa Mitte der 80er Jahre an der Domus Academy in Mailand die
neue Stilrichtung des sogenannten „Bolidismus" prägten (vgl. Guidot
1994, S. 275). Der Begriff geht auf das Wort „Bolide" (= grch.-lat. die
Feuerkugel) zurück, was im Autorennsport ein Ausdruck für einen schwe-
ren Rennwageneinsitzer mit verkleideten Rädern ist (vgl. Lehnhardt
1996, S. 108). Mit der Rückkehr zur fließenden Aerodynamik, die jedoch im Gegensatz zu den stromlinienförmigen Objekten der 50er Jahre barocke, von Science-Fiction gefärbte, futuristisch anmutende Formelemente aufnimmt, begründen die Bolidisten eine Gegenbewegung
zu den elementaren und eckigen Volumina der reduzierten Objektwelt
zu Anfang der achtziger Jahre. Die japanische Automobilindustrie ver-
marktete als Vorreiter die geschwungenen, weichen, aerodynamischen
Formen im Autodesign dann zu Beginn der 90er Jahre weiträumig (vgl.
Guidot 1994, S. 276 f.). Schürer weist unter dem Stichwort „Mode-
wechsel in der Maschinengestaltung" darauf hin, daß das Automobil-
design die Gestaltung der sonstigen Konsumgüter beeinflußt und mit
zeitlicher Verzögerung auch das Investitionsgüter-Design betrifft (vgl.
Schürer 1996) (siehe farbige Abb. 94, S. 132).

Die bolidistische Formgestaltung im Konsumgüterbereich nimmt die
opulenten, wuchtigen und schwülstigen Formen auf und schafft ein „un-
gestümes, dynamisches Design" (Downey 1992, S. 171). Die einzelne
durchgehende, reine Linie charakterisiert die bolidistische Produktwelt
ebenso wie der Verzicht auf schroffe Ecken, Spitzen und Kanten, der mit
der fließenden, weichen, dickleibigen Dreidimensionalität der Objekte
korrespondiert. Der Einfluß von Science-Fiction und den stromlinienförmigen Zeichnungen der Comic-Strips werden deutlich. Der comicartige, energievolle Ausdruck und die sprechend bunte Comic-Strip-Farb-
gebung des „Bubble-Design" ist fest mit seinem Hauptvertreter Massimo
Iosa-Ghini, der vormals als Cartoon-Zeichner tätig war, verbunden (vgl.
Lehnhardt 1996, S. 108 f.).

Die Übertragung dieser Designprägnanz auf die Investitionsgüterwelt läßt sich in Ansätzen bereits phänomenologisch nachvollziehen. Die Farbgebung bricht aus dem bislang dezenten, zurückhaltenden Rahmen heraus und die aerodynamische, geschwungene Formensprache wird in Objekte des Investitionsgütersektors projiziert. Die Abbildung 95 des Ultraschall-Inhalationsgerätes Aerosolator wirkt futuristisch und dynamisch strebend und erinnert stark an die boliden Formen eines Rennwagens bzw. Sturzhelmes. Die auffällige, comicartige Farbgebung unterstreicht die futuristische Anmutung (siehe farbige Abb. 95, S. 132).

Die nächste Abbildung (siehe farbige Abb. 96, S. 133) zeigt einen Industrieroboter. Die Kombination von Rundheit und Eckigkeit in Verbindung mit einer „poppigen" Farbgebung mutet opulent, aber gleichzeitig funktionell an. Es könnte sich um ein Investitionsgut im Stil des boliden Bauhauses handeln (vgl. Abschnitt 5.4.4.1).

Auch die Eckigkeit von Maschinen, die lange Zeit das funktionalistisch dominierte Investitionsgüter-Design beherrschte, wird immer häufiger durch eine weiche, runde, dynamisch anmutende Formgebung abgelöst. Die nachfolgende Abbildung zeigt eine Universal-Drehmaschine, die das Büro Schürer-Design ca. 1984 für die Firma Gildemeister entworfen hat. Das Gerät wurde 1985 mit dem if-Designpreis Stuttgart ausgezeichnet. Eine eckige, kantige Kastenform dominiert die Formgebung (siehe farbige Abb. 97, S. 134).

Das nächste Foto zeigt ein späteres Modell, das 1994 den Stahlinnovationspreis erhielt (siehe farbige Abb. 98, S. 135).

Der Designer verleiht der Maschine durch die Wölbung der Oberfläche eine bauchige Voluminosität. Der Bogen der abdeckenden Fläche endet jedoch nicht mit einer Rundung, sondern schließt mit einer eckigen Kante. Möglicherweise wurde in diesem Entwurf der innovative Designprägnanzmischtyp des „Boliden Bauhauses" (dominante Funktions- und akzessorische Opulenz-Semantik) anmutungshaft umgesetzt, der sich durch das gleichzeitige Auftreten von eckigen und abgerundeten sowie von gradlinigen und geschwungenen Formelementen, also durch das anmutungshafte Gestaltungsprinzip des Kontrastes auszeichnet (vgl. Lehnhardt 1996, S. 253 ff. und Abschnitt 5.4.4.1).

Die nachfolgende Abbildung zeigt ein anderes Modell, das schon 1986 entstanden ist, in seiner Formensprache dem Zeitgeschmack jedoch möglicherweise durch die ausgepägte „Opulenz-/Robustheits-Semantik" des Bolidismus vorauseilt (siehe farbige Abb. 99, S. 135)

Eine runde, weiche Form- und eine lebhafte Farbgebung sind im bisher strengen Investitionsgüter-Design nach wie vor ein breites, unausgeschöpftes Suchfeld. Die futuristische Anmutung von bolidistischen Objekten hat zudem den Vorteil, daß eine technologische Innovation durch die fortschrittliche Anmutung des Produktes wahrnehmbar kommuniziert wird. Trotz der Gewährleistung der praktischen Funktionen verzichtet der Bolidist auf eine nüchterne, linkspolare Ausstrahlung bei der Gestaltung des Investitionsgutes und erreicht dadurch eine völlig neue, symbolhafte Produktsprache.

5.4.4.3 Dekonstruktivismus

Der Dekonstruktivismus ist eine **reine, rechtspolare** Designprägnanz mit einer ausgeprägten **„Dissonanz-Semantik"** (vgl. Lehnhardt 1996, S.237). Denn „Architektur und Design des Dekonstruktivismus zerlegen den Körper, um ihn in einem zweiten Schritt auf eine andersartige, sämtlichen bisherigen Sehgewohnheiten widersprechende Weise zusammenzusetzen" (Stark 1996, S. 271).

Der Dekonstruktivismus in der Architektur verwirft in Anlehnung an das philosophische Vorbild der „Dekonstruktion" tradierte, baukünstlerische Gesetzmäßigkeiten. Die Dekonstruktion bezeichnet in der Philosophie ein auf den französischen Philosophen Jacques Derrida zurückgehendes Verfahren der Reflexion, das die Existenz absoluter Wahrheiten negiert (vgl. Kähler 1990, S. 9 u. 76). Mitte der 80er Jahre entwickelte sich in Italien gewissermaßen als Experimentaldesign eine Stilrichtung, die die Anmutung von Chaos, Ungeordnetheit, Zersplitterung und Unruhe hervorruft. Dies ist insbesondere auf ein allgegenwärtiges Gestaltungselement des Dekonstruktivismus zurückzuführen: die **Schräge.** Durch Dreiecke, extreme Neigungen und schräge Winkel werden Gestaltungsgesetzmäßigkeiten der Proportionen- und Harmonielehre wie dem Goldenen Schnitt oder der Symmetrie aufgehoben. Die zusätzliche Verwendung von Materialien wie Stahl, Eisen, Panzerglas u.ä. trägt bei Designobjekten dazu bei, Bizarrheit und Konfusion zu Lasten von Harmonie und Wärme zu symbolisieren (vgl. Kähler 1990, S. 13 f.).

Das Primat der praktischen Funktion wird auch hier nicht außer acht gelassen. Die Anforderungen an Ergonomie und Pragmatik müssen gerade im Investitionsgüter-Design vollumfänglich erfüllt sein. Die Abbildung 100 (siehe farbige Abb. 100, S. 136) präsentiert das „Energie-Forum-Innovation" in Bad Oeynhausen, das nach Entwürfen von Frank O. Gehry, einem stark dem Dekonstruktivismus verhafteten amerikanischen Architekten, 1995 unter dem Thema „Architektur und Energie" fertiggestellt wurde.

Es handelt sich dabei um das Verwaltungsgebäude des Elektrizitätswerks Minden-Ravensberg GmbH, in dem der Bauherr innovative Techniken der Energiegewinnung und -vermeidung anwenden wollte. Solarenergie, transparente Wärmedämmung, Brauchwasseraufbereitung, Blockheizkraftwerk, Europäischer Installationsbuss waren technische Arbeitstitel, die die Gestaltungsfreiheit einschränkten (vgl. Ragati 1996, S. 130). Trotz hoher technischer Determinanten ist es dem Architekten gelungen, eine innovative Formensprache zu verwirklichen, die simple Grundformen so zusammenfügt, daß das Bauwerk zur Skulptur wird. „Ein Gebäude ist per definitionem eine Skulptur, da es ein dreidimensionales Objekt darstellt" (Gehry, zitiert in Ragati 1996, S. 10). Auch Maschinen sind dreidimensionale Objekte, die allerdings den ergonomischen und gebrauchstechnischen Anforderungen und den übrigen Bedingungen der Produktion entsprechen müssen. Eine dekonstruktivistische Gestaltungsvariante bietet sich trotz der eher komplexen Anmutung bei solchen Maschinen an, die der Bediener über das Steuerpult fernsteuert. Denn schließlich muß diese nicht mehr der Funktion folgen. Die skulpturartige Anmutung der Maschine hat positive Irradiationseffekte auf die Raumanmutung und gibt dem Unternehmen damit ein fortschrittliches, innovationsorientiertes Image.

5.5 Zusammenfassung und Bewertung der Suchfeldanalyse

Der vorangegangene Abschnitt war der Analyse von Suchfeldern für Designinnovationen im Investitionsgütersektor gewidmet. Die Strukturierung des **Impulsbereiches „Produkt-Mensch-Interaktion"** führte zu einer übersichtlichen Ordnung der design-relevanten Suchfelder. Aus der Kombination von abstrakten, der Designtheorie entlehnten Suchfeldern mit konkreten, inhaltlichen Suchfeldern wie Architur- und Designstile resultierte eine Matrix, die das Innovationsmanagement zeitpunktunabhänigig als **Suchsystematik** heranziehen kann.

Bei der **objektbezogenen Suchfeldanalyse** wurden die Gestaltungsmittel Material, Form, Farbe, Oberfläche und Zeichen auf deren innovatives Potential für Investitionsgüter-Design untersucht. Sie stellen die „klassischen Suchfelder" für den Designer dar.

Die Kontaktarten der Zielgruppe „Wahrnehmung" und „Verwendung" erweisen sich als Anhaltspunkte für eine bedürfnisgesteuerte, **subjektbezogene Analyse**. Auch diese Perspektive zeigte sich bei Experteninterviews als durchaus in der Designpraxis üblich. Das subjektbezogene Suchfeld „Soll-Anmutungsansprüche" stellt eine Weiterentwicklung zu den bisher gängigen Praktiken im Investitionsgüter-Design dar. Diese innovative Perspektive stieß auf große Resonanz und reges Interesse bei den befragten Designern. Denn es konnte ein Instrumentarium aufgezeigt werden, mit dem der design-orientierte Innovationsmanager ein zielgruppengerechtes, idealtypisches Anmutungsprofil für sein Produkt ermitteln kann. Im Rahmen der durchgeführten Expertenbefragung und der Beobachtung der phänomenologischen Realität von gestalteten Investitionsgütern kristallisierte sich eine starke Tendenz zu linkspolaren Anmutungswirkungen bei Investitionsgütern heraus, was das Bedürfnis nach anmutungshafter Pragmatik und Ordnung unterstreicht. Das Suchfeld „Anmutungsansprüche" wurde in dem zweiten Themenkomplex „Impulsbereiche Architektur und Konsumgüterdesign" vertieft.

Die **interaktionsbezogene Suchfeldanalyse** versteht nicht nur den Menschen als Sender und Empfänger von Informationen, sondern auch das Produkt. Sie sprengt die bisher gängigen Betrachtungsweisen, indem Aktionsmöglichkeiten für innovative Designideen angeregt werden, die auf der Theorie basieren, daß das Produkt nicht nur Wahrnehmungsgegenstand des Menschen ist, sondern „menschenähnlich" sehen, hören, fühlen, riechen und schmecken kann.

Basierend auf den ermittelten Soll-Anmutungsansprüchen für Investitionsgüter sind schließlich diejenigen **Architektur- und Designstile** selektiert worden, die zum heutigen Zeitpunkt als anmutungshaʻte Suchfelder für innovatives Investitionsgüter-Design dienen können. Da sich die Anmutungsansprüche im Zeitablauf verändern, kann eine derart spezifische Suchfeldanalyse immer nur zeitpunktbezogen sein. Die aufgeführten Beispiele verdeutlichten eindrücklich die Aktionsmöglichkeiten, die aus der Stilisierung von prägnanten Stilelementen resultieren. Über eine die Gegenwart betrachtende Analyse hinaus wurden potentielle Zukunftstendenzen innovativen Investitionsgüter-Designs dokumentiert. Damit wurden konkrete Umsetzungsmöglichkeiten der Strategien „industrieweite oder segmentspezifische Designführerschaft" aufgezeigt.

Die Analyse der **design-relevanten Suchfelder** sollte dem Innovationsmanager in die Möglichkeiten zur Schaffung von Designinnovationspotentialen Einblick gewähren. Sie befähigt den Betriebswirt jedoch keinesfalls zur kreativen Umsetzung des Ideenspektrums. Die einzelnen Suchfelder müssen vom Designer für das jeweilig zu gestaltende Produkt zu Anfang des Produktentwicklungs- und Designprozesses ausgewählt und **produktspezifisch** umgesetzt werden. Die vorgestellte Analyse kann dabei nur Anhaltspunkte einer Systematik liefern, die die kreative Ideenproduktion keinesfalls einschränken soll. In Verbindung mit **design-strategischen Zielvorgaben** kann der Innovationsmanager so für den Designer einen Gestaltungsrahmen im Sinne eines **Briefings** abstecken, der gewährleistet, daß die zu gestaltenden Investitionsgüter der gewünschten Unternehmensbotschaft entsprechen. Denn „einem kreativen Designer wird die Arbeit wesentlich erleichtert, wenn er weiß, in welchen Zusammenhängen er sinnvollerweise denken sollte, um die Zufälligkeit des Erfolges zu reduzieren. Ein wenig kreativer Designer wird auch durch systematische Gestaltüberlegungen kaum zu besseren Lösungen kommen" (Koppelmann 1982, S. 52). Im folgenden soll skizziert werden, wie der personelle Unsicherheitsfaktor reduziert werden kann.

Die Voraussetzung für die Schaffung einer Designinnovation ist die hohe Designkompetenz des Unternehmens, die sich in seinen personellen Ressourcen und einer aufgabenadäquaten Organisation manifestiert. Der Innovationsmanager muß dafür sorgen, daß das Investitionsgüterunternehmen über entsprechende Kompetenzspezialisten verfügt (vgl. Strothmann 1994, S. 46). In einem Investitionsgüterunternehmen, in dem Industriedesign bisher vernachlässigt wurde, kommt dem Innovationsmanagement damit die Aufgabe zu, die Implementierung von Design und Designmanagement in die Organisationsstruktur vorzubereiten und die Beschaffung von design-qualifiziertem Personal für die konkrete Umsetzung des ersten Designprojektes zu initiieren. Deshalb sollen im folgenden Alternativen der Beschaffung von Designleistungen vorgestellt werden (Abschnitt 6.1) und Empfehlungen zur organisatorischen Einbindung und personellen Umsetzung des Designprozesses gegeben werden (Abschnitt 6.2).

6.1 Alternativen der Beschaffung von design-qualifiziertem Personal

Dem design-orientierten Innovationsmanagement stehen generell drei Möglichkeiten zur Verfügung, um Design-Know-How zu beschaffen:
* Aufbau einer internen Designabteilung durch Anstellung von Designmanager/Designer (**In-Sourcing** von Design)
* Inanspruchnahme von externer Designleistung über Designmanagement-Beratung, externe Designer (**Out-Sourcing** von Design)
* **Kombination** von In- und Out-Sourcing von Design (vgl. Mayer 1996, S. 181 ff. oder Spies 1993, S. 161 ff.)

Die folgende Tabelle (siehe Abb. 101) stellt die Vor- und Nachteile der Beschäftigung interner und externer Designern gegenüber.

Den kostenintensiven Aufbau einer unternehmenseigenen Designabteilung sollte das Innovationsmanagement nur anstreben, wenn die dadurch entstehenden Designkapazitäten ausreichend genutzt werden können. Der Hauptvorteil besteht darin, daß der Investitionsgüterhersteller unabhängig von anderen Designanbietern seine unternehmensspezifische Designkompetenz sicherstellen kann. So ist die Umsetzung der unternehmenseigenen Designidentität gewährleistet. Der interne Designer hat die unternehmensspezifische Grundhaltung besser verinnerlicht und kann die Corporate-Design-Strategie, die sich durch Kontinuität auszeichnen sollte, leichter verfolgen. Allerdings kann die Beschränkung auf das eigene Design-Know-how auch die Kreativität aufgrund von Betriebsblindheit hemmen und die Entwicklung einer Designinnovation erschweren. Bei der Inanspruchnahme von unternehmensexternen Designleistungen gewährleistet die projektspezifische Auswahl des jeweils am besten geeigneten Designers ein großes Innovationspotential und die Nutzung eines umfassenden Erfahrungshorizontes.

	Vorteile	Nachteile
Insourcing von Design	• Aufbau einer eigenen unternehmensspezifischen Designkompetenz und Sicherstellung einer unternehmensspezifischen Designidentität. • Kenntnisse der unternehmerischen Gegebenheiten und Probleme sowie der marktlichen Besonderheiten. • Einfache Koordination, bessere Möglichkeit der laufenden Fortschrittskontrolle, schnelle Reaktionsfähigkeit. • Unabhängigkeit von Designanbietern. • Bessere Geheimhaltungsmöglichkeiten und Sicherstellung des Designschutzes für das Unternehmen.	• Negative Auswirkungen auf die Kreativität aufgrund von Betriebsblindheit, fehlender Distanz und betrieblicher Gewohnheiten, so daß routinemäßige Designlösungen entstehen. • Starke Verwicklung in unternehmerische Problembereiche und Aufgabenstellungen. • Kostenintensiver Aufbau einer eigenen Designabteilung und Risiko der unzureichenden Nutzung der aufgebauten Kapazitäten. • Beschränkung des Design-Know-Hows auf die unternehmensspezifischen personellen Ressourcen.
Outsourcing von Design	• Größeres kreatives Potential durch eine größere Anzahl an freien Designern mit einem umfassenderen Erfahrungshorizont aus der Gestaltung unterschiedlichster Produkte, neuen Impulsen und innovativeren Designideen. • Projektspezifische Nutzung des jeweils am besten geeigneten Designers. • Keine brachliegenden Kapazitäten einer Designabteilung im Unternehmen und Vermeidung von personellen Beschaffungsproblemen. • Gute Transparenz der Designkosten. • Partizipation an der Imagewirkung von namhaften Designern.	• Keine permanente Fortschrittskontrolle, so daß Fehlentwicklungen nicht sofort erkannt und erst mit einem gewissen Timelag korrigiert werden. Spezialisierte Designer arbeiten teilweise für die Konkurrenz, so daß ähnliche Designhandschriften bei unterschiedlichen Herstellern auftreten. • Kontaktschwierigkeiten und Koordinationsprobleme – insbesondere bei kurzfristigen Problemen und Aufgaben – verlangsamen die Auftragsabwicklung. • Fehlendes Verständnis der externen Designer für die unternehmensspezifische Problemstellung. • Die Unternehmensstrategie muß bei jeder Produktentwicklung neu vermittelt werden.

Abb. 101: Vor- und Nachteile von In- und Outsourcing von Design
Quelle: angelehnt an Mayer 1996, S. 183 und S. 184

Die Entscheidung über „Make-or-Buy-Design" hängt von den Kosten, der erforderlichen Flexibilität bzw. Schnelligkeit und von dem notwendigen Kreativitätspotential ab. In der Praxis ist eine Kombination von externen und internen Quellen am häufigsten zu finden (vgl. Spies 1993, S. 162/166). Auch dem design-orientierten Investitionsgüterunternehmen ist zu empfehlen, **unternehmensinterne Designkompetenz aufzubauen** und **diese projektbezogen durch externes Design-Know-how zu ergänzen**. So lassen sich die Vorteile beider Alternativen nutzen und die Nachteile vermeiden. Auch die Unternehmensberatung A.D. Little sieht in dieser Variante die beste Lösungsalternative. Trotz des immanenten Konfliktpotentials dieser Organisationsform überwiegen die Vorteile, speziell „das besonders hohe Innovationspotential, das aus dem Zusammenspiel von unternehmenseigener Design-Kompetenz mit Kreativität und Herausforderung von außen entsteht" (Little 1990, S. 42). Um hier keinen destruktiven Kompetenzwettbewerb entstehen zu lassen, sollte ein Designmanager, der nicht an der kreativen Entwurfstätigkeit selbst beteiligt ist, für die Koordination und Steuerung des Designprozesses sorgen.

6.2 Empfehlung zur organisatorischen Einbindung und personellen Umsetzung des Designprozesses im Investitionsgüterunternehmen

Gerade im technologieorientierten Investitionsgütersektor werden die Implementierung einer Designinstitution und die Umsetzung neuartiger Designlösungen auf den **Widerstand von Mitarbeitern** treffen, da zugleich bewährte Konzeptionen, z. B. der Konstruktion, und Strukturen in Frage gestellt werden. Insbesondere wenn durch Designinnovationen bei Personen bislang verborgene Wissensdefizite offengelegt werden, ist mit Ablehnung des Neuen zu rechnen (vgl. Zindler 1996, S.115). Um Interessenkonflikte und negative Auswirkungen auf das Betriebsklima zu vermeiden, sollte der Implementierung eine umfassende Information und Kommunikation mit der gesamten Belegschaft vorausgehen. Nur wenn es gelingt, die Akzeptanz dieser organisatorischen Umwälzung zu sichern, kann sich eine Designorientierung bei allen Unternehmensmitgliedern im Sinne des Corporate-Identity-Konzepts (vgl. Abschnitt 4.3) durchsetzen und eine höhere Arbeitszufriedenheit mitbegründen. Als Identifikationsinstrument nach innen kann Design eine positive Verankerung der Produkte bei der gesamten Belegschaft bedingen und zu einer wichtigen Motivationsgrundlage werden (vgl. Buck 1996, S.24).

Der erste Schritt zum Aufbau der Designkompetenz besteht darin, die **Designmanagement-Funktion** im Unternehmen zu institutionalisieren und damit die Organisation und Steuerung aller design-relevanten Prozesse klar einem Verantwortlichen zuzuweisen (zum Designmanagement vgl. die amerikanischen Ansätze von Farr 1965, 1965a, 1965b, 1966, Toplian 1979, Gorb 1976, 1988, Oakley 1984, 1990 und Little 1990 sowie die deutschsprachigen Ansätze von Maier 1977, S. 245 ff., Felber 1984, Kicherer 1987, Spies 1993, Lenzen 1993, S. 178 ff., Rummel 1995 und Buck/Vogt 1996). Abhängig von seiner Größe und Kapitalkraft, kann der Investitionsgüterhersteller dafür eine Vollzeitstelle bereitstellen oder einem Aufgabenträger anderer Funktionsbereiche diese Tätigkeit überlassen (vgl. Lenzen 1993, S. 209).

Allerdings sollte die **Qualifizierung** auf diesem Spezialgebiet über den „guten Geschmack" weit hinausgehen. Ein häufig auftretendes Designproblem vieler Unternehmen ist es, „daß es für die meisten Spezialgebiete wenig anerkannte Spezialisten gibt, Designspezialist aber offensichtlich jeder ist" (Buck 1996, S. 21). Neben der Vorbereitung und Moderation des eigentlichen kreativen Designprozesses übernimmt der Designmanager die organisatorische Projektleitung und steuert die operative Umsetzung des Designprojektes, indem er auf den Prozeß strukturierend einwirkt (vgl. Zindler 1996, S. 103). Der Designmanager sollte daher zur Wahrnehmung folgender Aufgaben qualifiziert sein:

„• Informationssammlung über neue Designentwicklungen auf dem Markt

- Entwicklung neuer Designansatzpunkte, Innovationsvorschläge
- Designplanung (Personal- und Budgetplanung)
- Koordination der Designlösungen
- Organisation der Zusammenarbeit externer und interner Designer
- Treffen der organisatorischen Maßnahmen für Simultaneous Engineering und multifunktionale Teams
- Auswahl der Teammitglieder in Zusammenarbeit mit der Unternehmensleitung
- Designbewertung, Zielfestlegung und Kontrolle" (Lenzen 1993, S. 208 nach Ausführungen von Koppelmann 1992, S. 7).

Für diese umfangreiche und anspruchsvolle Aufgabenstellung erscheint bei interner Personalbeschaffung eine Führungskraft aus dem Bereich Marketing/Kommunikation geeignet (vgl. Lenzen 1993, S. 209). Möglicherweise sollte der design-unerfahrene Investitionsgüterhersteller eine Designmanagement-Unternehmensberatung in Anspruch nehmen, um das erste Designprojekt zu überwachen.

Das Designmanagement könnte zunächst als **Stabsstelle der Unternehmensleitung** organisiert werden. Da Stäbe keine Entscheidungsbefugnis haben (vgl. Kasper/Heimerl-Wagner 1996, S. 41), ist so eine weitreichende Kontrolle der Designinnovationsmaßnahme gegeben. Um Innovationswiderstände der Belegschaft abzuwehren, ist es wichtig, daß die Unternehmensleitung den Designmanager nach außen unterstützt und mit ausreichenden Kompetenzen ausstattet. Es ist empfehlenswert, den Designmanager mit der Beschaffung von **externen Designern** zu betrauen und auf die Anstellung eines unternehmenseigenen Designers zunächst zu verzichten, um die Kosten anfänglich möglichst gering zu halten. Das folgende Organigram zeigt eine derartige Einbindung der Designbeteiligten:

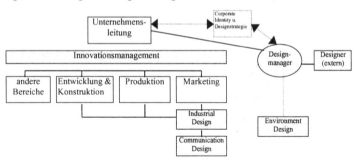

Abb. 102: Designmanagement als Stabsfunktion
Quelle: angelehnt an Lenzen 1993, S. 214

Die im Rahmen des Corporate-Identity-Konzeptes entwickelten Designstrategien (vgl. Abschnitt 4.5) dienen dem Designmanager bei der Steuerung und Umsetzung des Designprojektes als Vorgabe und Orientierungspunkt. Später wird der Designmanager bei der Weiterentwicklung dieser Zielpositionen mitarbeiten. Der Designmanager ist neben dem eigentlichen Produktdesign für die kommunikative Repräsentation des Unternehmens über die Instrumente des Communication und Environment Design verantwortlich (vgl. Abschnitt 4.3.2). Damit trägt der „Corporate-Design-Manager" die Verantwortung für die interne Kontrolle des Unternehmensauftritts nach außen und innen. Denn nicht nur auf der Ebene der singulären Produkte, sondern auch auf der des Gesamtunternehmens, das als Summe seiner Produkte definiert werden kann, spielt die Kommunikation im Designmanagement eine erhebliche Rolle (vgl. Buck 1996, S. 36).

Bei der organisatorischen Koordination des Produktentwicklungs- und Designprozesses wird der Designmanager zum „Schnittstellenspezialisten" (Strothmann 1994, S. 49). Um diese Aufgabe zu bewältigen, sollte er aus Mitarbeitern der Entwicklungs- und Konstruktionsabteilung, aus der Produktion, dem Marketing bzw. Produktmanagement ein **multifunktionales Team** zusammenstellen, das mit dem Designmanagement und dem externen Designer zusammenarbeitet. Bei Produktdesignindividualisierung (vgl. Abschnitt 4.4.3.2) sollte der Designmanager einen qualifizierten Vertreter der Abnehmerorganisation in das Team integrieren, um die individuellen Ansprüche des Kunden exakter umsetzen zu können. Bei komplexen Innovationsaktivitäten sind teamorientierte Strukturmodelle zu empfehlen, da sie die Mitarbeiter motivieren und zur Eigeninitiative anregen (vgl. Pleschak/Sabisch 1996, S. 269). Eine Matrix-Projekt-Organisation sichert außerdem die Verfügbarkeit des gesamten im Betrieb vorhandenen, projektrelevanten Know-hows (vgl. Kasper/Heimerl-Wagner 1996, S. 46). „Jede Disziplin kann einen Beitrag zur Umsetzung einer Innovation leisten" (Zindler 1996, S. 99). Das Team wird nach Beendigung des Projektes, also meist mit der Markteinführung und Übergabe des Investitionsgutes an das Produktmanagement, aufgelöst und beim nächsten Projekt in neuer Konstellation aufgestellt. Der temporäre Charakter dieser Organisationsform erhöht die Flexibilität, Kreativität und Eigenständigkeit und läßt zu, daß festgefahrene Strukturen der Primärorganisation durchbrochen werden. So kann das Team Spezialisierungsbarrieren seiner Mitglieder überwinden (vgl. Lenzen 1993, S. 203).

Mit zunehmender Designkompetenz und wachsendem Designbedarf kann das Designmanagement auch als **Linienfunktion** organisiert werden. Diese Organisationsform stattet den Designmanager mit echter Entscheidungskompetenz aus (vgl. Lenzen 1993, S. 213). Ob gleichzeitig die Anstellung von internen Designern angestrebt werden sollte, hängt von der Kapazität des Investitionsgüterunternehmens ab (siehe Abb. 102).

Der Ablauf des Designprozesses wird wiederum projektbezogen von dem Designmanager wie oben dargestellt gesteuert und koordiniert. Dabei kann das Designmanagement darüber entscheiden, ob das Innovationspotential der unternehmenseigenen Designabteilung durch einen externen Designer ergänzt werden sollte. Die Auswahl des richtigen Partners nimmt entscheidenden Einfluß auf den Erfolg des Innovationsprojektes. Beim Investitionsgüter-Design sollte ein Spezialist herangezogen werden, den über die Designkompetenz hinaus ein breites Verständnis für technische Zusammenhänge auszeichnet. Eine Kombination von Ingenieur- und Designausbildung wäre wünschenswert (vgl. Rabold 1996). Anhaltspunkte für die Qualifikation eines Designers bieten die Aufgabenbereiche, in denen er bisher schwerpunktmäßig tätig war, sowie die Auftraggeber und die Branchen, für die er gearbeitet hat. Aus diesen Kriterien kann der Designmanager die Erfahrungen auf dem Gebiet des Investitionsgüter-Designs ableiten. Auch läßt die technische Ausstattung des Designbüros Schlüsse auf seine Professionalität zu. Darüber hinaus können die Innovationskraft der Designentwürfe unabhängig vom Aufgabeninhalt und die Teamfähigkeit des Designers die Auswahl beeinflussen (vgl. Zindler 1996, S. 112). In jedem Fall ist es wichtig, ein (wenn auch nicht blindes) Vertrauensverhältnis zu dem Designer aufzubauen, was ihm wiederum den notwendigen kreativen Freiraum läßt.

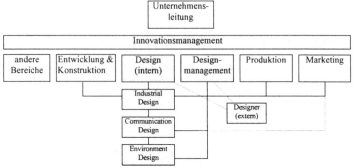

Abb. 103: Einbindung von Design und Designmanagement in die Linienorganisation
Quelle: eigene Darstellung

Ist der Aufbau einer kompenten Designabteilung gelungen, so kann der Investitionsgüterhersteller dessen **Ausgliederung** aus dem Unternehmen erwägen. Die selbständige Designabteilung kann ihre Leistungen am freien Markt anbieten und damit über das unternehmenseigene Produktsortiment hinaus Designerfahrungen sammeln, um so aus anderen Branchen Designinnovationspotential zu schöpfen. Eine derartige Ausgliederung der Designabteilung nimmt derzeit der Siemens-Konzern vor (vgl. Schultes 1997, S. 63 ff).

Zusammenfassend wird festgehalten, daß das Innovationsmanagement abhängig von der Größe und Kapitalkraft des Investitionsgüterunternehmens und der Qualifizierung seiner Mitarbeiter die geeignete Organisationsform finden muß, um den Prozeß zur Nutzung von Industriedesign als Innovationsfaktor zu initiieren. Die Institutionalisierung eines Designmanagements, das die Verantwortlichkeit für den Designprozeß übernimmt, stellt eine Mindestanforderung dar, deren Organisation von einer Stabstelle bis zur Eingliederung in die Linie reichen kann. Externe oder interne Designer können in Zusammenarbeit mit multifunktionalen Teams, bestehend aus Mitgliedern der Anbieter- und möglicherweise Abnehmerorganisation, das kreative Designinnovationspotential liefern, das dem Investitionsgüterhersteller zur Designführerschaft verhilft.

„Industriedesign als Innovationsfaktor für Investitionsgüter": Die Herausforderung dieser Thematik bestand darin, einem wenig design-orientierten Wirtschaftszweig die Innovationspotentiale dieses schwer meßbaren Phänomens näherzubringen und damit einen neuen Faktor im Innovationswettbewerb zu schaffen. Dem Innovationsmanagement kommt dabei die Aufgabe zu, diese Chance rechtzeitig zu erkennen und zu nutzen. Um das technologieorientierte „Handwerkszeug" durch den „Innovationsfaktor Design" zu erweitern und den Einsatz entsprechender Spezialisten (Designer und Designmanager) organisatorisch vorzubereiten, fehlen ihm jedoch die pragmatisch-systematisierenden Instrumentarien, um eine marktorientierte Designinnovation im Vorfeld der kreativen Leistung zu planen. Dieses Defizit zu überwinden war die Kernabsicht dieser Untersuchung.

Im Kapitel 2 der Arbeit wurden durch die **Verbindung betriebswirtschaftlicher Theorien** die noch ausstehenden theoretischen Grundlagen des Investitionsgüter-Designs erarbeitet. Durch die Synthese von Designtheorien, Theorien des Investitionsgüter-Marketing und Innovationstheorien konnte das Investitionsgüter-Design in einen betriebswirtschaftlichen Kontext gestellt werden, der Erklärungsansätze für das Forschungsproblem eröffnete. Dabei konnte dargelegt werden, daß Innovationsdesign die **Kaufentscheidung** des industriellen Nachfragers erheblich beeinflußt. Zu dieser Aussage lieferte die Designtheorie insofern den entscheidenden Erklärungsansatz, als ihre Kernthese besagt, daß sich die Produkt-Mensch-Beziehung, die bei der Wahrnehmung und Verwendung des Investitionsgutes entsteht, so gestalten läßt, daß die Eigenschaften des Objektes den Anforderungen des Subjektes weitgehend entsprechen. Den **divergierenden Bedürfnissen der Buying-Center-Mitglieder**, also den Käufern und Verwendern (bzw. den Letztverbrauchern im Dienstleistungsbereich), setzt das Produkt seine verschiedenen Qualitätsdimensionen entgegen, die über geeignete Gestaltungsmittel materialisiert werden. Dabei konnten **zwei Kernaufgaben** des innovativen Investitionsgüter-Designs identifiziert werden: Zum einen kann Innovationsdesign den Wettbewerbsvorteil einer innovativen Technologie für den Abnehmer wahrnehmbar kommunizieren, und zum anderen kann es den Wettbewerbsnachteil einer Technologiegefolgschaft durch einen innovativen Produktauftritt ausgleichen.

Eine produkttypologische Einteilung der Investitionsgüterwelt zeigte in Kapitel 3 jedoch, daß verschiedene Investitionsgüter unterschiedlich geeignet sind, um den Innovationsfaktor „Industriedesign" wettbewerbsstrategisch zu nutzen. Eine diesbezügliche Entscheidung läßt sich nur auf der Basis einer **einzelproduktspezifischen Betrachtung** des Designinnovationspotentials treffen. Für den Investitionsgüterhersteller konnte eine Entscheidungsheuristik entwickelt werden, die Entscheidungskriterien zur Bewertung des einzelproduktspezifischen Designinnovationspotentials übersichtlich in einem pragmatischen Differential zusammenfaßt. Damit wurde für die konkrete Entscheidungssituation ein **Werkzeug zur Einschätzung der Designinnovationspotentiale** entwickelt, die von den „konstituierenden Merkmalen" des Produktes bestimmt werden. Die Höhe des Designinnovationspotentials determiniert die Chancen einer Designinnovation und kanalisiert damit das weitere design-strategische Vorgehen.

Vier design-strategische Handlungsalternativen zur Erlangung von Wettbewerbsvorteilen konnten im Kapitel 4 entwickelt werden, die dem Investitionsgüterhersteller zur Disposition stehen, der Industriedesign als Baustein in seine Wertkette aufnehmen will. Damit konnte für die Warengruppe der Investitionsgüter eine Lücke in der Designdiskussion geschlossen werden. Um den Einsatz von Innovationsdesign als Wettbewerbsfaktor zu konkretisieren, wurden die Strategien der Differenzierung bzw. Konzentration auf Schwerpunkte inhaltlich weiterentwickelt. Der Investitionsgüterhersteller kann abhängig von der Wahl des Marktposition und der strategischen Kundenorientierung eine „**generelle bzw. segmentspezifische Designführerschaft**" oder eine „**generelle bzw. segmentspezifische Designgefolgschaft**" anstreben. Während der generelle Designführer mit seinem neuartigen Produktdesign industrieweit prägend auf eine Branche einwirken will, bearbeitet der segmentspezifische Designführer ein kleines Marktsegment über eine innovative Produktdesign-Individualisierung. Bei der Strategie der Designgefolgschaft ahmt der Investitionsgüterhersteller ein bereits am Markt erfolgreich eingeführtes Produktdesign nach. Auch diese Strategie kann zwei Ausprägungen annehmen, je nach dem, ob sie sich auf standardisierte oder individualisierte Produkte bezieht. Unter der Prämisse, daß die Innovationsleistung aus der Sicht des Marktes wahrnehmbar sein muß, wurden die beiden strategischen Alternativen der Designführerschaft im Rahmen der Arbeit als erstrebenswerte Zielpositionen festgelegt. Voraussetzung ist allerdings ein hohes produktbedingtes Designinnovationspotential und eine entsprechende Designkompetenz des Unternehmens. Insbesondere die Formulierung **strategieadäquater Designprinzipien** konnte dazu beitragen, die Strategien anschaulich zu konkretisieren. Die Aufgabe des Innovationsmanagements ist es, eine geeignete Designstrategie entsprechend des Corporate-Identity-Konzeptes auszuwählen, in die Innovationsstrategie des Investitionsgüterstellers zu integrieren und auf andere Unternehmensbereiche abzustimmen.

Um sich von den Wettbewerbern zu differenzieren, wurde in dieser Untersuchung der Anspruch erhoben – über eine Analyse der Konkurrenzprodukte hinaus –, andere **Quellen zur Kreation von Designinnovationen** für Investitionsgüter zu identifizieren. Im Rahmen der Suchfeldanalyse in Kapitel 5 wurden aus dem Impulsbereich „Produkt-Mensch-Interaktion" abstrakte, der Designtheorie entlehnte Suchfelder generiert und zu einer **formalen Suchfeldsystematik** zusammengefaßt. Bei der objektbezogenen Suchfeldanalyse wurden die Gestaltungsmittel Material, Form, Farbe, Oberfläche und Zeichen auf deren innovatives Potential für Investitionsgüter-Design untersucht. Die Wahrnehmung und Verwendung sowie die Anmutungsansprüche der Zielgruppe standen bei der subjektbezogenen Suchfeldanalyse im Mittelpunkt der Überlegungen. Die interaktionsbezogene Suchfeldanalyse bezog sich auf Gestaltungsmöglichkeiten, die auf der Theorie basieren, daß das Produkt nicht nur Wahrnehmungsgegenstand des Menschen ist, sondern „menschenähnlich" sehen, hören, fühlen, riechen und schmecken kann. Mit der Aufstellung design-relevanter Suchfelder wurde dem Investitionsgüterhersteller ein Instrumentarium eröffnet, mit dem er **systematisch in konkreten Impulsbereichen** nach objekt-, subjekt- oder interaktionsbezogenen Suchfeldern für Designinnovationen forschen kann.

Vertiefend wurde diese Systematik auf die Impulsbereiche Architektur und Konsumgüterdesign angewandt. Das bisher im Investitionsgütersektor weitgehend **unerforschte, subjektbezogene Suchfeld „Anmutungsansprüche"** wurde zur Selektion von zielgruppengerechten Architektur- und Designstilen genutzt. Diejenigen Architektur- und Designstile, die entsprechend dem idealtypischen Anmutungsprofil der Zielgruppe eine nüchterne, funktionale Anmutungswirkung aufweisen, wurden objektbezogen auf Stilelemente und -prinzipien untersucht, die sich zum **anmutungshaften Transfer auf das Investitionsgüter-Design** eignen. Darüber hinaus wurden visionäre, anmutungshafte Suchfelder innerhalb des Stilpluralismus analysiert, die zur **Antizipation zukünftiger Anmutungsansprüche** in Frage kommen. Es konnte eindeutig gezeigt werden, daß trotz der technischen Determinanz von Investitionsgütern ein **weitreichendes Designinnovationspotential offenliegt**, das zur Etablierung einer Designführerschaft genutzt werden könnte.

Damit wurde die Forderung nach Designorientierung im Innovationsmanagement legitimiert. Es konnte gezeigt werden, daß das Innovationsmanagement eines Investitionsgüterunternehmens eine **Designorientierung** unbedingt **internalisieren** und im Unternehmen verbreiten muß, um sich langfristig im strategischen Dreieck zu behaupten. Abschließend wurde in Kapitel 6 daher dargelegt, wie das Innovationsmanagement den **Designmanagementprozeß systematisch initiieren kann.** Die personellen und organisatorischen Umsetzungsmöglichkeiten zum **Aufbau einer Designkompetenz** wurden diskutiert.

Auf den Untersuchungsergebnissen basierend, sollen folgende **Erkenntnisse für Theorie und Wirtschaftspraxis** festgehalten werden:

- Der Warengruppe „Investitionsgüter" gebührt im Rahmen der betriebswirtschaftlich orientierten **Designtheorie** ein neuer Stellenwert. Lediglich Abhandlungen über technisches Design verzichten auf eine Konzentration auf Konsumgüter. Erkenntnisse des Investitionsgüter-Marketings sollten design-theoretische Überlegungen stärker begleiten.
- Dem Industriedesign sollte ebenso Bedeutung in der Literatur zum **Investitionsgüter-Marketing** eingeräumt werden, konnte doch dargelegt werden, daß die Produktentwicklung ohne Industriedesign unvollständig ist.
- Industriedesign stellt einen wichtigen Baustein im **Innovationsmanagement** dar. Die Implementierung einer Designorientierung ist des-

halb unzugänglich. Diese Forderung sollte auch Eingang in die Literatur zum Innovationsmanagement finden.

- Dem Industriedesigner kommt bei der **Innovationsentwicklung** eine wichtige Rolle zu. Zum einen, weil seine Kreativität brachliegende Innovationsquellen offenbart und zum anderen, weil er im Rahmen der Ganzheitsbetrachtung des Produktes bei zunehmender Technisierung der Arbeitswelt zum „Anwalt" der menschlichen Bedürfnisse wird. Investitionsgüter-Design darf deshalb nicht länger als Beiwerk mißachtet werden, sondern muß zum integralen Bestandteil beim Produktentwicklungs- und Designprozeß avancieren. Ein Innovationssprozeß, bei dem alle Beteiligten gemeinschaftlich und zeitlich parallel eine Problemlösung erarbeiten, ist deshalb Voraussetzung für eine erfolgreiche Produktinnovation im Investitionsgütersektor.

- Industriedesign stellt im Investitionsgütersektor einen neuen Ansatz dar, um die **Kaufentscheidung** der Buying Center Mitglieder zu beeinflussen. Zum einen können die rationalen Kaufkriterien über eine anforderungsgerechte Gebrauchstechnik erfüllt werden. Zum anderen aber eröffnen emotionale Motive beim Investitionsgütererwerb ein unerschöpfliches Feld für den Einsatz von Industriedesign. Die ästhetische und symbolische Qualitätsdimension sollten stärker bei der Gestaltung von Investitionsgütern thematisiert werden. Insbesondere die Anmutungswirkungen sind bisher kaum in die Gestaltungsüberlegungen von Investitionsgütern eingeflossen. Da auch der Investitionsgüter-Käufer nicht ausschließlich rational agiert, bietet die anmutungshafte Wirkung des Produktes die Möglichkeit, Fortschrittlichkeit und Leistungsfähigkeit auf emotionaler Wirkungsebene zu kommunizieren. Auf dieser Ebene bietet Industriedesign ein breites Spektrum für die Entwicklung von Designinnovationen, ein Potential, daß der Investitionsgüterhersteller zukünftig stärker nutzen sollte.

- Zur Umsetzung dieses Potentials ist es notwendig, **Werkzeuge** (z. B. Bewertung von Designinnovationspotentialen, Suchfeldsystematik) zu entwickeln, die den Einsatz von Investitionsgüter-Design im Vorfeld der kreativen Leistung operationalisieren. Das Pflichtenheft als Kernstück des Produktanforderungsprofils kann durch diese Instrumentarien analytisch fundiert erstellt werden. Darüber wird die kreative Leistung des Designers faßbar und bewertbar. Vorurteile gegenüber der Nützlichkeit von Investitionsgüter-Design können so abgebaut werden.

- Es ist wichtig, **strategische Vorgaben bis hin zu Designprinzipien** zu formulieren, da hierdurch ein Rahmen abgesteckt wird, innerhalb dessen sich der Kreative bewegen kann. So werden Mißverständnisse und utopische Gestaltungsideen verhindert.

- Design wird damit zur **Managementaufgabe**, die eine Planung, Realisation und Kontrolle auf operativer und strategischer Ebene impliziert. Design muß von der Investitionsgüterbranche als wichtige Managementfunktion anerkannt werden, die ihre feste personelle und organisatorische Einbindung im Unternehmen findet. Dabei darf sich das Designmanagement nicht auf eine sporadische Initiierung durch die gelegentliche Beschäftigung externer Designer beschränken. Eine Designorientierung ist eine unternehmerische Grundhaltung, die das Verhalten der Mitarbeiter und die Unternehmensphilosophie mitbestimmt.

- Die **Designorientierung** kann damit die Grundlage für die Erarbeitung eines **Corporate-Identity-Konzeptes** sein. Investitionsgüter-Design spiegelt nicht nur die Wertschätzung gegenüber dem Kunden wider, dessen Bedürfnisse maximal erfüllt werden sollen, sondern auch gegenüber dem Mitarbeiter, dessen Arbeitsplatz durch Investitionsgüter-Design gestaltet wird. Neben die imagebildende und verkaufsfördernde Wirkung des Industriedesigns bei Investitionsgütern tritt die Motivation des Mitarbeiters.

Über die Untersuchungsergebnisse hinaus stellen folgende Untersuchungsgebiete einen **weiteren, interessanten Forschungsgegenstand** dar:

Auf die **motivationsfördernde Wirkung** des Investitionsgüter-Designs als Mittel der Arbeitsplatzgestaltung wurde in der Untersuchung verwiesen. Diesen Zusammenhang motivationstheoretisch zu fundieren und im Feld empirisch nachzuweisen, stellt einen reizvollen Untersuchungsgegenstand für Personalmanager oder Organisationspsychologen dar. Dabei stellt sich die Frage, an welchen Arbeitsplätzen eine Motivationssteigerung zu erwarten ist. Welche Motive des Mitarbeiters können durch Investitionsgüter-Design aktiviert werden? Wie wirkt sich die Motivation auf die Arbeitszufriedenheit und die Leistung des Mitarbeiters aus? Und wie dauerhaft ist die motivierende Wirkung?

Es wurde unter Beweis gestellt, daß Innovationsdesign die Möglichkeit bietet, den Technologiewettbewerb zu entschärfen. Die **Abstimmung von Design- und Technologiemanagement** konnte im Rahmen der Arbeit jedoch nur skizziert werden. Diese komplexe Thematik stellt gerade für den Investitionsgüterbereich einen weiteren lohnenswerten Untersuchungsgegenstand dar. In diesem Zusammenhang könnte die mögliche Kritik an der vorliegenden Untersuchung, daß es durch Designinnovationen zu einer Verlangsamung des technologischen Fortschrittes kommen könnte, diskutiert werden.

Die Unterstützung der Innovationsentwicklung durch Innovationsdesign birgt die Gefahr, zumindest bei weniger kostspieligen Investitionsgütern, einer bewußten Obsoleszenzpolitik Vorschub zu leisten. Die Sinnhaltigkeit von Innovationsbestrebungen zu überprüfen und Designinnovationen mit den ökologischen Anforderungen in Einklang zu bringen, verweist auf das Themengebiet **Design und Ökologie** im Investitionsgütersektor. Ökologisch sinnvolles Design könnte als spezielles Suchfeld für Designinnovationen vertiefend behandelt werden.

Abkürzungsverzeichnis

Abb.	Abbildung
An. d. Verf.	Anmerkung des Verfassers
Aufl.	Auflage
Bd.	Band
CI	Corporate Identity
CD	Corporate Design
DIN	Deutsches Institut für Normung
Diss.	Dissertation
et al.	et alii
FAZ	Frankfurter Allgemeine Zeitung
F & E	Forschung und Entwicklung
Hrsg.	Herausgeber
hrsg. v.	herausgegeben von
HWA	Handwörterbuch der Absatzwirtschaft
Jg.	Jahrgang
JoM	Journal of Marketing
KBA	Koenig & Bauer-Albert
MA	Massachusetts
MS	Management Science
N.J.	New Jersey
o.V.	ohne Verfasser
S.	Seite
TU	Technische Universität
USP	Unique Selling Proposition
vgl.	vergleiche
Vol.	Volume
v. Verf. erg.	vom Verfasser ergänzt
ZfbF	Zeitschrift für betriebswirtschaftliche Forschung
ZFP	Zeitschrift für Forschung und Praxis

Abbildungsverzeichnis

Quellenverzeichnis

Abbott 1958
Abbott, L.: Qualität und Wettbewerb: Ein Beitrag zur Wirtschaftstheorie, München, Berlin 1958
Achterholt 1991
Achterholt, G.: Corporate Identity, 2. Aufl., Wiesbaden 1991
Adam/Helten/Scholl 1970
Adam, A., Helten, E., Scholl, F.: Kybernetische Modelle und Methoden, Köln, Opladen 1970
Ansoff/Stewart 1967
Ansoff, H. I., Stewart, J. M.: Strategies for a Technology-based Business, in: Harvard Business Review, Nr. 45, 1967, S. 71–83
Arbeitskreis Marketing 1977
Arbeitskreis „Marketing in der Investitionsgüterindustrie" der Schmalenbach-Gesellschaft: Standardisierung und Individualisierung – ein produktpolitisches Entscheidungsproblem, in: Engelhardt, W.H., Laßmann, G. (Hrsg.): Anlagen-Marketing, ZfbF, Sonderheft 7/1977, S. 39–56
Arndt 1983
Arndt, M.: Marktchancen für alternative Energiesysteme: Suchfelder für innovatorische Produkte im Bereich der alternativen Energiesysteme, München 1983
Arnold/Sabisch 1992
Arnold, U., Sabisch, H.: Zur Erarbeitung von Produktstrategien, in: Gemünden, G., Pleschak, F. (Hrsg.): Innovationsmanagement und Wettbewerbsfähigkeit: Erfahrungen aus alten und neuen Bundesländern, Wiesbaden 1992
Atkinson/Kranert/Müller-Boysen 1989
Atkinson, R., Kranert, F., Müller-Boysen, U.: o. T., in: Seeger, H. (Hrsg.): Export-Design. Grundlagen und Beispiele für Konzeptionen und Gestaltung technischer Produkte für Auslandskunden, Heidelberg 1989, S. 1–300
Baaken 1987
Baaken, T.: Besonderheiten des Technologiemarketing – Veränderungen im Marketing durch technologische Entwicklungen, in: Baaden T., Simon, D. (Hrsg.): Abnehmerqualifizierung als Instrument des Technologie-Markting, Berlin 1987, S. 1–13
Baaken 1991
Baaken, T.: Qualifizierung des Kunden als integrative Aufgabe im Technologie-Marketing, in: Töpfer, A., Sommerlatte, T.: Technologie-Marketing: Integration von Technologie und Marketing als strategischer Erfolgsfaktor, S. 201–233
Backhaus 1989
Backhaus, K.: Investitionsgütermarketing, in: Bruhn, M. (Hrsg.): Handbuch des Marketing, Anforderungen an Marketingkonzeptionen aus Wissenschaft und Praxis, München 1989, S. 700–723
Backhaus, 1992
Backhaus, K.: Investitionsgütermarketing, 3., überarb. Aufl., München 1992
Backhaus 1996
Backhaus, K.: Internationales Marketing, Stuttgart 1996
Backhaus 1996a
Backhaus, K.: Geleitwort zu: Mayer, S.: Wettbewerbsfaktor Design:

Zum Einsatz von Industriedesign im Markt für Investitionsgüter, KulturKommerz Bd. 4, Hamburg 1996, S. VII

Bailetti/Litva 1995
Bailetti, A. J., Litva P. F.: Integrating Customers Requirements into Produkt Design, in: The Journal of Product Innovation Management, Vol. 12, No. 1, Jan. 1995

Becker 1990
Becker, J.: Grundlagen der Marketing-Konzeption: Marketingziele, Marketingstrategien, Marketingmix – 3. verb. u. ergänzte Aufl., München 1990

Belz 1990
Belz, C.: Suchfelder für Marketing-Erfolge: Bestandsaufnahme und Praxisbeispiele, in: Gesellschaft für Konsumforschung (GfK) (Hrsg.): Jahrbuch der Absatz- und Verbrauchsforschung Nr. 2, Nürnberg 1990, S. 201–218

Belz 1992
Belz, C.: Untersuchungsergebnisse: Suchfelder für Marketinginnovationen, Forschungsinstitut für Absatz und Handel St. Gallen (Hrsg.): Thexis, Berichte und Materialien, Nr. 1, St. Gallen 1992

Berekoven 1985
Berekoven, L.: Internationales Marketing, 2., erw. u. verb. Aufl., Berlin 1985

Bergmann 1979
Bergmann, C.: Funktionsprinzipien als Mittel der Produktgestaltung, Beiträge zum Produktmarketing, Bd. 6, hrsg. v. Koppelmann, U., Diss., Köln 1979

Beutelspracher/Petri 1989
Beutelspracher, A., Petri, B.: Der Goldene Schnitt, Mannheim, Wien, Zürich 1989

Bierfelder 1989
Bierfelder, W. H.: Innovationsmanagement, 2. unwesentl. veränd. Aufl., München, Wien, Oldenburg 1989

Bikigt/Stadler 1995
Birkigt, K., Stadler, M. M.: Corporate Identity – Grundlagen, in: Birgit, K., Stadler, M.M., Funck, H.J. (Hrsg.): Corporate Identity. Grundlagen, Funktionen, Fallbeispiele, 8. Aufl., Landsberg/Lech 1995, S. 11–61

Birkhoff 1968
Birkhoff G.D.: Einige mathematische Elemente der Kunst, Stuttgart 1968

Blank 1990
Blank, M.: Wettbewerbsfaktor Design, Mehr als visuelle Kommunikation, in: Die Marktwirtschaft, Okt. 1990, S. 37–39

Blasche et al 1984
Blasche, S. et al.: Heuristik: in Enzyklopädie Philosophie und Wissenschaftstheorie, Bd 2, H–O, Mannein, Wien, Zürich 1984, S. 99 f.

Bomfim 1988
Bomfim, G. A.: Ideen und Formen in der Geschichte der Produktgestaltung: Ein Beitrag zur ästhetischen Ausbildung des Designers in Brasilien, Wuppertal 1988

Borja de Mozata 1990
Borfa de Mozata, B.: Design as a Strategic Management Tool, in: Oakley, Mark (Hrsg.): Design Management, a Handbook of Issues and Methods, Oxford 1990

Borowski 1961
Borowski, K.-H: Das Baukastensystem in der Technik, Berlin, Göttingen 1961

Braem/Heil 1990
Braem, H., Heil, Ch.: Die Sprache der Formen, die Wurzeln des Designs, München 1990

Brandlhuber 1992
Brandhuber, J.: Industrie-Design und Ornament, Schriftenreihe Produktentwicklung & Industriedesign, Bd. 2, hrsg. v. Leitherer, E., Diss., München 1992

Braun/Radermacher 1978
Braun, E., Radermacher, H.: Heuristik und Hermeneutik : in Wissenschaftstheoretisches Lexikon, Graz, Wien, Köln 1978, S. 242–244/ 228–236

Brockhaus 1973
Brockhaus Enzyklopädie, 7. völlig neubearb. Aufl. des Grossen Brockhaus, 2. Bd, ATF–BLIS, Wiesbaden 1973

Brockhaus 1973
Brockhaus Enzyklopädie, 7. völlig neubearb. Aufl. des Grossen Brockhaus, 18. Bd, StAm–TRIE, Wiesbaden 1973

Brockhoff 1988
Brockhoff, K.: Produktpolitik, 2., erw. Aufl., Stuttgart, New York 1988

Brockhoff 1995
Brockhoff, K. (Hrsg.): Management von Innovationen, Planung und Durchsetzung, Erfolge und Mißerfolge, Fallstudien mit Lösungen, Wiesbaden 1995

Bronner 1992
Bronner, R.: Komplexität, in: Frese, E. (Hrsg.): Handwörterbuch der Organisation, 3. Aufl., Stuttgart 1992, S. 1121–1130

Brune 1994
Brune, G.: Noch nicht genutzte Möglichkeiten in der Produktentwicklung, in: Wirtschaftsfaktor Design, Designkongreß Sachsen 1994, ohne Seitenangaben

Bruns 1993
Bruns, B.: Unternehmensaufgabe Design: Das Auge kauft mit, in: Beschaffung aktuell. Der industrielle Einkauf, Heft 1, 1993, S. 15–16

Buck 1996
Buck, A.: Der neue Produkterfolg, in: Buck, A., Vogt, M. (Hrsg.): Designmanagement: was Produkte wirklich erfolgreich macht, Frankfurt a. M, Wiesbaden 1996, S. 17–39

Buck/Vogt 1996
Buck, A., Vogt, M. (Hrsg.): Designmanagement: was Produkte wirklich erfolgreich macht, Frankfurt a. M, Wiesbaden 1996

Bürdek 1980
Bürdek, B.E.: Produktgestaltung heute, in: Format, Nr. 2, 1980, S. 54–57

Bürdek 1990
Bürdek, B.E.: Das Produkt ist das Medium, in: Absatzwirtschaft 1/1990, S. 56–61

Bürdek 1991
Bürdek, B.E.: Design: Geschichte, Theorie und Praxis der Produktgestaltung, Köln 1991

Bürdek 1994
Bürdek, B.E.: Integration und Kommunikation, in: Verlagsbeilage zur Frankfurter Allgemeinen Zeitung, 29. Nov. 1994, S. 1

Burkhardt 1985
Burkhardt, F.: Über Ansätze deutscher Designtheorien der letzten 15 Jahre, in: IDZ (Hrsg.): Design im Wandel, Bern 1985, S. 3–38

Butter 1987
Butter, R.: Produkt-Semantik, in: Erkundungen 1986, Katalog zum
Internationalen Design-Kongreß, Stuttgart 1987, S. 263–266
Clipson 1990
Clipson, C.: Innovation by Design, in: Oakley, M. (Hrsg.): Design Mana-
gement; A Handbook of Issues and Methods, Oxford, Cambridge 1990
Copeland 1925
Copeland, M. T.: Principles of Merchandising, 3. Aufl., Chicago, New
York 1925
Deeke 1995
Deeke, A.: Experteninterviews – ein methodologisches und forschungs-
praktisches Problem. Einleitende Bemerkungen und Fragen zum Work-
shop, in: Brinkmann, C., Deeke, A., Völkel, B. (Hrsg.): Experteninterviews
in der Arbeitsmarktforschung, Diskussionsbeiträge zu methodischen
Fragen und praktischen Erfahrungen, Nürnberg 1995, S. 7–22
Design Zentrum Dresden 1996
Design Zentrum Dresden (Hrsg): Sächsischer Staatspreis für Design,
Katalog der ausgezeichneten Produkte, Chemnitz 1996
Design Zentrum Hessen 1995
Design Zentrum Hessen (Hrsg.): Besser sein – Wettbewerbsfähig mit
Design, Darmstadt 1995
Dinkelbach 1983
Dinkelbach, W.: Heuristische Verfahren, in: Gablers Wirtschaftslexi-
kon, Bd. 1, Wiesbaden 1983, Sp. 2052
Doczi 1985
Doczi, G.: Die Kraft der Grenzen, Harmonische Proportionen in Natur,
Kunst und Architektur, 2. Aufl., München 1985
Dörner 1976
Dörner, V.: Die Produktform als Mittel der Anmutungsgestaltung, Beiträ-
ge zum Produktmarketing, Bd. 2, hrsg. v. Koppelmann, U., Diss., Köln 1976
Dow 1993
Dow, R.: Design as a means of corporate communications in industrial
markets, in: Droege, W., Backhaus, K., Weiber, R. (Hrsg.): Strategien
für Investitionsgütermärkte: Antworten auf neue Herausforderungen,
Landsberg/Lech 1993, S. 411–418
Downey 1992
Downey, C.: Neo-Design und Innenarchitektur: Möbel und Wohn-
accessoires der 90er Jahre, Stuttgart 1992
Draeger 1991
Draeger, W.: Innovation – Invention – Kreativität. Durch Erneuerung
zum Erfolg – ein Leitfaden für den kreativen Ingenieur und Unterneh-
mer, Düsseldorf 1991
Droege/Backhaus/Weiber 1993
Droege, W., Backhaus, K., Weiber, R.: (Hrsg.): Strategien für Investi-
tionsgütermärkte: Antworten auf neue Herausforderungen, Lands-
berg/Lech 1993
Eco 1972
Eco, U.: Einführung in die Semiotik, München 1972
Eco 1985
Eco, U.: Semiotik und Philosophie der Sprache, München 1985
Ehrenstein 1954
Ehrenstein, W.: Problem der ganzheitspsychologischen Wahrneh-
mungslehre, 3. Aufl., Leipzig 1954
Eisenhofer 1988
Eisenhofer, G.: Datengewinnung und Datenanalyse als Grundlage

einer Marktstrategie für Investitionsgüter: die Beurteilung der Absatzchancen deutscher Maschinenbauunternehmen auf ausgewählten Wachstumsmärkten, Idstein 1988
Ellinger 1966
Ellinger, T.: Die Informationsfunktion des Produktes, Köln, Opladen 1966
Endler 1992
Endler, D.: Produktteile als Mittel der Produktgestaltung, Beiträge zum Produktmarketing, Bd. 21, hrsg. v. Koppelmann, U., Diss., Köln 1992
Endler 1994
Endler, D.: Mit Systemen gewinnen, in: Absatzwirtschaft, 4/1994, S. 98–101
Engel 1983
Engel, H. S.: Fallstudie Bolley Drehautomat, in: Design Center Stuttgart des Landesgewerbeamts Baden-Würtemberg (Hrsg.): Industrial Design im Werkzeugmaschinenbau, Stuttgart 1983
Engelhardt/Günter 1981
Engelhardt, W. H., Günter, B.: Investitionsgüter-Marketing; Anlagen; Einzelaggregate; Teile; Roh- u. Einsatzstoffe; Energieträger, Stuttgart 1981
Engelhardt/Witte 1990
Engelhardt, W. H., Witte, P.: Konzeptionen des Investitionsgüter-Marketing – eine kritische Bestandsaufnahme ausgewählter Ansätze, in: Kliche, M. (Hrsg.): Investitionsgütermarketing: Positionsbestimmung und Perspektiven, Wiesbaden 1990, S. 4–17
Escherle, 1986
Escherle, H. J.: Industrie-Design für ausländische Märkte, Reihe Produktforschung und Industriedesign, Bd. 1, hrsg. v. Leitherer, E., Diss., München, Unterföhring 1986
Farr 1965
Farr, M.: Design management: Why is it needed?, in: Design, Nr. 8, 1965, S. 38 ff.
Farr 1965a
Farr, M.: Design management 1, in: Industrial Design, Vol. 12, Nr. 10, 1965, S. 50 f.
Farr 1965b
Farr, M: Planning the Programme, in: Design, Nr. 12, 1965, S. 54 ff.
Farr 1966
Farr, M.: Design-Management, London 1966
Felber 1984
Felber, U.: Systematisches Designmanagement in der Unternehmung: Grundlagen und Konzepte, Diss., Freiburg in d. Schweiz 1984
Fischer 1988
Fischer, V.: Design heute: Maßstäbe: Formgebung zwischen Industrie und Kunst-Stück, München 1988
Fischer/Mikosch 1984
Fischer, R., Mikosch, G.: Grundlagen einer Theorie der Produktsprache: Anzeichenfunktionen, hrgs. v. Hochschule für Gestaltung Offenbach am Main, Fachbereich Produktgestaltung, Frankfurt a. M 1984
Fitzgerald 1989
Fitzgerald, R. L.: Investitionsgütermarketing auf Basis industrieller Beschaffungsentscheidungen: Entscheidungsprozesse beim Kauf von Industrieanlagen, Wiesbaden 1989
Flusser 1993
Flusser, V.: Vom Stand der Dinge, eine kleine Philosophie des Designs, Göttingen 1993

Frech/Schmidt 1996
Theoretische und praktische Perspektiven der Kommunikation, in:
Kasper, H., Mayrhofer, W. (Hrsg.): Personalmanagement, Führung,
Organisation, 2. Aufl., Wien 1996, S. 257–292
Frey 1993
Frey, B.: Zur Bewertung von Anmutungsqualitäten, Beiträge zum
Produktmarketing, Bd. 22, hrsg. v. Koppelmann, U., Diss., Köln 1993
Friedrich-Liebenberg 1976
Friedrich-Liebenberg, A.: Anmutungsleistungen von Produkten: Zur
Katalogisierung, Strukturierung und Stratifikation anmutungshafter
Produktleistungen, Beiträge zum Produktmarketing, Bd 3, hrsg. v.
Koppelmann, U., Diss., Köln 1976
Friedrichs 1990
Friedrichs, J.: Methoden empirischer Sozialforschung, 14. Auflage,
Opladen 1990
Frieling 1957
Frieling, H.: Farbe hilft verkaufen; Farbenlehre und Farbpsychologie
für Handel und Werbung, Göttingen 1957
Frieling 1969
Frieling, H: Das Gesetz der Farbe, Göttingen, Zürich, Berlin, Frankfurt
a. M 1969
Frisch 1996
Frisch, F.: Keramik – heißer Stoff für viele Fälle; Mit High Tech schafft
das klassische Material eine neue Karriere, in : Lufthansa Bordbuch 6/
1996, S. 45–52
Gablers Wirtschaftslexikon 1988
Gablers Wirtschaftslexikon, 12. vollst. neu bearb. Aufl., Wiesbaden
1988
Gehlen 1961
Gehlen, A.: Anthropologische Forschung, Reinbek bei Hamburg 1961
Geipel, 1990
Geipel, P.: Industriedesign als Marktfaktor für Investitionsgüter: eine
absatzwirtschaftliche Analyse, Reihe Produktforschung und Industrie-
design, Bd. 4, hrsg. v. Leitherer, E., Diss. München, Unterföhring 1990
Geldsetzer 1989
Geldsetzer, L.: Hermeneutik, in: Seiffert, H., Radnitzky, G. (Hrsg):
Handlexikon zur Wissenschaftstheorie, München 1989, S. 127–139
Gemünden 1986
Gemünden, H. G.: „Promotors" – Key Persons for the Development
and Marketing of Innovative Industrial Products, in: Backhaus, K.,
Wilson, D. T. (Hrsg.): Industrial Marketing: A German-American
Perspective, Berlin 1986, S. 135–166
Gericke/Richter/Schöne 1981
Gericke, L., Richter, O., Schöne, K.: Farbgestaltung in der Arbeitswelt,
hrsg. v. der Bauakademie der DDR, Institut für Industriebau und vom
Amt für industrielle Formgebung, Berlin 1981
Geyer 1987
Geyer, E.: Kreativität im Unternehmen, Landsberg am Lech 1987
Ginnow-Merkert 1996
Ginnow-Merkert, H.: Beyond the Visuals, Die Kommunikation Pro-
dukt-Mensch-Produkt und der unsinnliche Designer, in: form diskurs,
Zeitschrift für Design und Theorie, Nr. 1, I/1996, S. 66–81
Gladbach 1994
Gladbach, M.: Archetypen von Produkten, Beiträge zum Produkt-
Marketing, Bd. 24, hrsg. v. Koppelmann, U., Diss., Köln 1994

Gössel/Leuthäuser 1994
Gössel, P., Leuthäuser, G.: Architektur des 20. Jahrhunderts, Köln 1994
Gorb 1988
Gorb, P.: Design talks!, London 1988
Gordon 1960
Gordon, W.J.: Synectics, The Development of creative Capacity. New York 1960
Größer 1991
Größer, H.: Markenartikel und Industriedesign: Das Stereotypik-Konzept – Ursachen, Ausprägungen, Konsequenzen, Schriftenreihe Produktentwicklung Industriedesign, Bd. 1, hrsg. v. Leitherer, E., Diss., München 1991
Gros 1976
Gros, J.: Sinnliche Funktionen im Design, (1) Zur Gegenstandsbestimmung einer designspezifischen Theorie, in: form, Nr. 74. 1976, S. 6–9
Gros 1976a
Gros, J.: Sinnliche Funktionen im Design, (2) Entwurfsbeispiele zu theoretischen Begriffen und Hypothesen, in: form, Nr. 75. 1976, S. 12–16
Gros 1983
Gros, J.: Grundlagen einer Theorie der Produktsprache, hrsg. v. Hochschule für Gestaltung Offenbach am Main, Fachbereich Produktgestaltung, Frankfurt a.M 1983
Gros 1987
Gros, J.: Grundlagen einer Theorie der Produktsprache: Symbolfunktionen, hrsg. v. Hochschule für Gestaltung Offenbach am Main, Fachbereich Produktgestaltung, Karben 1987
Gros 1990
Gros, J.: Schrumpftechnik und Stilblüten, Neue Be-Dingungen in der Mikroelektronik, in: Gros, J.: Design im Vorzeichen der Digitale, Grundzüge einer aktuellen Stil-Semantik, Offenbach am Main 1990, S. 37–44
Gros 1990a
Gros, J.: Software auf Hardware, Funktionshieroglyphen oder „neues Ornament"?, in: Gros, J.: Design im Vorzeichen der Digitale, Grundzüge einer aktuellen Stil-Semantik, Offenbach am Main 1990, S. 45–60
Grütter 1987
Grütter, J.K.: Ästhetik der Architektur, Grundlagen der Architektur-Wahrnehmung, Stuttgart 1987
Guidot 1994
Guidot, R.: Design: die Entwicklung der modernen Gestaltung, Stuttgart 1994
Gutenberg 1959
Gutenberg, E.: Untersuchungen über Investitionsentscheidungen industrieller Unternehmen, Köln 1959
Hamburger 1915
Hamburger, M.: Das Form-Problem in der neueren deutschen Ästhetik und Kunsttheorie, Heidelberg 1915
Hammer 1992
Hammer, N.: Möglichkeiten und Grenzen der Überprüfung von Designprodukten durch Ökolometrie, Kunstwissenschaft in der Blauen Eule, Bd 7, Essen 1992
Hansen 1969
Hansen, U.: Stilbildung als absatzwirtschaftliches Problem, Berlin 1969

Hansen/Leitherer 1984
Hansen, U., Leitherer, E.: Produktpolitik, 2., neu bearb. u. erw. Aufl.,
Stuttgart 1984
Harbrücker 1991
Harbrücker, U.: Wertewandel und Corporate Identity, Wiesbaden 1991
Hardenacke/Peetz/Wichard 1985
Hardenacke, H., Peetz, W., Wichardt, G.: Arbeitswissenschaft, München 1985
Hase 1989
Hase, H.: Gestaltung von Anmutungscharakteren, Stile und Looks in
der marketingorientierten Produktgestaltung, Beiträge zum Produkt-
marketing, Bd. 15, hrsg. v. Koppelmann, U., Diss., Köln 1989
Hatt 1990
Hatt, H.: Physiologie des Riechens und Schmeckens, in: Maelicke, A.
(Hrsg.): Vom Reiz der Sinne, Weinheim 1990, S. 93–127
Hauffe 1995
Hauffe, T.: Design Schnellkurs, Köln 1995
Hauschildt 1993
Hauschildt, J.: Innovationsmanagement, München 1993
Hegemann 1992
Hegemann, M.: Ästhetik und Industrie-Design, Schriftenreihe Produkt-
entwicklung & Industriedesign, Bd. 3, hrsg. v. Leitherer, E., Diss.,
München 1992
Heinen 1991
Heinen, E.: Industriebetriebslehre, 9. Aufl., Wiesbaden 1991
Heller 1989
Heller, E.: Wie Farben wirken, Farbpsychologie, Farbsymbolik, kreative
Farbgestaltung, Reinbek bei Hamburg 1989
Herzhoff 1991
Herzhoff, S.: Innovations-Management: Gestaltung von Prozessen und
Systemen zur Entwicklung und Verbesserung der Innovationsfähigkeit
von Unternehmungen, Köln 1991
Heufler/Rambousek 1978
Heufler, G.; Rambousek, F.: Produktgestaltung, Gebrauchsgut und
Design, Materialien zur Pädagogik, hrsg. v. März, A., Wien, München
1978
Heyde/Laudel/Pleschak/Sabisch 1991
Heyde, W., Laudel, G., Pleschak, F., Sabisch, H.: Innovationen in
Industrieunternehmen; Prozesse, Entscheidungen und Methoden,
Wiesbaden 1991
Hinterhuber 1989
Hinterhuber, H.H.: Strategische Unternehmensführung I: Strategisches
Denken, 4. Aufl., Berlin 1989
Hinterhuber 1990
Hinterhuber, H.H.: Wettbewerbsstrategie, 2. völlig neu bearb. Aufl.,
Berlin, New York 1990
Hill/Hillier, 1977
Hill, R.W., Hillier, T.J.: Organisational Buying Behavior, London 1977
Hill/Siegwart 1968
Hill, W., Siegwart, H.: Der Industriebetrieb, in: Betriebswirtschaftsleh-
re, hrsg. v. Gesell, E., 2. Aufl. der neuen Fassung, Nr. IV, Zürich 1969
v. Hippel 1977
Hippel, E. v.: The dominant role of the user in semiconductor and
electronic subassemly process innovation, in: Transactions on Engi-
neering and Management, Nr. 2, 5/1977, S. 60–71

v. Hippel 1984
Hippel, E. v.: Novel Product Concepts From Lead Users: Segmenting
Users by Experience, Working Paper No. 84–109, Cambridge, MA
1984
v. Hippel 1986
Hippel, E. v.: Lead Users: A Source of Novel Product Concepts, in: MS,
Vol. 32, No. 7, July 1986, S. 791–805
Höge 1984
Höge, H.: Emotionale Grundlagen ästhetischen Urteilens, ein experi-
menteller Beitrag zur Psychologie der Ästhetik, Frankfurt a. M, Bern,
New York 1984
Högel 1995
Högel, R.: In 30 Tagen von der Idee zum Modell, in: Handelsblatt,
Nr. 19, 12/13.5.1995
Holling/Gediga 1995
Holling, H., Gediga, G.: Mensch-Computer-Interaktion, in: Greif, S.,
Holling, H., Nicholson, B. A. (Hrsg.): Arbeits- und Organisationspsy-
chologie: internationales Handbuch in Schlüsselbegriffen, 2. Aufl.,
Weinheim 1995, S. 311–319
Homburg 1995
Homburg, C.: Closeness to the Customer in Industrial Markets:
Towords a Theory-Based Understanding of Measurement, Organiza-
tional Antecedents and Performance Outcomes, in: ZfB, 65. Jg, H. 3,
1995, S. 306–331
Huber 1989
Huber, J.: Ungenutzte Reserven durch neue Eigenschaften mit
weiterentwickelten Werkstoffen – Neue ingenieurkeramische Werk-
stoffe: in: Bayer. Staatsministrium für Wirtschaft und Verkehr (Hrsg.):
Märkte gewinnen mit Design – neue Lösungen durch neue Werkstof-
fe, München 1989, S. 75–83
Hubka 1984
Hubka, V.: Theorie technischer Systeme, 2. Aufl., Berlin 1984
Hüppe 1984
Hüppe, A.: Prägnanz – ein gestalttheoretischer Grundbegriff, Mün-
chen 1984
Hüsch 1993
Hüsch, H.-J.: Unterstützung wettbewerbsstrategischer Erfolgsfaktoren
durch konsequente prozeßorientierte Strukturgestaltung, in: Droege,
W. P. J., Backhaus, K., Weiber, R.: (Hrsg.): Strategien für Investitions-
gütermärkte: Antworten auf neue Herausforderungen, Landsberg/
Lech 1993, S. 292–302
Hüttel 1988
Hüttel, K.: Produktpolitik, Ludwigshafen 1988
Isert/Herstatt 1991
Isert, H. G., Herstatt, C.: Produktentwicklung mit führenden Anwen-
dern bei Hilti AG, in: TXS, Nr. 1, 1991, S. 56–59
Itten 1961
Itten, J.: Kunst der Farbe, subjektives Erleben und objektives Erkennen
als Wege zur Kunst, Ravensburg 1961
Jacob 1995
Jacob, F.: Produktindividualisierung: ein Ansatz zur innovativen
Leistungsgestaltung im Business-to-Business-Bereich, Wiesbaden 1995
Jonas 1994
Jonas, W.: Design – System – Theorie: Überlegungen zu einem sy-
stemtheoretischen Modell von Design-Theorie, Essen 1994

Joos 1996
Joos, J.: Neue Strategien in Produktion und Marketing bei Schindler, in: Buck, A., Vogt, M. (Hrsg.): Design-Management: was Produkte wirklich erfolgreich macht, Wiesbaden 1996, S. 225–234

Kähler 1990
Kähler, G.: Dekonstruktion? Dekonstruktivismus? Aufbruch ins Chaos oder neues Bild der Welt?, Braunschweig 1990

Kammerer 1988
Kammerer, J.: Beitrag der Produktpolitik zur Corporate Identity, Schriftenreihe Produktforschung und Industriedesign, Bd. 3, hrsg. v. Leitherer, E., Diss., München 1988

Kapitzki 1993
Kapitzki, H.W.: a propos: Visuelle Gestaltung, Erkenntnisse der Ursachen einer späteren Wirkung, Schriftenreihe des Deutschen Designer Verband e.V., Stuttgart 1993

Kapp 1877
Kapp, E.: Grundlinien einer Philosophie der Technik, Braunschweig 1877, Neudruck Düsseldorf

Kasper/Heimerl-Wagner 1996
Kasper, H., Heimerl-Wagner, P.: Struktur und Kultur in Organisationen, in: Kasper, H., Mayrhofer, W. (Hrsg.): Personalmanagement, Führung, Organisation, 2. Aufl., Wien 1996, S. 9–108

Katz 1969
Katz, D.: Gestaltpsychologie, 4. Aufl., Basel, Suttgart 1969

v. Keller 1982
Keller, E. von: Management in fremden Kulturen, Ziele, Ergebnisse und methodische Probleme der kulturvergleichenden Managementforschung, Veröffentlichungen der Hochschule St. Gallen für Wirtschafts- und Sozialwissenschaften, Schriftenreihe Betriebswirtschaft, Bd. 10, Bern, Stuttgart 1982

Kelm 1971
Kelm, M: Produktgestaltung im Sozialismus, Berlin 1971

Kern 1990
Kern, W.: Industrielle Produktionswirtschaft, 4. Aufl., Stuttgart 1990

Kessler 1982
Kessler, R.: Innovative Produktpolitik als Marketing-Instrument mittelständischer Investitionsgüterhersteller, Reihe Wirtschaftswissenschaften Bd. 270, Thun, Frankfurt a.M 1982

Kicherer 1987
Kicherer, S.: Industriedesign als Leistungsbereich von Unternehmen, Schriftenreihe Produktforschung und Industriedesign, Bd. 2, hrsg. v. Leitherer, E., München, Diss. 1987

Klein 1971
Klein, H.: Heuristische Entscheidungsmodelle, Wiesbaden 1971

Kleining 1994
Kleining, G.: Qualitativ-heuristische Sozialforschung, Schriften zur Theorie und Praxis, Hamburg-Harvestehude 1994

Kliche 1991
Kliche, M.: Industrielles Innovationsmarketing: eine ganzheitliche Perspektive, Wiesbaden 1991

Klöcker 1981
Klöcker, I.: Produktgestaltung, Berlin 1981

Knoblich 1965
Knoblich, H.: Die Typologie der Ware als Kernstück einer wirtschaftlichen Warenlehre, in: ZfbF, 17 Jg. 1965, S. 686–712

Knoblich 1969
Knoblich, H.: Betriebswirtschaftliche Warentypologie, Köln/Opladen 1969
Knoblich 1974
Knoblich, H.: Warentypologie, in: Tietz (Hrsg.): HWA, Stuttgart 1974
Knoblich/Schubert 1989
Knoblich, H., Schubert, B.: Marketing mit Duftstoffen, München, Wien 1989
Knuf 1988
Knuf, J.: Unsere Welt der Farben, Symbole zwischen Natur und Kultur, Köln 1988
Kobal 1990
Kobal, G. Die Psychophysiologie des Geruchs: in: Maelicke, A. (Hrsg.): Vom Reiz der Sinne, Weinheim 1990, S. 129–147
König/Schuppisser 1958
König, R., Schuppisser, P.W.: Die Mode in der menschlichen Gesellschaft, Zürich 1958
Koppelmann 1971
Koppelmann, U.: Grundlagen der Verpackungsgestaltung; ein Beitrag zur marketingorientierten Produktforschung, Berlin 1971
Koppelmann 1982
Koppelmann, U.: Anmutungen und Produktgestaltung, in: Design-Dialog-Darmstadt, hrsg. v. Rat f. Formgebung, Darmstadt 1982, S. 4–53
Koppelmann 1987
Koppelmann, U.: Design: Nur Selbstzweck darf das nicht werden, Über das „vernetzte" Verhältnis von Marketing und Design, in: Marketing Journal, 20. Jg., Heft 11, 1987, S. 44–50
Koppelmann 1987a
Koppelmann, U.: Vorsprung durch Produktdesign, in: Handelsblatt, Nr. 202, 21.10.1987, S. 20
Koppelmann 1988
Koppelmann, U.: Wettbewerbsvorsprung durch Design, in: Markenartikel, 4/1988, S. 146–149
Koppelmann 1988a
Koppelmann, U.: Design und Marketing–Kunst contra Kommerz oder sich ergänzende Disziplinen?, in: Die Betriebswirtschaft, 3/1988, S. 299–309
Koppelmann 1989
Koppelmann, U.: Produktmarketing: Entscheidungsgrundlage für Produktmanager, 3., neu bearb. Aufl., Stuttgart 1989
Koppelmann 1989a
Koppelmann, U.: Design öffnet Märkte, in: Bayer. Staatsministrium für Wirtschaft und Verkehr (Hrsg.): Märkte gewinnen mit Design – neue Lösungen durch neue Werkstoffe, München 1989, S. 128–135
Koppelmann 1990
Koppelmann, U.: Schöne Aussichten, in: Absatzwirtschaft, Dez. 1990, S. 52–56
Koppelmann 1992
Koppelmann, U.: Produktdesign als Profilierungsinstrument, in: Thexis, Jan. 1992, S. 3–7
Koppelmann 1993
Koppelmann, U.: Produktmarketing, Entscheidungsgrundlage für Produktmanager, 4. Aufl., Heidelberg 1993
Koppelmann 1994
Koppelmann, U.: Marketing und Design, in: Spektrum der Wissenschaft, April 1994, S. 100–107

Koppelmann 1997
Koppelmann, U.: Produktmarketing: Entscheidungsgrundlage für Produktmanager, 5., vollst. bearb. u. erw. Aufl., Berlin 1997
Koppelmann/Küthe 1987
Koppelmann, U., Küthe, E.: Präferenzwellen beim Gestaltungsmittel Farbe, in: Marketing ZFP, Nr. 52, Heft 2, Mai 1987, S. 113–122
Kotler 1989
Kotler, P.: Marketing Management: Analyse, Planung und Kontrolle, einmalige u. limitierte Sonderausgabe d. 4., völlig neuüberarb. Aufl., Stuttgart 1989
Kramer 1987
Kramer, F.: Innovative Produktpolitik, Berlin, Heidelberg, New York 1987
Kreikebaum 1961
Kreikebaum, H.: Das Prestigeelement im Investitionsverhalten, in: Kreikebaum, H., Rinsche, G. (Hrsg.): Das Prestigemotiv in Konsum und Investition, Demonstrative Investition und aufwendiger Verbrauch, Berlin 1961, S. 9–104
Kreikebaum 1988
Kreikebaum, H.: Humanisierung der Arbeit: Arbeitsgestaltung im Spannungsfeld ökonomischer, technologischer und humanitärer Ziele, Wiesbaden 1988
Krippendorff 1984/85
Krippendorff, K.: Die Produktsemantik öffnet die Türen zu einem neuen Bewußtsein im Design, in: form Nr. 108/109, 1984/85, S. 14–16
Krippendorff/Butter 1984
Krippendorf, K., Butter, R.: Product Semantics: Exploring the Symbolic Qualities of Form, in: innovation, IDSA – The Journal of Industrial Designers Society of America, Vol. 3, Nr. 2, Virginia 1984, S. 4–9
Krist 1993
Krist, H.: Investitionsgütermarketing der neunziger Jahre – Lernen vom Konsumgütermarketing?, in: Droege, W., Backhaus, K., Weiber, R.: (Hrsg.): Strategien für Investitionsgütermärkte: Antworten auf neue Herausforderungen, Landsberg/Lech 1993, S. 326–332
Kron/Slesin 1979
Kron, J., Slesin, S.: High Tech, the industrial style and source book for the home, New York 1979
Kroeber-Riel 1984
Kroeber-Riel, W.: Konsumentenverhalten, München 1984
Krystek/Müller-Stewens 1993
Krystek, U., Müller-Stewens, G: Frühaufklärung für Unternehmen: Identifikation und Handhabung zukünftiger Chancen und Bedrohungen, Stuttgart 1993
Küppers 1989
Küppers, H.: Harmonielehre der Farben: Theoretische Grundlagen der Farbgestaltung, Köln 1989
Küthe/Thun 1995
Küthe, E., Thun, M.: Marketing mit Bildern: Management mit Trend-Tableaus, Mood-Charts, Storyboards, Fotomontagen und Collagen, Köln 1995
Küthe/Venn 1996
Küthe, E., Venn, A.: Marketing mit Farben, Köln 1996
Kuß, 1990
Kuß, A.: Entscheider-Typologien und das Buying Center-Konzept, in: Kliche, M. (Hrsg.): Investitionsgütermarketing: Positionsbestimmung und Perspektiven, Wiesbaden 1990, S. 22–37

Lamnek 1988
Lamnek, S.: Qualitative Sozialforschung, Bd. 1: Methodologie, München, Weinheim 1988

Lannoch 1984
Lannoch, H.-J.: How to Move from Geometric to Semantic Space, in: Innovation, IDSA – The Journal of Industrial Designers Society of America, Vol. 3, Nr. 2, Virginia 1984, S. 14–19

Lannoch/Lannoch 1986
Lannoch, H.-J., Lannoch, H.: Vom geometrischen zum semantischen Raum, in: form, Nr. 118, 1986, S. 12–17

Lehmann/O'Shaughnessy 1974
Lehmann, D. R., O'Shaughnessy, J.: Difference in Attribute Importance of Different Industrial Produkts, in: Journal of Marketing, 38, 1974, S. 36–42

Lehnhardt 1996
Lehnhardt, J.-M.: Analyse und Generierung von Designprägnanzen, Designstile als Determinanten der marketingorientierten Produktgestaltung, Beitäge zum Produkt-Marketing, Bd. 27, hrsg. v. Koppelmann, U., Diss., Köln 1996

Leitherer 1980
Leitherer, E.: Innovative Produkte als Gegenstand der betrieblichen Produktions- und Marktleistung – Erfahrungen aus der Innovationsberatung von mittleren Industriebetrieben, in: ZfbF 32, 1980, S. 1096–1108

Leitherer 1982
Leitherer, E.: Offene Fragen einer Theorie des Industrie-Design, in: ZfbF, Nr. 34, 4, 1982, S. 301–314

Leitherer 1989
Leitherer, E.: Betriebliche Marktlehre, 3., durchges. Aufl., Stuttgart 1989

Leitherer 1989a
Leitherer, E.: Gobales versus marktspezifisches Produkt-Design, in: Globales Management – Erfolgreiche Strategien für den Weltmarkt, Stuttgart 1989, S. 85–91

Leitherer 1991
Leitherer, E.: Industrie-Design: Entwicklung – Produktion – Ökonomie, Stuttgart 1991

Lengert 1989
Lengert, J.: Designinnovationen durch neue Werkstoffe, in: Bayer. Staatsministrium für Wirtschaft und Verkehr (Hrsg.): Märkte gewinnen mit Design – neue Lösungen durch neue Werkstoffe, München 1989, S. 120–127

Lengyel 1993
Lengyel, S.: Aus vielen Funktionen wächst die Form. Die Gestaltung von Produkten und Produktsystemen, in: Universität GH Essen (Hrsg.): Essener Unikate 2/3, Berichte aus Forschung und Lehre, Kommunikation, Design, Universität GH Essen 1993, S. 43–57

Lenzen 1993
Lenzen, T.: Industriedesign als Erfolgsfaktor für mittelständische Unternehmungen - mit Fallbeispielen, Diss., St. Gallen, Bamberg 1993

Lewin 1963
Lewin, K.: Feldtheorie in den Sozialwissenschaften, Bern, Stuttgart 1963

Lingnau 1994
Lingnau, V.: Variantenmanagement: Produktionsplanung im Rahmen einer Produktdifferenzierungsstrategie, Berlin 1994

Linke 1989
Linke, N.: Der Werkstoff als Antrieb für Innovation und Design, in:
Bayer. Staatsministerium für Wirtschaft und Verkehr (Hrsg.): Märkte
gewinnen mit Design – neue Lösungen durch neue Werkstoffe,
München 1989, S. 92–95

Little 1990
Little, A. D.: Praxis des Design Management, Frankfurt a. M 1990

Löbach 1976
Löbach, B.: Industrial Design: Grundlagen der Industrieproduktgestaltung, München 1976

Lorenz 1988
Lorenz, C.: The New Design Dimension of Corporate Strategy, in:
Gorb, P. (Hrsg.): Design talks!, London 1988, S. 27–34

Lorenz 1992
Lorenz, C.: Die Macht des Design: der neue Erfolgsfaktor im globalen
Wettbewerb, Frankfurt a. M, New York 1992

Lorenz 1994
Lorenz, C.: Harnessing Design as a Strategic Resource, in: Long Range
Planning, Vol. 27, Nr. 5, 1994, S. 73–84

Maier 1977
Maier, B.: Industrial Design, Diss., Mannheim 1977

Mana 1978
Mana, J.: Design, Formgebung industrieller Produkte, Reinbek bei
Hamburg 1978

Mante 1977
Mante, H.: Farbe und Form, Bd. 2 der Reihe Photo Design, München
1977

Marquard 1981
Marquard, J.: Der Commodity Approach im Investitionsgüter-Marketing – eine kritische Analyse –, in: Engelhardt, W. H., Hammann, P.
(Hrsg.): Arbeitspapiere zum Marketing, Nr. 10, Bochum 1981

Marquart 1994
Marquart, C.: Industriekultur – Industriedesign – Ein Stück deutscher
Wirtschafts- und Designgeschichte: Die Gründer des Verbandes
Deutscher Industrie-Designer, Berlin 1994

Maser 1972
Maser, S.: Einige Bemerkungen zum Problem einer Theorie des
Designs, Manusskript, Braunschweig 1972

Maser 1992
Maser, S.: Zur Planung gestalterischer Projekte, Beiträge zur Designtheorie, Bd. 2, Wuppertal 1992

Mayer 1993
Mayer, R.: Strategien erfolgreicher Produktgestaltung: Individualisierung und Standardisierung, Diss., Wiesbaden 1993

Mayer 1996
Mayer, S.: Wettbewerbsfaktor Design: Zum Einsatz von Industriedesign
im Markt für Investitionsgüter, KulturKommerz Bd 4, Hamburg 1996

Mayer/Mayer 1987
Mayer, A., Mayer, R. U.: Imagetransfer, Hamburg 1987

Mayrhofer 1996
Mayrhofer, W.: Motivation und Arbeitsverhalten, in: Kasper, H.,
Mayrhofer, W. (Hrsg.): Personalmanagement, Führung, Organisation,
2. Aufl., Wien 1996, S. 225–255

Medeyros 1982
Medeyros, M.: Anmutungshafte Verpackungsgestaltung als Mittel

der Produktpolitik, Beiträge zum Produktmarketing, Bd. 11, hrsg. v. Koppelmann, U., Diss., Köln 1982

Meerkamm 1989
Meerkamm, H.: Konstruktion, Design und Fertigung, in: Bayer. Staatsministrium für Wirtschaft und Verkehr (Hrsg.): Märkte gewinnen mit Design – neue Lösungen durch neue Werkstoffe, München 1989, S. 110–119

Meffert 1989
Meffert, H.: Marketingstrategien in unterschiedlichen Marktsituationen, in: Bruhn, M. (Hrsg.): Handbuch des Marketing: Anforderungen an Marketingkonzeptionen aus Wissenschaft und Praxis, München 1989, S. 278–305

Meffert 1994
Meffert, H.: Marketing-Management: Analyse, Strategie, Implementierung, Wiesbaden 1994

Meinecke 1991
Meinecke, C.: Nachahmungsschutz für Industriedesign im deutschen und amerikanischen Recht: rechtsvergleichende Untersuchung einer Schnittstelle im System des deutschen gewerblichen Rechtsschutzes, Heidelberg 1991

Mensing/Beck 1984
Mensing, J., Beck, C.: Düfte im interkulturellen Vergleich. Der Einfluß von Kultur und Lebensstil, Geographie und Klima: in: H & R Parfumbuch, Hamburg 1984, S. 142–152

Meyer/Mattmüller 1993
Meyer, P. W., Mattmüller, R.: Bedeutung und Problematik von Strategien im Marketing, in: Meyer, P., Mattmüller, R. (Hrsg.): Strategische Marktingoptionen: Änderungsstrategien auf Geschäftsfeldebene, Stuttgart, Berlin, Köln 1993, S. 13–29

Meyer-Hayoz 1986
Meyer-Hayoz, W.K.: Im guten Design spiegelt sich die Kultur des Unternehmens; Wer Strategie und Unternehmenskultur abstimmt, macht Synergien frei, in: io Management Zeitschrift, Nr. 55, März, 1986, S. 137–140

Meyer-Hayoz 1993
Meyer-Hayoz, W. K.: Innovation statt Rezession, in : Verkauf und Marketing, 3/1993, S. 36–39

Michel 1996
Michel, R.: Chip ist Ohr, in: Hochparterre, 5/1996, S. 47

Miethke 1996
Miethe, J.: Die Einheit von Form und Funktion, in: Ragati, M., Kreikenbohm, U. (Hrsg.): Frank O. Gehry: Das Energie-Form-Innovation in Bad Oeynhausen, Bielefeld 1996, S. 47–58

Moholy-Nagy 1968
Moholy-Nagy, L.: Von Material zu Architektur, Faksimile d. 1929 erschienenen Erstausg., Mainz 1968

Moody 1980
Moody, S.: The role of industrial design in technological innovation, in: IPC Business Press, Vol. 1, No. 6, Oktober 1980, S. 329–339

Morris 1972
Morris, C.W.: Grundlagen der Zeichentheorie, München 1972

Müller 1992
Müller, B.H.: Ergonomie – Bestandteil der Sicherheitswissenschaft: der Beitrag der Ergonomie zur Arbeitssicherheit, hrsg. v. REFA, Köln 1992

Müller-Krauspe 1966
Müller-Krauspe, G.: Design = Design?, Plädoyer für zwei Fremdworte, in: form, Nr. 35, 1966, S. 26–27

Müller-Krauspe 1968
Müller-Krauspe, G.: Design = Design?, Ein zweites Plädoyer für zwei Fremdwörter, in: form, Nr. 42, 1968, S. 30–31
Müller-Stewens 1990
Müller-Stewens, G.: Strategische Suchfeldanalyse: Die Identifikation neuer Geschäfte zur Überwindung struktureller Stagnation, 2., durchges. Aufl., Wiesbaden 1990
Mukarovsky 1970
Mukarovsky, J.: Kapitel aus der Ästhetik, Frankfurt a. M 1970
Nieschlag/Dichtl/Hörschgen 1988
Nieschlag, R., Dichtl, E., Hörschgen, H.: Marketing, 15. überarb. u. erw. Aufl., Berlin 1988
Neermann 1980
Neermann, G.: Investitionsgüter-Design: Gute Form am laufenden Band, in: Der Arbeitgeber Nr. 4/32, 1980, S. 149 f.
Nöth 1985
Nöth, W.: Handbuch der Semiotik, Stuttgart 1985
Nommensen 1990
Nommensen, J. N.: Prägnanz von Markenbildern, Prüfung der Kommunikationsstrategie bei Produktrepositionierung, Heidelberg 1990
Oakley 1984
Oakley, M.: Managing Product Design, London 1984
Oakley 1990
Oakley, M. (Hrsg.): Design Management, a Handbook of Issues and Methods, Oxford 1990
Oehlke 1986
Oelke, H.: Produkterscheinung, Produktbild, Produktleitbild, Designwissenschaftliche Beiträge 1, Hochschule für individuelle Formgebung, Halle Burg Giebichenstein, Halle 1986
Oeldorf/Olfert 1983
Oeldorf, G., Olfert, K.: Materialwirtschaft, 3. Aufl., Ludwigshafen 1983
Oess 1989
Oess, A.: Total Quality Management – die Praxis des Qualitäts-Managements, Wiesbaden 1989
Olins 1990
Olins, W.: Corporate Identity, in: Oakley, M. (Hrsg.): Design Management, a Handbook of Issues and Methods, Oxford 1990
Osborn 1964
Osborn, A. F.: How to become more creative, New York 1964
Otto 1993
Otto, R.: Industriedesign und qualitative Trendforschung, Schriftenreihe Produktentwicklung & Industriedesign, Bd. 4, hrsg. v. Leitherer, E., Diss., München 1993
o. V. 1990
o. V.: Renaissance of Fragence, Scent appears in Japanese Life in Unexpected ways, in: Japan Update, Nr. 16, 1990, S. 6–8
o. V. 1995
o. V: Stand der Dinge, in: Design Report, Nr. 5, 1995, S. 54–55
o. V. 1996
o. V.: Design als Türöffner, in: Markt und Mittelstand, Nr. 1, 1996, S. 40–43
o. V. 1997
o. V.: Novitäten von der Kölner Möbelmesse '97; in: inform, Verlagsbeilage der form, Frankfurt a. M 1997, S. 2–7
Pahl/Beitz 1986
Pahl, G., Beitz, W.: Konstruktionslehre, 2. Aufl., Berlin 1986

Pawlik 1979
Pawlik, J.: Theorie der Farbe: Eine Einführung in begriffliche Gebiete der ästhetischen Farbenlehre, 6. Aufl., Köln 1979
Pierce 1986
Pierce, Charles S.: Semiotische Schriften, Bd. I, Frankfurt a. M. 1986
Pleschak/Sabisch 1996
Pleschak, F., Sabisch, H.: Innovationsmanagement, Stuttgart 1996
Porter 1996
Porter, M. E.: Wettbewerbsvorteile: Spitzenleistungen erreichen und behaupten, (Competitive Advantage), 4. Aufl., Frankfurt a. M.; New York 1996
Poth/Poth 1994
Poth, L.G., Poth, G.S.: Markt- und Managementfaktor Design, in: Schmitz, C. (Hrsg.): Managementfaktor Design, München 1994, S. 67–105
Prince 1970
Prince, G. M.: The Practice of Creativity. A Manual for Dynamic Group Problem Solving. New York 1970
REFA 1985
REFA (Hrsg.): Methodenlehre der Planung und Steuerung, Teil 1, 4. Aufl., München 1985
Raab 1976
Raab, E.: Bildkomplexität, Farbe und ästhetischer Eindruck, Graz 1976
Ragati 1996
Ragati, M.: Architektur und Bauwerk – Ein Glücksfall, in: Ragati, M., Kreikenbohm, U. (Hrsg.): Frank O. Gehry: Das Energie-Forum-Innovation in Bad Oeynhausen, Bielefeld 1996
Read 1958
Read, H.: Kunst und Industrie, Grundsätze industrieller Formgebung, Stuttgart 1958
Reinmöller 1995
Reinmöller, P.: Produktsprache – Verständlichkeit des Umgangs mit Produkten durch Produktgestaltung, Beiträge zum Produktmarketing, Bd. 25, hrsg. v. Koppelmann, U., Diss., Köln 1995
Reese 1993
Reese, J.: Eine lose Folge von spontanen Bild- und Textbeiträgen zum Thema „Gestaltung", unveröffentliche Studie des Designzentrums München, München 1993
Riedler 1896
Riedler: Das Maschinenzeichnen, Berlin 1896, zit. in: Matschoß C.: Die Entwicklung der Dampfmaschine, Bd. 2, Berlin, 1908, S. 677
Ringlstetter/Kirsch 1991
Ringlstetter, M., Kirsch, W.: Varianten einer Differenzierungsstrategie, in: Kirsch, W. (Hrsg.): Beiträge zum Management strategischer Programme, München 1991, S. 563–574
Robinson/Farris/Wind 1967
Robinson, P.J., Farris, C.W., Wind, Y.: Industrial Buying and Creative Marketing, Boston 1967
Rogers 1983
Rogers, E.M.: Diffusion of Innovation, 3. Aufl., New York, London 1983
v. Rosenstiel/Neumann 1982
von Rosenstiel, L. , Neumann, P.: Einführung in die Markt- und Werbepsychologie, Darmstadt 1982
v. Rosenstiel 1996
von Rosenstiel, L.: Motivation im Betrieb: mit Fallstudien aus der Praxis, 9., überarb. u. erg. Aufl., Leonberg 1996

Rother 1994
Rother, F. W.: Bis hin zum Kahlschlag; Sparen an der Formgebung ist die falsche Strategie in der Krise. Design verbessert Produkte und hält die Konkurrenten auf Distanz, in: Wirtschaftswoche, Nr. 14, 1994

Rüdiger 1991
Rüdiger, B.: Schlüsseltechnologien: Die Herausforderung für die 90er Jahre, in: Töpfer, A., Sommerlatte, T. (Hrsg.): Technologie-Marketing: Die Integration von Technologie und Marketing als strategischer Erfolgsfaktor, Landsberg/Lech 1991, S. 35–52

Rummel 1995
Rommel, C.: Designmanagement: Integration theoretischer Konzepte und praktischer Fallbeispiele, Wiesbaden 1995

Sabel 1971
Sabel, H.: Produktpolitik in absatzwirtschaftlicher Sicht, Grundlagen und Entscheidungsmodelle, Wiesbaden 1971

Sabisch 1991
Sabisch, H.: Produktinnovationen, Stuttgart 1991

Sabisch 1993
Sabisch, H.: Aufgaben zur Durchsetzung von Produktinnovationen in Unternehmen der neuen Bundesländer, in: Domsch, M., Sabisch, H., Siemers, H. A. (Hrsg.): F & E-Management, Stuttgart 1993, S. 17–32

Sabisch 1996
Sabisch, H.: Produkte und Produktgestaltung, in: Kern, W., Schröder, H. H., Weber, J. (Hrsg.): Handwörterbuch der Produktionswirtschaft, 2. Aufl., Stuttgart 1996, Sp. 1439–1451

Sarasin 1995
Sarasin, W.: Produkt-Design, Produkt-Identität, Corporate Identity, in: Birgit, K., Stadler, M. M., Funck, H. J. (Hrsg.): Corporate Identity. Grundlagen, Funktionen, Fallbeispiele, 8. Aufl., Landsberg/Lech 1995, S. 179–189

Scherer 1991
Scherer, J.: Zur Entwicklung und zum Einsatz von Objektmerkmalen als Entscheidungskriterium in der Beschaffung, Beiträge zum Beschaffungsmarketing, Bd. 9, hrsg. v. Koppelmann, U., Diss., Köln 1991

Scheuch 1967
Scheuch, E. K.: Das Interview in der Sozialforschung, in: König, R. (Hrsg.): Handbuch der empirischen Sozialforschung, Bd. I, 2. verb. Aufl., Stuttgart 1967

Schleifer 1968
Schleifer, L.: Dekor, Muster, Struktur: Ein Fachbuch über technisch-ästhetische Mittel und Methoden für zweckgebundenes, dekorativ-visuelles Gestalten, Ulm Donau 1968

Schlicksupp 1980
Schlicksupp, H.: Innovationen, Kreativität und Ideenfindung, Würzburg 1980

Schlicksupp 1986
Schlicksupp, H.: Produktinnovation und Kreativität, in: Allesch, J., Brodde, D. (Hrsg.): Praxis des Innovationsmanagements. Planung, Durchführung und Kontrolle technischer Neuerungen in mittelständischen Unternehmen, Berlin 1986

Schmidt 1992
Schmidt, K.: Neue Tendenzen in Corporate Identity; Ganzheitliche Strategie ist notwendig, in: FAZ, 24.11.1994

Schmidt 1994
Schmidt, K.: Unternehmenspolitik sichtbar machen, Strategische

Rolle von Design unter Bedingungen des Strukturwandels, in: FAZ 29.11.1994

Schmitt-Grohé 1972
Schmitt-Grohé, J.: Produktinnovation, Verfahren und Organisation der Neuproduktentwicklung, Wiesbaden 1972

Schmitz 1990
Schmitz, C.: Die Entwicklung eines Imagery-Instrumentariums zur Erhebung von Anmutungsansprüchen, Beiträge zum Produktmarketing, Bd. 17, hrsg. v. Koppelmann, U., Diss., Köln 1990

Schmitz 1994
Schmitz, C.A.: Wettbewerbsfaktor Design, in: Schmitz, C.A. (Hrsg.): Managementfaktor Design, München 1994, S. 107–154

Schmitz-Maibauer 1976
Schmitz-Maibauer, H.H.: Der Stoff als Mittel anmutungshafter Produktgestaltung: Grundzüge einer Materialpsychologie, Beiträge zum Produkt-Marketing, Bd. 4, hrsg. v. Koppelmann, U., Diss., Köln 1976

Schmitz-Maibauer 1989
Schmitz-Maibauer, H.H.: Die Materialsprache, in: Bayer. Staatsministrium für Wirtschaft und Verkehr (Hrsg.): Märkte gewinnen mit Design – neue Lösungen durch neue Werkstoffe, München 1989, S. 96–103

Schneider 1991
Schneider, F.: Corporate-Identity-orientierte Unternehmenspolitik: Eine Untersuchung unter besonderer Berücksichtigung von Corporate Design und Corporate Advertising, Heidelberg 1991

Schnell/Hill/Esser 1989
Schnell, R., Hill, P.B., Esser, E.: Methoden der empirischen Sozialforschung, München,Wien, Oldenbourg 1989

Schönwandt 1990
Schönwandt, R.: Design oder Nicht Sein; Produktgestaltung, in: Industriemagazin, Juli 1990, S. 52–61

Schott/Schaible 1991
Schott, B., Schaible, J.: Kommunikation und Kooperation als Erfolgsfaktoren im High-Tech-Marketing, in: Töpfer, A., Sommerlatte, T. (Hrsg.): Technologiemarketing, die Integration von Technologie und Marketing als strategischer Erfolgsfaktor, Landsberg am Lech 1991, S. 237–253

Schricker 1980
Schricker, E.A.: Design im Investitionsgüterbereich, in: Der Arbeitgeber, Nr. 4/32, 1980, S. 155–159

Schubert 1991
Schubert, B.: Entwicklung von Konzepten für Produktinnovationen mittels Conjointanalyse, Stuttgart 1991

Schürer 1968
Schürer, A.: Der Einfluss produktbestimmender Faktoren auf die Gestaltung dargestellt an Beispielen aus der Elektronik-Industrie, Diss., Hannover 1968

Schürer 1989
Schürer, A.: Koordination von Konstruktion und Gestaltung: Tendenzen zukünftiger Maschinengestaltung, Sonderdruck aus „Schweizer Maschinenmarkt" Nr. 14, Glodach 1989

Schürer 1991
Schürer, A.: Anfänge des Industriedesign, in: Bielefelder Kunstverein e.V. (Hrsg.): Stilversuchungen, Historismus im 19. Jahrhundert, Bielefeld 1991, S. 77–90

Schultes 1997
Schultes, H. H.: „Ein neues Kapitel beginnt"; Siemens-Design wird selbständig, in: form Nr. 2, 1997, S. 63–65
Seeger 1992
Seeger, H.: Design technischer Produkte, Programme und Systeme, Anforderungen, Lösungen und Bewertungen, Berlin 1992
Selle 1987
Selle, G.: Design – Geschichte in Deutschland, Produktkultur als Entwurf und Erfahrung, überarb. u. erw. Ausg., Köln 1987
Servatius 1991
Servatius, H.-G.: Schwerpunkte und Methoden des Managements von Technologien, in: Töpfer, A., Sommerlatte, T. (Hrsg.): Technologie-Marketing: Die Integration von Technologie und Marketing als strategischer Erfolgsfaktor, Landsberg/Lech 1991, S. 53–86
Slany 1988
Slany, H. E.: Erlebniskomponenten im Investitionsgüterdesign, in: Marktforschung und Management, 1/1988, S. 15–18
Sommerlatte 1989
Sommerlatte, T.: Strategiefindung in Technologiemärkten, in: Bruhn, M. (Hrsg.): Handbuch des Marketing: Anforderungen an Marketingkonzeptionen aus Wissenschaft und Praxis, München 1989, S. 307–323
Sommerlatte 1992
Sommerlatte, T.: Strategisches I + T-Marketing als Integration von Technologie- und Innovationsmanagement, in: Hofmaier, R. (Hrsg.): Investitionsgüter- und High-Tech-Marketing (ITM): erprobte Instrumentarien, Erfolgsbeispiele, Problemlösungen, Landsberg/Lech 1992, S. 95–107
Spiegel-Verlag 1988
Spiegel-Verlag (Hrsg.): Innovatoren – eine Pilotstudie zum Innovationsmarketing, in: Maschinenbau und Elektroindustrie, Hamburg 1988
Spies 1993
Spies, H.: Integriertes Designmanagement, Beiträge zum Produktmarketing, Bd. 23, hrsg. v. Koppelmann, U., Diss., Köln 1993
Stammbach 1992
Stammbach, R.: Corporate Identity: verhaltenswissenschaftliche Grundlagen mit Fallbeispielen aus dem Bereich Einkaufszentren, 1. Aufl., Bern, Göttingen, Toronto, Seattle 1992
Stark 1996
Stark, C. K.: Architektur und Design als Grundlage für die Produktgestaltung, Beiträge zum Produkt-Marketing, Bd. 26, hrsg. v. Koppelmann, U., Diss., Köln 1996
Stihl 1994
Stihl, H. P.: Design – ein ökonomischer Erfolg, in: Verlagsbeilage zur FAZ, Frankfurt a. M, 29.11.94, S. 1.
Strothmann 1979
Strothmann, K.-H.: Investitionsgütermarketing, München 1979
Strothmann/Baaken/Kliche/Pörner/Stiefel-Rechenmacher 1987
Strothmann, K.-H., Baaken, T., Kliche, M., Pörner, M., Stiefel-Rechenmacher, R.: Merkmale innovativer Unternehmen der Investitionsgüter-Industrie, Ergebnisse einer Primärerhebung, Würzburg, 1987
Strothmann/Baaken/Kliche/Pörner/Stiefel-Rechenmacher 1988
Strothmann, K.-H., Baaken, T., Kliche, M., Pörner, M., Stiefel-Rechenmacher, R.: Integrationspolitik und Technologie-Beobachtung im Innovationsmarketing, Ergebnisse einer Primärerhebung, Würzburg 1988

Strothmann/Kliche 1989
Strothmann, K.-H., Kliche, M.: Innovationsmarketing: Markterschlie-
ßung für Systeme der Bürokommunikation und Fertigungsauto-
mation, Wiesbaden 1989
Strothmann 1994
Strothmann, K.-H.: Investitionsgüterindustrie: Innovationsmanage-
ment nach 2000, in: Absatzwirtschaft 12/1994, S. 42–46
Thom 1980
Thom, N.: Grundlagen des betrieblichen Innovationsmanagements,
2. völlig neu bearb. Aufl., Königsstein 1980
Thurm 1990
Thurm, E.: Die mechanischen Sinne: Hören, Tasten ..., in: Maelicke A.
(Hrsg.): Vom Reiz der Sinne, Weinheim 1990, S. 75–92
Tietz 1960
Tietz, B.: Bildung und Verwendung von Typen in der Betriebswirt-
schaftslehre – dargelegt am Beispiel der Typologie der Messen und
Ausstellungen, Köln 1960
Tjalve 1978
Tjalve, E.: Systematische Formgebung für Industrieprodukte, 1. Aufl.,
Düsseldorf 1978
Tomforde 1986
Tomforde, J.: Automobil-Design und Kunststoffe – Konflikt zwischen
Realität und Wunschdenken, in: Verein dt. Ingenieure VDI Gesell-
schaft, Kunststofftechnik (Hrsg.): Kunststoffe im Automobilbau 1986,
Düsseldorf 1986
Toplian 1979
Toplian, A.: The Management of Design Projects, London 1979
Trommsdorf, 1990
Trommsdorf, V. (Hrsg.): Innovationsmanagement in kleinen und
mittleren Unternehmen – Grundzüge und Fälle – Ein Arbeitsergebnis
des Modellversuchs Innovationsmanagement, München 1990
Trux 1983
Trux, W.: Unternehmensidentität, Unternehmenspolitik und öffentli-
che Meinung, in: Kirsch, W., Roventa, P. (Hrsg.): Bausteine des
strategischen Managements, Dialoge zwischen Wissenschaft und
Praxis, Berlin, New York 1983, S. 425–426
Trux 1995
Trux, W.: Unternehmensidentität, Unternehmenspolitik und öffentli-
che Meinung, in: Birgit, K., Stadler, M.M., Funck, H.J. (Hrsg.): Corpo-
rate Identity, Grundlagen, Funktionen, Fallbeispiele, 8. Auflage,
Landsberg/Lech 1995, S. 65–76
Uhlmann 1994
Uhlmann, J.: Definition: Technisches Design, unveröffentlichte Arbeits-
papiere des Lehrstuhls für Technisches Design, TU Dresden 1994
Uhlmann 1995
Uhlmann, J.: Design für Ingenieure, Vorabdruck Bd. 1, 2. überarb. u.
erw. Aufl., Technische Universität Dresden, Fakultät Maschinenwesen,
Dresden 1995
Ulich 1991
Ulich, E.: Arbeitspsychologie, Stuttgart 1991
Ulrich 1993
Ulrich, S.: Stunde Null, in: Manager Magazin, Nr. 4, Apr. 1993, S. 282–
292
Umminger 1990
Umminger, P.: Einsatzmöglichkeiten qualitativer Prognoseverfahren im

Produktmarketing, Beiträge zum Produktmarketing, Bd. 16, hrsg. v. Koppelmann, U., Diss., Köln 1990

VDI/VDE 1986
Verein deutscher Ingenieure/Verband deutscher Elektrotechniker (Hrsg.): Industrial Design: Grundlagen, Begriffe, Wirkungsweisen, VDI/VDE-Richtlinien 2424. Blatt 1, Mai 1986

VDI/VDE 1988
Verein deutscher Ingenieure/Verband deutscher Elektrotechniker (Hrsg.): Industrial Design, Grundlagen, Begriffe, Wirkungsweisen: Der Industrial-Design-Prozeß, VDI/VDE Richtlinien 2424. Blatt 3, Juni 1988

Vogel 1995
Vogel, B.: „Wenn der Eisberg zu schmelzen beginnt …" – Einige Reflexionen über den Stellenwert und die Probleme des Experteninterviews in der Praxis der empirischen Sozialforschung, in: Brinkmann, C., Deeke, A., Völkel, B. (Hrsg.): Experteninterviews in der Arbeitsmarktforschung, Diskussionsbeiträge zu methodischen Fragen und praktischen Erfahrungen, Nürnberg 1995, S. 73–84

Wagner 1981
Wagner, F. C.: Grundlagen der Gestaltung: plastische und räumliche Darstellungsmittel, Stuttgart 1981

Walker 1992
Walker, J. A. Designeschichte, Perspektiven einer wissenschaftlichen Disziplin, München 1992

Weber 1989
Weber, A.: Neue Werkstoffe: Eigenschaften, Anwendung, Gestaltung – Design als Werkstoff-Frage, in: Bayer. Staatsministerium für Wirtschaft und Verkehr (Hrsg.): Märkte gewinnen mit Design – neue Lösungen durch neue Werkstoffe, München 1989, S. 21–33

Weber/Mayrhofer/Nienhüser 1993
Weber, W., Mayrhofer, W., Nienhäuser, W.: Grundbegriffe der Personalwirtschaft, Stuttgart 1993

Webster/Wind 1972
Webster, F. E. Jr., Wind, Y.: Organizational Buying Behavior, Engelwood Cliffs, N. J. 1972

Webster/Wind 1972a
Webster, F. E. Jr., Wind, Y.: A General Model of Organizational Buying Behavior, in: JoM, Nr. 36, April 1972, S. 12–15

Welbers 1996
Welbers, G.: Zeichen als Mittel der Produktgestaltung, Beiträge zum Produktmarketing, Bd. 28, hrsg. v. Koppelmann, U., Diss., Köln 1996

Wick 1983
Wick, R.: Das Ende des Funktionalismus am Beispiel Möbeldesign, in: Kunstform Nr. 2440, S. 26–50

Wieselhuber 1981
Wieselhuber, N.: Konzeption und Realisation von Produkt-Design für die Konsumgüterindustrie, Eine aktionsanalytische Untersuchung, Betriebswirtschaftliche Schriften, Heft 107, Berlin 1981

Wieselhuber 1986
Wieselhuber, N.: Stratgische Konzepte des Produkt-Design, in: Wieselhuber, N., Töpfer, A. (Hrsg.): Strategisches Marketing, 2., durchges. Aufl., Landsberg am Lech 1986, S. 199–212

Witte 1973
Witte, E.: Organisation für Innovationsentscheidungen – Das Promotorenmodell, Göttingen 1973

Wolf/Wolf 1990
Wolf, R., Wolf, D.: Vom Sehen zum Wahrnehmen: Aus Illusionen entsteht ein Bild der Wirklichkeit, in: Maelicke, A. (Hrsg.): Vom Reiz der Sinne, Weinheim 1990, S. 47–74

Zeller 1989
Zeller, A.: Design als Wettbewerbsinstrument, in: Bayer. Staatsministerium für Wirtschaft und Verkehr (Hrsg.): Märkte gewinnen mit Design – neue Lösungen durch neue Werkstoffe, München 1989, S. 16–19

Zetzsche 1993
Zetzsche, W. D.: Design-Strategien, in: Horizont, Nr. 13, 27.3.1993, S. H 4–5

Ziegler, 1990
Ziegler, R.: Psychologische Aspekte des Interaktionsansatzes im Investitionsgüter-Marketing, in: Kliche, M. (Hrsg.): Investitionsgütermarketing: Positionsbestimmung und Perspektiven, Wiesbaden 1990, S. 78–90

Zindler 1992
Zindler, J.: „Industrial Design" als Wettbewerbsfaktor in einer gewandelten Unternehmensumwelt: Ansätze und Beispiele von konkurrenzorientierten Design-Strategien zwischen Produktdifferenzierung und Wirklichkeitsgestaltung, Freie wissenschafliche Arbeit zur Erlangung des Grads eines Diplomkaufmanns am Institut für Marketing des wirtschaftswissenschaftlichen Fachbereichs der Freien Universität Berlin, Prof. Strothmann, Berlin 1992

Zindler 1996
Zindler, J.: Den neuen Produkterfolg realisieren, in: Buck, A., Vogt, M. (Hrsg.): Designmanagement: was Produkte wirklich erfolgreich macht, Frankfurt a. M., Wiesbaden 1996, S. 85–118

Zörgiebel 1983
Zörgiebel, W. W.: Technologie in der Wettbewerbsstrategie, Strategische Auswirkungen technologischer Entscheidungen untersucht am Beispiel der Werkzeugmaschinenindustrie, Berlin 1983

Zwicky/Wilson 1967
Zwicky, F., Wilson, A. G.: Neue Methoden des Denkens und Produzierens, Berlin 1967

Expertenverzeichnis

Chemaitis 1996
Prof. Egon Chemaitis, Dipl.-Industriedesigner, Design Chemaitis und
Strehl, Sedanstr. 55, Hannover, Lehrauftrag an der Hochschule der
Künste, Berlin, Fachgebiet Design-Grundlagen, 14.03.1996
Gilgen 1996
Daniel Gilgen, Dipl.-Industriedesigner, Faktor Produktgestaltung,
Oskar-Miller-Str. 54, Frankfurt a. M., 17.6.1996
Gotenbach 1996
Prof. Jürgen Gotenbach, Kunsthochschule Berlin-Weißensee, Hoch-
schule für Gestaltung Berlin, Fachgebiet Textil- und Flächendesign,
29.11.96
Großmann 1996/97
Karsten Großmann, Konstrukteur, KBA-Planeta AG, Unternehmen der
Gruppe Koenig & Bauer-Albert, Friedrich-List-Str. 47–49, Radebeul,
8.8.1996 und 7.5.1997
Köbler 1997
Eckhardt Köbler, Dipl.-Industriedesigner, Heidelberger Druckmaschi-
nen AG, Kurfürsten-Anlage 52–60, Heidelberg, 20.2.97 (telefonisch)
Rabold 1996
Lutz Rabold, Dipl.-Industriedesigner, Abteilungsleiter Unternehmens-
kommunikation und Corporate Design, Siemens AG, St.-Martin-Straße
76, München, 21.11.1996
Reese 1997
Jens Reese, Dipl.-Industriedesigner, Siemens AG und Design Zentrum
München, Richard-Strauß-Str. 82, München, 14.02.1997
Schönfelder 1996
Gabriele Schönfelder, Dipl.-Industriedesignerin, Studio Schönfelder,
Zwickauer Str. 127, Dresden, 01.08.1996
Sorg 1996
Dr. Bernhard Sorg, Dipl.-Ingenieur, Designprojekt GmbH Dresden,
Altplauen 19, Dresden, 6.8.96
Schürer 1996
Prof. Dr. Ing. Arnold Schürer, Dipl-Ingenieur, Designer, Architekt,
Schürer-Design International: Produkt-Entwicklung und Gestaltung,
Am Wellenkotten 8, Bielefeld, 21.10.96
Topel 1996
Martin Topel, Dipl.-Industriedesigner, Topel und Pauser Industrie-
design, Ludwigstraße 180 c, Offenbach, 17.6.1996

Leitfadenfragebogen für die Experteninterviews

- Warum ist der Investitionsgütersektor so wenig design-orientiert? Glauben Sie, daß dem Industriedesign in der Zukunft ein anderer Stellenwert in diesem Wirtschaftszweig zu kommt? Warum?
- Kann Industriedesign zum Innovationsfaktor für Investitionsgüter werden?
- Nennen Sie Beispiele für innovatives Investitionsgüter-Design.
- Wie läuft der Designprozeß ab?
- Wie wird der Designer darin integriert?
- Welchen Stellenwert hat das Industriedesign gegenüber der Konstruktion?
- Welche Vorgaben werden von Seiten der Konstruktion gemacht?
- Welche Vorgaben machen Sie dem Designer (an Konstrukteure)?
- Gibt es überraschende Lösungen von Seiten des Designs (an Konstrukteure)?
- Welchen Einfluß hat das Industriedesign auf die Kaufentscheidung?
- Welche Bedeutung kommt der Ästhetik zu? Welche Bedeutung hat die Gebrauchstechnik? Welche Bedeutung kommt dem Prestigemotiv zu?
- Bei welchen Investitionsgütern ist das Industriedesign wichtig und weniger wichtig?
- Welche Rolle spielt Industriedesign im Anlagengeschäft?
- Kann Industriedesign bei allen Investitionsgütern zum Kaufargument werden?
- Welche Designstrategie würden Sie einem Investitionsgüterunternehmen vorschlagen?
- Welche Designstrategie verfolgt Ihr Unternehmen (an Konstrukteure)?
- Welche Strategieansätze haben Sie in der Praxis beobachtet?
- Welche Designprinzipien haben sich im Laufe Ihrer beruflichen Praxis als Garant für den Erfolg eines innovativen Investitionsgutes herausgestellt?
- Welche Grundsätze würden Sie darüber hinaus umsetzen, um eine Designinnovation im Investitionsgütersektor zu verwirklichen?
- Welche Suchfelder werden für innovative Designlösungen herangezogen?
- Welche Rollen spielen die Konkurrenzprodukte bei der Suche nach Designlösungen?
- Testen Sie die Anmutungswirkung von Investitionsgütern?
- Wie sollte Ihr Produkt „auf den ersten Blick" wirken, damit die von Ihnen anvisierte Zielgruppe von dem Objekt positiv angemutet wird? Unter Anmutung versteht man unbewußt ausgelöste Gefühlsregungen. (unter Vorlage des Anmutungs- bzw. Eindrucksprofil [vgl. Abb. 75] und mit der Bitte, dieses für ein fiktives Produkt auszufüllen)
- Wovon lassen Sie sich ansonsten inspirieren? Beeinflussen Architekturstile und Designstile des Konsumgütersektors das Investitionsgüter-Design? Welchen Einfluß haben modische Strömungen?
- Welche Fehler kann ein Designer machen? Welche Schwierigkeiten ergeben sich in Zusammenarbeit mit den Unternehmen?
- Welches sind die häufigsten Fehler von Industriedesignern (an Konstrukteure)?

Industriedesign als Innovationsfaktor für Investitionsgüter

Ein Beitrag zum designorientierten Innovationsmanagement

Beat Guggisberg
Dorfstr. 46c
5417 Untersiggenthal

Verlag form theorie

© 1998 Verlag form GmbH
Frankfurt am Main
ISBN 3-931317-56-0
Alle Rechte vorbehalten

Titelgestaltung:
Sarah Dorkenwald
Absatz, Gesellschaft für
Kommunikations-Design,
Frankfurt am Main

Satz:
Christel Ivo,
Frankfurt am Main

Druck:
Elektra,
Reprografischer Betrieb GmbH,
Niedernhausen

Die Deutsche Bibliothek –
CIP-Einheitsaufnahme
Steinmeier, Ina:
Industriedesign als Innovationsfaktor
für Investitionsgüter : ein Beitrag zum
designorientierten Innovations-
management / Ina Steinmeier. -
Frankfurt am Main : Verl. Form, 1998
(Form-Theorie)
Zugl.: Dresden, Techn. Univ., Diss.,
1997
ISBN 3-931317-56-0